공기업 경제학

최단기 문제풀이

공기업 경제학
최단기 문제풀이

개정2판 발행　　　2025년 01월 10일
개정3판 발행　　　2026년 01월 15일

편 저 자 | 취업적성연구소
발 행 처 | ㈜서원각
등록번호 | 1999–1A–107호
주　　소 | 경기도 고양시 일산서구 덕산로 88–45(가좌동)
교재주문 | 031–923–2051
팩　　스 | 031–923–3815
교재문의 | 카카오톡 플러스 친구[서원각]
홈페이지 | goseowon.com

▷ 이 책은 저작권법에 따라 보호받는 저작물로 무단 전재, 복제, 전송 행위를 금지합니다.
▷ 내용의 전부 또는 일부를 사용하려면 저작권자와 (주)서원각의 서면 동의를 반드시 받아야 합니다.
▷ ISBN과 가격은 표지 뒷면에 있습니다.
▷ 파본은 구입하신 곳에서 교환해드립니다.

Preface

청년 실업자가 45만 명에 육박, 국가 사회적으로 커다란 문제가 되고 있습니다. 정부의 공식 통계를 넘어 실제 체감의 청년 실업률은 23%에 달한다는 분석도 나옵니다. 이러한 상황에서 대학생과 대졸자들에게 '꿈의 직장'으로 그려지는 공기업에 입사하기 위해 많은 지원자들이 몰려들고 있습니다. 그래서 공사·공단에 입사하는 것이 갈수록 더 어렵고 간절해질 수밖에 없습니다.

많은 공사·공단의 필기시험에 경제학이 포함되어 있습니다. 경제학의 경우 내용이 워낙 광범위하기 때문에 체계적이고 효율적인 방법으로 공부하는 것이 무엇보다 중요합니다. 이에 서원각은 공사·공단을 준비하는 수험생들에게 필요한 것을 제공하기 위해 진심으로 고심하여 이 책을 만들었습니다.

본서는 수험생들이 보다 쉽게 경제학 과목에 대한 감을 잡도록 돕기 위하여 핵심이론을 요약하고 단원별 필수 유형문제를 엄선하여 구성하였습니다. 또한 해설과 함께 중요 내용에 대해 확인할 수 있도록 구성하였습니다.

수험생들이 본서와 함께 합격이라는 꿈을 이룰 수 있기를 바랍니다.

Structure

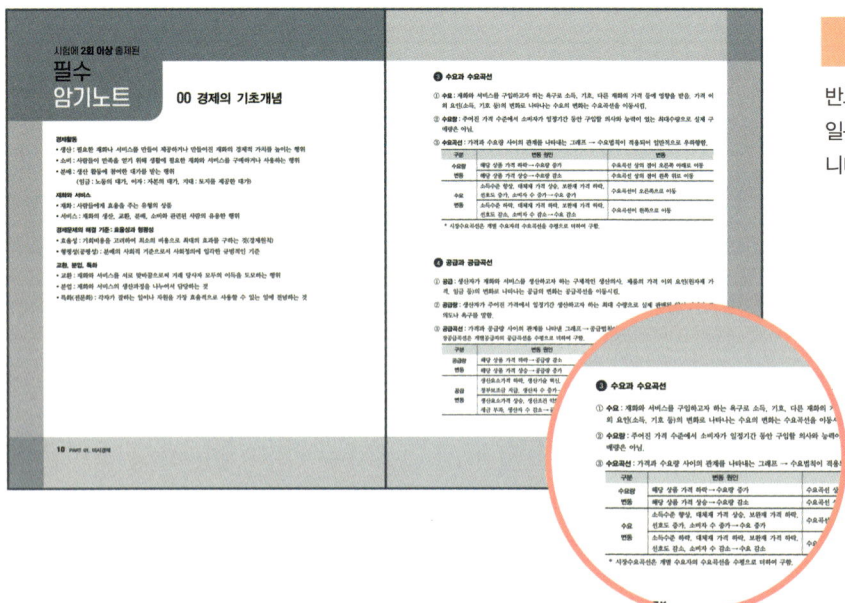

필수암기노트

반드시 알고 넘어가야 하는 핵심적인 내용을 일목요연하게 정리하여 학습의 맥을 잡아드립니다.

실전 기출문제

이론학습과 더불어 그동안 시행된 기출문제를 복원·재구성하여 출제유형 파악에 도움이 되도록 만전을 기하였습니다.

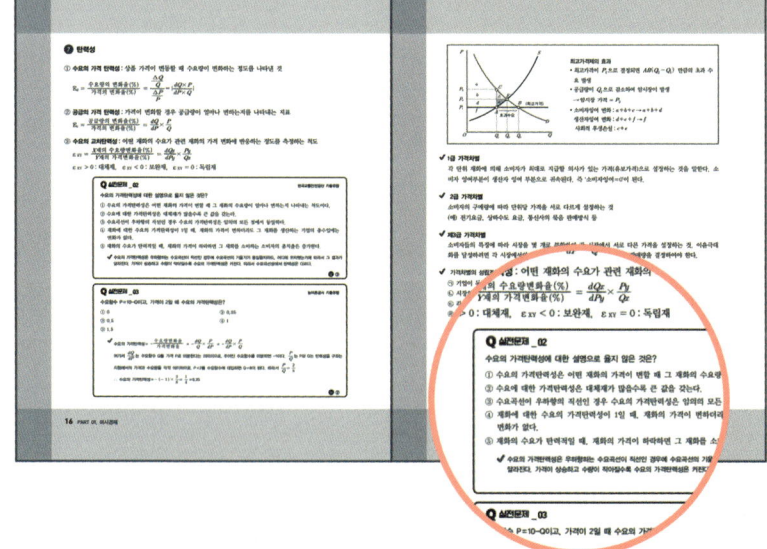

출제예상문제

그동안 실시되어 온 기출문제의 유형을 파악하고 출제가 예상되는 핵심영역에 대하여 다양한 유형의 문제로 재구성하였습니다.

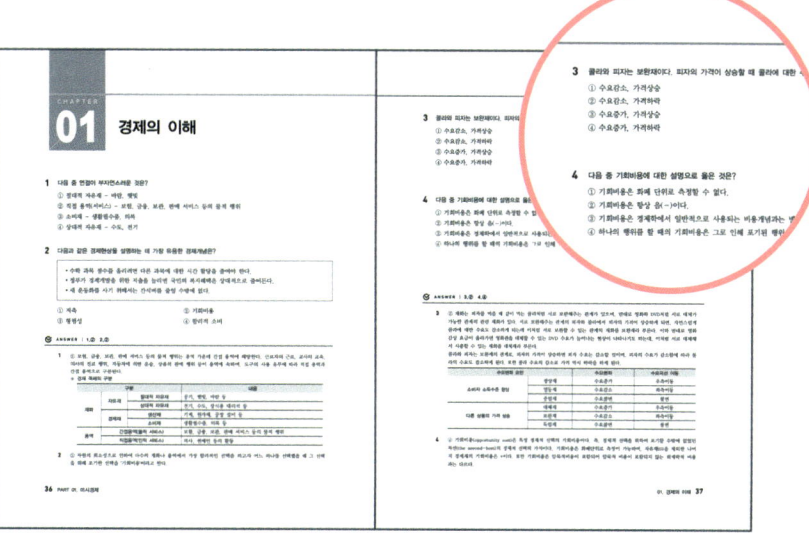

상세한 해설

출제예상문제에 대한 해설을 이해하기 쉽도록 상세하게 기술하여 실전에 충분히 대비할 수 있도록 하였습니다.

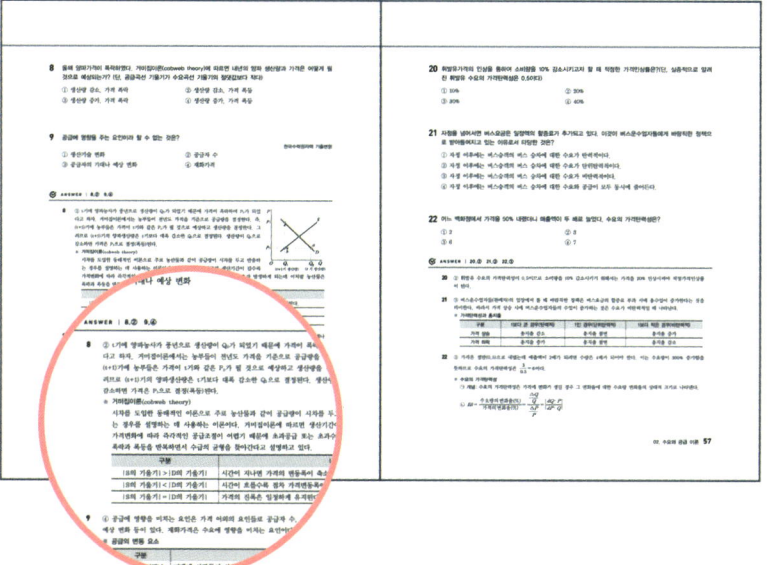

Contents

PART 00 경제의 기초개념

필수암기노트 ········· 10

PART 01 미시경제

필수암기노트 ········· 11
01. 경제의 이해 ········· 36
02. 수요와 공급 이론 ········· 47
03. 소비자 이론 ········· 70
04. 생산자 이론 ········· 92
05. 시장 이론 ········· 110
06. 생산요소시장과 소득의 분배 ········· 144
07. 공공경제론 ········· 159

PART 02 거시경제

필수암기노트	180
01. 국민소득결정이론	203
02. 소비함수와 투자함수	220
03. 화폐금융론	232
04. 총수요·총공급 이론	250
05. 실업과 인플레이션	270
06. 경기변동과 경기발전, 경제성장	291

PART 03 국제경제

필수암기노트	306
01. 국제무역론	315
02. 국제금융론	334

01
미시경제

시험에 2회 이상 출제된 필수 암기노트

00 경제의 기초개념

경제활동
- 생산 : 필요한 재화나 서비스를 만들어 제공하거나 만들어진 재화의 경제적 가치를 높이는 행위
- 소비 : 사람들이 만족을 얻기 위해 생활에 필요한 재화와 서비스를 구매하거나 사용하는 행위
- 분배 : 생산 활동에 참여한 대가를 받는 행위
  (임금 : 노동의 대가, 이자 : 자본의 대가, 지대 : 토지를 제공한 대가)

재화와 서비스
- 재화 : 사람들에게 효용을 주는 유형의 상품
- 서비스 : 재화의 생산, 교환, 분배, 소비와 관련된 사람의 유용한 행위

경제문제의 해결 기준 : 효율성과 형평성
- 효율성 : 기회비용을 고려하여 최소의 비용으로 최대의 효과를 구하는 것(경제원칙)
- 형평성(공평성) : 분배의 사회적 기준으로서 사회정의에 입각한 규범적인 기준

교환, 분업, 특화
- 교환 : 재화와 서비스를 서로 맞바꿈으로써 거래 당사자 모두의 이득을 도모하는 행위
- 분업 : 재화와 서비스의 생산과정을 나누어서 담당하는 것
- 특화(전문화) : 각자가 잘하는 일이나 자원을 가장 효율적으로 사용할 수 있는 일에 전념하는 것

01 미시경제

① 경제문제와 선택 : 희소성과 기회비용(암묵적, 명시적 비용)

① **희소성 법칙**(law of scarcity) : 인간의 무한한 욕구를 충족시켜 줄 수 있는 자원이나 수단이 부족한 상태로(희소성으로 인해 경제적 선택의 문제가 발생), 시대와 지역에 따라 다르게 나타남.

② **기회비용과 매몰비용**
   • 기회비용(=명시적 비용+암묵적 비용) : 포기하게 되는 안(案)들 중 가치가 가장 큰 것
   −생산요소를 사용한 대가로 지불하는 비용(회계적 비용 : 임금, 지대, 이자, 이윤)
     암묵적 비용 : 특정 안을 선택함으로써 포기한 다른 기회의 수입(잠재적 비용, 비금전적 비용)
   • 매몰비용 : 어떤 선택을 하더라도 이미 지출되어 회수가 불가능한 비용
     매몰비용은 기회비용이 0으로서 회계적 비용임에도 불구하고, 합리적 선택을 위해서는 의사결정 시 고려 대상에서 제외해야 하는 비용

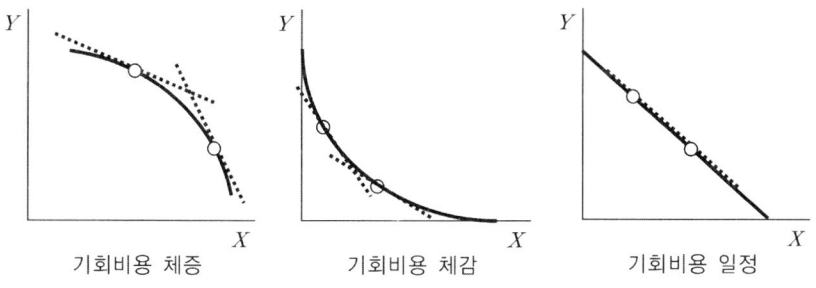

기회비용 체증   기회비용 체감   기회비용 일정

   −합리적 선택 : 기회비용을 최소화하고 편익을 극대화하는 선택(단, 매몰비용 고려하지 않음)

③ **유량변수와 저량변수**
   • 유량변수 : 일정 기간에 측정되는 지표
     예 소득, 수요량 및 공급량, GDP, 국제수지 등
   • 저량변수 : 어떤 특정시점을 기준으로 파악된 경제조직 등에 존재하는 재화 전체의 양
     예 기업의 재고량, 자산, 부채, 외환보유액 등

> **Q 실전문제 _01**   SH공사 기출변형
>
> 다음 보기 중 유량변수인 것을 모두 고르면?
>
> | ㉠ 투자 | ㉡ 소득 |
> | ㉢ 국제수지 | ㉣ GDP |
> | ㉤ 통화량 | ㉥ 소비 |
> | ㉦ 수입 | ㉧ 주택가격 |
> | ㉨ 임대료 | ㉩ 주택거래량 |
>
> ① 6개　　　　　　　　　　　　② 7개
> ③ 8개　　　　　　　　　　　　④ 9개
> ⑤ 10개
>
> ✓ 일정 시점에서의 상태를 측정한 것은 저량(stock)을 나타내는 지표이고, 일정 기간 동안에 일어날 변화를 측정한 것은 유량(flow)을 나타내는 지표이다.
> 　유량변수 : 저축, 소득, 소비, 투자, 수입, 수출, 임금, 국제수지, GDP, 당기순이익, 주택 생산량, 주택거래량, 수익률, 수요량, 공급량, 강우량, 임대료, 지대, 경제성장률 등
> 　저량변수 : 국부, 국채, 부채, 환율, 물가, 주택보급률, 주택재고량, 주택가격, 노동량, 자본량, 통화량, 인구, 지가, 외환보유액, 종합주가지수 등
>
> 　　답 ③

2 생산가능곡선(PPC : Production Possibilities Curve)

① 주어진 자원과 기술수준하에서 모든 자원을 효율적으로 사용하여 최대한 생산 가능한 두 재화나 서비스의 조합을 나타내는 곡선

② 원점에 대해 오목한 경우에 어느 한 생산물을 차차 더 생산함에 따라 한계기회비용이 체증한다.

③ 생산가능곡선이 우하향하는 형태를 띠는 것은 '자원의 희소성' 때문이다.
- 내부의 점 : 생산가능곡선 내부의 점은 생산이 비효율적으로 이루어지고 있는 것으로, 실업이 존재하거나 일부 공장설비가 유휴상태에 있음을 의미한다.
- 외부의 점 : 생산가능곡선 바깥쪽의 점은 현재의 기술수준으로 도달 불가능한 점을 나타낸다.
- 생산가능곡선의 이동은 기술의 진보, 천연자원의 발견, 교육수준의 향상, 인구 증가 등으로 가능하다.

③ 수요과 수요곡선

① **수요** : 재화와 서비스를 구입하고자 하는 욕구로 소득, 기호, 다른 재화의 가격 등에 영향을 받음. 가격 이외 요인(소득, 기호 등)의 변화로 나타나는 수요의 변화는 수요곡선을 이동시킴.
② **수요량** : 주어진 가격 수준에서 소비자가 일정기간 동안 구입할 의사와 능력이 있는 최대수량으로 실제 구매량은 아님.
③ **수요곡선** : 가격과 수요량 사이의 관계를 나타내는 그래프 → 수요법칙이 적용되어 일반적으로 우하향함.

구분	변동 원인	변동
수요량 변동	해당 상품 가격 하락→수요량 증가	수요곡선 상의 점이 오른쪽 아래로 이동
	해당 상품 가격 상승→수요량 감소	수요곡선 상의 점이 왼쪽 위로 이동
수요 변동	소득수준 향상, 대체재 가격 상승, 보완재 가격 하락, 선호도 증가, 소비자 수 증가→수요 증가	수요곡선이 오른쪽으로 이동
	소득수준 하락, 대체재 가격 하락, 보완재 가격 하락, 선호도 감소, 소비자 수 감소→수요 감소	수요곡선이 왼쪽으로 이동

* 시장수요곡선은 개별 수요자의 수요곡선을 수평으로 더하여 구함.

④ 공급과 공급곡선

① **공급** : 생산자가 재화와 서비스를 생산하고자 하는 구체적인 생산의사. 제품의 가격 이외 요인(원자재 가격, 임금 등)의 변화로 나타나는 공급의 변화는 공급곡선을 이동시킴.
② **공급량** : 생산자가 주어진 가격에서 일정기간 생산하고자 하는 최대 수량으로 실제 판매된 양이 아니라 그 의도나 욕구를 말함.
③ **공급곡선** : 가격과 공급량 사이의 관계를 나타낸 그래프→공급법칙이 적용되어 일반적으로 우상향함. * 시장공급곡선은 개별공급자의 공급곡선을 수평으로 더하여 구함.

구분	변동 원인	변동
공급량 변동	해당 상품 가격 하락→공급량 감소	공급곡선 상의 점이 왼쪽 아래로 이동
	해당 상품 가격 상승→공급량 증가	수요곡선 상의 점이 오른쪽 위로 이동
공급 변동	생산요소가격 하락, 생산기술 혁신, 정부보조금 지급, 생산자 수 증가→공급 증가	공급곡선이 오른쪽으로 이동
	생산요소가격 상승, 생산조건 악화, 세금 부과, 생산자 수 감소→공급 감소	공급곡선이 왼쪽으로 이동

5 균형 개념과 균형조정과정

① **균형가격**(수요량 = 공급량)
- 초과공급(수요량 < 공급량) → 가격하락 → 수요량 증가, 공급량 감소
- 초과수요(수요량 > 공급량) → 가격상승 → 수요량 감소, 공급량 증가

② **교환의 이득**(사회적 잉여 = 소비자 잉여 + 생산자 잉여) : 시장의 균형수준에서 최대
- 소비자 잉여 = 소비자효용 – 실제 지불한 금액(*시장가격이 낮아질수록 커짐)
- 생산자 잉여 = 총수입 – 생산비용(*시장가격이 높을수록 커짐)

✔ **거미집이론(cobweb theory)**
시차를 도입한 동태적인 이론으로 주로 농산물과 같이 공급량이 시차를 두고 반응하는 경우를 설명하는 데 사용되는 이론. 거미집이론에 따르면 생산기간이 길수록 가격변화에 따라 즉각적인 공급조절이 어렵기 때문에 초과공급 또는 초과수요가 발생하게 되는데 이처럼 농산물은 폭락과 폭등을 반복하면서 수급의 균형을 찾아간다고 설명하고 있다.

✔ **재화의 성질**

구분	내용
정상재	우등재 또는 상급재라고도 하며 소득이 증가(감소)하면 수요가 증가(감소)하여 수요곡선 자체가 우상향(좌상향)으로 이동
열등재	소득이 증가(감소)하면 수요가 감소(증가)하며, 수요곡선 자체가 좌하향(우상향)으로 이동
기펜재	열등재의 일종으로, 재화의 가격이 하락하면 오히려 재화의 수요도 감소하는 예외적인 수요법칙을 보이는 재화
중간재	소득이 변화함에도 불구하고 동일한 가격에서 수요량은 전혀 변하지 않는 재화로 소득이 증가(감소)하여도 수요 및 수요곡선 자체는 불변

✔ 관련 재화의 가격 변동

구분	내용	예
대체재	두 재화가 서로 비슷한 용도를 지녀 한 재화 대신 다른 재화를 소비하더라도 만족에 별 차이가 없는 관계. 서로 경쟁적인 성격을 띠고 있어 경쟁재라고도 하며 만족감이 높은 쪽을 상급재, 낮은 쪽을 하급재라 한다. 만약 두 재화 A, B가 대체재라면 A재화의 가격이 상승(하락)하면 A재화의 수요는 감소(증가)하고 B재화의 수요는 증가(감소)한다.	설탕과 꿀, 콜라와 사이다, 연필과 샤프, 버터와 마가린 등
보완재	한 재화씩 따로 소비하는 것보다 두 재화를 함께 소비하는 것이 더 큰 만족을 주는 재화의 관계. 두 재화 A, B가 보완재일 경우, A재화의 가격이 상승(하락)하면 A재화 및 B재화 모두 수요가 감소(증가)한다.	잉크와 프린터, 빵과 잼, 커피와 커피 크리머 등
독립재	한 재화의 가격이 다른 재화의 수요에 아무런 영향을 주지 않는 재화의 관계. 따라서 수요곡선 자체도 불변이다.	쌀과 설탕, 안경과 빵, 카메라와 사과 등

6 소득효과와 대체효과

① **소득효과**(Income Effect) : 가격의 하락이 소비자의 실질소득을 증가시켜 그 상품의 구매력이 높아지는 현상. 이것은 마치 소득이 높아져 수요가 증가되는 현상과 비슷하기 때문에 소득효과라 불린다.

② **대체효과**(Substitution Effect) : 실질소득에 영향을 미치지 않는 상대가격 변화에 의한 효과. 실질소득의 변화가 아닌 상대가격변화의 변화에 따라 다른 비슷한 용도의 물건으로 수요가 늘어나는 현상을 대체효과라 부른다.

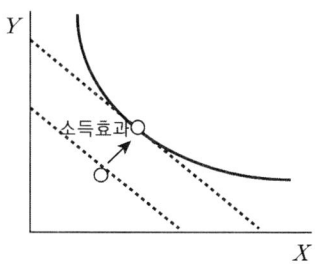 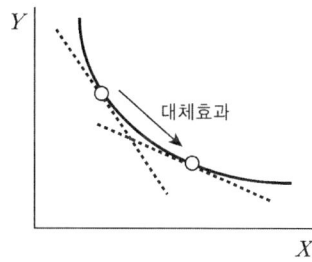

7 탄력성

① **수요의 가격 탄력성**: 상품 가격이 변동할 때 수요량이 변화하는 정도를 나타낸 것

$$E_d = \frac{수요량의\ 변화율(\%)}{가격의\ 변화율(\%)} = \frac{\frac{\triangle Q}{Q}}{\frac{\triangle P}{P}} = |\frac{dQ \times P}{dP \times Q}|$$

② **공급의 가격 탄력성**: 가격이 변화할 경우 공급량이 얼마나 변화하는지를 나타내는 지표

$$E_s = \frac{공급량의\ 변화율(\%)}{가격의\ 변화율(\%)} = \frac{dQ}{dP} \times \frac{P}{Q}$$

③ **수요의 교차탄력성**: 어떤 재화의 수요가 관련 재화의 가격 변화에 반응하는 정도를 측정하는 척도

$$\varepsilon_{XY} = \frac{X재의\ 수요량변화율(\%)}{Y재의\ 가격변화율(\%)} = \frac{dQx}{dPy} \times \frac{Py}{Qx}$$

$\varepsilon_{XY} > 0$: 대체재, $\varepsilon_{XY} < 0$: 보완재, $\varepsilon_{XY} = 0$: 독립재

Q 실전문제 _ 02 한국교통안전공단 기출유형

수요의 가격탄력성에 대한 설명으로 옳지 않은 것은?

① 수요의 가격탄력성은 어떤 재화의 가격이 변할 때 그 재화의 수요량이 얼마나 변하는지 나타내는 척도이다.
② 수요에 대한 가격탄력성은 대체재가 많을수록 큰 값을 갖는다.
③ 수요곡선이 우하향의 직선인 경우 수요의 가격탄력성은 임의의 모든 점에서 동일하다.
④ 재화에 대한 수요의 가격탄력성이 1일 때, 재화의 가격이 변하더라도 그 재화를 생산하는 기업의 총수입에는 변화가 없다.
⑤ 재화의 수요가 탄력적일 때, 재화의 가격이 하락하면 그 재화를 소비하는 소비자의 총지출은 증가한다.

✔ 수요의 가격탄력성은 우하향하는 수요곡선이 직선인 경우에 수요곡선의 기울기가 동일할지라도, 어디에 위치했는가에 따라서 그 결과가 달라진다. 가격이 상승하고 수량이 작아질수록 수요의 가격탄력성은 커진다. 따라서 수요곡선상에서 탄력성은 다르다.

답 ③

Q 실전문제 _ 03 농어촌공사 기출유형

수요함수 P=10-Q이고, 가격이 2일 때 수요의 가격탄력성은?

① 0
② 0.25
③ 0.5
④ 1
⑤ 1.5

✔ 수요의 가격탄력성= $-\frac{수요량변화율}{가격변화율} = -\frac{dQ}{Q} \times \frac{P}{dP} = -\frac{dQ}{dP} \times \frac{P}{Q}$

여기서 $\frac{dQ}{dP}$ 는 수요함수 Q를 가격 P로 미분한다는 의미이므로, 주어진 수요함수를 미분하면 −1이다. $\frac{P}{Q}$ 는 P와 Q는 탄력성을 구하는 지점에서의 가격과 수요량을 각각 의미하므로, P=2를 수요함수에 대입하면 Q=8이 된다. 따라서 $\frac{P}{Q} = \frac{2}{8}$

∴ 수요의 가격탄력성= $-(-1) \times \frac{2}{8} = \frac{1}{4}$ =0.25

 ②

8 조세의 전가와 귀착

① 조세의 종류
- 종량세 : 종량세는 수량단위당 일정 금액을 과세하는 것으로 종량세를 부과하면 공급곡선이 상방으로 평행 이동한다. 수량이 많고 가격이 낮은 상품일수록 종량세의 소비 억제효과가 크다.
  종량세 부과 시 생산량은 감소하고 가격은 상승한다. 또한 소비자가격이 상승하였으므로 단위당 조세액의 일부가 소비자에게 전가된다. 그러나 단위당 조세액의 전부가 소비자에게 전가되는 것은 아니다.
- 종가세 : 종가세는 가격당 일정 비율을 과세하는 것으로 종가세를 부과하면 공급곡선이 더욱 가파르게 회전한다. 수량이 적고 가격이 높은 상품일수록 종가세의 소비 억제효과가 크다.
  정액세 부과 시 생산량과 가격은 조세부과 이전과 동일하며 재화가격이 불변이므로 소비자에게 전혀 조세전가가 이루어지지 않는다. 다만 조세액만큼 독점기업의 이윤이 감소한다.

② 경제적 귀착의 측면에서 소비자와 생산자 중에서 누구에게 납세의무를 지우는가에 따른 실질적 차이는 없다. 조세의 초과부담은 세율, 수요의 가격탄력성, 상품 거래액이 커질수록 더욱 커진다.

✓ **조세부담의 전가**
조세가 부과되었을 때 각 경제 주체들이 경제활동을 조정하여 조세부담을 다른 경제주체에게 이전시키는 현상

9 최고가격제(가격상한제)

① **최고가격제** : 정부가 최고가격을 설정하고, 설정된 최고가격 이상을 받지 못하도록 하는 제도
  (예) 이자율 규제, 아파트분양가 규제, 임대료 규제 등

② **최고가격제의 효과**
- 장점 : 소비자들은 이전보다 낮은 가격으로 재화를 구입 가능
- 단점 : 초과수요 발생, 암시장의 출현가능성, 사회적인 후생손실 발생, 재화의 품질저하 가능성

③ **최고가격제하에서의 배분방법** : 최고가격제가 실시될 때 재화를 배분하는 방법으로는 선착순, 배급제도, 판매자의 선호에 맡기는 방법 등이 있다.

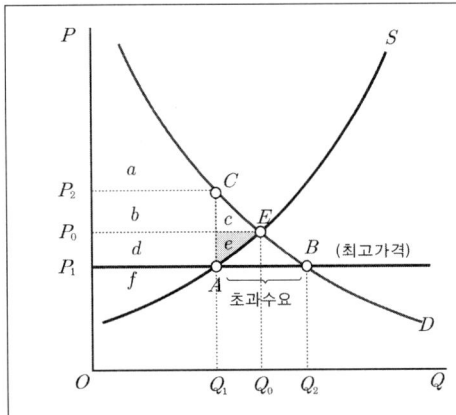

최고가격제의 효과
- 최고가격이 P_1으로 결정되면 $AB(Q_2 - Q_1)$ 만큼의 초과 수요 발생
- 공급량이 Q_1으로 감소하여 암시장이 발생
  → 암시장 가격 = P_2
- 소비자잉여 변화 : $a+b+c \to a+b+d$
  생산자잉여 변화 : $d+e+f \to f$
  사회적 후생손실 : $c+e$

✔ 1급 가격차별
각 단위 재화에 의해 소비자가 최대로 지급할 의사가 있는 가격(유보가격)으로 설정하는 것을 말한다. 소비자 잉여부분이 생산자 잉여 부분으로 귀속된다. 즉 '소비자잉여=0'이 된다.

✔ 2급 가격차별
소비자의 구매량에 따라 단위당 가격을 서로 다르게 설정하는 것
(예) 전기요금, 상하수도 요금, 통신사의 묶음 판매방식 등

✔ 제3급 가격차별
소비자들의 특징에 따라 시장을 몇 개로 분할하여 각 시장에서 서로 다른 가격을 설정하는 것. 이윤극대화를 달성하려면 각 시장에서의 한계수입이 같아지도록 각 시장에서의 판매량을 결정하여야 한다.

✔ 가격차별의 성립조건
  ㉠ 기업이 독점력을 가지고 있어야 한다.
  ㉡ 시장의 분리가 가능하여야 한다.
  ㉢ 각 시장의 수요의 가격탄력성이 서로 달라야 한다.
  ㉣ 시장 간 재판매가 불가능하여야 한다.
  ㉤ 시장분리비용이 시장분리에 따른 이윤증가분보다 적어야 한다.

⑩ 한계효용 이론

① **효용**(utility) : 상품이나 서비스를 소비함으로써 느끼는 소비자의 만족감
   * 영국의 공리주의 철학자 벤담(Bentham)에 의해 처음 제기
   - 한계효용(MU : Marginal Utility) : 재화소비량이 1단위 증가할 때 총 효용의 증가분
   - 총 효용(TU : Total Utility) : 일정기간 동안에 재화나 서비스를 소비함에 따라 얻게 되는 주관적인 만족도의 총량

✔ **한계효용과 총 효용의 관계**
   - 한계효용이 (+)이면 소비량이 증가할수록 총 효용이 증가한다.
   - 한계효용이 0일 때 총 효용이 극대화된다.
   - 한계효용이 (−)이면 소비량이 증가할수록 총 효용이 감소한다.

✔ **한계효용체감의 법칙** : 재화의 소비가 증가할수록 그 재화의 한계효용이 감소하는 것
   - 가치의 역설 : 애덤 스미스는 일상생활에 있어서 필수불가결한 물의 가격은 매우 낮은 데 비하여, 전혀 존재하지 않더라도 살아가는 데는 아무런 문제가 없는 다이아몬드의 가격은 매우 높게 형성되는 사실을 지적하였는데 이를 가치의 역설이라고 한다.
   - 한계효용학파는 가격은 총 효용이 아닌 한계효용에서 결정되는 것으로, 다이아몬드는 총 효용이 매우 작지만 수량이 작아 높은 한계효용을 가지므로 높은 가격이 형성되고, 물은 총 효용은 크지만 수량이 풍부해 낮은 한계효용을 갖기 때문에 낮은 가격이 형성된다고 말한다.

✔ **한계효용균등의 법칙**(law of equimarginal utilities) : $\dfrac{Mx}{Px} = \dfrac{My}{Py}$

소비자나 기업 등의 경제주체가 한정된 자본이나 소득으로 여러 가지 재화를 구입하는 경우, 최대효용을 얻고자 한다면 그 재화로 얻는 한계효용이 같아야 한다는 법칙

⑪ 무차별곡선(indifference curve)

① 어떤 개인이 동일한 효용을 얻을 수 있는 X재와 Y재의 조합을 연결한 선으로 우하향의 형태로 도출된다. 무차별곡선은 어떤 개인의 선호를 나타내는 곡선으로 개인별로 무차별곡선의 형태는 서로 다를 수 있다.

② 특성

구분	내용
우하향의 기울기를 갖는다.	X재 소비량이 많아지면 동일한 효용수준을 유지하기 위해서는 Y재 소비량이 감소해야 하므로 무차별곡선은 우하향한다.
원점에서 멀어질수록 더 높은 효용수준을 나타낸다.	원점에서 멀어질수록 X재와 Y재의 소비량이 증가하므로 효용수준이 높아진다.
서로 교차할 수 없다.	무차별곡선이 서로 교차하면 모순이 발생하므로 일정 시점에서 한 개인의 무차별곡선은 서로 교차하지 않는다.
원점에 대해 볼록하다.	소비자가 다양성을 추구하기 때문에 한계대체율체감의 법칙을 의미

※ 무차별곡선이론은 서수적 효용, 한계효용이론은 기수적 효용을 전제한다.

⑫ 소득소비곡선(ICC)와 가격소비곡선(PCC)

① **소득소비곡선**(ICC : Income Consumption Curve)
주어진 효용함수와 예산제약식 하에서 소득이 변할 때 효용을 극대화시키는 점들을 연결한 선. ICC곡선을 보고 정상재, 열등재 판단→어떤 경우에도 두 재화가 동시에 열등재, 사치재, 기펜재일 수 없다.

② **가격소비곡선**(PCC : Price Consumption Curve)
재화의 가격변화에 따른 소비자균형점들의 변화경로를 연결한 선을 말하며, 수요곡선은 가격과 재화수요량의 관계를 나타내는 곡선으로 가격소비곡선에서 도출된다.

③ **수요의 가격탄력성과 가격소비곡선**
   ㉠ 수요의 가격탄력성이 1일 때 : PCC는 수평선의 형태
   ㉡ 수요의 가격탄력성이 1보다 크거나 작을 때 : X재 수요의 가격탄력성이 1보다 크면 PCC는 우하향의 형태이고, 가격탄력성이 1보다 작으면 PCC는 우상향의 형태로 도출

✔ **엥겔곡선** : 소득변동에 따른 한 재화의 효용극대화점을 연결해 만든 그래프

✓ **현시선호이론(theory of revealed preference)**
소비자의 시장행동에서 출발하여 수요함수가 소비자에게 합리적이기 위해서는 재화에 대해 어떤 현시된 선호순서를 가질 것인가를 고찰하는 것.
소비자의 선호에서 무차별곡선은 원래 소비자의 관념 속에서만 존재하므로 외부로부터 투시할 수 없다. 따라서 소비자의 선호는 주어진 가격조건에서 결정되는 수요량으로 현시될 뿐이다.

⑬ 약공리와 강공리

① **약공리**(WARP : Weak Axiom of Revealed Preference) **개념** : 주어진 예산집합에서 어느 한 상품조합을 선택하면 다른 상품조합을 선택하지 않는다. 소비자선택이 일관성이 있음을 의미한다.

구분	내용
소득효과분석	소득이 오르면 소득효과가 발생한다(소득효과에 의한 효용변화는 측정 불가능). 소득효과는 소득증가 이전의 예산집합 안에서는 나타나지 않는다.
대체효과분석	가격비율(가격벡터, 상대가격)이 바뀌면 대체효과가 발생한다. 대체효과는 가격비율변화 이전의 예산집합 안에서는 나타나지 않는다.
가격효과분석	가격효과의 방향에 따라 정상재, 열등재, 기펜재를 구분할 수 있다. 가격효과에서 수요곡선이 도출된다.

② **한계대체율체감의 법칙** : 약공리를 이용해서 무차별곡선이 원점에 볼록한 형태가 되는 것을 증명 할 수 있다.

③ **강공리**(이행성의 공리) : 가격비율이 바뀌더라도 소비자는 초기의 상품조합을 여전히 현시선호한다. 강공리가 성립하면 약공리는 자동적으로 성립하며 대체효과가 발생하지 않는다.

⑭ 지수(指數)

어떤 시점에서 재화구입량이나 가격이 기준시점에 비하여 평균적으로 얼마나 변화하였는지를 나타내는 지표

① **라스파이레스**(Laspeyres) **지수** : 기준연도의 소비묶음을 구입하는 데 드는 비용을 기준연도의 가격과 비교연도의 가격하에서 비교한 것이다.

$$\text{라스파이레스 물가지수(LPI)} = \frac{\sum \text{비교연도가격} \times \text{기준연도수량}}{\sum \text{기준연도가격} \times \text{기준연도수량}}$$

② **파셰 지수**(Paasche index) : 비교연도의 거래량을 기준연도의 가격에 비해서 비교연도의 가격으로 계산할 때 얼마나 더 또는 덜 비용이 드는가를 보여준다. 즉, 비교연도의 거래량을 가중치로 사용한 것을 의미한다. 그리고 소비자 후생의 개선은 파셰수량지수가 1보다 크거나 같을 때이다.

$$\text{파셰 물가지수(PPI)} = \frac{\sum \text{비교연도가격} \times \text{비교연도수량}}{\sum \text{기준연도가격} \times \text{비교연도수량}}$$

✓ **규모의 경제(economy of scale)와 범위의 경제(economies of scope)**
   ㉠ 규모의 경제는 산출량이 증가함에 따라 장기 평균총비용이 감소하는 현상. 글로벌화를 통하여 선호가 동질화된 세계 시장의 소비자들을 상대로 규모의 경제를 실현할 수 있다.
   ㉡ 범위의 경제는 많은 기업들이 한 제품보다는 여러 제품을 함께 생산하는 결합생산의 방식을 채택하면 생산비용을 절감할 수 있는 현상

15 등량곡선(isoquant)

동일한 양의 재화를 생산할 수 있는 L(노동)과 K(자본)의 조합을 연결한 곡선.
등량 곡선은 모든 생산요소가 가변요소일 때의 생산함수인 장기생산함수를 그림으로 나타낸 것.

① **등량곡선의 성질**
   - 등량곡선은 우하향의 기울기를 갖는다.
   - 원점에서 멀리 떨어져 있을수록 높은 산출량을 나타낸다.
   - 등량곡선은 서로 교차할 수 없다.
   - 등량곡선은 원점에 대해 볼록한 형태이다(한계기술체감의 법칙).
     * 두 생산요소가 완전보완재 관계 – L자 형태
     * 두 생산요소가 완전대체재 관계 – 우하향하는 직선 형태
② **무차별곡선과 등량곡선의 차이점** : 무차별곡선은 원점에서 멀어질수록 높은 효용수준을 나타낸다(효용의 크기는 서수적으로 표시). 반면에 등량곡선은 요소투입량과 산출량 간의 기술적인 관계를 나타내는 생산함수에서도 도출된다(산출량의 크기는 기수적으로 표시).

✓ **등비용곡선** : 장기에 있어서 총비용으로 기업이 구입할 수 있는 자본과 노동의 모든 가능한 조합들을 연결한 선. 소비자선택이론에서 예산선에 해당하는 개념이 등비용선

✔ **생산자균형** 등량곡선과 등비용선이 접하는 E에서 생산자의 비용극소화가 달성된다.

㉠ 등량곡선의 기울기(MRTS$_{LK}$) = 등비용선의 기울기($\frac{w}{r}$)

㉡ 생산자 균형조건 : MRTS$_{LK}$ = $\frac{\triangle K}{\triangle L}=\frac{MP_L}{MP_K}$ 이므로 생산자 균형조건은

$\frac{MP_L}{w}=\frac{MP_K}{r}$ (한계생산물균등의 법칙)이 된다.

여기서 한계생산물균등의 법칙이란 각 생산요소의 구입에 지출된 1원의 한계생산물이 같도록 생산요소를 투입하여야 비용 극소화가 달성됨을 의미한다.

✔ **한계기술대체율(MRTS: Marginal Rate of Technical Substitution)**

㉠ 동일한 생산량을 유지하면서 노동을 추가로 1단위 더 고용하기 위하여 감소시켜야 하는 자본의 수량. MRTS는 등량곡선 접선의 기울기로 측정되며 MP$_L$과 MP$_K$의 비율로 나타낼 수 있다.

MRTS$_{LK}$ = $\frac{\triangle K}{\triangle L}=\frac{MP_L}{MP_K}$

㉡ 한계기술대체율체감의 법칙 : 동일한 생산량을 유지하면서 자본을 노동으로 대체해 감에 따라 한계기술대체율이 점차 감소하는 현상. 등량곡선이 원점에 대하여 볼록하기 때문에 한계기술대체율이 체감한다.

✔ **레온티에프 생산함수(Leontief production function)**

L자 모양을 한 등량곡선의 경우에는 한계기술대체율이 아무리 변화해도 생산요소투입비율에는 아무 변화가 없어 대체탄력성이 0임을 알 수 있다. 두 생산요소가 일정한 비율로 결합되어 생산에 투입되어야 하며, 한 생산요소의 투입이 아무리 크게 증가한다 하더라도 다른 생산요소와 그 비율로 결합되지 않는 한 그 요소의 한계생산이 0인 경우이다.

두 생산요소가 완전히 보완적인 관계를 가진다고 할 수 있는데, 이러한 특성의 생산기술을 대표하는 생산함수를 고정비율 생산함수라 한다.

16 대체탄력성(elasticity of substitution)

① 요소가격비율의 변화에 따라 요소고용비율은 얼마나 변화하게 될 것인가를 측정하는 척도

생산자균형에서 요소가격비율은 기술적한계대체율과 같으므로 대체탄력성은 결국 요소고용비율의 변화율을 등량곡선의 기울기의 변화율로 나눈 것으로 표현된다.

② 대체탄력성과 요소소득의 상대적 분배 관계

대체탄력성	임금($\frac{w}{r}$)이 하락할 경우	노동소득분배율
$\sigma > 1$	임금하락률 < 노동투입증가율	증가
$\sigma = 1$	임금하락률 = 노동투입증가율	불변
$\sigma < 1$	임금하락률 > 노동투입증가율	감소

17 기술진보와 생산자균형의 이동

① **기술진보** : 일정한 생산량을 보다 적은 생산요소의 투입으로 생산할 수 있게 하는 기술적 변화를 의미한다. 기술진보가 이루어지면 동일한 요소투입량으로 더 많이 생산할 수 있거나, 동일한 양의 재화를 보다 적은 요소투입으로 생산할 수 있게 된다. 따라서 기술진보가 이루어지면 생산가능곡선은 원점에서 점점 멀어지나, 등량곡선은 점점 원점에 가까워진다.

② 노동절약적(자본집약적) 기술진보란 자본의 한계생산물(MP_K)이 노동의 한계생산물(MP_L)보다 더 많이 증가하는 기술진보를 말한다. 노동절약적 기술진보 이후에는 기술진보 이전보다 요소집약도 ($\frac{K}{L}$)가 높아지는데, 이는 기술진보 이후에 상대적으로 노동보다 자본을 더 많이 사용함을 의미한다.

> **Q 실전문제 _ 04**   신용보증기금 기출변형
>
> 기술진보가 발생하는 경우에 나타나는 현상으로 옳은 것은?
> ① 생산가능곡선과 등량곡선 모두 원점으로부터 멀어진다.
> ② 생산가능곡선과 등량곡선 모두 원점을 향하여 가까이 이동한다.
> ③ 자본집약적 기술진보가 일어나면 평균비용곡선이 상방 이동한다.
> ④ 생산가능곡선은 원점으로부터 멀어지고, 등량곡선은 원점을 향하여 가까이 이동한다.
> ⑤ 생산가능곡선은 원점을 향하여 가까이 이동하고, 등량곡선은 원점으로부터 멀어진다.
>
> ✔ 기술진보가 이루어지면 동일한 양의 재화를 투입하더라도 더 많은 재화를 생산할 수 있으므로 생산가능곡선이 바깥쪽으로 이동한다. 그리고 기술진보가 이루어지면 더 적은 양의 생산요소를 투입하더라도 동일한 양의 재화를 생산할 수 있으므로 등량곡선이 원점을 향하여 가까이 이동한다.
> 기술진보가 일어나면 평균비용곡선과 한계비용곡선이 모두 하방으로 이동한다.
>
> 답 ④

✓ 콥 · 더글러스(Cobb-Douglas) 생산함수

생산요소의 투입량과 산출량과의 관계를 나타내는 1차동차형 생산함수로, 수식은 $Q = AL^\alpha K^\beta = AL^\alpha K^{1-\alpha}$로 표시된다. C-D생산함수의 특징은 '노동량과 자본량에 대한 지수의 합이 항상 1'이 된다는 점이다.

> **Q 실전문제 _ 05**   전력거래소 기출유형
>
> 다음은 Cobb-Douglas 생산함수에 대한 설명 중이다. 이 중 가장 옳지 않은 것은?
> ① 생산요소 간의 대체탄력성은 항상 1이다.
> ② 규모에 대한 수익은 항상 감소한다.
> ③ 동차함수(homogeneous function)이다.
> ④ 확장경로(expansion path)는 항상 직선이다.
> ⑤ CES(Constant Elasticity of Substitution) 함수의 일종이다.
>
> ✓ Cobb-Douglas 생산함수 $Q = AL^aK^b$에서 a+b=1일 때 1차 동차함수이고 보수 불변이다. a+b>1이면 규모에 대한 보수 증가, a+b<1이면 규모에 대한 보수 감소이다.
> 생산함수가 동차함수이면 확장경로는 원점을 통과하는 직선이다.
>
> **답** ②

✓ CES(constant elasticity of substitution)생산함수

요소대체탄력성이 0과 무한대가 아닌 상수 값을 지닌 생산함수, 한계기술대체율이 체감하는 생산함수, 규모보수가 일정한 1차동차생산함수

18 평균고정비용과 평균가변비용

① **평균고정비용**(AFC : Average Fixed Cost) : 평균고정비용은 총고정비용을 생산량으로 나눈 값이므로 $AFC = \dfrac{TFC}{Q}$으로 정의된다. TFC가 상수이므로 생산량이 증가하면 AFC는 점점 감소하며 평균고정비용곡선은 직각쌍곡선의 형태이며 총고정 비용곡선에서 원점으로 연결한 직선의 기울기로 측정된다.

② **평균가변비용**(AVC : Average Variable Cost) : 평균가변비용은 총가변비용을 생산량으로 나눈 값이므로 $AVC = \dfrac{TVC}{Q}$과 같이 정의된다. AVC는 TVC곡선에서 원점에 연결한 직선의 기울기로 측정되며 평균가변비용은 처음에는 체감하다가 나중에는 체증하므로 AVC곡선은 U자 형태로 도출된다.

✓ 완전경쟁시장을 위한 조건
　㉠ 제품의 동질성 : 수요공급분석에서 하나의 시장가격만이 존재한다.
　㉡ 자유로운 진입과 퇴출 : 신규 기업이 해당산업에 진입하고, 나오는 것에 특별한 비용이 발생하지 않는다.
　㉢ 가격수용자로서 수요자와 공급자 : 시장가격에 영향을 미칠 수 없는 기업이나 소비자이다.
　㉣ 자원의 완전한 이동이 가능하고 완벽한 정보를 얻을 수 있다.

19 완전경쟁기업의 단기공급곡선

이윤극대화 생산량은 P(=MR)인 점에서 결정된다.

① **가격=P_0일 때** : P=MC는 A에서 달성 → q_0 만큼 생산(A에서는 P > AC이므로 초과이윤 발생)

② **가격=P_1일 때** : P=MC는 B에서 달성 → q_1 만큼 생산
　(B에서는 P=AC이므로 정상이윤 발생 : 손익분기점)

③ **가격=P_2일 때** : P=MC는 C에서 달성 → q_2 만큼 생산

④ **가격=P_3일 때** : P=MC는 D에서 달성 → 생산 여부 불분명
　(P = AVC이므로 생산할 때와 생산을 하지 않을 때의 손실이 TFC로 동일)

⑤ **가격<P_3일 때** : 가변비용도 회수할 수 없으므로 생산포기 – 생산중단점

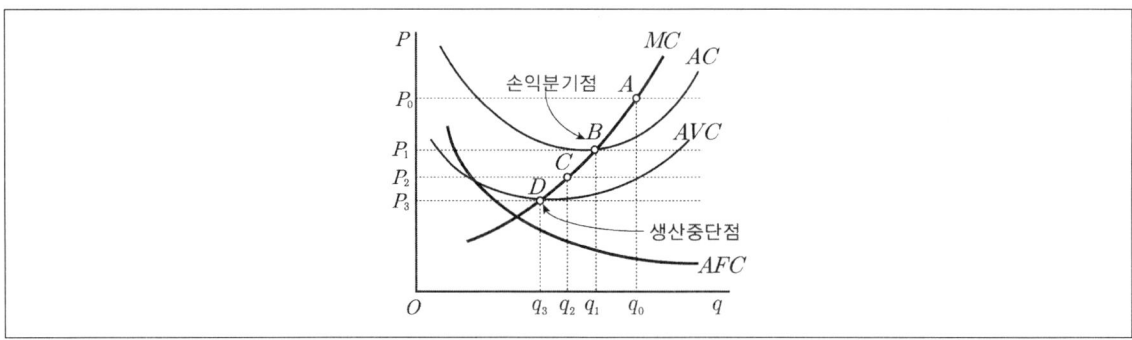

⑳ 독점(獨占)시장

① **독점시장 발생의 원인**
- 경제·기술적 요인에 의한 진입장벽 : 생산요소(광산, 토지 등)의 독점적 소유, 규모의 경제로 자연독점 발생(전기, 전화, 철도, 수도사업), 작은 시장규모, 기술혁신
- 제도·행정적 요인에 의한 진입장벽 : 특허권, 정부의 독점권 부여(담배인삼공사), 정부의 인허가
- 독점의 특징 : 시장 지배력을 가진 가격결정자, 우하향의 수요곡선, 경쟁 압력의 부재

② **독점시장의 단기균형**
- 독점기업은 한계수입과 한계비용이 만나는 점에서 가격과 수량이 결정된다.
- 단기에 독점기업은 초과이윤, 정상이윤, 손실 중 어느 것도 가능하다.
- 완전경쟁시장에서는 가격(P)=한계비용(MC)이 성립한다. 하지만 독점시장은 P>MC가 성립한다.
- 가격과 한계비용의 불일치로 인해 독점시장에서는 사회적 후생손실이 발생한다.
- 독점시장의 단기공급곡선은 존재하지 않는다.

③ **가격차별**(price discrimination) : 독점기업은 가격결정자로서 가격차별화가 가능하며 다음의 가격차별의 조건을 구비해야 한다.
- 소비자를 각각 상이한 그룹으로 구분이 가능해야 한다.
- 구매자 간 상품의 전매가 불가능하여야 한다.
- 판매자가 시장지배력을 행사해야 한다.
- 서로 다른 그룹으로 구분된 시장, 수요자군의 가격탄력성은 모두 달라야 한다.
- 시장을 구분하는 데 소요되는 비용이 가격차별의 이익보다 작아야 한다.

Q 실전문제 _ 06   기술보증기금 기출유형

독점기업의 가격차별에 관한 설명으로 옳지 않은 것은?
① 독점기업이 시장에서 한계수입보다 높은 수준으로 가격을 책정하는 것은 가격차별전략이다.
② 1급 가격차별 시 사중손실(deadweight loss)이 0이 된다.
③ 2급 가격차별의 대표적인 예로 영화관 조조할인을 들 수 있다.
④ 3급 가격차별 시 수요의 가격탄력성이 상대적으로 작은 시장에서 더 높은 가격이 설정된다.
⑤ 3급 가격차별 시 이윤극대화를 달성하려면 한 시장에서의 한계수입은 다른 시장에서의 한계수입과 같아야 한다.

✔ 영화관 조조할인은 3급 가격차별의 대표적인 예이다. 2급 가격차별의 대표적인 예로는 전기요금, 수도요금 등을 들 수 있다.
② 1급 가격차별 시 소비자잉여가 0이 되고, 수요곡선이 한계수입(MR)곡선과 일치하므로 생산량은 완전경쟁과 동일하여 사중손실 (deadweight loss)이 0이 된다.
③ 3급 가격차별 시 수요가 탄력적인 시장에서는 낮은 가격, 수요가 비탄력적인 시장에서는 높은 가격을 설정한다.
⑤ 3급 가격차별 시 이윤극대화를 달성하려면 각 시장에서의 한계수입이 같아지도록 각 시장에서의 판매량을 결정하여야 한다.

답 ③

④ **독점적 경쟁시장의 특성**
- 시장 내에 다수의 기업이 존재하므로 개별기업은 다른 기업들의 행동 및 전략을 고려하지 않고 독립적으로 행동하나, 가격 면에서 치열한 가격경쟁을 벌인다.
- 독점적 경쟁기업은 상표, 품질, 포장, 디자인, 기능 등에서 약간씩 차이가 있는 재화를 생산한다(소비자의 다양한 욕구를 충족시킨다).
- 진입과 탈퇴가 자유롭기 때문에 초과이윤이 발생하면 새로운 기업의 진입이 이루어지고, 손실이 발생하면 일부 기업이 퇴거한다.

21 과점(寡占)시장

① 소수의 기업이 시장수요의 대부분을 공급하는 시장형태. 과점시장에서는 기업 수가 소수이므로 개별기업이 시장에서 차지하는 비중이 상당히 높으며, 한 기업의 생산량 변화는 시장가격과 다른 기업이윤에 큰 영향을 미친다. 공급자가 단 둘뿐인 복점시장(duopoly)도 과점시장에 해당한다.

② **과점시장의 특징** : 기업 간의 상호의존성, 비가격경쟁, 다양한 비경쟁행위 경향, 진입장벽 존재

✔ **베르뜨랑(Bertrand) 모형**
  ㉠ 가정
   - 재화생산의 한계비용은 0으로 일정하다. MC=0으로 둔 것은 분석의 편의를 위한 가정이다.
   - 각 기업은 상대방이 현재의 가격을 그대로 유지할 것으로 보고 자신의 가격을 결정한다.
   - 두 기업 모두 가격의 추측된 변화(CVP)는 0이라고 가정한다.
  ㉡ 내용
   - 기업 A가 한계비용보다 높은 P_0의 가격을 설정한다면, 기업 B는 P_0보다 약간 낮은 P_1의 가격을 설정하여 모든 소비자를 유인하는 것이 가능하다.
   - 그렇게 되면 기업 A는 P_1보다 조금 낮은 P_2의 가격을 설정함으로써 다시 시장수요 전부를 차지하는 것이 가능하다.
   - 각 기업이 모두 상대방보다 약간씩 낮은 가격을 설정하려고 하면 결국 가격은 한계비용과 같아지고, 두 기업의 이윤은 모두 0이 된다.
  ㉢ 평가 : 두 기업이 생산하는 재화가 완전히 동질적이고, 기업의 비용조건이 동일하다는 비현실적인 가정에 입각하고 있어 현실의 설명력이 낮다.

✓ 쿠르노(Cournot) 모형

㉠ 경제학자 쿠르노가 주창한 과점 모형으로 시장에 두 개의 기업이 있는 경우를 분석하는 모형. 두 기업 모두 생산량의 추측된 변화(CVQ)는 0이라고 가정한다.

㉡ 쿠르노 모형의 특징은 상대 기업이 현재의 산출량을 그대로 유지할 거라는 가정하에 자신의 행동을 선택한다는 것. 따라서 두 기업 모두 추종자(follower)로서 행동한다.

㉢ 쿠르노 모형에서 두 기업 전체의 생산량은 완전경쟁시장 수준의 2/3 정도만 생산

✓ 슈타켈버그(Stackelberg) 모형

쿠르노 모형과 다르게 두 기업 중 선도자가 있는 경우를 가정한다.

㉠ 두 기업 모두 선도자로 행동하는 경우 : 전쟁 상태로 균형이 결정되지 않음 → 불균형 상태

㉡ 추종자의 생산량 변화에 선도자가 영향받지 않으므로 추종자의 생산량 추측변이는 0이라고 가정

㉢ A가 선도자이고, B는 추종자일 경우 : 선도자 생산량은 완전경쟁의 1/2, 추종자 생산량은 완전경쟁의 1/4, 즉 전체 생산량은 완전경쟁의 3/4 정도만 생산

> ※ 완전경쟁시장일 때의 생산량을 Q라고 가정하면
> - 독점은 Q×(1/2) 생산
> - 쿠르노 과점은 Q×(2/3) (두 기업이 각각 1/3씩 생산)
> - 슈타켈버그 과점은 Q×(3/4) (선도기업이 1/2, 추종기업이 1/4 생산)
> - 베르뜨랑 과점은 Q만큼 생산

✓ 굴절수요곡선 모형 추측변이(CV)

가격 인상 시 다른 기업은 가격을 따라 올리지 않지만(CVP=0), 가격 인하 시 다른 기업도 따라서 가격을 내리므로 가격 인하 시의 추측된 변화는 0보다 크다(CVP>0).

✓ 카르텔(cartel)

과점기업 간 협약관계에 의한 기업연합을 의미하며 각각의 기업은 법률 및 경제적 독립성을 유지하며 협약에 의한 결합을 유지한다. 카르텔을 통해 과점기업들은 더 많은 이윤을 확보하고 새로운 경쟁자의 진입을 저지할 수 있다.

- 카르텔의 붕괴유인 : 카르텔의 협정을 위반하면 더 많은 초과이윤이 보장되는 경우, 담합이 복잡하거나 담합위반의 보복정도가 낮을 경우.
- 카르텔 사례 : 정유분야, 자동차분야, 라면분야 등

✓ X-비효율성(X-Inefficiency)

경쟁이 제약됨으로써 독점기업은 생산비용을 낮추려는 노력을 상대적으로 게을리하게 된다. 즉, 평균비용보다 높은 비용으로 생산하는 경우가 일반적인데, 이때 평균비용보다 높은 비용으로 생산함으로써 비효율성이 발생한다.

✔ **후방굴절 노동공급곡선은 임금이 상승할 때 노동공급이 감소하는 경우를 나타낸 것**

임금이 상승하면 노동이 감소하는 구간 즉, 노동공급곡선이 후방으로 굴절하는 구간은 바로 소득효과가 대체효과보다 큰 경우이다.

✔ **임금상승에 따른 소득효과와 대체효과**
- 대체효과 : 임금상승→여가의 상대가격 상승→여가소비 감소→노동공급 증가
- 소득효과 : 임금상승→실질소득의 증가→여가소비 증가→노동공급 감소

* 여가가 열등재가 되면 실질소득이 증가할 때 여가소비가 감소하므로 소득효과도 노동공급을 증가시키게 된다. 따라서 여가가 열등재인 경우에는 소득효과와 대체효과 모두 노동공급을 증가시키므로 노동공급 곡선이 후방굴절형이 되기 위해서는 여가가 정상재이어야만 한다.

22 우월전략과 내쉬균형

① **우월전략균형** : 상대방의 전략과는 관계없이 자신의 이윤을 크게 만드는 전략. 하나의 균형만이 존재
② **내쉬균형**(Nash equilibrium) : 각각의 경기자가 상대방의 전략을 주어진 것으로 보고 최적인 전략을 선택할 때 나타나는 균형을 말하는 것으로 균형이 하나 이상도 존재한다. 내쉬균형 상태에서는 상대방의 효용의 손실 없이는 자신의 효용을 증가시킬 수 없기 때문에 파레토 최적을 이룬다.
③ **게임 이론** : 의사결정 시 상대방의 반응, 전략적 상황까지 고려하여 도달 가능한 균형을 분석하기 위한 이론으로, 내쉬균형은 게임 이론에서 가장 일반적으로 사용하는 균형 개념이다.

> 우월전략균형은 모두 내쉬균형에 포함된다. 그러나 우월전략균형이 없어도 내쉬균형은 존재할 수 있다. 내쉬균형은 여러 개가 존재할 수도 있기 때문에 우월전략균형이 아닌 내쉬균형도 있을 수 있다. 또한 죄수의 딜레마는 우월전략균형이자 내쉬균형이다. 모든 내쉬균형이 항상 파레토최적은 아니며, 죄수의 딜레마는 파레토 비효율적인 내쉬균형이자 우월전략균형인 것이다.

* 파레토최적(Pareto's law) : 다른 사람의 효용 손실 없이는 자신의 효용을 증가시킬 수 없는 상태

✔ **경제적 지대(economic rent)와 준지대(quasi-rent)**
㉠ 경제적 지대 : 공급이 제한되어 있는 또는 공급탄력성이 극히 낮은 생산요소(토지·노동·자본)에 발생하는 추가적 소득. 즉 자원이 대체적인 다른 어떤 사용처로부터 얻을 수 있는 수익을 초과한 몫
㉡ 준지대 : 총수입에서 가변요소비용을 뺀 값을 말한다. 장기에는 고정생산요소가 존재하지 않기 때문에 준지대는 단기적인 개념이며, 고정비용과 이윤의 합으로 구성된다.
∴ 준지대=총수입-총가변비용=총고정비용+초과이윤

23 소득재분배

① 10분위 분배율 = $\dfrac{\text{하위 40\% 인구의 소득누적비율}}{\text{상위 20\% 인구의 소득누적비율}}$

십분위 분배율은 0과 2사이의 값을 가지며 값이 작을수록 소득분배가 불균등하다.

② **로렌츠곡선**(Lorenz curve) : 계층별 소득분포자료에서 인구의 누적점유율과 소득의 누적점유율 사이의 대응관계를 나타낸 것.
- 소득분배가 균등할수록 로렌츠곡선은 직선에 가까워진다.
- 소득분배가 불균등할수록 로렌츠곡선은 직각굴절선에 가까워진다.

③ 지니계수는 0에서 1사이의 비율을 가지며, 1에 가까울수록 불평등도가 높은 상태를 나타낸다.

지니계수는 값이 클수록 불균등한 상태를 나타낸다. 지니 계수는 0.40 미만이면 고른 균등 분배, 0.40에서 0.50 사이이면 보통의 분배를 나타내며, 0.5 이상이면 저균등 분배를 의미한다.

④ 엥겔의 법칙(Engel's law)은 저소득가정일수록 전체의 생계비에 대한 식료품비가 차지하는 비중이 높아지는 현상을 말한다. 그러므로 소득이 증가함에 따라 전체의 생계비 중에서 음식비가 차지하는 비중이 감소하는 현상으로 소득분배와는 무관하다.

Q 실전문제 _07 　　　　　　　　　　　　　　　　　　　　　　　　서울시설공단, IBK 기출유형

소득 불평등 지표에 대한 설명으로 옳지 않은 것은?

① 십분위분배율의 값이 커질수록 더 평등한 분배 상태를 나타낸다.
② 로렌츠 곡선이 대각선에 가까워질수록 소득분배는 평등하다.
③ 앳킨슨지수는 값이 클수록 소득분배가 평등하다.
④ 로렌츠곡선이 대각선과 일치할 경우 지니계수는 0이다.
⑤ 지니계수의 값이 클수록 소득분배는 불평등하다는 것을 나타낸다.

✔ 앳킨슨지수는 그 사회의 소득분배가 얼마나 공평한가는 그 사회 구성원들이 분배상태에 대해 얼마나 만족하고 있는가에 의해 결정되는 주관적인 개념이라고 보고 이를 측정하는 지수이다.

앳킨슨지수(A) = $1-\left(\dfrac{\text{균등분배대등소득}}{\text{실제 평균소득}}\right)$ 로 0과 1사이의 값을 가지며, 값이 클수록 소득분배가 불평등하다.

답 ③

㉔ 파레토 효율성(Pareto efficiency)과 차선이론

① 하나의 자원배분상태에서 다른 어떤 사람에게 손해가 가도록 하지 않고서는 어떤 한 사람에게 이득이 되는 변화를 만들어내는 것이 불가능할 때 이 배분상태를 파레토 효율적이라고 한다.

② **차선 이론**(theory of second best) : 자원배분의 파레토효율성을 달성하기 위한 모든 조건이 동시에 충족되지 않는 상황에서는, 그 중에서 더 많은 효율성조건을 충족시킨다고 해서 사회적으로 더 바람직한 상태가 되는 것은 아님을 보여주는 이론

✓ **왈라스 법칙(Walars' law)**
화폐를 교환의 매개수단으로 하는 시장에 있어서는 재화를 사는 일은 화폐를 공급하는 것이며, 재화를 파는 일은 화폐를 수요하는 것이다. 따라서 화폐 이외의 재화의 총수요가 총공급을 초과하면 이는 화폐의 총공급이 총수요를 초과함을 의미한다.

✓ **후생경제학 제1정리와 제2정리**
  ㉠ 후생경제학 제1정리 : 모든 소비자의 선호체계가 강단조성을 지니고, 외부성 및 공공재 등의시장실패 요인이 존재하지 않는다면 일반경쟁균형(왈라스균형)의 자원배분은 파레토 효율적이다.
  ㉡ 후생경제학 제2정리 : 초기부존자원이 적절히 분배된 상태하에서 모든 소비자의 선호체계가 볼록성을 가지면 파레토효율적인 배분은 일반경쟁균형이 된다.

✓ **에지워스 박스(Edgeworth box)**
두 종류의 재화를 소비하는 두 소비자를 고려할 때, 각 사람에게 돌아갈 수 있는 모든 가능 배분을 나타내는 사각형 모양의 도형 또는 두 생산방식에 투입되는 두 생산요소의 모든 가능 배분을 나타내는 도형. 영국의 경제학자 에지워스(Edgeworth, F. Y.)의 이름을 따서 붙인 용어이다.

㉕ 애로우(Arrow)의 불가능성 정리(impossibility theorem)

개개인의 선호순서(효용함수)에 대해 모두 알고 있는 상태에서조차 완비성과 이행성, 비제한성, 파레토원리, (무관한 선택대안으로부터의) 독립성, 비독재성의 조건을 언제나 완벽하게 만족시키는 사회후생함수를 만들어내는 것은 불가능하다는 것

✓ **코즈의 정리(Coase theorem)**
  ㉠ 외부효과의 경우 개인 간 협상비용이 무시할 수 있을 정도로 작고 협상으로 인한 소득 재분배가 외부효과에 관한 각 개인의 한계효용에 영향을 미치지 않는다면 소유권이 누구에게 귀속되는가에 관계없이 당사자 간의 자발적 협상에 의하여 외부성문제가 해결될 수 있다는 것.

  ⓒ 정부의 역할은 외부성문제에 직접적 개입보다 당사자 간의 협상이 원활하게 진행될 수 있도록 제도적·행정적 뒷받침을 해주는 것으로 한정되어야 한다고 본다. 그러나 현실적으로는 협상비용의 과다, 외부성의 측정문제, 거래당사자의 모호성, 정보의 비대칭성, 협상능력의 차이 등으로 인해 문제해결이 어렵다.

✔ **쿠츠네츠(Kuznets)의 U자 가설** : 경제발전단계와 소득분배균등도 사이의 관계를 나타내는 가설
  ㉠ U자의 의미 : 세로축에 소득분배균등도, 가로축에는 경제발전단계를 표시하면 소득분배상태의 변화가 U자 모양이 되므로 'U자 가설'이라고 한다.
  ⓒ 세로축을 소득분배불균등도로 바꾸면 U자를 엎어놓은 모양이 되므로 '역 U자 가설'이라고도 한다.

26 정부실패와 시장실패

① **정부실패**(government failure) : 시장실패를 교정하기 위한 정부의 시장개입이 오히려 바람직스럽지 못한 결과를 초래하는 것. 정부개입으로 인해 자원배분이 그 이전보다 더 비효율적이 되거나 소득분배불공평이 심화되는 현상을 의미한다.
 • 정부실패의 원인 : 정보 부족, 관료제도의 문제, 정치과정의 문제, 민간부문 반응의 변화 등

② **시장실패** : 가격기구의 조절작용으로 자원의 효율적 배분이 이루어질 수 없는 상태로 자원의 효율적 배분이 이루어지더라도 소득분배가 불공평한 상태
 • 시장실패의 원인 : 시장의 불완전성, 자연독점, 공공재 존재, 외부성, 비대칭정보 등
  * 시장이 완전하더라도 소득분배가 불공평할 수 있다.

27 정보의 비대칭성

경제주체들이 보유하고 있는 재화의 특성 등에 관한 정보수준이 서로 다른 경우

① **감추어진 특성**(hidden characteristics, hidden type)**의 형태** : 거래 당사자 사이에 한쪽이 상대방의 특성이나 거래하는 재화 품질에 대하여 잘 모르고 있는 상황 → '역선택' 문제 발생
 예 중고차 시장 : 상태가 나쁜 자동차 거래
  보험시장 : 사고 가능성이 높은 사람들만 보험 가입
  금융시장 : 위험사업에 투자하려는 투자자만 대출하는 것 등
  → 대책 : 선별, 신호발송, 신용할당 등

② **감추어진 행동(hidden action)의 형태** : 거래 이후에 거래 당사자 중 어느 한쪽의 행동을 상대방이 관찰할 수 없거나 통제가 불가능한 상황→'도덕적 해이(주인-대리인 문제)' 문제 발생
   예 노동시장에서 취업하고 근무를 게을리 하는 경우, 보험가입 후 사고예방을 게을리 하는 경우 등→대책 : 유인설계, 공동보험, 기초공제, 담보, 효율성 임금 지급 등

✔ **도덕적 해이**
대리인이 주인의 의지와는 반대로 자신의 이익을 높이기 위해서 이윤을 높이기보다는 매출액을 높이는 등 안전 위주의 전략을 취한다든가, 근무태만 등의 허술한 행동을 보이는 것

✔ **주인-대리인 문제(principal-agent problem)**
감추어진 행동이 문제가 되는 상황에서 주인의 입장에서 볼 때 대리인이 바람직스럽지 못한 행동을 하는 현상
   ㉠ 발생원인 : 대리인이 주인의 목적을 달성하기 위하여 노력할 유인(incentive)이 없기 때문이다.
   ㉡ 해결방안 : 대리인이 주인의 이익을 극대화하도록 행동하는 것이 대리인 자신에게 유리하도록 보수체계를 설계하는 것을 유인설계(incentive design)라고 한다.

✔ **역선택(adverse selection)**
   ㉠ 비대칭적 정보의 상황하에서 정보를 적게 가진 측의 입장에서 상대적으로 손해 볼 가능성이 높아지는 현상
      예 중고차 시장에서, 판매자가 구매자보다 중고차의 상태를 더 잘 알고 있어 역선택을 초래할 수 있다.
   ㉠ 역선택의 해결방안
      • 신호발송(signaling) : 정보를 많이 가지고 있는 자가 정보를 덜 가진 상대방의 역선택을 줄이기 위해서 신호를 발송하는 것. 예 중고차시장 : 중고차 무상수리, 취업시장: 자격증 획득 등
      • 선별(screening) : 정보를 적게 가진 자가 주어진 자료를 바탕으로 상대방의 감추어진 특성을 파악하려는 행동. 예 보험회사에서 건강진단서를 요구하는 행동

✔ **르 샤틀리에의 법칙(Le Chatelier's principle)**
화학 평형계의 평형을 정하는 변수(온도와 압력 등)의 하나에 변화가 가해졌을 때 계가 어떻게 반응하는 가를 설명한 것. 즉 화학 평형에 있는 계는 평형을 정하는 인자의 하나가 변동하면 변화를 받게 되는데, 그 변화는 생각하고 있는 인자를 역방향으로 변동시킨다는 법칙

Q 실전문제 _08   전력거래소 기출유형

정보의 비대칭성의 원인, 문제, 사례 및 해결책이 바르게 연결된 것은?

	원인	문제	사례	해결책
①	숨겨진 특징	역선택	신규차 시장	성과급
②	숨겨진 특징	도덕적 해이	중고차 시장	강제보험
③	숨겨진 특징	도덕적 해이	통신시장	선택요금
④	숨겨진 행위	역선택	노동시장	최저임금
⑤	숨겨진 행위	도덕적 해이	주인과 대리인	유인설계

✔ 비대칭적 정보 하에서 감추어진 사전적 특성은 역선택을, 감추어진 사후적 행동은 도덕적 해이를 유발한다. 주인-대리인 문제는 대표적인 도덕적 해이의 문제이다. 이를 해결하는 방법으로 유인설계, 성과급제도, 감시강화 등을 들 수 있다.

 ⑤

경제의 이해

1 다음 중 연결이 부자연스러운 것은?

① 절대적 자유재 – 바람, 햇빛
② 직접 용역(서비스) – 보험, 금융, 보관, 판매 서비스 등의 물적 행위
③ 소비재 – 생활필수품, 의복
④ 상대적 자유재 – 수도, 전기

2 다음과 같은 경제현상을 설명하는 데 가장 유용한 경제개념은?

- 수학 과목 점수를 올리려면 다른 과목에 대한 시간 할당을 줄여야 한다.
- 정부가 경제개발을 위한 지출을 늘리면 국민의 복지혜택은 상대적으로 줄어든다.
- 새 운동화를 사기 위해서는 간식비를 줄일 수밖에 없다.

① 저축
② 기회비용
③ 형평성
④ 합리적 소비

ANSWER | 1.② 2.②

1 ② 보험, 금융, 보관, 판매 서비스 등의 물적 행위는 용역 가운데 간접 용역에 해당한다. 근로자의 근로, 교사의 교육, 의사의 진료 행위, 자동차에 의한 운송, 상품의 판매 행위 등이 용역에 속하며, 도구의 사용 유무에 따라 직접 용역과 간접 용역으로 구분된다.

※ 경제 객체의 구분

구분			내용
재화	자유재	절대적 자유재	공기, 햇빛, 바람 등
		상대적 자유재	전기, 수도, 장식용 대리석 등
	경제재	생산재	기계, 원자재, 공장 설비 등
		소비재	생활필수품, 의복 등
용역	간접용역(물적 서비스)		보험, 금융, 보관, 판매 서비스 등의 물적 행위
	직접용역(인적 서비스)		의사, 연예인 등의 활동

2 ② 자원의 희소성으로 인하여 다수의 재화나 용역에서 가장 합리적인 선택을 하고자 어느 하나를 선택했을 때 그 선택을 위해 포기한 선택을 '기회비용'이라고 한다.

3 콜라와 피자는 보완재이다. 피자의 가격이 상승할 때 콜라에 대한 수요와 가격의 변화로 옳은 것은?

① 수요감소, 가격상승
② 수요감소, 가격하락
③ 수요증가, 가격상승
④ 수요증가, 가격하락

4 다음 중 기회비용에 대한 설명으로 옳은 것은?

① 기회비용은 화폐 단위로 측정할 수 없다.
② 기회비용은 항상 음(-)이다.
③ 기회비용은 경제학에서 일반적으로 사용되는 비용개념과는 별개의 것이다.
④ 하나의 행위를 할 때의 기회비용은 그로 인해 포기된 행위 중 최선의 가치로 측정된다.

ANSWER | 3.② 4.④

3 ② 재화는 피자를 먹을 때 같이 먹는 콜라처럼 서로 보완해주는 관계가 있으며, 반대로 영화와 DVD처럼 서로 대체가 가능한 관계의 관련 재화가 있다. 서로 보완해주는 관계의 피자와 콜라에서 피자의 가격이 상승하게 되면, 자연스럽게 콜라에 대한 수요도 감소하게 되는데 이처럼 서로 보완할 수 있는 관계의 재화를 보완재라 부른다. 이와 반대로 영화 감상 요금이 올라가면 영화관을 대체할 수 있는 DVD 수요가 늘어나는 현상이 나타나기도 하는데, 이처럼 서로 대체해서 사용할 수 있는 재화를 대체재라 부른다.
콜라와 피자는 보완재의 관계로, 피자의 가격이 상승하면 피자 수요는 감소할 것이며, 피자의 수요가 감소함에 따라 콜라의 수요도 감소하게 된다. 또한 콜라 수요의 감소로 가격 역시 하락을 하게 된다.

수요변화 요인		수요변화	수요곡선 이동
소비자 소득수준 향상	정상재	수요증가	우측이동
	열등재	수요감소	좌측이동
	중립재	수요불변	불변
다른 상품의 가격 상승	대체재	수요증가	우측이동
	보완재	수요감소	좌측이동
	독립재	수요불변	불변

4 ④ 기회비용(opportunity cost)은 특정 경제적 선택의 기회비용이다. 즉, 경제적 선택을 위하여 포기할 수밖에 없었던 차선(the second-best)의 경제적 선택의 가치이다. 기회비용은 화폐단위로 측정이 가능하며, 자유재(0)을 제외한 나머지 경제재의 기회비용은 +이다. 또한 기회비용은 암묵적비용이 포함되어 암묵적 비용이 포함되지 않는 회계학적 비용과는 다르다.

5 어떤 부동산매입자가 3년 전에 총 1억 원을 주고 매입한 택지 10,000평을 학교부지로 학교재단에 무상으로 기증하기로 하였다고 하자. 현재 이 땅의 시가가 2억원이라고 한다면 이 부동산매입자가 행한 증여의 경제학적 비용은 얼마인가?

국민연금공단 기출변형

① 0원
② 1억 원
③ 2억 원
④ 3억 원

6 다음 중 희소성의 법칙이란 무엇인가?
① 모든 재화의 수량이 어떤 절대적 기준에 미달한다는 원칙이다.
② 몇몇 중요한 재화의 수량이 어떤 절대적 기준에 미달한다는 법칙이다.
③ 인간의 생존에 필요한 재화가 부족하다는 법칙이다.
④ 인간의 욕망에 비해 재화의 수량이 부족하다는 법칙이다.

ANSWER | 5.③ 6.④

5 부동산 증여의 경제학적 비용(기회비용)은 과거의 기증가격이 아니라 현재의 시가이기 때문에 2억 원의 기회비용이 된다.

6 희소성의 법칙은 무한한 인간욕망에 대하여 재화와 용역이 희소하기 때문에 경제문제가 발생한다는 법칙을 의미한다.
  ※ 희소성의 법칙(law of scarcity)
    인간의 소비욕구는 무한한 반면, 이를 충족시키는 데 필요한 경제적 자원은 제한되어 있음을 희소성의 법칙이라고 한다 (G. Cassel). 노동, 자본, 토지 등과 같이 생산과정에 투입되어 재화나 서비스로 변환될 수 있는 경제적 자원이 희소하기 때문에 제한된 자원을 어떻게 사용하는 것이 합리적인지에 관련된 선택의 문제에 직면하게 된다.

7 어떤 경제가 생산가능곡선 내부에서 생산하고 있다면 다음 중 그 이유로 타당하지 않은 것은?

국민연금공단 기출변형

① 독점 ② 실업
③ 무기생산 ④ 시장실패

8 생산가능곡선을 우측으로 이동시키는 요인이 아닌 것은?

① 기술의 진보 ② 새로운 자원의 발견
③ 실업의 감소 ④ 인적 자본의 축적

✅ ANSWER | 7.③ 8.③

7 생산가능곡선의 내부에서 생산하고 있다는 것은 일부 자원(노동, 자본, 토지 등)이 생산에 이용되지 않고 있거나 가격기구의 불완전성이나 경제외적인 요인들 때문에 비효율적으로 이용되고 있음을 의미한다.
※ 생산가능곡선의 내부와 외부

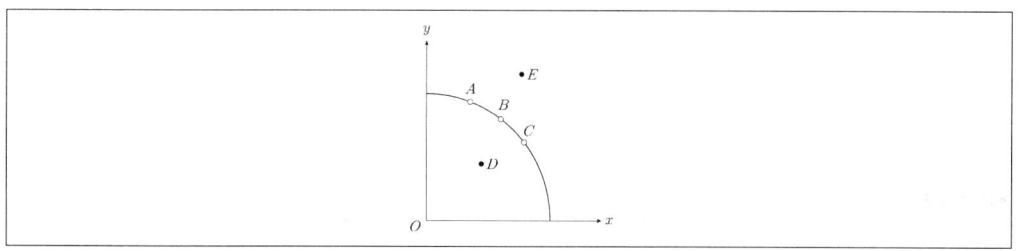

  ⊙ 내부의 점: 생산가능곡선 내부의 점(D)은 생산이 비효율적으로 이루어지고 있는 점이다. 만일 현재 생산가능곡선 내부의 한 점에서 생산하고 있다면 이는 실업이 존재하거나 일부 공장설비가 유휴상태에 있음을 의미한다.
  ⓒ 외부의 점: 생산가능곡선 바깥쪽의 점(E)은 현재의 기술수준으로 도달 불가능한 점을 나타낸다.
  ⓒ 생산가능곡선상의 A, B, C는 모두 생산이 효율적으로 이루어지는 점이다.

8 생산가능곡선의 내부의 한 점에서 생산하고 있을 때는 실업이 존재하고 있으므로 실업을 감소시키기 위해서는 생산가능곡선 내부의 한 점을 우측으로 이동하게 하면 된다.
※ 생산가능곡선의 이동

구분	내용
기술의 진보	생산요소 부존량이 일정하더라도 기술진보가 이루어지면 생산 가능한 X재와 Y재의 수량이 증가하므로 생산가능곡선이 이동한다.
천연자원의 발견	생산 가능한 재화의 수량이 증가하므로 생산가능곡선이 바깥쪽으로 이동한다.
노동력의 증가	인구의 증가, 여성의 경제활동참가율 상승, 새로운 인구의 유입 등이 이루어지면 노동력이 증가하므로 생산가능곡선이 바깥쪽으로 이동한다.
교육수준의 향상	교육 수준의 향상은 노동의 질 개선으로 노동의 생산성이 증가하여 결국 노동력의 증가를 가져온다.

9 다음 중 생산가능곡선이 원점에 대하여 오목한 형태를 취하는 이유로 옳은 것은?

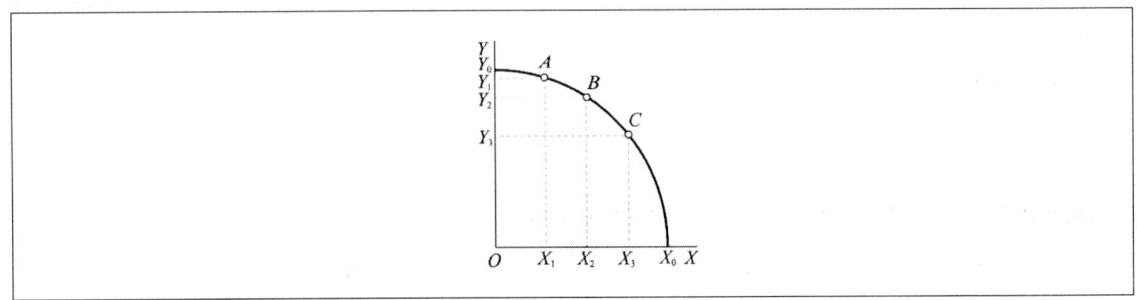

① 자원이 재화 생산에 비효율적으로 사용되고 있기 때문이다.
② 생산에 투입되는 자원의 기회비용이 일정하기 때문이다.
③ 재화 생산에 사용되는 자원이 희소하기 때문이다.
④ 재화 생산에 있어서 특화의 이익이 발생하기 때문이다.

 ANSWER | 9.③

9 생산가능곡선이란 경제 내의 모든 생산요소를 가장 효율적으로 투입했을 때 최대로 생산 가능한 두 개의 재화(X재와 Y재)에 대한 조합을 나타내는 곡선이다. 제시된 그림과 같이 바깥을 향해 볼록한(원점에 대해 오목한) 경우에 어느 한 생산물을 차차 더 생산함에 따라 한계기회비용이 체증한다. 이는 자원의 희소성을 반영한다. 그리고 생산가능곡선 내부의 점은 자원의 실업상태를 뜻하며, 생산가능곡선은 기술수준의 향상 또는 자원부존량의 증가 등에 따라서 바깥으로 확장된다.

※ 생산가능곡선(Production Possibility Curve)
생산가능곡선(production possibility curve)은 한 사회의 자원과 기술이 일정하게 주어져 있을 때 모든 자원을 가장 효율적으로 사용하여 생산할 수 있는 생산물의 조합들을 연결한 곡선이다. 일반적으로 천연자원의 발견, 기술의 진보, 노동력 증가, 교육수준의 향상 등의 요인처럼 생산능력이 향상되면 생산가능곡선이 이동을 하게 된다.

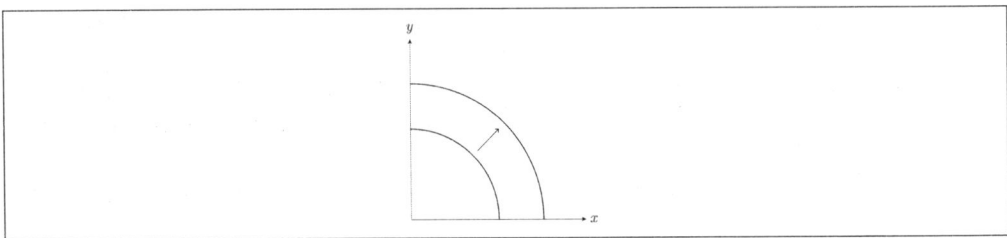

10 다음 설명 중 가장 옳은 것은?

① 자유재는 효용이 0인 재화만을 가리킨다.
② 생산가능곡선(PPC)이 원점에 대해 오목한 것은 희소성의 법칙 때문이고, 우하향하는 것은 기회비용체증의 법칙 때문이다.
③ 매몰비용과 관련된 기회비용은 0이라고 볼 수 있다.
④ 여러가지 대안 중 최선의 것을 선택하지 않았다면 기회비용은 (-)이다.

ANSWER | 10.③

10 ① 물, 공기 등과 같은 자유재는 부존량이 무한하기 때문에 대가 없이 획득할 수 있는 재화이긴 하지만 소비에 따른 효용이 0인 것은 아니다. 자유재도 효용이 0보다 큰 것이 일반적이다.
② PPC가 우하향하는 것은 자원의 희소성 때문이고, 원점에 대하여 오목한 것은 기회비용이 체증하기 때문이다.
④ 기회비용은 어떤 선택을 할 때 포기한 것 중에서 값어치가 가장 큰 것을 말하므로 (-)가 될 수는 없다.

※ 기회비용체증의 법칙
어떤 재화생산량이 증가함에 따라 그 재화생산의 기회비용이 점점 증가하는 것을 '기회비용체증의 법칙'이라고 한다. 생산가능곡선에서 A→B→C로 이동할수록 동일한 양의 X재 생산을 위하여 포기해야 하는 Y재의 수량이 점차 증가한다. X재 생산량이 증가할수록 기회비용이 체증한다.

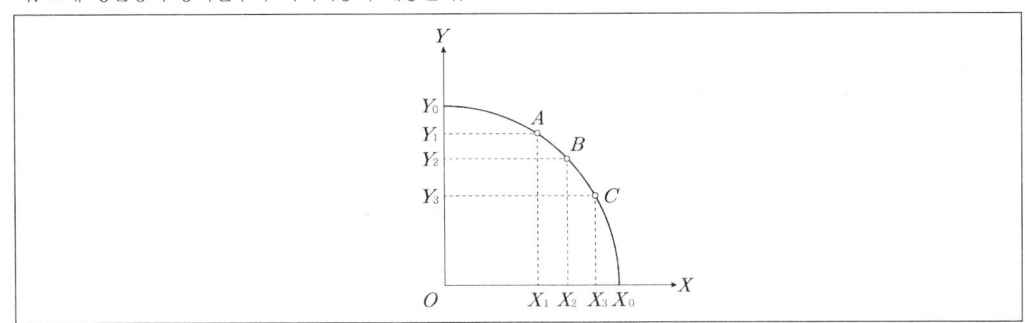

구분	기회비용
A점	OX_1의 기회비용 = Y_0Y_1
B점	X_1X_2의 기회비용 = Y_1Y_2
C점	X_2X_3의 기회비용 = Y_2Y_3

11 다음 중 매몰비용의 오류(sunk cost's fallacy)와 관련이 없는 것은?

① 다른 직장으로 이직할 때 지금 받는 급여는 고려하지 않는다.
② 공무원 시험에 계속 불합격했지만 10년 동안 공부한 게 아까워 계속 공부한다.
③ 근교에 위치한 아웃에 쇼핑을 가면 대부분 과소비를 하게 된다.
④ 주문한 음식이 맛이 없었지만 아까워서 남기지 않고 다 먹게 된다.

12 다음 중 시장기구가 해결하지 못하는 것은?

① 공정한 소득 배분 ② 가격 결정
③ 생산할 재화의 결정 ④ 자원 배분

ANSWER | 11.① 12.①

11 ① 현재의 급여는 매몰비용이 아니라 이직에 따른 기회비용이다.
  ※ **매몰비용(Sunk cost)**
  매몰비용은 고정비용과 혼동하기 쉬우나 고정비용은 기업이 사업을 그만두는 경우 제거할 수 있는 비용인 반면 매몰비용은 한번 지출하면 회수가 불가능한 비용을 말하는 것이다. 합리적인 선택을 위해서는 한번 지출되었으나 회수가 불가능한 매몰비용은 고려하지 않는다.

12 ① 자유경쟁에 의한 시장가격기구가 효율적인 자원 배분을 보장하기 위해서는 시장의 실패가 없어야 한다.
  ※ **시장의 실패(market failure)**
  시장이 제기능을 발휘할 수 없는 경우를 말한다. 국방과 같은 공공재에 대해서는 민간 주도에 의한 시장이 개설되기 어렵고 또한 공해와 같은 외부불경제가 존재하는 경우 역시 시장이 제기능을 발휘하지 못하게 된다. 이와 같은 경우에는 정부가 민간경제에 개입하여 적절한 조치를 취함으로써 시장의 기능을 대신하게 된다.

13 다음 내용을 토대로 추론한 것 중 옳지 않은 것은?

> 시장경제의 사상적 기초를 마련한 애덤 스미스는 각 개인이 자신의 이익을 추구할 때에 시장가격이 보이지 않는 손과 같은 역할을 수행함으로써 사회가 조화를 이루면서 발전한다고 주장하였다.

① 시장경제는 자유방임주의를 기초로 한다.
② 시장경제에서는 개인의 이윤추구가 인정된다.
③ 시장경제에서는 정부의 경제적 규제가 필요하다.
④ 시장경제는 사유재산 제도를 전제로 하고 있다.

14 전기, 철도, 상·하수도, 지하철 등의 사업은 정부에 의해 소유·운영되고 있는데, 그 이유를 적절히 설명한 것끼리 짝지은 것은?

한국수력원자력 기출변형

> ㉠ 상품의 성격상 공익성이 강하다.
> ㉡ 국가의 재정수입을 증대시킨다.
> ㉢ 기업이 운영하면 효율성이 떨어진다.
> ㉣ 대규모 설비자금이 소요되는 반면, 비용의 회수가 용이하지 않다.

① ㉠, ㉡
② ㉠, ㉢
③ ㉠, ㉣
④ ㉡, ㉢, ㉣

ANSWER | 13.③ 14.③

13 ③ 시장 경제는 이윤추구를 목적으로 하는 자본이 지배하는 경제체제로 경제적 합리주의를 바탕으로 사유재산과 자유를 보장하면서 개별 경제주체가 최대 이익을 추구하는 과정에서 시장이나 가격기구에 의해 경제문제가 해결되는 방식으로 운영되는 구조이다. 따라서 정부의 경제적 규제가 필요 없다. 시장 경제는 근대 산업 혁명과 더불어 발전하였으며, 효율성을 중시한다.

14 ③ 공기업은 전기·수도·가스·전신전화·철도운수 등의 그 제공되는 서비스가 공공 일상생활에 필요불가결한 사업을 하는 기업을 말한다. 이들은 국가 재정수입보다 공익 목적을 위해 공공기관이 소유나 경영의 주체가 되어 재화나 용역을 공급하는 기업이기 때문에 비용을 다시 회수하는 것은 어렵다.

15 다음 중 구성의 오류(fallacy of composition)를 가장 잘 설명한 것은?

① 개개인에게는 타당한 명제가 전체에 대해서는 타당하지 않을 수도 있다는 사실
② 이미 알려진 구체적인 사실이나 법칙으로부터 일반적인 법칙을 유도할 때 범하기 쉬운 오류
③ 객관적 사실을 분석할 때 개인의 주관이 개입하여 발생하는 오류
④ 개별적인 사실들을 전제로 하여 일반적인 원리나 법칙을 끌어내는 방법

16 장기적인 경제 침체를 말하는 용어로, 실질 경제성장률이 0이거나 낮은 성장을 하는 기간을 말하는 것은?

중소기업유통센터 기출유형

① 스태그데이션(stagdation)
② 슬럼프플레이션(slumpflation)
③ 스태그네이션(stagnation)
④ 스태그플레이션(stagflation)

ANSWER | 15.① 16.③

15 ① 구성의 오류(fallacy of composition)라는 것은 부분적으로 성립하는 사실이 전체에도 반드시 성립한다고 잘못 추론하는 것을 말한다.

※ **구성의 오류(The fallacy of Composition)**
부분적 성립의 원리를 전체적 성립으로 확대하여 추론함으로써 발생할 수 있는 오류이며, 보편적인 원리에서 하나의 구체적인 사실을 유도해내는 방법인 연역법을 사용할 경우 발생할 수 있는 오류를 구성의 오류라고 한다. 구성의 오류에 대표적인 것이 절약의 역설(paradox of thrift)이다. 절약의 역설이란 수많은 개인으로 경제가 구성되어 있는 경우 개개인의 절약으로 각자의 저축은 증대시킬 수 있으나, 경제 전체의 저축은 오히려 감소된다는 것이다. 즉 불황기에 모든 개인이 저축을 증대시키면 경제 전체의 소비수요가 감소되어 총수요를 감소시켜 곧 국민소득의 감소와 그에 따라 경제 전체의 저축이 감소되기 때문에 절약의 역설은 성립한다. 그런데 만약 분석가가 개개인의 절약이 각자의 저축을 증대시키므로 경제 전체의 저축도 증대시킬 것이라고 논리를 전개한다면 구성의 오류를 범하게 되는 것이다.

16 스태그네이션(Stagnation)는 장기 경제 침체, 보통 1년간 경제성장률이 2~3% 이하로 떨어졌을 때를 말한다.
스태그데이션은 경기가 침체되는 것은 스태그플레이션과 같으나 물가가 오히려 급락한다는 점에서 차이가 있다. 슬럼프레이션은 슬럼프(불황)와 인플레이션의 합성어로, 불황 속 인플레이션이라는 뜻이다.

17 다음 중 규범경제학(normative economics)의 범주에 포함되는 내용은?

① 유치산업을 보호하기 위해서 수입관세를 인상해야 한다.
② 완전경쟁기업이 독점화되면 사회적 순후생손실이 발생한다.
③ 통화량이 증가하면 물가가 상승한다.
④ 생산요소의 고용을 늘리면 한계수확이 점차 줄어든다.

18 다음 중 시장경제체제의 특징이 아닌 것은?

① 효율적인 자원 배분
② 선택의 자유
③ 생산성의 제고
④ 국가적 전략산업의 집중 육성

ANSWER | 17.① 18.④

17 ① 규범경제학은 가치판단을 근거로 현재의 경제상태가 어느 정도 바람직한지를 평가하고 그 개선방안을 연구하는 분야로 ①이 가치판단이 개입되어 있으며, 나머지 ②③④는 단순한 사실들을 나열한 것이다.
　※ 규범경제학과 실증경제학
　　㉠ 규범경제학(normative economics) : 규범경제학은 가치판단을 근거로 현재의 경제상태가 어느 정도 바람직한지를 평가하고 그 개선방안을 연구하는 분야로 바람직한 경제상태를 설정한 후 어떤 경제상태가 바람직한 것인지를 평가한다. 따라서 규범경제학에서는 현실의 경제상태를 개선하기 위해서는 어떤 경제정책을 실시하는 것이 바람직한 것인지에 대한 내용도 포함된다.
　　㉡ 실증경제학(positive economics) : 경제분석과 같은 주관적인 가치판단이 배제되어 있으며 경제현상을 있는 그대로 분석하는 분야이다. 경제현상을 객관적으로 분석하고 경제변수들 간의 인과관계를 추론하여 경제현상의 변화를 예측하는 이론체계라 할 수 있다.

18 ④ 계획경제체제의 특징에 해당한다.
　※ 시장경제
　　국민경제가 해결해야 할 과제인 자원배분, 분배, 경제의 안정과 성장의 문제를 시장에서 경제주체들의 자율적인 의사에 따라 문제를 해결하는 방식으로 자유방임적인 자본주의 체제이다. 수많은 기업과 가계가 시장에서 상호작용을 통하여 분산된 의사결정에 의하여 자원 배분이 합리적으로 이루어지는 경제체제를 말하며 시장에는 가격과 사적 이윤이 그들의 의사결정의 요인이 된다.

19 다음 중 계획경제의 특징에 관한 설명으로 옳은 것은?

① 가격의 매개변수적 기능에 의하여 기본경제문제를 해결한다.
② 가격기구가 제기능을 발휘하지 못하여 정부가 이를 보완·조정한다.
③ 전시나 비상시에 물자가 부족하여 정부가 배급한다.
④ 가격, 생산비 등 모든 경제문제를 정부가 결정하고 명령한다.

ANSWER | 19.④

19 ④ 계획경제는 중앙계획당국의 계획하에 공평한 소득분배와 경제안정, 부와 소득의 불평등 완화를 위해 가격, 생산비 등 모든 경제문제를 정부가 결정하고 명령을 한다.
  ※ 자본주의 경제체제와 사회주의(계획경제) 경제체제

구분	자본주의 경제체제	사회주의 경제체제
자원배분의 원리	시장가격기구(보이지 않는 손)	계획기구
생산수단의 소유형태	사유(사적 소유)	공유(사회적 소유)
추구하는 기본가치	자유(경쟁), 효율	형평(평등)
경제운영	개별경제주체	중앙계획당국
기업의 목표	이윤극대화 등 이윤 추구	생산량 목표 달성
장점	• 효율적인 자원 배분 • 개인자유의 창달 • 시장기구의 유연성	• 부와 소득의 불평등 완화 • 경기변동의 부재
단점	• 부와 소득의 불평등 • 경기변동의 존재 • 자연파괴, 인간소외 • 사익과 공익의 괴리	• 비효율적인 자원배분 • 개인자유의 제약 • 계획의 경직성 • 독재정치 불가피

수요와 공급 이론

1 수요에 영향을 주는 요인이 아닌 것은?

국민연금공단 기출변형

① 재화 가격
② 소득 수준 변화
③ 선호도 변화
④ 생산 기술 변화

✅ **ANSWER** | 1.④

1 ④ 생산 기술이 변화되면 기술을 개발로 생산성이 향상되어 상품의 공급이 증가하여 공급의 변동이 나타난다. 특정 상품의 수요에 영향을 주는 요인을 수요 결정 요인이라고 하며 수요를 결정하는 요인은 복합적이나, 일반적으로 소비자들이 수요에 영향을 미치는 것을 살펴보면 재화의 가격, 소득 수준, 소비자의 선호도 변화 등이 있다.

※ 수요에 영향을 주는 요소

구분	내용
소득 수준	일반적으로 가계의 소득이 증가되면 일반적인 재화의 수요는 늘어나는데 이를 정상재라 한다. 그러나 예외적으로 소득이 증가해도 수요가 늘지 않는 재화가 있는데, 이를 열등재라 부른다. 동일한 재화가 소득 수준이나 생활환경에 따라 열등재가 되기도 하고 정상재가 되기도 한다. 예를 들어 가난한 시절에는 지하철을 타고 다니다가 경제적으로 성공한 이후에는 고급 승용차를 타고 다닌다면 소득이 증가해도 수요가 늘지 않아 지하철이 이 사람에게 열등재로 되지만, 걸어다니던 B라는 사람이 소득이 나아지면서 지하철을 타고 다닌다면 지하철은 B에게 열등재로 볼 수 없다. 열등재의 한 종류로 기펜재라는 재화가 존재한다.
재화 가격	과자 수요에 영향을 미치는 것을 살펴보면 우선 가장 중요한 것이 가격일 것이다. 과자의 가격이 오르고 내림에 따라 과자를 사고자 하는 사람들의 욕구는 달라져 수요량이 변화할 것이라 예측할 수 있기 때문이다.
관련 재화 가격	다시 과자를 예로 들면 과자를 대신할 수 있는 과일의 가격이 오르거나 내리는 것도 수요에 영향을 미친다. 관련 재화는 피자를 먹을 때 같이 먹는 콜라처럼 서로 보완해주는 관계가 있으며, 이와 반대로 영화와 DVD 처럼 서로 대체가 가능한 관계의 관련 재화가 있다. 서로 보완해주는 관계의 피자와 콜라에서 피자의 가격이 상승하게 되면, 자연스럽게 콜라에 대한 수요도 감소하게 되는데 이처럼 서로 보완할 수 있는 관계의 재화를 보완재라 부른다. 이와 반대로 영화 감상 요금이 올라가면 영화관을 대체할 수 있는 DVD 수요가 늘어나는 현상이 나타나기도 하는데, 이처럼 서로 대체해서 사용할 수 있는 재화를 대체재라 부른다.
미래 예상 가격	수요는 해당 재화의 미래 가격에 대한 예상에 영향을 받기도 한다. 대표적인 것이 바로 부동산이라 할 수 있다. 부동산 시장에서 사람들은 가격이 더 오르기 전에 미리 부동산을 구입하려고 한다. 그런데 이런 동기에 의한 수요는 자신이 실제로 사용하기 위한 것이기도 하지만, 미래에 가격이 올랐을 때 되팔아 차익을 얻기 위한 목적으로 나타나기도 한다. 이런 목적의 수요를 투기적 수요라고 부른다.
선호도 변화	수요를 결정하는 요인 중에는 해당 재화의 선호도 크게 작용한다. 만약 과자를 좋아하는 사람의 기호가 달라져 과자를 덜 사먹는 대신 오렌지나 다른 과일을 사기 원하면 과자의 수요는 감소하고 과일의 수요는 증가하게 된다.

2 다음과 같은 경제현상을 설명하는 데 가장 적합한 경제 개념은?

> 수도권의 주택 사정은 여전히 어렵다. 올해도 어김없이 수도권 아파트들의 전세가 및 매매가가 상당한 비율로 올라가고 있다. 상계동이나 목동과 같은 신시가지를 개발하고, 분당, 평촌, 일산 등 신도시 개발을 통해 꽤 많은 주택이 공급되었음에도 불구하고 여전히 자기 집을 갖지 못한 가구가 많아 이사철만 되면 어려움을 겪고 있다.

① 매점매석
② 기회비용
③ 균형가격
④ 초과수요

3 수요의 가격탄력성에 대한 설명으로 옳지 않은 것은?

① 수요의 가격탄력성은 어떤 재화의 가격이 변할 때 그 재화의 수요량이 얼마나 변하는지 나타내는 척도이다.
② 수요에 대한 가격탄력성은 대체재가 많을수록 큰 값을 갖는다.
③ 수요곡선이 우하향의 직선인 경우 수요의 가격탄력성은 임의의 모든 점에서 동일하다.
④ 재화에 대한 수요의 가격탄력성이 1일 때, 재화의 가격이 변하더라도 그 재화를 생산하는 기업의 총수입에는 변화가 없다.

ANSWER | 2.④ 3.③

2 ④ 균형상태에서 가격이 상승하면 수요가 감소하고 공급이 증가하므로 공급이 더 많아지는 초과공급이 발생하며, 반대로 가격이 하락하면 수요가 증가하고 공급이 감소하므로 수요가 더 많아지는 초과수요가 발생한다. 보기는 부동산의 공급보다 수요가 많은 초과수요에 대한 내용이다.
초과공급은 곧 과잉공급을 의미하므로 이는 다시 가격을 하락시키는 요인이 되며, 반대로 초과수요는 곧 과잉수요를 의미하므로 이는 다시 가격을 상승시키는 요인이 된다.
※ 초과공급과 초과수요

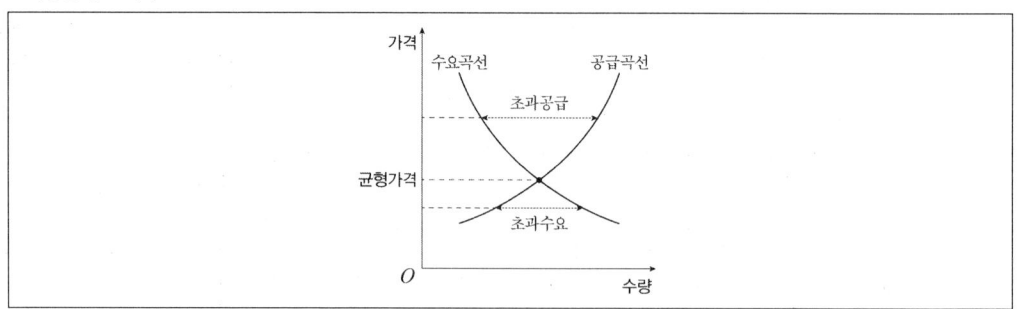

3 수요의 가격탄력성은 우하향하는 수요곡선이 직선인 경우에 수요곡선의 기울기가 동일할지라도, 어디에 위치했는가에 따라서 그 결과가 달라진다. 가격이 상승하고 수량이 작아질수록 수요의 가격탄력성은 커진다. 따라서 수요곡선상에서 탄력성은 다르다.

4 다음 중 가까운 장래에 가격상승이 예상될 때 나타나는 현상이 아닌 것은?

인천국제공항공사 기출변형

① 가격의 잠정적인 하락
② 매점매석
③ 공급곡선의 좌측이동
④ 수요곡선의 우측이동

5 시장에서 판매되는 재화를 X재와 Y재로 구분할 때 다음 내용 중 옳지 않은 것은?

① X재와 Y재가 대체재이고 X재의 가격이 오르면 Y재의 수요가 늘어난다.
② X재와 Y재가 독립재이고 X재의 가격이 오르면 Y재의 수요가 줄어든다.
③ X재와 Y재가 보완재이고 X재의 가격이 오르면 Y재의 수요가 줄어든다.
④ X재와 Y재가 대체재이고 X재의 가격이 오르면 Y재의 공급이 줄어든다.

ANSWER | 4.① 5.②

4 ① 가격상승이 예상되면 공급자는 매점매석으로 공급을 줄여 공급곡선이 좌측으로 이동하며($S_1 \to S_2$), 수요자는 사재기 등으로 소비량을 늘리므로 수요곡선은 우측으로 이동을 하게 된다($D_1 \to D_2$). 그 결과 균형점이 A에서 B로 이동하고 시장가격이 오른다.
※ 가격 상승 시 균형가격의 변동

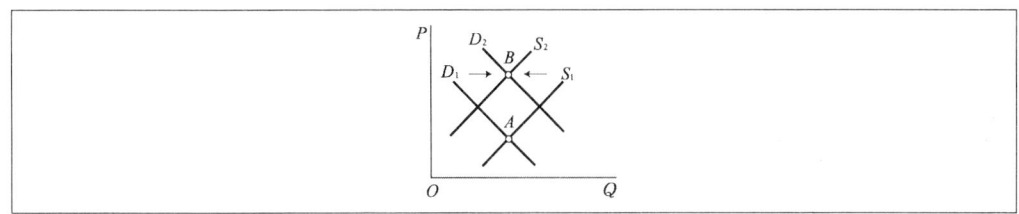

5 ② X재와 Y재가 서로 독립재이면 X재 가격이 변해도 Y재 수요와 공급은 반응하지 않는다.
※ 관련재화의 가격변동

구분	내용	예
대체재	두 재화가 서로 비슷한 용도를 지녀 한 재화 대신 다른 재화를 소비하더라도 만족에 별 차이가 없는 관계를 말한다. 서로 경쟁적인 성격을 띠고 있어 경쟁재라고도 하며 만족감이 높은 쪽을 상급재, 낮은 쪽을 하급재라 한다. 만약 두 재화 A, B가 대체재라면 A재화의 가격이 상승(하락)하면 A재화의 수요는 감소(증가)하고 B재화의 수요는 증가(감소)한다.	설탕과 꿀, 콜라와 사이다, 연필과 샤프, 버터와 마가린 등
보완재	한 재화씩 따로 소비하는 것보다 두 재화를 함께 소비하는 것이 더 큰 만족을 주는 재화의 관계를 말한다. 따라서 두 재화 A, B가 보완재일 경우, A재화의 가격이 상승(하락)하면 A재화 및 B재화 모두 수요가 감소(증가)한다.	커피와 커피 크리머, 빵과 잼, 샤프와 샤프심, 잉크와 프린터 등
독립재	한 재화의 가격이 다른 재화의 수요에 아무런 영향을 주지 않는 재화의 관계를 말한다. 따라서 수요곡선 자체도 불변이다.	쌀과 설탕, 안경과 빵, 카메라와 사과, 자전거와 샤프 등

6 X재 가격이 오르자 Y재에 대한 수요는 감소하고, Z재에 대한 수요는 증가하였다. 또한 소득이 증가하면서 Y재에 대한 수요는 감소하고, Z재에 대한 수요는 증가하였다. 다음 중 사실이 아닌 것은?

① X재와 Y재는 보완재이다.
② X재와 Z재는 대체재이다.
③ Y재와 Z재는 보완재이다.
④ Y재는 열등재이다

7 다음 중 거미집이론(cobweb theory)과 관계가 없는 것은?

① 생산자는 미래의 가격을 정확하게 예상한다.
② 농산물 수요는 대체로 비탄력적이다.
③ 시장의 안정조건을 분석한다.
④ 농산물이나 육류의 저장이 어려움을 고려한다.

ANSWER | 6.③ 7.①

6 ③ X재 가격이 상승할 때 Y재에 대한 수요는 감소하였으므로 X재와 Y재는 보완재의 관계이며, X재는 가격이 상승할 때 Z재 수요가 증가하였으므로 X재와 Z재는 대체재 관계라 할 수 있다. 소득증가 시 Y재 수요가 감소하였으므로 Y재는 열등재이며 소득이 증가할 때 Z재 수요는 증가하였으므로 Z재는 정상재이다. 그러나 제시된 내용만으로는 Y재와 Z재의 관계를 알 수는 없다.

※ 재화의 성질

구분	내용
정상재	우등재 또는 상급재라고도 하며 소득이 증가(감소)하면 수요가 증가(감소)하여 수요곡선 자체가 우상향(좌상향)으로 이동한다.
열등재	소득이 증가(감소)하면 수요가 감소(증가)하며, 수요곡선 자체가 좌하향(우상향)으로 이동한다.
기펜재	열등재의 일종으로, 재화의 가격이 하락하면 오히려 재화의 수요도 감소하는 예외적인 수요법칙을 보이는 재화를 말한다.
중간재	소득이 변화함에도 불구하고 동일한 가격에서 수요량은 전혀 변하지 않는 재화로 소득이 증가(감소)하여도 수요 및 수요곡선 자체는 불변이다.

7 ① 생산자(농부)는 현재의 가격이 미래에도 적용될 것으로 간주한다. 그러나 미래에는 가격이 변한다. 이는 생산자가 미래의 가격을 정확하게 예상하지 못함을 뜻한다.

8 올해 양파가격이 폭락하였다. 거미집이론(cobweb theory)에 따르면 내년의 양파 생산량과 가격은 어떻게 될 것으로 예상되는가? (단, 공급곡선 기울기가 수요곡선 기울기의 절댓값보다 작다)

① 생산량 감소, 가격 폭락
② 생산량 감소, 가격 폭등
③ 생산량 증가, 가격 폭락
④ 생산량 증가, 가격 폭등

9 공급에 영향을 주는 요인이라 할 수 없는 것은?

한국수력원자력 기출변형

① 생산기술 변화
② 공급자 수
③ 공급자의 기대나 예상 변화
④ 재화가격

✓ ANSWER | 8.② 9.④

8 ② t기에 양파농사가 풍년으로 생산량이 Q_0가 되었기 때문에 가격이 폭락하여 P_0가 되었다고 하자. 거미집이론에서는 농부들이 전년도 가격을 기준으로 공급량을 결정한다. 즉, (t+1)기에 농부들은 가격이 t기와 같은 P_0가 될 것으로 예상하고 생산량을 결정한다. 그러므로 (t+1)기의 양파생산량은 t기보다 대폭 감소한 Q_1으로 결정된다. 생산량이 Q_1으로 감소하면 가격은 P_1으로 결정(폭등)된다.

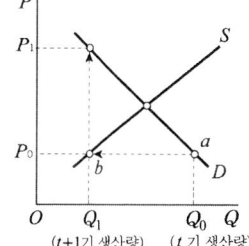

※ 거미집이론(cobweb theory)

시차를 도입한 동태적인 이론으로 주로 농산물과 같이 공급량이 시차를 두고 반응하는 경우를 설명하는 데 사용하는 이론이다. 거미집이론에 따르면 생산기간이 길수록 가격변화에 따라 즉각적인 공급조절이 어렵기 때문에 초과공급 또는 초과수요가 발생하게 되는데 이처럼 농산물은 폭락과 폭등을 반복하면서 수급의 균형을 찾아간다고 설명하고 있다.

구분	내용
|S의 기울기| > |D의 기울기|	시간이 지나면 가격의 변동폭이 축소되어 점차 균형으로 수렴한다.
|S의 기울기| < |D의 기울기|	시간이 흐를수록 점차 가격변동폭이 커지므로 발산한다.
|S의 기울기| = |D의 기울기|	가격의 진폭은 일정하게 유지된다.

9 ④ 공급에 영향을 미치는 요인은 가격 이외의 요인들로 공급자 수, 생산 비용의 변화, 생산기술 변화, 공급자의 기대나 예상 변화 등이 있다. 재화가격은 수요에 영향을 미치는 요인이다.

※ 공급의 변동 요소

구분	내용
공급자의 기대나 예상 변화	미래에 사람들이 상품을 많이 살 것이라고 기대되면 공급자들은 당장 공급을 하지 않고 보관하려고 하여 공급이 감소하여 공급이 변동된다.
공급자 수	공급자의 수가 늘어나면 시장에 공급되는 상품의 양도 늘어나게 된다.
생산기술 변화	신기술을 개발하여 생산성이 향상되면 상품의 공급이 증가하여 공급의 변동이 나타난다.
생산 비용의 변화	생산 요소의 가격이 하락하여 생산 비용이 감소하면 공급이 증가하고 생산 요소의 가격이 상승하면 공급은 감소하게 된다.

10 공급 및 공급량의 변화와 관련된 다음 설명 중 옳지 않은 것은?

① 단위당 일정액의 보조금을 지급하면 공급이 증가한다.
② 가격상승이 예상되면 공급이 감소한다.
③ 신기술개발로 생산비가 하락하면 공급량이 증가한다.
④ 생산면에서 대체재의 가격이 상승하면 공급이 감소한다.

11 보기 가운데 총공급곡선을 오른쪽으로 이동시키는 요인들로만 짝지어진 것은?

| ㉠ 실질임금 상승 | ㉡ 원자재 가격 하락 |
| ㉢ 신기술 개발 | ㉣ 정부지출 증가 |

① ㉠, ㉣
② ㉡, ㉢
③ ㉠, ㉢, ㉣
④ ㉠, ㉡, ㉢, ㉣

ANSWER | 10.③ 11.②

10 ③ 신기술 개발이 이루어지면 공급곡선이 하방(우측)으로 이동하므로 '공급량'이 아니라 '공급'이 증가한다.
※ 공급의 개념
공급(supply)이란 일정기간 동안에 생산자가 주어진 가격수준에서 어떤 상품(재화나 서비스)을 판매하고자 하는 욕구를 말하며, 공급량이란 일정기간 동안에 생산자가 주어진 가격수준에서 어떤 상품(재화나 서비스)을 판매하고자 하는 최대수량을 의미한다. 공급량은 일정기간을 전제로 측정되는 유량개념이며, 판매하고자 하는 의도된 양을 지칭하는 것이지 실제 판매량을 나타내는 것은 아니다.

11 ② 정답은 ㉡과 ㉢이다.
㉠ 실질임금이 상승하면 생산비용이 증가하기 때문에 총공급곡선은 왼쪽으로 이동을 한다.
㉣ 정부지출 증가는 총공급곡선이 아닌 총수요곡선을 이동시키는 요인이다.
※ 공급곡선의 이동
공급의 변화는 가격 이외의 요인이 변화하여 발생하는 공급량의 변화를 말하며 공급의 변화는 공급곡선 자체의 이동을 말한다.
㉠ 생산요소 가격: 생산요소의 가격이 올라간다면 공급자의 채산성은 낮아지게 된다. 따라서 공급자는 생산량을 감소시키므로 공급곡선은 좌측으로 이동을 하게 되고 반대로 생산요소의 가격이 하락한다면 공급곡선은 우측으로 이동한다.
㉡ 기술수준의 변화: 기술의 발달은 상품의 생산비용을 낮아지게 하므로 공급이 증가하고 공급곡선은 우측으로 이동한다.
㉢ 기업목표의 변화, 판매자 수, 미래에 대한 기대에 의해서도 공급곡선은 이동을 한다.

12 다음 중 공급곡선의 이동을 가져오지 않는 경우는?

① 기업목표의 변화　　　　　　　　② 조세의 변화
③ 기술의 변화　　　　　　　　　　④ 기호의 변화

13 ㉠과 ㉡에 들어갈 말로 알맞은 것은?

> • 가격의 하락이 소비자의 실질소득을 증가시켜 그 상품의 구매력이 높아지는 현상으로 이것은 마치 소득이 높아져 수요가 증가되는 현상과 비슷하기 때문에 ___㉠___ 이라 불린다.
> • 실질소득에 영향을 미치지 않는 상대가격 변화에 의한 효과를 말한다. 연필과 샤프 두 가지 상품 중에서 샤프의 값이 내려가면 그 동안 연필을 이용하던 사람은 샤프를 사게 된다. 이처럼 실질소득의 변화가 아닌 상대가격의 변화에 따라 다른 비슷한 용도의 물건으로 수요가 늘어나는 현상을 ___㉡___ 이라 한다.

	㉠	㉡
①	소득효과	대체효과
②	베블런효과	대체효과
③	대체효과	소득효과
④	탄력성효과	대체효과

ANSWER | 12.④　13.①

12 ④ 기호의 변화는 공급곡선이 아니라 수요곡선을 이동시킨다.

13 ① ㉠은 소득효과, ㉡은 대체효과이다.
　　소득효과(Income Effect)는 가격의 하락이 소비자의 실질소득을 증가시켜 그 상품의 구매력이 높아지는 현상을 말한다. 이것은 마치 소득이 높아져 수요가 증가되는 현상과 비슷하기 때문에 소득효과라 불린다.
　　대체효과(Substitution Effect)란 실질소득에 영향을 미치지 않는 상대가격 변화에 의한 효과를 말한다. 연필과 샤프 두 가지 상품 중에서 샤프의 값이 내려가면 그 동안 연필을 이용하던 사람은 샤프를 사게 된다. 이처럼 실질소득의 변화가 아닌 상대가격의 변화에 따라 다른 비슷한 용도의 물건으로 수요가 늘어나는 현상을 대체 효과라 부른다.

14 3학년 5반 학생 40명의 아이스크림에 대한 수요곡선이 P=20-4Q로 동일하다면, 3학년 5반 전체의 아이스크림 수요곡선은?

① $P = 800 - 150Q$
② $P = 800 - 4Q$
③ $P = 20 - \dfrac{1}{10}Q$
④ $P = \dfrac{1}{2} - \dfrac{1}{10}Q$

15 어떤 시장에 동일한 수요함수 Q=-P+10을 갖는 2인의 수요자와 동일한 공급함수 Q=2P-5를 갖는 4인의 공급자가 있다고 하자. 시장의 균형가격과 균형수량은?

한국수력원자력 기출변형

① 4, 12
② 5, 5
③ 10, 5
④ 10, 7

ANSWER | 14.③ 15.①

14 ③ 시장수요곡선은 개별수요곡선의 수평합으로 구할 수 있다. 우선 개별수요곡선을 수요량(Q)에 대해 정리하면 $Q = 5 - \dfrac{1}{4}P$이다. 수요곡선이 동일한 소비자가 40명 있으므로 시장전체 수요량은 개별소비자의 수요량에 40을 곱해주면 된다.

$Q = (5 - \dfrac{1}{4}P) \times 40 = 200 - 10P$

이를 다시 P에 대해 정리하면 시장수요곡선은 $P = 20 - \dfrac{1}{10}Q$로 나타낼 수 있다.

※ 개별수요곡선과 시장수요곡선

구분	내용
개별수요곡선	개별수요곡선은 일정기간 동안 있을 수 있는 어떤 상품의 가격과 개별소비자 한 사람의 수요량 사이에 존재하는 관계를 나타내는 곡선이다.
시장수요곡선	• 시장수요곡선은 개별수요곡선을 수평방향으로 합함으로써 구할 수 있다. • 개별수요곡선을 수평방향으로 합함이란 각각의 가격수준에서 모든 개별소비자의 수요량을 합하는 것을 의미한다. • 일반적으로 시장수요곡선은 개별수요곡선보다 훨씬 더 완만하게 그려진다.

15 ① 시장수요곡선은 개별수요곡선을 수평으로(수량으로) 합하여 도출한다. 따라서 시장수요곡선은 $Q_D = (-P+10) \times 2 = -2P+20$이다. 시장공급곡선은 개별공급곡선을 수평으로(수량으로) 합하여 도출한다. 따라서 $Q_S = (2P-5) \times 4 = 8P-20$이다. 균형점에서는 $Q_D = Q_S$가 성립하므로 $-2P+20 = 8P-20$에서 균형가격은 4이다. 이를 $Q = -2P + 20$에 대입하면 균형수량은 12이다.

16 수요-공급에 대한 다음 설명 중 옳은 것은?

① 반도체가격이 하락하면 개인용 컴퓨터의 공급곡선은 우측으로 이동한다.
② 특정 재화의 가격 하락은 그 재화의 공급을 감소시킨다.
③ 사과 값이 상승하면 배에 대한 수요가 감소한다.
④ 소득이 증가하면 재화에 대한 수요량이 증가한다.

17 탄력성에 관한 설명으로 옳은 것은?

① 가격이 1% 상승할 때 수요량이 4% 감소했다면 수요의 가격탄력성은 1이다.
② 소득이 5% 상승할 때 수요량이 1% 밖에 증가하지 않았다면 이 상품은 기펜재이다.
③ 잉크젯프린터와 잉크카트리지 간의 수요의 교차 탄력성은 0보다 작다.
④ 수요의 소득탄력성은 항상 0보다 크다.

18 쌀의 가격탄력성은 0.2이고 소득탄력성은 0.1이라 하자. 쌀의 가격이 5% 상승하였을 때 쌀의 소비가 종전과 동일하려면 소득은 얼마나 변하여야 하는가?

① 0.1% 증가
② 0.1% 감소
③ 10% 증가
④ 10% 감소

ANSWER | 16.① 17.③ 18.③

16 ① 반도체가격이 하락하면 개인용 컴퓨터의 생산비가 하락하여 개인용 컴퓨터의 공급곡선이 오른쪽으로 이동한다.
② 특정 재화의 가격 하락은 그 재화의 공급량을 감소시킨다.
③ 사과가격이 상승하면 배의 수요가 증가한다.
④ 소득이 증가하면 정상재의 수요는 증가하고, 열등재의 수요는 감소한다.

17 ③ 잉크젯프린터와 잉크카트리지는 따로 떨어져 사용할 수 없는 보완재이다. 어떤 재화의 가격 변화가 다른 재화의 수요에 미치는 영향을 나타내는 교차탄력성은 보완재의 경우 음의 부호를 가지기 때문에 수요의 교차 탄력성은 0보다 작다.
① 수요의 '수요의 가격탄력성 = $\dfrac{수요량 변화율(\%)}{가격 변화율(\%)}$'이므로 가격탄력성은 4이다.
② 기펜재는 X재의 가격이 하락하는 경우 X재의 수요량도 감소하는 재화이다.
④ 수요의 소득탄력성이 양수인 경우 두 재화는 정상재이고 소득탄력성이 음수인 경우 두 재화는 열등재이다.

18 ③ 가격탄력성이 0.2이므로 쌀의 가격이 5% 상승하면 쌀의 수요량은 1% 감소할 것이다. 다시 쌀의 수요가 종전과 같아지기 위해서는 쌀의 수요량을 1% 증가시켜야 하는데, 소득탄력성이 0.1이므로 소득이 10% 증가해야 할 것이다.

19 다음 ㈎, ㈏에 나타난 수요의 가격 탄력성을 바르게 짝지은 것은?

> ㉠ 빵집에서 빵 값을 20% 인하하였다. 그 결과 매출은 30% 정도 늘어났다.
> ㉡ 치킨가게는 여름 휴가철을 맞아 가격을 종전에 비하여 15% 인하하였지만 오히려 수입이 15% 정도 감소하였다.

	㉠	㉡
①	탄력적	완전 비탄력적
②	탄력적	단위 탄력적
③	비탄력적	완전 비탄력적
④	비탄력적	단위 탄력적

✓ ANSWER | 19.①

19 ① 수요의 가격 탄력성이란 상품 가격이 변동할 때 수요량이 변화하는 정도를 나타낸 것으로 ㉠의 경우 값을 인하하자 매출이 상승하였으므로 수요의 가격 탄력성은 탄력적임을 알 수 있다. ㉡에서 가격 하락률(15%)과 수입의 하락률(15%)이 같다는 것은 수요량의 변화가 없다는 것이므로 수요의 가격 탄력성은 완전 비탄력적이라 할 수 있다.

※ 수요의 가격 탄력성
  ㉠ 개념: 상품 가격이 변화할 때 수요량이 얼마나 변화하는지를 나타낸 지표이다.
  ㉡ 수요의 가격탄력성 결정요인
    • 소비자의 총지출에서 차지하는 비중이 커질수록 탄력성은 커진다.
    • 대체재의 수가 많을수록 그 재화는 일반적으로 탄력적이다.
    • 재화의 분류범위가 좁을수록 탄력적이다.
    • 생활필수품은 비탄력적이고, 사치품은 탄력적인 것이 일반적이다.
    • 재화의 용도가 다양할수록 탄력적이다.
    • 수요의 탄력성을 측정하는 기간이 길수록 탄력적이다.
  ㉢ 수요의 탄력성 계산

$$Ed = \frac{수요량의 변화율(\%)}{가격의 변화율(\%)} = \frac{\frac{\Delta Q}{Q}}{\frac{\Delta P}{P}} = \left|\frac{dQ \cdot P}{dP \cdot Q}\right|$$

  ㉣ 용어 해설

가격탄력성 크기	용어	예
$\varepsilon=0$	완전비탄력적	수요곡선이 수직선
$0<\varepsilon<1$	비탄력적	대부분 필수재
$\varepsilon=1$	단위탄력적	수요곡선이 직각쌍곡선
$1<\varepsilon<\infty$	탄력적	대부분 사치재
$\varepsilon=\infty$	완전탄력적	수요곡선이 수평선

20 휘발유가격의 인상을 통하여 소비량을 10% 감소시키고자 할 때 적정한 가격인상률은?(단, 실증적으로 알려진 휘발유 수요의 가격탄력성은 0.5이다)

① 10%
② 20%
③ 30%
④ 40%

21 자정을 넘어서면 버스요금은 일정액의 할증료가 추가되고 있다. 이것이 버스운수업자들에게 바람직한 정책으로 받아들여지고 있는 이유로서 타당한 것은?

① 자정 이후에는 버스승객의 버스 승차에 대한 수요가 탄력적이다.
② 자정 이후에는 버스승객의 버스 승차에 대한 수요가 단위탄력적이다.
③ 자정 이후에는 버스승객의 버스 승차에 대한 수요가 비탄력적이다.
④ 자정 이후에는 버스승객의 버스 승차에 대한 수요와 공급이 모두 동시에 줄어든다.

22 어느 백화점에서 가격을 50% 내렸더니 매출액이 두 배로 늘었다. 수요의 가격탄력성은?

① 2
② 3
③ 6
④ 7

ANSWER | 20.② 21.③ 22.③

20 ② 휘발유 수요의 가격탄력성이 0.5이므로 소비량을 10% 감소시키기 위해서는 가격을 20% 인상시켜야 적정가격인상률이 된다.

21 ③ 버스운수업자들(판매자)의 입장에서 볼 때 바람직한 정책은 버스요금의 할증료 부과 시에 총수입이 증가한다는 것을 의미한다. 따라서 가격 상승 시에 버스운수업자들의 수입이 증가하는 것은 수요가 비탄력적일 때 나타난다.

※ 가격탄력성과 총지출

구분	1보다 큰 경우(탄력적)	1인 경우(단위탄력적)	1보다 작은 경우(비탄력적)
가격 상승	총지출 감소	총지출 불변	총지출 증가
가격 하락	총지출 증가	총지출 불변	총지출 감소

22 ③ 가격은 절반(0.5)으로 내렸는데 매출액이 2배가 되려면 수량은 4배가 되어야 한다. 이는 수요량이 300% 증가함을 뜻하므로 수요의 가격탄력성은 $\frac{3}{0.5}=6$이다.

※ 수요의 가격탄력성
  ㉠ 개념 : 수요의 가격탄력성은 가격에 변화가 생길 경우 그 변화율에 대한 수요량 변화율의 상대적 크기로 나타낸다.
  ㉡ $Ed = \frac{수요량의 변화율(\%)}{가격의 변화율(\%)} = \frac{\frac{\Delta Q}{Q}}{\frac{\Delta P}{P}} = \left|\frac{dQ \cdot P}{dP \cdot Q}\right|$

23 A나라는 석유를 전액 수입하고 있다. 그런데 갑자기 중동지역에 큰 전쟁이 일어날 전망이 제기되면서 석유가격이 크게 상승하였다. 이때 A나라 정부가 가계생활의 안정을 위해 가격상승분의 일부를 유류세 인하로 보전해주는 정책을 폈다고 할 경우 나타날 수 있는 결과는 다음과 같다. A나라 석유시장과 유류세 인하의 효과에 대하여 바르게 설명한 것만을 짝지은 것은?

> ㉠ A국의 석유 공급곡선은 비탄력적이다.
> ㉡ 유류세 인하는 석유의 시장가격을 떨어뜨릴 것이다.
> ㉢ 유류세 인하의 혜택은 공급자가 전부 가져갈 것이다.
> ㉣ 유류세 인하로 석유 수요곡선이 원점에서 멀어진다.
> ㉤ A국의 석유 공급곡선은 X축에 대하여 수평이다.

① ㉠, ㉡
② ㉠, ㉣
③ ㉡, ㉢
④ ㉡, ㉣

ANSWER | 23.①

23 ㉢ 유류세 인하는 수요자에게는 가격 혜택을, 공급자에게는 사용량 증가로 인한 혜택을 제공하게 된다.
㉣ 유류세 인하는 수요곡선에는 영향을 미치지 않고 공급곡선에만 영향을 미친다.
㉤ A국의 석유 공급곡선은 X축에 대하여 수직이다.
※ 공급의 가격탄력성과 공급곡선
  ㉠ **공급의 가격탄력성**: 가격이 변화할 경우 공급량이 얼마나 변하는지를 나타내는 지표이다. 재화의 공급량이 가격변화에 대해 민감하게 변하면 그 재화의 공급은 탄력적이라 하며, 가격이 변할 때 공급량이 조금만 변하면 공급은 비탄력적이라 한다.
  ㉡ **공급곡선**: 가격과 공급량과의 관계를 나타내는 곡선을 말하며, 다른 변수들이 동일할 경우 가격이 높을수록 공급량은 증가하기 때문에 공급곡선은 우상향의 형태를 띠게 된다.
  ㉢ **공급의 가격탄력성 결정요인**
    • 생산량이 증가할 때 생산비가 완만하게 상승하는 상품은 탄력적이고 생산비가 급격히 상승하는 상품은 비탄력적이다.
    • 저장가능성이 낮은 상품은 가격변화에 신축적으로 대응하기 어렵기 때문에 비탄력적이다.
    • 유휴설비가 존재하면 가격 상승시 생산량이 크게 증가할 수 있으므로 공급이 탄력적이다.
    • 측정기간이 길수록 생산설비규모의 조정이 용이하기 때문에 공급의 탄력성은 커진다.

24 공급함수가 P=2Q+20이고 가격이 60일 때 공급의 가격탄력성은?

① 0
② 1
③ 1.5
④ 2.5

25 수요의 가격탄력성에 대한 설명으로 옳지 않은 것은?

① 탄력성이 1보다 작으면 한계수입은 음(-)이 된다.
② 재화의 희소성이 커져 가격수준이 높아질수록 탄력적이 된다.
③ 재화에 대한 지출비율이 커지면 탄력성은 작아진다.
④ 기간이 길어질수록 대체재를 찾아내기 쉽기 때문에 탄력적이 된다.

ANSWER | 24.③ 25.③

24 ③ 공급의 가격탄력성은 $\varepsilon_s = \dfrac{dQ}{dP} \cdot \dfrac{P}{Q}$ 이다.

공급함수 P=2Q+20을 변형하면 Q=0.5P-10이므로 $\dfrac{dQ}{dP}=0.5$가 된다.

P=60을 공급함수에 대입하면 Q=20이 도출된다.

이들을 ε_s에 모두 대입하면 $\varepsilon_s = \dfrac{dQ}{dP} \cdot \dfrac{P}{Q} = \dfrac{1}{2} \times \dfrac{60}{20} = 1.5$가 된다.

※ 공급의 탄력성
  ㉠ 개념: 공급의 가격탄력성이란 가격이 변화할 때 공급량이 변화하는 정도를 나타내는 지표이다. 공급의 가격탄력성도 가격과 공급량의 변화율을 사용하므로 측정단위의 영향을 받지 않으며 공급의 가격탄력성을 보면 가격변화 시 공급량이 어느 정도 민감하게 반응하는지를 알 수 있다.
  ㉡ 공급곡선 형태와 공급의 가격탄력성: 공급곡선이 수직선이면 공급곡선상의 모든 점에서 공급의 가격탄력성은 0이고, 공급곡선이 수평선이면 ∞이다. 공급곡선이 원점을 통과하는 직선이면 공급곡선 기울기에 관계없이 공급의 가격탄력성은 항상 1이다.

25 ③ 수요의 가격탄력성은 수요량변화율을 가격변화율로 나눈 값으로 정의된다. 그런데 가격변화가 동일해도 원래 가격수준이 높을수록 가격변화율이 작아지므로 가격탄력성은 커진다.

수요의 가격탄력성 $= \dfrac{수요량 변화율(\%)}{가격변화율(\%)} = -\dfrac{\Delta Q/Q}{\Delta P/P}$

예를 들어, 가격이 100원에서 200원으로 상승할 때의 가격변화율은 100%이다. 가격이 1,000원에서 1,100원으로 상승할 경우는 마찬가지로 가격상승폭은 100원이지만 가격상승률은 10%에 불과하다. 그러므로 동일한 가격변화가 발생한다고 하더라도 원래의 가격수준이 높을수록 수요의 가격탄력성은 커진다. 어떤 재화에 대한 지출비율이 커지면 수요의 가격탄력성이 커진다.

26 다음 중 공급의 가격탄력성이 가장 큰 공급곡선은?

① P=Q+20
② P=3Q
③ P=4Q-20
④ P=7Q

27 수요의 가격탄력성이 1.0이고, 가격이 200원일 때 수요량은 1,000단위였다. 가격이 100원 상승할 경우 수요량의 변화는?(단, 수요곡선은 선형이라고 가정)

① 100단위 감소
② 200단위 증가
③ 250단위 감소
④ 500단위 감소

28 어떤 재화의 수요곡선이 Q=40-P로 주어져 있다고 하자. 수요의 가격탄력성이 4보다 커지기 위해서는 가격이 얼마 이상 되어야 하는가?

① 14
② 26
③ 32
④ 48

ANSWER | 26.① 27.④ 28.③

26 ① 공급곡선이 원점을 통과하는 직선일 때는 기울기에 관계없이 공급의 가격탄력성은 항상 1이므로 ②④의 경우는 공급의 가격탄력성이 항상 1이다. 공급곡선이 가격축을 통과하는 우상향의 직선이면 공급의 가격탄력성은 항상 1보다 크고, 공급곡선이 수량축을 통과하는 직선일 때는 공급의 가격탄력성이 항상 1보다 작다. 그러므로 ①의 경우에는 공급의 가격탄력성이 항상 1보다 크고, ③의 경우에는 공급의 가격탄력성이 항상 1보다 작다.

27 ④ $\varepsilon = -\dfrac{dQ}{dP} \times \dfrac{P}{Q} = -\dfrac{\triangle Q}{100} \times \dfrac{200}{1000} = 1$이므로 $\triangle Q = -500$임을 알 수 있다.

28 ③ $\varepsilon = -\dfrac{dQ}{dP} \times \dfrac{P}{Q} = 1 \times \dfrac{P}{40-P} > 4$이다. 따라서 $P > 160 - 4P$, $5P > 160$, $P > 32$로 계산된다.

29 수요함수가 $Q = 10 - \dfrac{P}{2}$인 시장에서 정부의 새로운 조세정책의 결과로 균형가격이 10에서 12로 상승하였다. 소비자잉여는 얼마나 감소하겠는가?

① 1
② 8
③ 9
④ 10

30 어느 상품의 수요곡선은 P=6-2Q, 공급곡선은 P=3+Q와 같다고 한다. 다음 중 균형가격과 소비자잉여의 크기를 올바르게 계산한 것은?

① 균형가격=3, 소비자잉여=1
② 균형가격=4, 소비자잉여=0.5
③ 균형가격=4, 소비자잉여=1
④ 균형가격=5, 소비자잉여=0.5

ANSWER | 29.③ 30.③

29 ③ 수요함수가 P=20-2Q이므로 가격이 10원일 때의 소비자잉여는 다음 그림에서(A+B+C)의 면적으로 측정된다. 조세부과로 가격이 12원으로 상승하면 소비자 잉여는 (B+C)의 면적만큼 감소한다. □B의 면적은 8이고, △C의 면적은 1이므로 조세부과에 따른 소비자잉여 감소분은 9만큼이다.

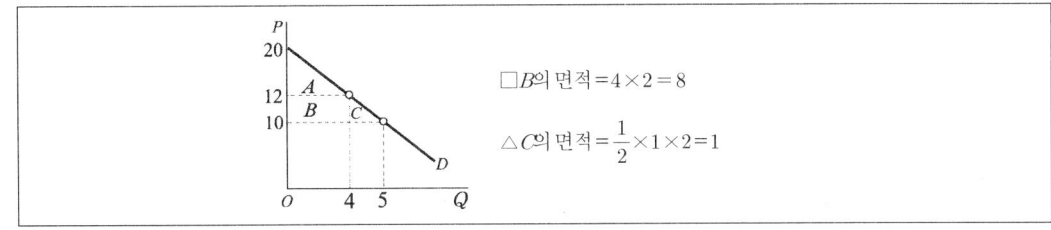

30 ③ 수요함수와 공급함수를 연립해서 풀면 6-2Q=3+Q, 3Q=3, Q=1이 된다. Q=1을 수요함수에 대입하면 균형가격은 4원임을 알 수 있다. 소비자잉여는 다음 그림에서 △A의 면적이므로 1로 계산된다.

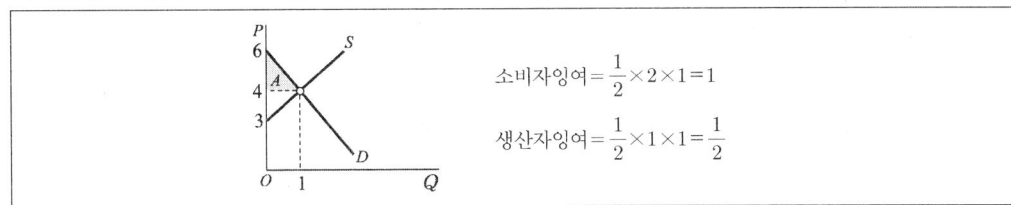

31 법률서비스에 대해 종량세를 부과한 후 세금부과의 효과를 살펴보았더니 정책의도와는 달리 법률 서비스의 수요자에게 그 부담의 대부분이 전가되었다고 한다. 다음 중 그 원인으로 옳은 것은?

① 공급이 비탄력적이기 때문이다.
② 법조인들이 탈세를 하였기 때문이다.
③ 법률서비스에 대한 수요가 비탄력적이기 때문이다.
④ 수요와 공급이 모두 가격에 대해 탄력적이기 때문이다.

32 수요의 가격탄력성이 1.2일 때 상품가격이 10% 하락하면 기업의 판매총수입은 어떻게 나타나는가?

① 이전보다 증가한다.
② 이전보다 감소한다.
③ 이전과 같다.
④ 증가할 때도 있고 감소할 때도 있다.

ANSWER | 31.③ 32.①

31 ③ 수요가 비탄력적이거나 공급이 탄력적이면 수요자의 세금부담분이 상대적으로 크고 수요가 탄력적이거나 공급이 비탄력적이면 공급자의 세금부담분이 상대적으로 크다.

※ 종량세와 종가세
㉠ **종량세**: 종량세는 수량단위당 일정 금액을 과세하는 것으로 종량세를 부과하면 공급곡선이 상방으로 평행이동한다. 수량이 많고 가격이 낮은 상품일수록 종량세의 소비 억제효과가 크다.
㉡ **종가세**: 종가세는 가격당 일정 비율을 과세하는 것으로 종가세를 부과하면 공급곡선이 더욱 가파르게 회전한다. 수량이 적고 가격이 높은 상품일수록 종가세의 소비 억제효과가 크다.

32 ① 수요의 가격탄력성이 1.2이라는 의미는 탄력적이라는 것이다. 즉, 가격이 하락하면 총수입은 증가한다는 것이다.

33 X재에 대하여 종량세가 부과될 때 사회적 후생손실이 가장 커지는 경우는?

① 수요와 공급이 모두 탄력적일 때
② 수요와 공급이 모두 비탄력적일 때
③ 수요는 탄력적이고, 공급이 비탄력적일 때
④ 수요는 비탄력적이고, 공급이 탄력적일 때

34 일반적으로 농산물은 공산품보다 가격변동이 훨씬 심하다. 다음 중 그 이유로 가장 적절한 것은?

① 농산물에 대한 사람들의 기호변화가 심하기 때문이다.
② 농산물의 수요와 공급이 모두 비탄력적이기 때문이다.
③ 외국으로부터의 농산물 수입이 대단히 불안정하기 때문이다.
④ 정부의 농업에 대한 보조정책의 일관성이 결여되어 있기 때문이다.

ANSWER | 33.① 34.②

33 ① 수요와 공급이 모두 탄력적인 경우 종량세가 부과되면 거래량이 대폭 감소한다. 그러므로 수요와 공급이 모두 탄력적일 때 조세부과로 인한 민간경제활동의 왜곡이 커지고, 그에 따른 사회적인 후생손실이 커진다. 그림 ㉠에서 A는 수요와 공급이 모두 탄력적인 경우 조세부과에 따른 후생손실의 크기를, 그리고 그림 ㉡에서 B는 수요와 공급이 모두 비탄력적일 때 조세부과에 따른 후생손실의 크기를 나타내고 있다.

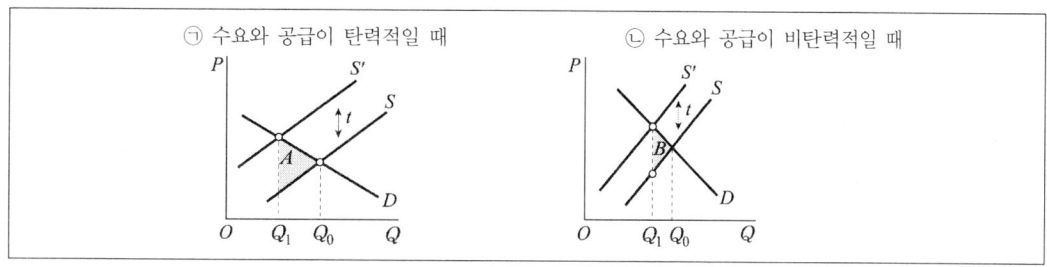

34 ② 농산물은 대부분 필수재이기 때문에 수요가 매우 비탄력적이다. 그리고 농산물은 한 번 파종을 하고나면 가격이 상승하더라도 공급량을 증가시키는 것은 한계가 있기 때문에 공급도 매우 비탄력적이다. 수요와 공급이 매우 비탄력적이므로 기후변화에 따라 공급이 약간만 변하더라도 가격은 급변하게 된다.

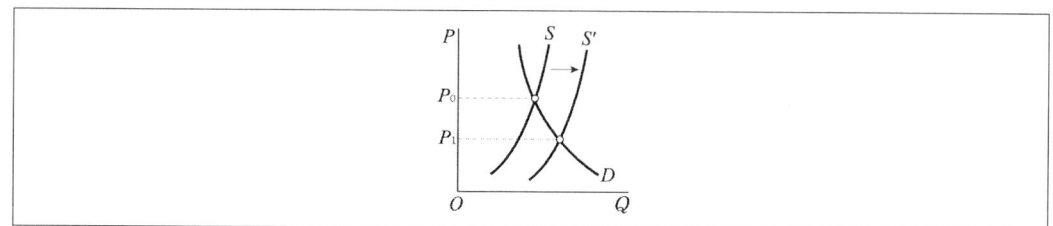

35 다음은 최고가격제의 효과를 열거한 것이다. 옳은 내용들로만 묶인 것은?

한국수력원자력 기출변형

> ㉠ 암시장이 출현한다.
> ㉡ 초과공급이 발생한다.
> ㉢ 수요량이 증가한다.
> ㉣ 제품의 질이 저하된다.
> ㉤ 공급량이 증가한다.

① ㉠, ㉢, ㉣
② ㉡, ㉢, ㉣
③ ㉡, ㉣, ㉤
④ ㉢, ㉣, ㉤

ANSWER | 35.①

35 ① 최고가격제를 실시하게 되면 가격이 낮아지므로 공급량은 감소하고 수요량은 증가하여 초과수요가 발생하게 된다. 그리고 초과수요가 발생하게 되면 암시장이 출현할 가능성이 있으며, 생산자들은 제품의 질을 떨어뜨릴 가능성이 높다.

 ※ 최고가격제(가격상한제)
  ㉠ 개념: 최고가격제란 정부가 최고가격을 설정하고, 설정된 최고가격 이상을 받지 못하도록 하는 제도를 의미한다. 최고가격제는 물가안정과 소비자보호를 위하여 실시하는 가격통제의 한 방식으로 최고가격제의 사례로는 이자율 규제, 아파트분양가 규제, 임대료 규제 등을 들 수 있다.
  ㉡ 최고가격제의 효과

구분	내용
장점	소비자들은 이전보다 낮은 가격으로 재화를 구입 가능
단점	• 초과수요 발생 • 암시장의 출현가능성 • 사회적인 후생손실 발생 • 재화의 품질저하 가능성

  ㉢ 최고가격제하에서의 배분방법: 최고가격제가 실시될 때 재화를 배분하는 방법으로는 선착순, 배급제도, 판매자의 선호에 맡기는 방법 등이 있다.

구분	선착순	배급제도
방법	먼저 온 순서대로 재화를 구입할 수 있도록 하는 방법	배급표를 발행하여 배급표를 가진 사람만이 재화를 구입할 수 있도록 하는 제도
장점	소비자의 선호가 반영	재화의 배분이 공평
단점	재화의 배분이 불공평	소비자의 선호가 반영되지 않음

36 시장균형가격보다 낮은 가격에서 최고가격이 설정된다면 다음 중 옳은 것은?

① 공급량이 수요량보다 적다.
② 공급량이 수요량보다 많다.
③ 공급곡선이 왼쪽으로 이동한다.
④ 수요곡선이 오른쪽으로 이동한다.

37 기술 진보로 인하여 개인용 컴퓨터(PC)의 생산비용이 하락할 경우 PC시장에서 일어날 것으로 생각되는 변화는?

① PC공급량 증가, PC가격 증가, PC수요량 증가
② PC공급 증가, PC가격 하락, PC수요 감소
③ PC공급 증가, PC가격 하락, PC수요량 증가
④ PC공급 감소, PC가격 하락, PC수요 증가

ANSWER | 36.① 37.③

36 ① 최고가격제(maximum price policy)는 정부가 설정한 최고가격보다 높은 가격으로 재화의 판매를 금지하는 제도이다. 그런데 실제 시장균형가격보다 낮은 가격에서 최고가격이 설정되면 초과수요가 발생한다. 즉 수요량이 공급량보다 많은 것을 의미한다.

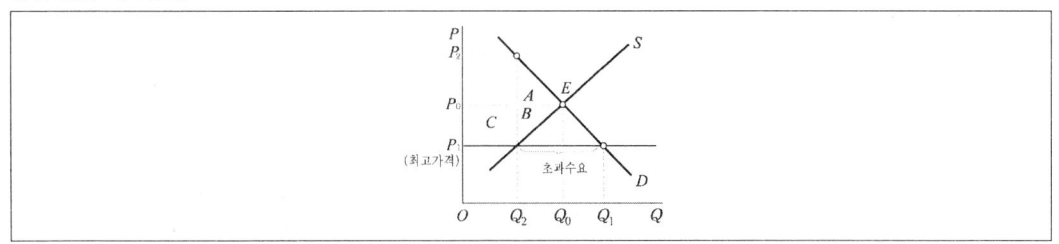

37 ③ 생산기술의 진보, 생산요소가격의 하락, 정부규제의 완화, 노사분규의 감소 등은 모두 공급의 증가를 가져와 공급곡선을 우측으로 이동시킨다. 따라서 기술 진보로 PC의 생산비용이 하락하면 PC의 생산이 증가하므로 PC공급곡선이 우측으로 이동한다. 이에 따라 PC가격은 하락하고 수요량은 증가하게 될 것이다.

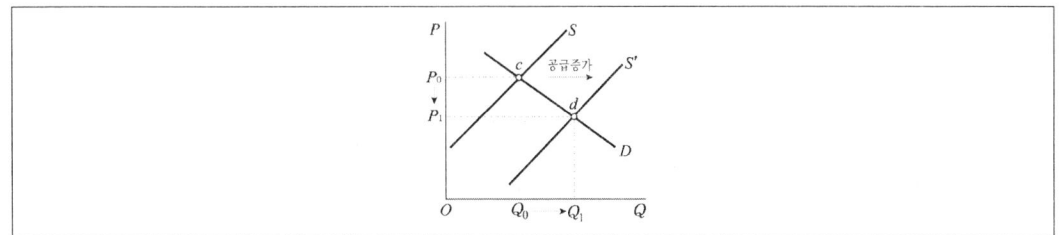

38 수요곡선(D)과 공급곡선(S)이 다음의 그림과 같이 주어져 있다면 이는 이 재화가(의) (   )(임)을 시사한다. 다음 (   ) 안에 적합한 것은?

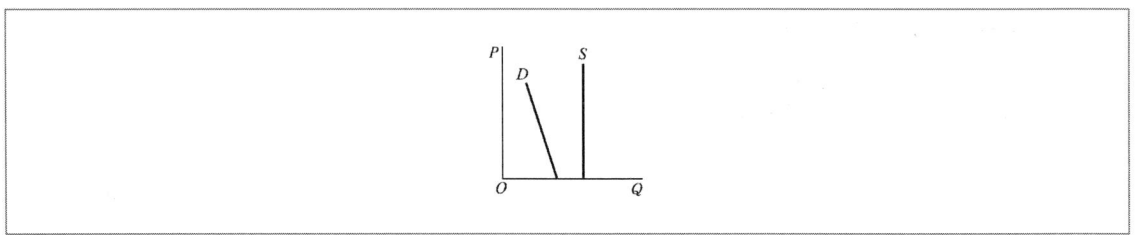

① 자유재
② 가격이 너무 높게 책정되어 공급 부족
③ 가격이 너무 낮게 책정되어 공급 과잉
④ 희소해서 일부 소비자는 원하는 만큼 소비할 수 없음

39 수요함수가 $P = -4Q + 60$일 때 수요의 가격탄력성에 대한 설명으로 옳은 것은?

① 수요량이 5일 때 이 재화의 수요는 탄력적이다.
② 수요량이 10일 때 이 재화의 수요는 탄력적이다.
③ 수요량이 15일 때 이 재화의 수요는 무한탄력적이다.
④ 이 재화의 수요는 항상 탄력적이다.

ANSWER | 38.① 39.①

38 ① 제시된 그림은 모든 가격수준에서 초과공급이 존재함을 나타내고 있다. 이로 보아 재화는 균형수급량이 존재하지 않는 재화로 자유재라고 할 수 있다.

※ **자유재**(free goods)
자유재란 물과 공기와 같이 그 양이 무한하여 희소성이 없는 재화를 뜻하며, 경제재는 자유재가 아닌 일반적인 재화를 의미한다. 자유재의 경우 수요에 비하여 공급이 훨씬 많아 가격이 형성되지 아니한다. 예를 들면 공기, 바닷물 등이다.

39 ① 주어진 수요곡선과 수요의 가격탄력성을 그림으로 나타내면 다음과 같다.

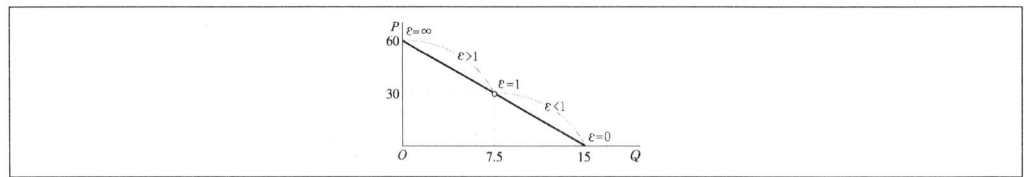

수요량이 5일 때 이 재화의 수요의 가격탄력성을 나타내면

$$\varepsilon_x = \frac{Q_x\text{의 변화율}}{P_x\text{의 변화율}} = \frac{\Delta Q_x / Q_x}{\Delta P_x / P_x} = \frac{\Delta Q_x}{\Delta P_x} \cdot \frac{P_x}{Q_x} = \frac{15}{60} \times \frac{40}{5} = 2 > 1$$

결국 수요의 가격탄력성이 1보다 크므로 탄력적이라 할 수 있다.

40 다음 재화 가운데, 교차탄력성이 음수인 것은?

① 쌀과 밀가루
② 돼지고기와 소고기
③ 커피와 커피 크리머
④ 연필과 라면

41 수요곡선이 다음과 같이 주어져 있다면 수요곡선상의 A에서의 수요의 가격탄력성의 절댓값은?

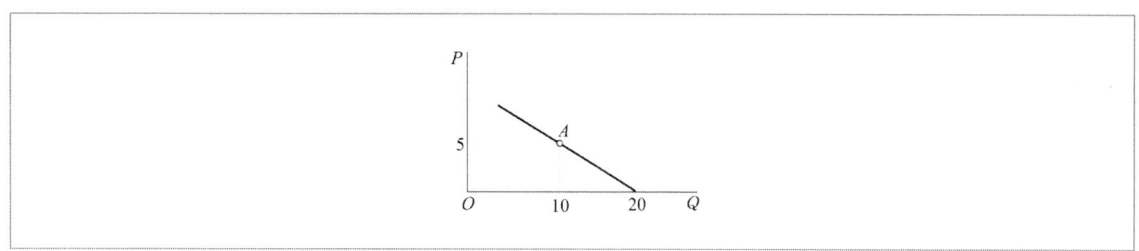

① 0.25
② 0.50
③ 1
④ 2

ANSWER | 40.③ 41.③

40 ③ 만일 수요의 교차탄력성이 양(+)이면 두 재화는 대체재 관계에 있다. 예를 들면 버터와 마가린은 대체재이다. 왜냐하면 버터가격의 하락은 마가린 수요량의 감소를 초래하기 때문이다. 한편 수요의 교차탄력성이 음(-)이면 두 재화의 관계는 보완재이다. 가령 커피와 커피 크리머는 보완재의 관계에 있다. 커피가격의 하락은 커피 크리머의 수요량을 증가시키기 때문에 교차탄력성은 (-)가 된다. 따라서 커피와 커피 크리머는 보완재관계에 있다. 연필과 라면은 상호 간에 관계가 없으므로 교차탄력성이 0인 독립재이다.

※ **수요의 교차탄력성(cross elasticity of demand)**

㉠ 개념: 어떤 재화의 수요가 관련 재화의 가격 변화에 반응하는 정도를 측정하는 척도로 다음과 같이 정의할 수 있다.

$$\varepsilon_{XY} = \frac{X재의 수요량변화율(\%)}{Y재의 가격변화율(\%)} = \frac{dQx}{dPy} \cdot \frac{Py}{Qx}$$

㉡ 교차탄력성의 부호에 따라 두 재화의 관계를 파악할 수 있다.

구분	관계
$\varepsilon_{xy} > 0$	대체재
$\varepsilon_{xy} < 0$	보완재
$\varepsilon_{xy} = 0$	독립재

41 ③ 수요의 가격탄력성: P_y와 M은 일정 불변인 채 당해 재화의 가격인 P_x만 변할 때 수요량 Q_x가 얼마나 민감하게 반응하느냐를 나타낸다. 따라서 가격탄력성은 다음과 같은 식으로 정의한다.

$$\varepsilon_x = \frac{Q_x의 변화율}{P_x의 변화율} = \frac{\Delta Q_x/Q_x}{\Delta P_x/P_x} = \frac{\Delta Q_x}{\Delta P_x} \cdot \frac{P_x}{Q_x}$$

그림에서 A는 이 수요곡선상의 중간점이므로 수요의 가격탄력성(ε)=1이 된다. 이는 수요량의 변화율이 가격의 변화율과 동일하다는 것이다.

42 의료서비스의 공급과 수요가 모두 가격에 대해 탄력적이라면, 의료서비스에 대한 부가가치세 부과는 소비자가격에 어떤 영향을 주는가?

① 상승하지 않는다.
② 부가가치세만큼 상승한다.
③ 부가가치세보다 적게 상승한다.
④ 부가가치세보다 많이 상승한다.

43 수요함수가 $Q=10-2P$일 때 수요의 점탄력성은?

① $\dfrac{5+P}{P}$ ② $\dfrac{5-P}{P}$

③ $\dfrac{P}{5-P}$ ④ $\dfrac{P}{5+P}$

ANSWER | 42.③ 43.③

42 ③ 의료서비스에 부가가치세를 부과할 경우 공급곡선이 상향이동하므로 가격이 상승하게 된다. 이때 수요곡선, 공급곡선 모두 탄력적이므로 가격 상승에 따른 조세부담이 수요자·공급자 모두에게 귀착되어 소비자가격은 부가가치세보다 적게 상승한다.

43 ③ 수요의 점탄력성(point elasticity of demand)은 수요곡선상의 한 점에서 측정한 탄력성으로, 가격의 변화분이 아주 미세할 때 가격변화에 따른 수요량의 변화 정도를 측정하는 지표이다. 점탄력성은 미분개념이 도입되는 탄력성으로서 탄력성의 공식은 다음과 같다.

$$\varepsilon_p = \lim_{\Delta P \to 0} \frac{\Delta Q/Q}{\Delta P/P} = -\frac{dQ/Q}{dP/P} = -\frac{dQ}{dP} \cdot \frac{P}{Q}$$

수요함수가 $Q=10-2P$일 때 $dQ/dP=-2$이므로

$$\varepsilon_p = -\frac{dQ}{dP} \cdot \frac{P}{Q} = \frac{2P}{10-2P} = \frac{P}{5-P}$$

44 우상향하는 공급곡선과 우하향하는 수요곡선을 갖는 X재에 대하여 정부가 소비세를 부과하기로 결정하였다. 다음 중 소비세 부과의 효과에 대한 설명으로 옳은 것은?

한국주택금융공사 기출유형

① 세금부과 후에 시장가격은 세금부과액과 동일한 금액만큼 상승한다.
② 소비자잉여와 생산자잉여의 감소가 발생하지만, 이는 정부의 세수증가로 충분히 메워진다.
③ 소비세를 부과하기 이전에 비하여 소비자는 더 높은 가격을 지불하지만, 공급자가 받는 가격에는 변화가 없다.
④ 수요곡선과 공급곡선의 가격탄력성이 비탄력적일 때는, 탄력적인 경우보다 소비세 부과로 인한 후생순손실(deadweight loss)은 적어진다.

45 수요와 공급의 탄력성에 관한 설명으로 옳은 것은?

① 가격탄력성이 1보다 크면 비탄력적이다.
② 수요곡선이 수직이면 가격탄력성이 무한대이다.
③ 수요의 교차탄력성이 1보다 크면 두 상품은 보완재 관계이다.
④ 우상향 직선의 공급곡선 Y축 절편이 0보다 크면 가격탄력성은 무조건 1보다 크다.

ANSWER | 44.④ 45.④

44 수요곡선과 공급곡선이 모두 정상적인 경우 소비세가 부과되면 소비자가격은 조세부과 이전보다 상승하나 생산자가격은 조세부과 이전보다 낮아진다. 이 때 정부의 조세수입은 소비자잉여와 생산자잉여 감소분을 합한 것보다 적다. 그러므로 조세부과에 따른 후생손실이 발생하는데, 상대적으로 탄력성이 큰 자가 상대적으로 조세 부담이 적다. 따라서 공급곡선이 수요곡선보다 탄력적이면 공급자(생산자)부담이 소비자부담보다 적다.

45 ① 가격탄력성이 1보다 크면 탄력적이다.
② 수요곡선이 수직이면 가격탄력성이 0이다.
③ 수요의 교차탄력성이 0보다 작으면 두 상품은 보완재 관계이다.

CHAPTER 03

소비자 이론

1 다음 중 효용에 관한 설명으로 옳지 않은 것은?

① 신고전파의 가치이론의 기초가 되는 개념이다.
② 효용을 가치의 척도로 삼기를 주장한 최초의 학자는 파레토(V. Pareto)이다.
③ 인간생활에 해로운 것은 효용을 갖지 않는다.
④ 재화나 용역을 소비함으로써 느끼는 주관적 만족의 크기이다.

2 소비자이론에 관한 다음 설명 중 옳지 않은 것은?

전력거래소 기출유형

① 기펜재는 열등재이지만 모든 열등재가 기펜재는 아니다.
② 무차별곡선이 L자형이면 가격효과와 소득효과는 동일하다.
③ 소득소비곡선(ICC)이 우상향하는 직선이면 두 재화 모두 정상재이다.
④ 열등재의 가격이 하락할 때 수요량이 늘어난다면 이는 대체효과가 소득효과보다 작기 때문이다.

열등재의 가격이 하락하면 대체효과에서는 수요량이 증가하고 소득효과에서는 실질소득이 증가하지만 수요량은 감소한다. 결국 열등재의 가격이 하락할 때 수요량이 늘어난다는 것은 대체효과가 소득효과보다 크기 때문이다.

✓ ANSWER | 1.② 2.④

1 ② 행복감 또는 만족감이라는 주관적인 느낌을 효용(utility)이라는 구체적인 개념으로 측정이 가능하다는 것을 처음 제기한 사람은 영국의 공리주의 철학자 벤담(Bentham)이었다. '최대 다수의 최대 행복'(the greatest happiness of the greatest number)이라는 그의 유명한 말은 개인의 행복감이 효용의 구체적인 단위로 측정될 수 있을 뿐더러 모든 사람의 효용이 동등한 차원에서 비교될 수 있다는 그의 생각을 단적으로 표현해주고 있다.

2 ① 기펜재는 열등재 중에서 대체효과보다 소득효과가 더 큰 경우이다. 하지만 일반적인 열등재는 대체효과가 소득 효과보다 더 크다. 결국 기펜재는 열등재이지만 모든 열등재가 기펜재는 아니다.
② 레온티에프 효용함수의 경우 무차별곡선이 L자형이고 대체효과는 0이다. 결국 무차별곡선이 L자형이면 대체효과와 소득효과의 합인 가격효과와 소득효과는 동일하다.
③ 소득소비곡선이 우상향하는 직선이라는 것은 소득이 증가할 때 두 재화의 수요가 모두 증가함을 의미한다. 결국 두 재화 모두 정상재이다.

3 다음에서 설명하고 있는 경제학의 개념은?

> 우리는 항상 처음 경험하는 일에 큰 감흥을 받는다. 첫사랑을 못 잊는 것도, 새 옷을 즐겨 찾는 것도, 남이 갖지 않은 새 것을 원하고, 해 보지 않은 일을 시도하는 용기도 모두 이에서 비롯된다. 모든 일을 처음 시작할 때의 다짐처럼 추진한다면 얼마나 좋을까? 하지만 항상 처음처럼 살아가지 못하는 것이 우리들의 모습이다. 처음 순간에 만끽했던 그 기쁨과 감흥, 때로는 큰 결심이나 고통마저도 시간이 흐르면 무덤덤하게 일상의 흐름에 묻혀 버린다. 세월이 흐를수록 첫 경험은 빛바랜 추억으로 묻히고, 반복되는 일상은 별다른 감동을 주지 못한다.
>
> — 정갑영 「열보다 더 큰 아홉」—

① 기회비용
② 한계효용 체감의 법칙
③ 형평성
④ 규모에 대한 수확체감의 법칙

4 다음 중 한계효용체감에 대한 설명으로 옳지 않은 것은?

① 다른 변수는 모두 일정함을 전제로 한다.
② 장기적으로는 기술혁신에 의해서 극복될 수 있다.
③ 자원이 무한하게 부존되어 있는 자유재의 경우에도 성립한다.
④ 보완재 소비량이 일정한 경우에만 성립한다.

ANSWER | 3.② 4.②

3 ② 한계효용 체감의 법칙(law of diminishing marginal utilities)에 대한 내용이다. 재화나 서비스의 소비에서 느끼는 주관적 만족도를 효용이라 하며 한계효용은 재화나 서비스의 소비량이 한 단위 증가할 때 변화하는 총효용의 증가분을 말한다. 한계효용 체감의 법칙은 재화나 소비가 증가할수록 그 재화의 한계효용은 감소하는 것을 말한다.
※ 한계효용체감의 법칙
　㉠ 개념 : 재화의 소비가 증가할수록 그 재화의 한계효용이 감소하는 것을 말한다.
　㉡ 가치의 역설
　　• 사용가치가 큰 물은 교환가치가 작고, 사용가치가 작은 다이아몬드는 교환가치가 크다는 역설적인 현상을 말한다.
　　• 한계효용학파는 가격은 총효용이 아닌 한계효용에서 결정되는 것으로 다이아몬드는 총효용이 매우 작지만 수량이 작아 높은 한계효용을 가지므로 높은 가격이 형성되고, 물은 총효용은 크지만 수량이 풍부해 낮은 한계효용을 갖기 때문에 낮은 가격이 형성된다.

4 ② 한계효용체감은 상품을 소비할 때 발생하는 수요측면의 현상인 반면, ②는 공급에 관계되는 것으로 한계효용체감과 무관하다.

5 어떤 재화의 한계효용이 0이라면 이는 무엇을 의미하는가?

공무원연금공단 기출변형

① 이 재화에 대한 총효용은 최대치에 이르렀다.
② 이 재화의 가격이 0임을 의미한다.
③ 이 재화에 대한 총효용도 역시 0일 것이다.
④ 이 소비자는 상품의 구매에 있어서 균형에 도달하였음을 의미한다.

6 다음 중 합리적 소비자의 효용극대화조건은?

한국전력공사 기출변형

① 각 재화에 지출된 화폐의 한계효용이 같을 것
② 각 재화의 한계효용이 0일 것
③ 구입하는 각 재화로부터 얻어지는 총효용이 같을 것
④ 각 재화의 상품단위당 한계효용이 같을 것

✓ ANSWER | 5.① 6.①

5 ① 한계효용이 0보다 크면 총효용은 증가하고, 한계효용이 0인 점에서 총효용이 극대가 되고, 한계효용이 0보다 작아지면 총효용은 감소한다.

※ 총효용과 한계효용
㉠ 총효용(TU ; Total Utility) : 재화를 소비함으로써 얻을 수 있는 주관적 총량을 의미한다. 일반적으로 재화소비량이 증가하면 총효용은 증가하며 n단위의 재화를 소비할 때의 총효용은 그때까지의 한계효용을 합하여 구할 수 있다.
㉡ 한계효용(MU ; Marginal Utility) : 한계효용이란 재화소비량이 1단위 증가할 때 총효용의 증가분이다. 한계효용은 총효용곡선 접선의 기울기로 측정될 수 있다.

$$M = \frac{\triangle TU}{\triangle Q}$$

㉢ 한계효용과 총효용의 관계
• 한계효용이 (+)이면 소비량이 증가할수록 총효용이 증가한다.
• 한계효용이 0일 때 총효용이 극대화된다.
• 한계효용이 (−)이면 소비량이 증가할수록 총효용이 감소한다.

6 ① 소비할 수 있는 재화가 X재와 Y재뿐이라고 하면 다음의 등식이 성립하도록 소비량을 정할 때 소비자효용이 극대화된다.
$\frac{M_X}{P_X} = \frac{M_Y}{P_Y}$ (한계효용균등의 법칙)으로 알 수 있듯이 각 재화의 가격단위당 한계효용이 균등할 때 소비자효용이 극대화된다고 볼 수 있다.

7 甲이 사과에서 얻은 한계효용이 8이고, 배에서 얻은 한계효용이 7이며, 사과의 가격이 20원일 때 甲의 효용이 최대가 될 때 배의 가격은?

① 16.5원
② 17.5원
③ 18.5원
④ 20.5원

8 X축과 Y축에 두 가지 상품을 놓고 소비자에게 동일한 만족을 주는 재화묶음을 연결한 곡선을 무차별곡선이라고 한다. 일반적으로 한계효용 체감의 법칙이 작용하므로 두 상품을 유사한 양으로 소비할 경우 한 상품을 많이 소비할 때보다 효용은 증가한다. 일반적으로 무차별곡선은 원점을 향해 볼록한 형태의 곡선을 나타내는데 만약 술만 좋아하고 다른 어떠한 재화도 효용을 증가시키지 못하는 알코올중독자의 무차별곡선은 어떠한 형태를 띠게 되는가? (단, 술은 X축, 다른 재화는 Y축으로 놓는다)

① Y축과 수직으로 된 직선
② Y축과 나란한 수직으로 된 직선
③ 원점에 대하여 볼록한 무차별곡선
④ 무차별곡선으로 나타낼 수 없음

ANSWER | 7.② 8.②

7 ② 효용극대화가 이루어지기 위해서는 한계효용균등의 법칙이 성립해야 한다 ($\frac{M_{사과}}{P_{사과}} = \frac{M_{배}}{P_{배}}$).

그러므로 배의 가격이 17.5원일 때 효용이 극대가 된다.

※ 한계효용균등의 법칙(law of equimarginal utilities)
  ㉠ 개념: 한계효용균등의 법칙은 각 재화 1원어치의 한계효용이 동일하여 각 재화소비량을 조절하더라도 총효용이 증가될 여지가 없을 때 소비자의 총효용이 극대화된다.
  ㉡ $\frac{M_X}{P_X} = \frac{M_Y}{P_Y}$
  ㉢ 가치의 역설: 애덤 스미스는 일상생활에 있어서 필수불가결한 물의 가격은 매우 낮은 데 비하여, 전혀 존재하지 않더라도 살아가는 데는 아무런 문제가 없는 다이아몬드의 가격은 매우 높게 형성되는 사실을 지적하였는데 이를 가치의 역설이라고 한다.
  ㉣ 한계효용학파의 견해
    • 총효용과 한계효용의 개념을 구분하고, 가격은 총효용이 아니라 한계효용에 의해 결정됨을 증명하였다.
    • 일반적으로 한계효용이 체감하므로 한계효용과 재화 소비량은 반비례한다.
    • 물과 다이아몬드의 부존량이 동일할 때는 물의 사용가치가 더 크므로 물의 한계효용곡선은 다이아몬드의 한계효용곡선보다 상방에 존재한다.

8 ② 무차별곡선은 소비자에게 동일한 만족을 주는 재화묶음을 연결한 곡선을 말하며, 곡선상의 한 점에서 기울기는 그 점에서 소비자가 만족수준을 일정하게 유지하면서 한 재화를 다른 재화로 대체할 경우 교환되는 두 재화의 비율을 나타낸다. 그러므로 술만 좋아하고 다른 재화는 효용을 증가시키지 못하면 Y축의 재화가 증가하거나 감소하는 것에 관계없이 곡선이 형성되므로 Y축과 나란한 수직으로 된 직선이 나타나게 된다.

9 다음 중 무차별곡선의 성질에 관한 설명이 아닌 것은?

① 동일한 무차별곡선에서는 효용이 동일하다.
② 두 재화가 완전대체재인 경우 무차별곡선은 L자 형태이다.
③ 원점에서 멀리 있는 무차별곡선의 효용이 크다.
④ 원점에 대하여 볼록하다.

10 두 재화 X, Y만이 존재할 때 소비자의 선택문제를 고려하자. 두 재화의 시장가격은 $P_X = 6$, $P_Y = 30$이고, 소비자가 효용을 극대화하고 있는 상태에서 Y재의 한계효용이 4라면 X재의 한계효용은?(단, 무차별곡선은 원점에 대하여 볼록하다)

① 2
② 4
③ 6
④ 8

ANSWER | 9.② 10.④

9 ② 두 재화가 완전보완재인 경우에는 한 재화가 고정된 상태에서 다른 재화의 소비가 증가하더라도 효용이 증가하지 않기 때문에 무차별곡선은 L자 형태가 된다. 그리고 두 재화가 완전대체재인 경우 모두 동일한 효용을 얻게 될 것이므로 무차별곡선은 우하향하는 직선의 형태가 된다.

※ **무차별곡선**(indifference curve)
  소비자에게 동일한 만족 또는 효용을 제공하는 재화의 묶음들을 연결한 곡선을 말한다. 즉 총효용을 일정하게 했을 때 재화의 조합을 나타내는 것으로 무차별곡선상의 어떤 조합을 선택하여도 총효용은 일정하다. 때문에 만약 X재의 소비량을 증가시키는데 Y재의 소비량이 그대로라면 총효용은 증가하게 되어 무차별곡선 자체가 이동하게 되므로 Y재의 소비량은 감소시켜야 한다. 즉, 한 재화의 소비량을 증가시키면 다른 재화의 소비량은 감소하므로 무차별곡선은 우하향하는 모습을 띤다. 무차별곡선은 다음과 같은 가정을 지닌다.

구분	내용
완전성 (completeness)	선호는 완전하며 소비자는 선택 가능한 재화 바스켓을 서로 비교하며 순위를 매길 수 있다.
전이성 (transitivity)	선호는 전이성을 가지며 만약 A재화를 B보다 더 선호하고 B를 C보다 더 선호한다면 이는 소비자가 C보다 A를 더 좋아한다는 것을 의미한다.
불포화성	아무리 소비를 증가시켜도 한계효용은 마이너스 값을 갖지 않는다.

10 ④ 소비자균형조건($\frac{M_X}{P_X} = \frac{M_Y}{P_Y}$)에 주어진 자료를 대입해 보면 $\frac{M_X}{6} = \frac{4}{3}$으로 X재의 한계효용은 8임을 알 수 있다.

11 정상적인 재화 X를 소비할 때, 한계효용과 총효용의 개념에 대한 설명으로 옳지 않은 것은?

① 한계효용이 0일 때 총효용이 극대화된다.
② X재 소비량을 증가시킬 때 한계효용이 0보다 크다면 총효용은 증가한다.
③ X재 소비량을 증가시킬 때 총효용이 감소한다면 한계효용은 0보다 작다.
④ X재를 한 단위 더 소비할 때 소비자의 총효용이 감소한다면 한계효용은 0보다 크다.

12 다음 중 소비자균형점에 대한 설명으로 옳은 것은?

한국수력원자력 기출변형

① 무차별곡선이 원점에 볼록하고 가격선과 접한다.
② 각 상품의 한계대체율과 가격비율이 같다.
③ 각 상품의 가격단위당 한계효용이 모두 같다.
④ 무차별곡선과 가격선의 접점이다.

ANSWER | 11.④ 12.④

11 ④ 소비량이 증가할 때 총효용이 감소하면 한계효용은 (−)이다.
  ※ 한계효용과 총효용의 관계
   ㉠ 한계효용>0 → 총효용 증가
   ㉡ 한계효용=0 → 총효용 극대
   ㉢ 한계효용<0 → 총효용 감소

12 ④ 무차별곡선과 가격선의 접점이 소비자균형점이 되려면 무차별곡선이 원점에 볼록한 모양이 되어야 한다. 즉, 한계대체율체감의 법칙이 성립해야 한다.
  ※ 한계대체율(MRS)
   ㉠ 개념: 한계대체율(MRS: Marginal Rate of substitution)이란 동일한 효용수준을 유지하면서 X재 소비량을 1단위 증가시키기 위하여 감소시켜야 하는 Y재 수량을 의미한다. 한계대체율은 소비자의 주관적인 X재와 Y재의 교환비율로 무차별곡선 접선의 기울기로 측정된다.
   ㉡ 한계대체율은 X재와 Y재의 한계효용비율로 나타낼 수도 있다.

$$MRS_{XY} = -\frac{\Delta Y}{\Delta X} = \frac{M_X}{M_Y}$$

   ㉢ 한계대체율체감의 법칙: 동일한 효용을 유지하면서 Y재를 X재로 대체해감에 따라 한계대체율이 점점 감소하는 현상을 말한다. 동일한 무차별곡선상에서 X재 소비를 증가시킬 때 포기해야 하는 Y재의 수량을 의미하는데, 1단위의 X재를 추가적으로 소비하기 위하여 포기하고자 하는 Y재의 양은 X재 소비가 점점 증가함에 따라 감소하게 된다. 즉, 동일한 효용을 유지하면서 Y재를 X재로 대체해감에 따라 한계대체율이 점점 감소하는 것을 말한다.

13 다음은 가치의 역설(paradox of value)과 관련된 설명이다. 옳은 것은?

① 다이아몬드의 수요는 매우 탄력적이다.
② 다이아몬드의 총효용이 물의 총효용보다 크다.
③ 다이아몬드는 정상재인 반면, 물은 열등재이다.
④ 다이아몬드의 가격이 비싼 것은 한계효용이 크기 때문이다.

14 X재와 Y재에 대한 공급곡선이 다음과 같을 때 옳지 않은 것은?

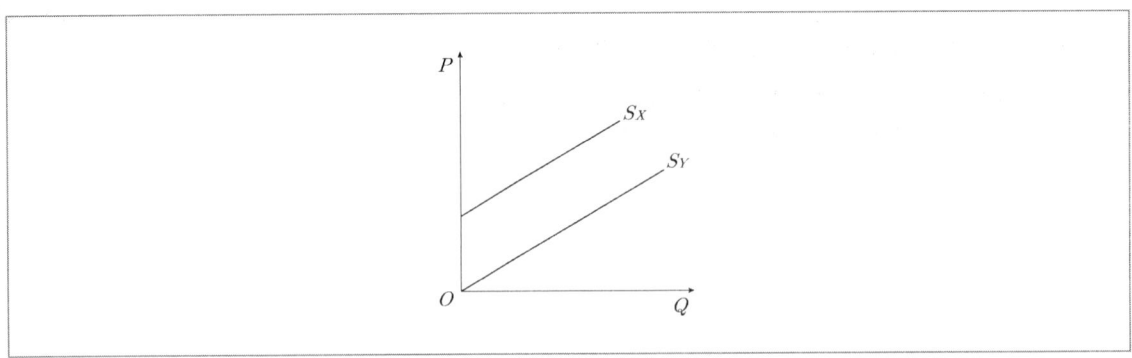

① 동일한 수량을 소비할 때 X재의 한계비용이 Y재의 한계비용보다 크다.
② X재의 시장가격은 Y재의 시장가격보다 높다.
③ 가격이 오를수록 X재와 Y재의 공급량이 늘어난다.
④ 동일한 한계비용을 가정할 때 X재의 공급량이 Y재의 공급량보다 작다.

ANSWER | 13.④ 14.②

13 ④ 한계효용이론에 따르면 다이아몬드의 가격이 물의 가격보다 훨씬 높은 것은 다이아몬드가 매우 희소하여 한계효용이 물보다 훨씬 높기 때문이다.

14 ② 상품의 시장가격은 수요와 공급의 상관관계에 의해서 결정된다. 따라서 공급곡선의 위치만으로는 어떤 상품의 시장가격이 높은지는 알 수 없다. 제시된 그림에서 X재 수요곡선이 Y재 수요곡선보다 높으면 X재 가격이 Y재 가격보다 높다. 그러나 Y재 수요곡선이 더 높으면 Y재 가격이 X재 가격보다 높을 수 있다.

15 무차별곡선이 원점을 향하여 볼록한 형태를 취하는 이유는?

① 한계효용이 체감하기 때문에 나타나는 현상이다.
② 상품이 보완재이기 때문에 나타나는 현상이다.
③ 상품이 대체재이기 때문에 나타나는 현상이다.
④ 소비량에 따라 소비자가 느끼는 비중이 다르기 때문에 나타나는 현상이다.

✅ ANSWER | 15.④

15 ④ 소비자는 다양성을 추구한다. 가령 X재의 소비량이 적고 Y재의 소비량이 많으면 X재의 소비량을 늘리고 Y재의 소비량을 줄이고자 한다. 그러나 X재의 소비량이 늘어날수록 X재를 소비할 때 느끼는 비중이 떨어진다. 그러므로 Y재를 소비하는 대신 X재를 소비하고 싶은 마음이 줄어든다. 즉, 한계대체율체감의 법칙이 성립한다. 이를 그림으로 그리면 원점에 볼록한 무차별곡선이 나타난다.
① 한계효용체감의 법칙은 상품의 특성과 관계없이 항상 성립한다. 즉, 한계효용이 체감할 때 무차별곡선은 우하향하는 직선, 수직선, 수평선 등 여러 가지 형태가 될 수 있다.
② 상품이 완전보완재이면 무차별곡선은 직각굴절선이 된다.
③ 상품이 완전대체재이면 무차별곡선은 우하향하는 직선이 된다.
※ **무차별곡선**(indifference curve)
  ㉠ 개념 : 무차별곡선이란 어떤 개인이 동일한 효용을 얻을 수 있는 X재와 Y재의 조합을 연결한 선으로 우하향의 형태로 도출된다. 무차별곡선은 어떤 개인의 선호를 나타내는 곡선으로 개인별로 무차별곡선의 형태는 서로 다를 수 있다.
  ㉡ 특성

구분	내용
우하향의 기울기를 갖는다.	X재 소비량이 많아지면 동일한 효용수준을 유지하기 위해서는 Y재 소비량이 감소해야 하므로 무차별곡선은 우하향한다.
원점에서 멀어질수록 더 높은 효용수준을 나타낸다.	원점에서 멀어질수록 X재와 Y재의 소비량이 증가하므로 효용수준이 높아진다.
서로 교차할 수 없다.	무차별곡선이 서로 교차하면 모순이 발생하므로 일정 시점에서 한 개인의 무차별곡선은 서로 교차하지 않는다.
원점에 대해 볼록하다.	소비자가 다양성을 추구하기 때문에 한계대체율체감의 법칙을 의미한다.

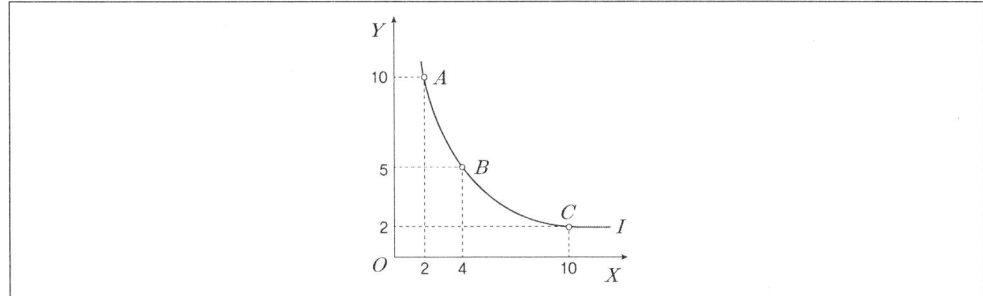

16 다음 중 무차별곡선의 성질이 아닌 것은?

① 원점에 대하여 볼록하다.
② 동일한 무차별곡선에서는 효용이 동일하다.
③ 원점에서 멀리 있는 무차별곡선의 효용이 크다.
④ 두 재화가 완전대체재인 경우 무차별곡선은 L자 형태이다.

17 무차별곡선이론과 한계효용이론의 핵심적인 차이는?

① 효용극대화 원칙
② 합리적 선택의 원칙
③ 소비자의 다양성 추구
④ 기수적 효용과 서수적 효용

18 원각이의 효용함수가 U=min[$3X$, $4Y$]로 주어져 있다. X재의 가격은 50원, Y재의 가격은 100원, 그리고 원각이의 소득이 5,000원이라면 원각이는 몇 단위의 Y재를 구입할까?

① 10단위
② 20단위
③ 30단위
④ 50단위

ANSWER | 16.④ 17.④ 18.③

16 ④ 두 재화가 완전보완재(오른쪽 양말과 왼쪽 양말)이면 한 재화가 고정된 상태에서 다른 재화의 소비가 증가하더라도 효용이 증가하지 않기 때문에 무차별곡선은 L자 형태가 된다. 두 재화가 완전대체재인 경우, 예를 들어 어떤 소비자가 소주 1병과 맥주 1병을 동일하다고 생각한다면 이 소비자는 맥주 5병을 소비하는 것과(맥주 4병과 소주 1병)을 소비하는 것이나, (맥주 3병과 소주 2병)을 소비하는 경우 모두 동일한 효용을 얻게 될 것이므로 무차별곡선은 우하향하는 직선의 형태가 된다.

17 ④ 무차별곡선이론은 서수적 효용, 한계효용이론은 기수적 효용을 전제한다.
※ 효용측정불가능성
 ㉠ 한계효용이론은 기수적 효용을 전제한다.
 ㉡ 무차별곡선이론은 서수적 효용을 전제한다.
 ㉢ 현시선호이론은 효용측정이 불가능함을 전제한다. 즉, 소비자는 자신이 소비한 상품이 자신에게 얼마만큼의 효용을 주는지 측정할 수 없다.

18 ③ 예산선을 정리하면
$50X + 100Y = 5,000$ - ①
$Y = 50 - \frac{1}{2}X$ - ②
$3X = 4Y$ - ③
②와 ③을 연립하면 Y재는 30단위이다.

19 지연이는 피자와 샐러드를 주식으로 한다. 피자와 샐러드의 단위당 가격은 각각 2원과 4원이며, 지연의 소득은 20원이다. 체중 조절에 힘쓰고 있는 그녀는 하루에 4,000칼로리 이상은 섭취하지 않는다. 피자와 샐러드의 단위당 열량은 각각 850칼로리와 200칼로리라고 한다. 만일 지연이가 자신의 소득을 모두 피자와 샐러드의 소비에 사용한다면 다음 중 옳은 것은?

① 지연이는 2개의 피자를 소비한다.
② 지연이는 최대 4개의 피자를 소비할 수 있다.
③ 지연이는 최소한 5개의 피자를 소비한다.
④ 지연이는 최대한 10개의 피자를 소비한다.

✅ ANSWER | 19.②

---

19 ② 우선 지연이의 소득을 모두 피자(P)와 샐러드(S) 소비에 있어 예산제약과 칼로리제약을 살펴보면 다음과 같다.
  ⓐ 예산제약식 : $2P + 4S = 20$
  ⓑ 칼로리제약식 : $850P + 200S \leq 4,000 \rightarrow 17P + 4S \leq 80$
ⓑ-ⓐ을 연립하면 $P \leq Q = 3$을 얻을 수 있다. 따라서 지연이가 소득을 전부 지출할 때 최대로 소비할 수 있는 피자의 수량은 4단위가 되고 샐러드의 소비수량은 3단위가 된다.

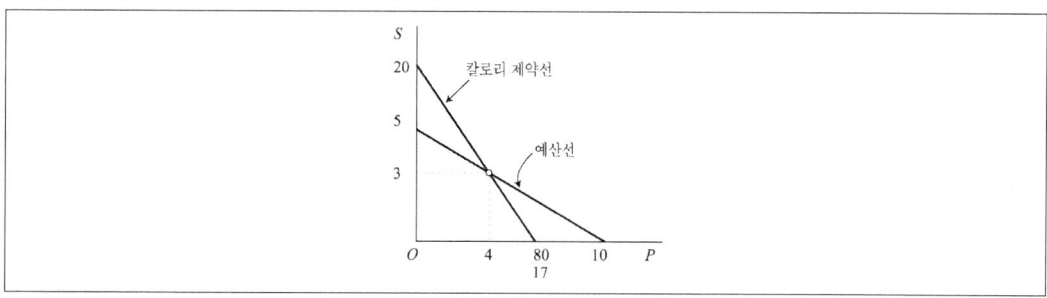

※ 예산선
  ⓐ 개념 : 예산선이란 주어진 소득으로 최대한 구입 가능한 X재와 Y재의 조합을 그림으로 나타낸 것이다. 소득이 M이고 X, Y 두 재화구입에 소득을 전부 사용한다면 예산제약식은 다음과 같이 나타낼 수 있다.
  $Y = \dfrac{P_X}{P_Y} X + \dfrac{M}{P_Y}$
  ⓑ 그래프 : 예산제약을 그림으로 나타내면 우하향의 예산선이 도출되는데 예산선상의 모든 점에서는 지출액이 동일하다.
  ⓒ 소득 및 가격변화와 예산선

구분	내용
소득변화	소득이 증가하면 예산선은 바깥쪽으로 평행이동하고, 소득이 감소하면 안쪽으로 평행이동 한다.
가격변화	재화가격이 변화하면 예산선은 회전이동 한다.
소득과 가격이 동일한 비율로 변화	예산제약식이 변화하지 않으므로 예산선도 이동하지 않는다.

20 X재의 가격소비곡선(PCC)이 수평선으로 주어져 있다고 하자. 다음 설명 중 옳은 것은?

① X재와 Y재는 독립재이다.
② X재와 Y재는 서로 대체관계에 있다.
③ X재와 Y재의 교차탄력성은 0보다 작다.
④ 가격이 하락하면 X재 구입액이 증가한다.

21 미연이의 효용함수가 U=min[X, 2Y]로 주어져 있다. X재의 가격은 10원, Y재의 가격은 20원, 그리고 미연이의 소득이 1,000원이라면 미연이는 몇 단위의 X재를 구입할까?

① 10단위　　　　　　　　　② 25단위
③ 50단위　　　　　　　　　④ 100단위

22 정상재인 X재의 가격소비곡선이 우하향하는 경우, X재의 가격이 상승하면 소비자의 X재에 대한 지출액은?

① 감소한다.　　　　　　　　② 증가한다.
③ 감소하다가 증가한다.　　　④ 증가하다가 감소한다.

ANSWER | 20.① 21.③ 22.①

20 ① 가격소비곡선이 수평선이면 X재 가격이 하락하더라도 Y재 구입량이 변하지 않으므로 X재와 Y재는 서로 독립재 관계에 있다. 두 재화가 서로 독립재이면 교차탄력성은 0이다. PCC가 수평선이 되는 것은 X재 수요의 가격탄력성이 항상 1일 때이다. 수요의 가격탄력성이 항상 1이 되는 것은 수요곡선이 직각쌍곡선일 때이다. X재 수요곡선이 직각쌍곡선이면 X재 구입액은 항상 일정하다.

21 ③ 주어진 효용함수로 무차별곡선을 그려보면 L자 형태이면서, X재와 Y재의 구입량은 2:1로 일정하게 유지된다. 그러므로 미연이가 효용을 극대화하려면 X재 50단위와 Y재 25단위를 구입해야 한다.

22 ① 가격소비곡선이 우하향하는 것은 수요의 가격탄력성이 1보다 클 때이다. 수요의 가격탄력성이 1보다 크면 가격이 상승할 때 이 재화에 대한 소비자의 지출액은 감소한다.

※ 가격소비곡선(PCC)
　㉠ 개념: 가격소비곡선(PCC : Price Consumption Curve)은 재화가격변화에 따른 소비자균형점들의 변화경로를 연결한 선을 말하며 수요곡선은 가격과 재화수요량의 관계를 나타내는 곡선으로 가격소비곡선에서 도출된다.
　㉡ 수요의 가격탄력성과 가격소비곡선

구분	내용
수요의 가격탄력성이 1일 때	PCC는 수평선의 형태
수요의 가격탄력성이 1보다 크거나 작을 때	X재 수요의 가격탄력성이 1보다 크면 PCC는 우하향의 형태이고, 가격탄력성이 1보다 작으면 PCC는 우상향의 형태로 도출

23 다음 중 소비자이론에 관한 설명으로 옳지 않은 것은?

① 기펜재란 대체효과가 소득효과보다 더 큰 열등재를 말한다.
② 보상변화란 재화가격이 변화할 때 소비자가 원래의 효용수준을 얻을 수 있도록 하기 위하여 필요한 소득의 변화를 말한다.
③ 효용함수가 동조함수이면 소득소비곡선은 원점을 통과하는 직선이다.
④ 이론적으로 볼 때 소비자잉여를 측정할 때는 보상수요곡선을 사용하는 것이 바람직하다.

24 다음 중 가격효과에 대한 설명으로 옳지 않은 것은?

① 두 재화가 완전보완재이면 대체효과는 0이다.
② 정상재의 경우 소득효과와 대체효과는 같은 방향으로 나타난다.
③ 기펜재의 경우 가격이 하락하면 대체효과에 의해서는 구입량이 증가한다.
④ 열등재의 경우 가격이 하락하면 소득효과에 의해서는 구입량이 증가한다.

ANSWER | 23.① 24.④

23 ① 기펜재란 소득효과가 대체효과보다 더 큰 열등재를 의미한다.
  ※ 소득효과와 대체효과

구분	내용
소득효과(income effect)	상대가격의 변화가 없다고 할 때 실질소득의 변화가 소비 변화에 주는 효과
대체효과(substitution effect)	실질소득의 변화가 없다고 할 때 상대가격의 변화가 소비 변화에 주는 효과

24 ④ 가격이 하락하면 대체효과에 의해서는 재화구입량이 증가한다. 가격하락으로 실질소득이 증가하면 열등재 구입량이 감소한다. 그러므로 열등재의 경우 가격이 하락하면 소득효과에 의해서는 구입량이 감소한다.
  ※ 재화의 종류에 따른 대체효과와 소득효과

구분	효과
정상재	• 가격효과 : 구입량 증가 • 대체효과 : 구입량 증가 • 소득효과 : 구입량 증가
열등재	• 가격효과 : 구입량 증가 • 대체효과 : 구입량 증가 • 소득효과 : 구입량 감소 • 대체효과 > 소득효과
기펜재	• 가격효과 : 구입량 감소 • 대체효과 : 구입량 증가 • 소득효과 : 구입량 감소 • 대체효과 < 소득효과

25 두 기간모형에서 어느 소비자가 첫기에 채무자가 되었다고 하자. 이 경우 실질이자율이 상승하면?

① 첫기의 소비는 소득효과에 의해 증가, 대체효과에 의해 감소한다.
② 첫기의 소비는 소득효과에 의해 감소, 대체효과에 의해 증가한다.
③ 첫기의 소비는 소득효과에 의해 증가, 대체효과에 의해 증가한다.
④ 첫기의 소비는 소득효과에 의해 감소, 대체효과에 의해 감소한다.

26 다음 내용 중 옳은 것은?

① 열등재는 항상 기펜의 역설현상을 나타낸다.
② 정상재는 절대로 기펜의 역설현상을 나타낼 수 없다.
③ 대체효과는 항상 가격의 변화와 같은 방향으로 나타난다.
④ 소득효과는 항상 가격의 변화와 같은 방향으로 나타난다.

27 다음 중 어떤 재화가 기펜재(Giffen goods)가 되기 위한 필요조건으로 가장 적절한 것은?

① 밀접한 보완재가 존재하여야 한다.
② 소득 중에서 그 재화에 대한 지출비중이 커야 한다.
③ 대체효과가 매우 크게 나타나야 한다.
④ 그 재화가 정상재가 되어야 한다.

ANSWER | 25.④ 26.② 27.②

25 소득효과와 대체효과

구분	채권자	채무자
대체효과	이자율↑→현재 소비의 가격↑→현재소비↓	이자율↑→현재 소비의 가격↑→현재소비↓
소득효과	이자율↑→실질소득↑→현재 소비↑	현재 소비↓

26 ① 열등재이면서 대체효과보다 소득효과가 더 큰 것이 기펜재이다.
③ 대체효과는 재화와 관계없이 항상 가격효과는 부(−)의 효과이다.
④ 소득효과는 정상재는 정(+)의 효과이고, 열등재·기펜재는 부(−)의 효과이다.

27 ② 기펜재는 가격이 하락할 때 오히려 구입량이 감소하는 재화를 말한다. 구체적으로 기펜재는 열등재이면서 소득효과가 대체효과보다 더 큰 재화이다. 그러므로 어떤 재화가 기펜재가 되기 위해서는 대체효과는 작고 소득효과는 커야 한다. 어떤 재화의 가격이 하락하면 실질소득이 증가하는데 실질소득의 변화폭이 클수록 소득효과가 커진다. 실질소득의 변화가 크려면 소득 중에서 그 재화에 대한 지출비중이 매우 커야 한다. 예를 들어, 소득 100만 원 중에서 A재 구입에 80만 원을 지출하고 있다면 A재 가격이 하락할 때 실질소득은 매우 큰 폭으로 증가할 것이고, 그렇게 되면 소득효과도 크게 나타날 것이다.

28 다음 중 소득효과와 대체효과가 같은 방향으로 나타나는 것은?

① 정상재
② 열등재
③ 기펜재
④ 보완재

29 버터의 가격 $P_X=6$이고, 마가린의 가격 $P_Y=3$으로 주어져 있을 때, 버터와 마가린 간의 한계대체율이 $MRS_{XY}=1.5$라면, 효용극대화를 추구하는 소비자의 행동으로 바람직한 것은?

① 버터의 구입량을 증가시키고 마가린의 구입량을 감소시킨다.
② 버터의 구입량을 감소시키고 마가린의 구입량을 증가시킨다.
③ 버터와 마가린의 구입량을 모두 증가시킨다.
④ 버터와 마가린의 구입량을 모두 현 수준을 유지한다.

✓ ANSWER | 28.① 29.②

28 ① X재 가격이 하락하면 대체효과는 재화종류에 관계없이 항상 X재 구입량을 증가시키는 방향으로 작용한다. X재 가격이 하락하면 실질소득이 증가하는 효과가 발생하는데, X재가 정상재이면 소득효과에 의해 구입량이 증가하나 X재가 열등재이면 구입량이 감소한다. 그러므로 X재 가격이 하락할 때 X재가 정상재이면 대체효과와 소득효과가 모두 구입량을 증가시키는 방향으로 작용하나, X재가 열등재이면 대체효과에 의해서는 구입량이 증가하나 소득효과에 의해서는 구입량이 감소한다. 기펜재도 열등재의 한 종류이므로 소득효과와 대체효과의 방향이 정반대이다.

※ 가격효과와 수요곡선

구분	내용
가격효과 (price effect)	명목소득이 일정할 때 재화가격 변화에 따라 구입량이 변화하는 효과이다.
대체효과(substitution effect)	재화의 상대가격 변화로 구입량이 변화하는 효과로 항상 상대가격이 하락한 재화구입량을 증가시키는 방향으로 작용한다.
소득효과(income effect)	실질소득변화에 따른 구입량의 변화효과로 재화종류에 따라 다르게 나타난다.

29 ② $1.5=MRS_{XY}=\dfrac{M_X}{M_Y}<\dfrac{P_X}{P_Y}=2$이므로 $\dfrac{M_X}{P_X}<\dfrac{M_Y}{P_Y}$이다. 따라서 마가린(Y재)의 구입량을 증가시키고 버터(X_0재)의 구입량을 감소시켜야 한다. 상황 $\left(MRS_{XY}<\dfrac{P_X}{P_Y}\right)$은 그림의 B에 해당한다. 따라서 버터의 구입량을 X_0에서 X_1으로 감소시키고 마가린의 구입량을 Y_0에서 Y_1으로 증가시키면 이 소비자의 효용은 I_0에서 I_1으로 증가한다.

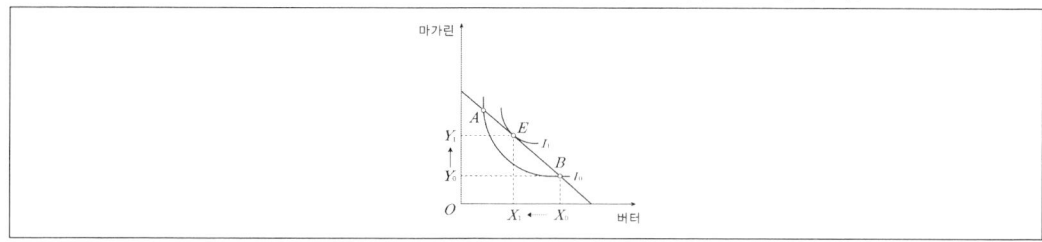

30 A는 모바일 게임과 서적 구입에 자신의 용돈 10만 원을 소비함으로써 효용을 극대화한다. 모바일 게임에 필요한 금액은 1만 원이며, 서적 구입에 필요한 가격은 5천 원이다. 만일 A의 용돈이 10% 인상이 되고 모바일 게임과 서적 구입비도 10% 인상될 경우 A의 상품소비량 변화는?

① 모바일 게임의 소비량만 증가한다.
② 서적 구입의 양이 증가한다.
③ 모두 소비량이 증가한다.
④ 소비량에는 모두 변함이 없다.

31 다음 중 X재와 Y재의 균형소비량을 구하는 데 필요한 정보가 아닌 것은?

① X재의 가격
② Y재의 가격
③ X재와 Y재의 산출량
④ 소비자의 소득

32 외국인 스미스 씨는 두 가지 재화 x, y를 소비하고 있고 효용함수는 min(3x, y)로 표시된다. 그리고 재화 x의 가격은 5원이고 y의 가격은 10원이다. 그가 재화(x, y)=(11, 18)와 같은 만족감을 제공하는 두 재화 x, y를 구입하는데 필요한 최소한의 소득은?

① 202원
② 210원
③ 235원
④ 222원

ANSWER | 30.④ 31.③ 32.②

30 ④ 가격과 소득이 10%의 똑같은 비율로 변화를 하기 때문에 예산선 식에서 기울기와 절편이 변하지 않는다. 따라서 예산선은 이동하지 않아 소비자의 균형점에도 변화가 없다.

31 ③ 소비자의 균형소비량은 예산선과 무차별곡선(효용함수)이 일치하는 점에서 구할 수 있다. 이 관계를 만족시키기 위해서는 X재, Y재의 가격과 선호도가 필요하고 소비자의 소득이 주어져 있어야 균형소비량을 알 수 있다.

32 ② 같은 만족감을 제공하는 두 재화는 효용이 같다는 것을 의미한다고 볼 수 있다. 따라서 스미스 씨의 효용함수 min(3x, y)=a라 하면 3x=y=a이다.
재화(x, y)=(11, 18) min(33, 18)이므로 최솟값 a=18, 3x=y=18
∴ x=6, y=18이다.
즉 x재의 가격은 5원, y재의 가격은 10원이므로
∴ (5×6)+(18×10)=210원이다.

33 다음 중 정부가 제공하는 보조금의 경제적 효과에 관한 설명으로 옳지 않은 것은?

① 소비자에 대한 가격보조는 보조대상 재화의 상대가격을 인하시키는 효과가 있다.
② 현물보조 중 일정량 보조는 항상 보조대상 재화의 소비량을 증가시킨다.
③ 보조금도 조세처럼 후생비용(welfare cost)을 발생시킨다.
④ 일정량 보조는 같은 크기의 현금보조에 비해 후생면에서 언제나 열등한 것은 아니다.

ANSWER | 33.②

33 ② 정부보조는 현금보조와 가격보조, 현물보조로 나눌 수 있는데, 현금보조는 재화의 구입량만큼 현금으로 보조하는 것으로 정부보조 중 가장 큰 효과를 나타내고 있다. 현물보조가 반드시 그 재화의 소비량을 증가시키는 것이 아니며, 열등재인 경우 소비는 오히려 감소할 수 있다.

※ 정부의 보조
  ㉠ **현금보조(소득보조)** : 보조금을 지급하는 데 있어서 현금으로 지급하는, 현금보조를 받는 사람의 소득이 보조액만큼 증가한 것과 동일하므로 소득보조라고도 한다. 현금보조가 이루어지면 기존의 예산선이 바깥쪽으로 평행이동한다.

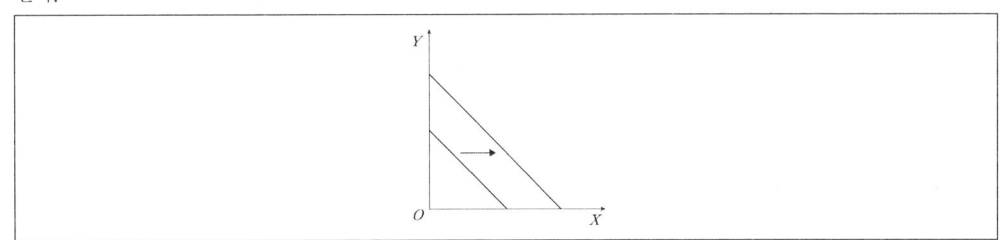

  ㉡ **현물보조** : 국가가 특정 재화를 구입하여 지급하는 방식을 말한다. 일정량의 재화를 구입하여 지급하면 예산선이 우측으로 평행이동 한다(현물로 보조를 받으므로 Y재의 수량은 변화가 없다).

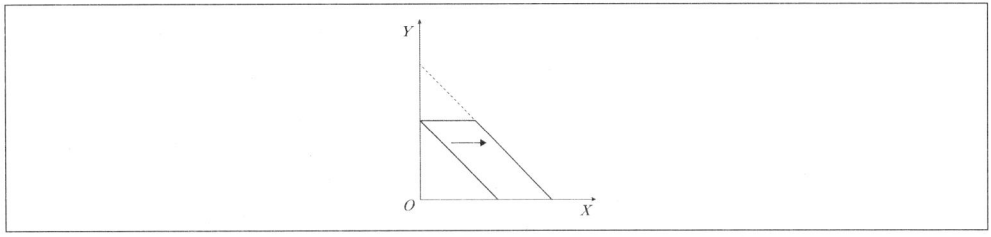

  ㉢ **가격보조** : 특정한 재화를 구입할 경우 구입가격의 일정 비율을 보조하는 방식이다. 가격보조가 이루어질 경우 보조대상 재화가격이 하락하는 효과가 발생하므로 예산선이 회전이동 한다.

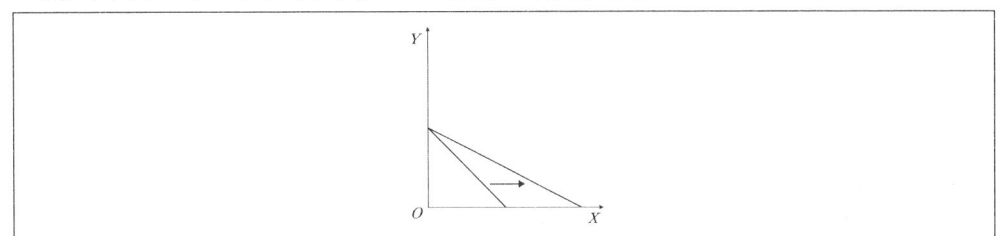

34 다음 중 현시선호이론에 대한 설명으로 옳지 않은 것은?

① 현시선호이론은 효용개념을 사용하지 않는다.
② 현시선호의 강공리가 성립하면 약공리는 자동적으로 성립한다.
③ 수요의 법칙은 강공리가 전제되어야만 성립한다.
④ 현시선호이론은 관측된 수요로부터 그 배경이 되는 선호관계를 설명하고자 한다.

35 다음 중 현시선호의 약공리를 바르게 설명한 것은?

① A, B, C가 선택 가능할 때 A를 선택하였다면 A, B만이 선택 가능할 때에도 A를 선택하여야 한다.
② A를 선택할 때 B가 선택 가능하였고 B를 선택할 때 C가 선택 가능하였다면 A를 선택할 때 C도 선택 가능하여야 한다.
③ A를 선택할 때 B가 선택 가능하였고 B를 선택할 때 C가 선택 가능하였다면 C를 선택할 때 A는 선택 불가능하여야 한다.
④ A를 선택할 때 B가 선택 가능하였다면 B를 선택할 때도 A가 선택 가능하여야 한다.

ANSWER | 34.③ 35.①

34 ③ 현시선호이론에서는 약공리만으로도 우하향하는 수요곡선을 도출할 수 있으므로, 약공리만 만족해도 수요의 법칙(가격과 수요량 간의 역의 관계)이 성립한다.
※ 약공리와 강공리
　㉠ 약공리(WARP ; Weak Axiom of Revealed Preference) : 주어진 예산집합에서 어느 한 상품조합을 선택하면 다른 상품조합을 선택하지 않는다. 소비자선택이 일관성이 있음을 의미한다.

구분	내용
소득효과분석	소득이 오르면 소득효과가 발생한다(소득효과에 의한 효용변화는 측정 불가능). 소득효과는 소득증가 이전의 예산집합 안에서는 나타나지 않는다.
대체효과분석	가격비율(가격벡터, 상대가격)이 바뀌면 대체효과가 발생한다. 대체효과는 가격비율변화 이전의 예산집합 안에서는 나타나지 않는다.
가격효과분석	가격효과의 방향에 따라 정상재, 열등재, 기펜재가 구분될 수 있다. 가격효과에서 수요곡선이 도출된다.

　㉡ 한계대체율체감의 법칙 : 약공리를 이용하여 무차별곡선이 원점에 볼록한 형태가 되는 것을 증명할 수 있다.
　㉢ 강공리(이행성의 공리) : 가격비율이 바뀌더라도 소비자는 초기의 상품조합을 여전히 현시선호한다. 강공리가 성립하면 약공리는 자동적으로 성립하며 대체효과가 발생하지 않는다.

35 ① 현시선호이론의 약공리(Weak Axion of Revealed Preference)는 소비자선호의 일관성을 의미한다. 즉, A가 B보다 현시선호되면 어떠한 경우에도 B가 A보다 현시선호될 수 없다.

36 수량지수를 계산해 본 결과 라스파이레스 수량지수는 1보다 크고, 파셰수량지수는 1이었다. 다음 설명 중 옳은 것은?

① 선호의 일관성이 없다.
② 기준연도와 후생수준이 동일하다.
③ 기준연도보다 후생수준이 감소하였다.
④ 기준연도보다 후생수준이 증가하였다.

37 정부가 가난한 사람에게 식비를 보조하는 방법에는 다음과 같은 방법이 있다. 이 중에서 어느 방법이 파레토 효율성을 저해하지 않는가?

① 일정 소득 이하의 사람들에게 선착순으로 쌀을 배부하는 방법
② 민간자선단체에서 낮은 가격의 식사를 제공하는 급식소형태
③ 주식인 쌀의 가격을 규제하여 가격상한을 설정하는 방법
④ 일정 소득 이하의 가난한 사람에게 소득을 보조하는 방법

ANSWER | 36.④ 37.④

36 ④ 지수란 어떤 시점에서 재화구입량이나 가격이 기준시점에 비하여 평균적으로 얼마나 변화하였는지를 나타내는 지표이다. 지수를 이용하면 소비자의 생활수준이 기준시점에 비해 개선 또는 악화 여부를 평가하는 것이 가능하다.
라스파이레스 수량지수가 ≤1이면 현재의 생활수준이 과거보다 악화되었다고 판단하고, 파셰수량지수가 ≥1이면 현재의 생활수준이 과거보다 개선되었다고 판단한다.
따라서 라스파이레스 수량지수가 1보다 큰 것은 후생수준이 개선되었는지 판단하기 어려우나, 파셰 수량지수가 1인 경우 기준연도보다 후생수준이 개선되었음을 알 수 있다.

※ **수량지수** … 평균적인 재화구입량의 변화를 나타내는 지표로 계산방식에 따라 라스파이레스 수량지수와 파셰 수량 지수로 구분된다.

구분	내용
라스파이레스 수량지수	가격이 불변함을 가정하므로 기준연도가격을 가중치로 사용한다.
파셰 수량지수	가격변화를 가정하므로 비교연도가격을 가중치로 사용한다.

37 ④ 정부가 가난한 사람에게 소득보조를 할 경우에는 예산선이 평행하게 이동하므로 재화의 상대가격체계의 왜곡이 발생하지 않는다.
① 현물보조가 소비자의 선택가능영역을 감소시킴으로써 쌀 이외에 다른 재화를 매우 선호하는 소비자의 후생을 감소시킨다.
② 가격보조의 방법이 상대가격체계를 교란시키는 대체효과에 의해 효율성을 저해시키게 된다.
③ 쌀의 가격상한을 설정하는 최고가격제는 사회적 후생손실을 야기시킨다.

※ **파레토 효율성(Pareto efficiency)**
하나의 자원배분상태에서 다른 어떤 사람에게 손해가 가도록 하지 않고서는 어떤 한 사람에게 이득이 되는 변화를 만들어내는 것이 불가능할 때 이 배분상태를 파레토 효율적이라고 한다.

38 다음 중 어느 경우에 사람들의 생활수준이 과거에 비해 명백히 향상되었다고 볼 수 있는가?

① 파셰의 가격지수<명목소득증가율
② 라스파이레스의 가격지수>명목소득증가율
③ 파셰의 가격지수=명목소득증가율
④ 라스파이레스의 가격지수<명목소득증가율

ANSWER | 38.④

38 ㉠ 라스파이레스(Laspeyres) 지수 : 기준연도의 소비묶음을 구입하는 데 드는 비용을 기준연도의 가격과 비교연도의 가격하에서 비교한 것이다.

$$\text{라스파이레스 물가지수}(LPI) = \frac{\sum \text{비교연도가격} \times \text{기준연도수량}}{\sum \text{기준연도가격} \times \text{기준연도수량}}$$

㉡ 파셰 지수(Paasche index) : 비교연도의 거래량을 기준연도의 가격에 비해서 비교연도의 가격으로 계산할 때 얼마나 더 또는 덜 비용이 드는가를 보여준다. 즉, 비교연도의 거래량을 가중치로 사용한 것을 의미한다. 그리고 소비자후생의 개선은 파셰수량지수가 1보다 크거나 같을 때이다.

$$\text{파셰 물가지수}(PPI) = \frac{\sum \text{비교연도가격} \times \text{비교연도수량}}{\sum \text{기준연도가격} \times \text{비교연도수량}}$$

라스파이레스 지수와 파셰 지수의 차이는 가격에 곱하는 수량을 기준연도수량으로 할 것인가, 혹은 비교연도수량으로 할 것인가에 있다. 양자는 각 재화의 상대적 중요도를 나타내는 가중치로 기준연도수량과 비교연도수량 중 어느 것을 사용하느냐의 차이가 있다.

위의 문제에서 라스파이레스 가격지수가 소득지수보다 작거나 같으면 $\frac{P_1 Q_0}{P_0 Q_0} \leq \frac{P_1 Q_1}{P_0 Q_0}$이므로 $P_1 Q_0 \leq P_1 Q_1$이 성립한다.

이는 비교연도 가격체계하에서 비교연도 구입액($P_1 Q_1$)이 기준연도 구입액($P_1 Q_0$)보다 더 크거나 같다는 것을 의미한다. 따라서 기준연도에 비해 사람들의 생활수준이 명백히 향상되었다고 볼 수 있다.

39 동혁이는 뜻밖에 삼촌으로부터 3천만 원의 유산을 상속받았다. 그 후 동혁이의 햄버거 소비량이 줄어들었다고 한다. 다음 중 옳은 것은?

① 햄버거의 엥겔곡선은 수평선의 형태를 띤다.
② 동혁이의 선호체계는 동조적이지 않다.
③ 동혁이에게 있어서 햄버거는 기펜재이다.
④ 동혁이에게 있어서 햄버거는 정상재이다.

40 두 재화 X, Y를 소비하는 사람의 경우 기준연도 $t=0$에서의 가격은 $P^0 = (P^0{}_X, P^0{}_Y) = (10, 20)$이었고 소비는 $(X^0, Y^0) = (20, 10)$인 반면, 비교연도 $t=1$에서의 가격은 $P^1 = (P^1{}_X, P^1{}_Y) = (15, 15)$이며, 소비는 $(X^1, Y^1) = (15, 12)$이었다면 이 사람의 후생은 어떻게 평가할 수 있는가?

① 기준연도와 비교연도에 후생수준을 비교할 수 없다.
② 기준연도와 비교연도의 후생수준에는 아무런 차이가 없다.
③ 이 사람은 비합리적인 소비행동을 보여주었다고 평가할 수 있다.
④ 비교연도에 비해 기준연도의 후생수준이 높았다.

ANSWER | 39.② 40.④

39 ② 뜻밖의 유산 상속으로 소득이 증가하였을 때 햄버거의 소비량이 감소한 것으로 보아 햄버거는 열등재에 해당한다. 따라서 햄버거의 가격소비곡선(PCC)과 Engel곡선은 좌상향의 형태를 가진다. 만약 어떤 개인의 선호가 동조적이면 PCC는 원점을 통과하는 직선이므로 동혁이의 선호체계는 동조적이라 할 수 없다.

※ 소득탄력성과 재화의 유형

유형	재화의 특징	소득탄력성	소득 증가 시 그 재화에 대한 지출비중	예시
정상재	소득이 증가하면 수요량이 증가	양(+)	증가 또는 감소	의복
사치재	소득의 증가율보다 더 높게 수요량이 증가	양이면서 1 이상	증가	다이아몬드
필수재	소득의 증가율보다 더 낮게 수요량이 증가	양이면서 1 이하	감소	식료품
열등재	소득이 증가하면 수요량 감소	음(−)	감소	

㉠ 가격-소비곡선(PCC) : 한 재화가격의 변화에 따른 소비자의 균형소비묶음의 궤적이다.
㉡ Engel곡선 : 소득 변화에 따른 균형소비량의 변화의 증가에 따라 전체의 음식료 지출이 달라진다.

40 ④ 소비자의 후생을 평가하기 위해서는 주어진 소비와 가격을 가지고 라스파이레스 수량지수를 비교해본다.

라스파이레스 수량지수(LQI) = $\dfrac{\sum P_0 Q_1}{\sum P_0 Q_0} = \dfrac{(10 \times 15) + (20 \times 12)}{(10 \times 20) + (20 \times 10)} = 0.975$

1보다 작으므로 기준연도에 비해 비교연도의 후생 수준이 악화되었다고 할 수 있다. 따라서 비교연도에 비해 기준연도의 후생수준이 높았다는 것을 알 수 있다.

41 소비자균형에 대한 다음 설명 중 옳지 않은 것은?

① 소비자균형이란 소비자가 예산제약하에서 효용을 극대화한 상태이다.
② 상대가격에 따라서 재화들의 상대적 소비를 잘 조정하여야 소비자균형이 달성된다.
③ 소득 변화 이전과 이후에는 균형에서의 한계대체율이 달라야 한다.
④ 소비자균형에서 각 재화의 한계효용이 일치하지 않아도 된다.

42 다음 중 소비자잉여(consumer surplus)에 대한 설명으로 옳은 것은?

① 수요곡선과 공급곡선이 만나는 점에서의 소비자의 총지출
② 시장가격보다 높은 수요곡선 부분의 면적
③ 수요자가 얻는 모든 한계효용을 합한 것
④ 소비자가 얻는 효용이 생산자가 얻는 효용을 초과할 때의 가치

ANSWER | 41.③ 42.②

41 ③ 소비자균형점은 예산선과 무차별곡선이 접하는 점에서 적정 균형점은 $\frac{P_X}{P_Y} = \frac{MU_X}{MU_Y} = MRS_{XY}$ 이다.

따라서 $\frac{MU_X}{P_X} = \frac{MU_Y}{P_Y}$ 의 한계효용균등의 법칙이 성립한다. 그러나 이 균형에서 각 재화의 한계효용이 일치할 필요는 없다. 그리고 소득의 변화는 예산선의 이동을 가져오므로 소비자균형점은 이동한다. 그런데 소득 변화는 예산선을 평행으로 이동시키므로 가격선의 기울기는 변화하지 않는다. 따라서 소득 변화 이후에도 무차별곡선은 여전히 동일한 기울기를 가진 가격선과 접하게 되므로 소득 변화 이전과 이후의 균형점에서의 한계대체율은 동일하다고 할 수 있다.

42 소비자잉여(consumer surplus)란 어떤 재화를 소비함으로써 얻는 소비자의 총가치와 소비자가 소비를 위해 지불하는 시장가치의 차이를 말한다. 실제로 소비자가 지불하는 시장가치보다 소비를 통해 얻는 총가치가 클 때 소비자잉여가 존재하는데, 소비자잉여의 존재이유는 한계효용이 체감하기 때문이다. 제시된 그림에서 Oq_0 만큼 소비할 때의 소비자잉여는 색칠된 부분이다.

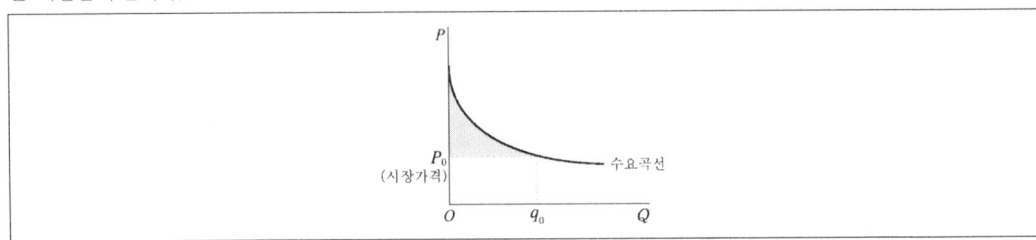

43 다음에서 설명하는 경제적 효과는 무엇인가?

> 소비자가 대중적으로 유행하는 정보를 쫓아 상품을 구매하는 현상을 말하는 것으로 유행에 동조함으로써 타인들과의 관계에서 소외되지 않으려는 비이성적인 심리에서 비롯되었다.

① 레버리지 효과
② 베블런 효과
③ 밴드웨건 효과
④ 스놉 효과

ANSWER | 43.③

43 ① 레버리지 효과: 타인으로부터 빌린 자본을 지렛대 삼아 자기자본이익률을 높이는 것을 말하며 지렛대 효과라고도 한다. 예를 들어, 10억 원의 자기자본으로 1억 원의 순익을 올렸다고 할 때, 투자자본 전부를 자기자본으로 충당했다면 자기자본이익률은 10%가 되고, 자기자본 5억 원에 타인자본 5억 원을 끌어들여 1억 원의 순익을 올렸다면 자기자본이익률은 20%가 된다. 따라서 차입금 등의 금리 비용보다 높은 수익률이 예상될 때는 타인자본을 적극적으로 끌어들여 투자하는 것이 유리하다. 그러나 과도한 차입금을 사용하는 경우, 금리상승은 부담을 증가시켜 도산위험 및 도산의 기대비용이 높아질 수 있다.

② 베블런 효과: 사회적 지위나 부를 과시하기 위한 허영심에 의해 수요가 발생하기 때문에 가격이 비쌀수록 오히려 소비가 늘어나는 효과를 말한다. 베블런은 부자의 생활상을 묘사할 때 널리 사용되고 있는 '과시적 소비', '금전상의 경쟁' 등의 말을 처음 만들어낸 사람으로 알려져 있다. 베블런 효과는 미국의 경제학자이자 사회과학자 베블런이 자신의 저서 〈유한계급론 The Theory of the Leisure Class〉(1899)에서 "상층계급의 두드러진 소비는 사회적 지위를 과시하기 위하여 자각 없이 행해진다"는 '과시적 소비'를 지적한 데서 생겨난 말이다.

③ 밴드웨건 효과: 유행에 따라 상품을 구입하는 소비 현상을 뜻하는 경제 용어로, 곡예나 퍼레이드의 맨 앞에서 행렬을 선도하는 악대차(樂隊車)가 사람들의 관심을 끄는 효과를 내는 데에서 유래한다. 특정 상품에 대한 어떤 사람의 수요가 다른 사람들의 수요에 의해 영향을 받는 현상으로, 편승효과라고도 한다.

④ 스놉 효과: 개성을 추구하는 사람들은 단지 다른 사람들이 많이 구입한다는 이유만으로 특정 물품을 구입하지 않거나 심지어 자신의 옷과 똑같은 옷을 입은 사람을 보면 그 옷을 더 이상 입지 않는다. 명품브랜드 소비에서 흔히 일어나는 현상인데 이를 속물효과 또는 스놉효과(Snob effect)라고 한다. 즉 특정 상품을 소비하는 사람이 많아질수록 그 상품에 대한 수요는 줄어들고 값이 오르면 오히려 수요가 늘어난다. 이 용어는 1950년 레이번슈타인(H. Leibenstein)에 의해 스놉(재산과 지위로 거만을 떠는 속물)이 선호하는 브랜드 물품이 일반 구매층까지 영향을 미치는 현상을 지칭하는 데 처음 사용되었다. 이와는 반대로 전시효과는 상품을 소비하는 사람이 많아질수록 수요도 증가하는 경우를 가리킨다.

CHAPTER 04 생산자 이론

1 등량곡선이 다음의 그림과 같이 주어져 있다. 이에 대한 설명으로 옳은 것은?

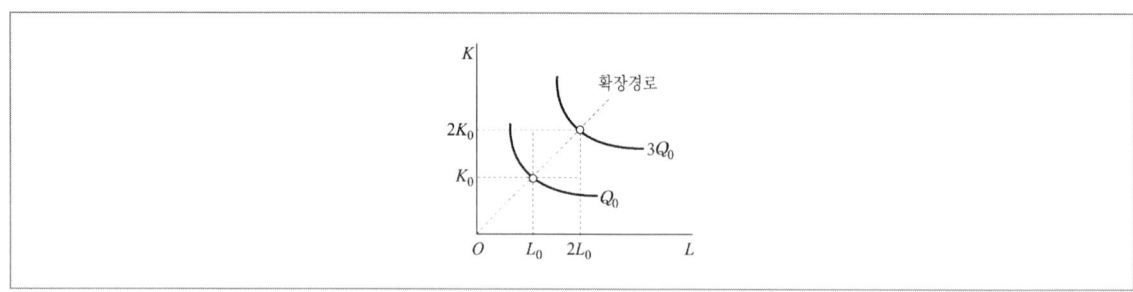

① 규모에 대한 수익이 체감하고 있다.
② 장기평균비용곡선은 수평선의 형태로 도출된다.
③ 장기총비용곡선은 아래쪽에서 볼 때 볼록한 형태이다.
④ 장기평균비용은 장기한계비용보다 높다.

ANSWER | 1.④

1　④ 노동과 자본이 모두 2배 투입될 때 생산량은 3배로 증가하므로 규모에 대한 수익체증이 발생하고 있다. 그러므로 LTC는 아래쪽에서 볼 때 오목한 형태이며, LTC에서 원점으로 연결한 직선의 기울기로 측정되는 LAC는 우하향의 형태이다. LAC가 우하향하면 LMC는 LAC의 하방에 위치한다.

2 총비용을 TC, 생산량을 Q라 할 때 총비용 함수가 TC=10+Q+4Q²로 주어졌다. 다음 중 옳지 않은 것은?

① Q=1일 때 AVC=10
② Q=10일 때 MC=81
③ Q=5일 때 AVC=21
④ Q=5일 때 TC=115

3 다음 중 그 개념이 잘못된 것은?

① 생산함수란 생산요소 투입량과 산출량 사이의 관계를 보여주는 함수를 말한다.
② 생산요소란 노동, 자본, 토지 등으로 구성된다.
③ 생산함수는 노동과 토지 두 생산요소만 사용된다고 가정한다.
④ 고정요소란 단기에 고정된 생산요소로, 자본, 건물, 기계설비 등이 포함된다.

4 경제학에서 말하는 장기(long-run)와 단기(short-run)의 기본적인 차이는?

① 단기에서보다 장기에서 고정비용이 기업의 의사결정에 더욱 중요하다.
② 단기에서보다 장기에서 가변비용이 기업의 의사결정에 더욱 중요하다.
③ 단기에서는 모든 투입물이 고정되어 있으나, 장기에서는 모든 투입물이 가변적이다.
④ 장기에서는 모든 투입물이 가변적이지만 단기에서는 적어도 한 가지 투입물은 고정되어 있다.

ANSWER | 2.① 3.③ 4.④

2 ① TVC=Q+4Q²이므로 AVC = 1+4Q이다. 따라서 Q=1일 때 AVC=5이다.

3 ③ 생산요소란 노동, 자본, 토지 등으로 구성된다. 단, 생산함수는 노동과 자본 두 생산요소만 사용된다고 가정한다.

구분	내용
생산	사회후생을 증대시키는 행위로 생산요소를 적절히 배합하여 유용한 재화나 서비스를 창출하는 것을 말한다.
생산요소	노동, 자본, 토지 등으로 구성된다. 단, 생산함수는 노동과 자본 두 생산요소만 사용된다고 가정한다.
생산함수	생산요소 등의 특정한 배합들에 의하여 생산될 수 있는 생산물의 최대 생산량(Q)을 나타낸다. $Q = F(K, L)$, K: 자본, L: 노동

4 ④ 경제학에서의 장기와 단기를 구분하는 기준은 고정투입요소의 존재 여부에 달려 있다. 단기에는 노동이 가변요소이고 자본이 고정요소로 존재하며, 장기에는 노동과 자본을 모두 가변요소로 설정한다.

구분	내용
단기	하나 또는 그 이상의 생산요소의 투입량을 변화시킬 수 없는 기간을 말한다.
장기	모든 생산요소들의 투입량을 변화시킬 수 있는 기간을 말한다.

5 다음 중 연결이 잘못된 것은?

① 총생산물 – 총생산물이란 n단위의 가변요소를 투입하였을 때 생산된 재화의 총량
② 가변요소 – 장기에 가변적인 생산요소로 노동력을 의미
③ 한계생산물 – 가변요소를 추가적으로 1단위 투입하였을 때 총생산물의 증가분
④ 평균생산물 – 투입된 생산요소 1단위당 생산량

6 기업주가 그가 고용하고 있는 노동자를 해고시킬 수가 없다면 이 기업주가 당해 노동자에게 지불하는 임금은 무슨 비용으로 보아야 하는가?

① 기회비용
② 가변비용
③ 고정비용
④ 일부는 고정비용, 일부는 가변비용으로 보아야 한다.

ANSWER | 5.② 6.③

5 ② 가변요소란 단기에 가변적인 생산요소로 노동력이 해당한다.
  ※ 총생산물, 한계생산물, 평균생산물

구분	내용
총생산물 (TP ; Total Product)	총생산물이란 n단위의 가변요소를 투입하였을 때 생산된 재화의 총량을 의미한다. 가변요소 투입량이 증가하면 처음에는 총생산물이 증가하나 가변요소 투입량이 일정 단위를 넘어서면 오히려 총생산물이 감소한다.
한계생산물 (MP ; Marginal Product)	한계생산물이란 가변요소를 추가적으로 1단위 투입하였을 때 총생산물의 증가분을 의미한다. 한계생산물은 총생산물곡선의 접선의 기울기로 측정된다.
평균생산물 (AP ; average products)	평균생산물이란 투입된 생산요소 1단위당 생산량을 의미한다. 총생산물곡선과 원점을 연결한 직선의 기울기로 측정된다.

6 ③ 고정비용에 해당된다.
  ※ 고정비용과 가변비용

구분	내용
고정비용(fixed cost)	단기에서 기업이 사용하는 생산요소 중에는 고정되어 있는 요소(예를 들어 공장이나 기계, 최고경영자 등)가 있다. 이와 같이 고정되어 있는 생산요소를 고정요소라고 부르며, 고정비용은 고정요소로 말미암은 비용을 의미한다. 고정비용은 생산량의 변화와는 관계없이 일정하며, 심지어 일시적으로 조업을 중단해도 이 비용의 부담을 피할 수는 없다.
가변비용(variable cost)	조업률에 따라서 변화하는 생산요소(예를 들어 노동, 원료 등)를 가변요소라고 부르며, 가변요소로 말미암은 비용을 가변비용이라 한다.

7 다음이 가리키는 것은?

> 이것은 일정한 농지에서 작업하는 노동자 수가 증가할수록 1인당 수확량은 점차 적어진다는 경제법칙을 말한다. 즉 생산요소가 한 단위 증가할 때 어느 수준까지는 생산물이 증가하지만 그 지점을 넘게 되면 생산물이 체감하는 현상으로 농업이나 전통 제조업에서 이 현상이 주로 나타난다.
> 농사를 짓는데 비료를 주게 되면 배추의 수확량이 처음에는 늘어나지만 포화상태에 다다르면 그 때부터는 수확량이 감소하게 되는 것이 바로 이 법칙의 전형적인 예라 할 수 있다.

① 수확체감의 법칙 ② 거래비용의 법칙
③ 코즈의 정리 ④ 약탈 가격 법칙

8 다른 생산요소를 일정하게 하고 한 생산요소를 증가시키면 처음에는 생산량의 증가율이 증가하다가 다음에는 그 증가율이 감소한다는 것은 어떤 의미인가?

① 수확체증의 법칙 ② 대규모생산의 법칙
③ 가변비용의 법칙 ④ 규모의 경제와 규모의 불경제

9 한계생산력이 체감하는 일반적인 생산함수 Y=F(L, K)에서 평균생산물(AP)과 한계생산물(MP)의 관계를 옳게 설명한 것은?(Y는 산출량, L은 노동량, K는 자본량)

① AP가 MP보다 크면 AP는 계속 증가한다.
② 생산의 제2단계는 MP의 극대점부터 AP의 극대점까지의 구간이다.
③ MP<0이더라도 AP>0인 한, 기업은 생산을 계속한다.
④ 기업의 최적생산은 AP의 극대점부터 MP=0인 구간에서 결정된다.

ANSWER | 7.① 8.③ 9.④

7 ① 수확체감의 법칙에 대한 내용이다. 수확체감의 법칙(한계생산물체감의 법칙)이란 고정요소가 존재하는 단기에 가변요소 투입량을 증가시키면 어떤 단계를 지나고부터는 그 가변 요소의 한계생산물이 지속적으로 감소하는 현상을 말한다. 수확체감의 법칙은 정도의 차이는 있으나 단기에 거의 모든 산업부문에서 나타나는 일반적인 현상이다.

8 ③ 다른 생산요소는 일정하게 하고 한 생산요소만 증가하면 생산요소들 사이에 투입비율이 변하게 되어 처음에는 수확체증의 법칙이 나타나다가 수확체감의 법칙이 나타난다. 이 현상을 가변비용의 법칙이라고 한다.

9 ④ 일반적으로 생산은 생산의 2단계(평균생산물이 극대인 점부터 한계생산물이 0인 점까지)에서 이루어진다.

10 제시된 그림은 노동투입(L)에 따른 상품의 총생산량(TP)을 나타낸 것이다. 다음 중 생산의 경제적 영역은?

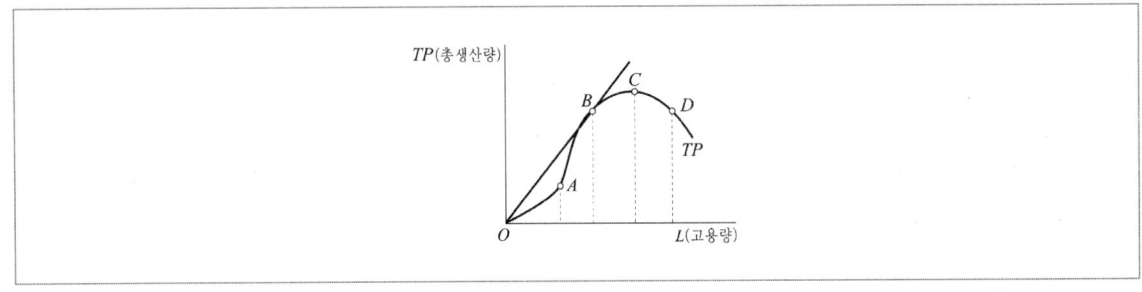

① OA
② OB
③ AC
④ BC

11 규모에 대한 수익이 불변인 경우, 요소의 한계생산물의 변화는?

① 한계생산물이 체증한다.
② 한계생산물이 체감한다.
③ 한계생산물이 0이다.
④ 한계생산물이 불변이다.

12 다음 중 등량곡선이 우하향한다는 것은?

① 두 생산요소가 비슷한 비율로 사용된다는 것이다.
② 한 생산요소의 사용량을 줄일 때 동일한 생산량을 유지하기 위해서는 다른 생산요소의 사용량을 늘려야 한다는 것이다.
③ 한 재화의 소비를 증가시킬 때 다른 재화의 소비도 증가한다는 것이다.
④ 한 재화의 소비가 증가하면 다른 재화의 소비는 감소한다는 것이다.

ANSWER | 10.④ 11.② 12.②

10 ④ 생산의 경제적 영역은 평균생산량의 극대점(B)부터 총생산량의 극대점(C)까지이다.

11 ② 규모에 대한 수익불변은 자본과 노동이 동시에 변하는 장기적 상황에서 성립한다. 그러나 자본이 고정되어 있는 단기적 상황에서는 규모에 대한 보수와 관계없이 수확체감현상이 발생한다.

12 ② 등량곡선(iso-quant curve)은 똑같은 수준의 산출량을 낼 수 있는 생산요소투입량의 조합들로 구성된 집합을 그림으로 나타낸 것으로 등량곡선이 우하향한다는 것은 두 가지 생산요소를 서로 대체할 수 있다는 것이며, 동일한 생산을 할 때 어느 생산요소의 사용량을 증가시키면 다른 생산요소의 투입량은 감소해야 한다는 것을 의미한다.

13 생산함수가 다음 그림과 같이 주어져 있다고 하자. 다음 설명 중 옳지 않은 것은?

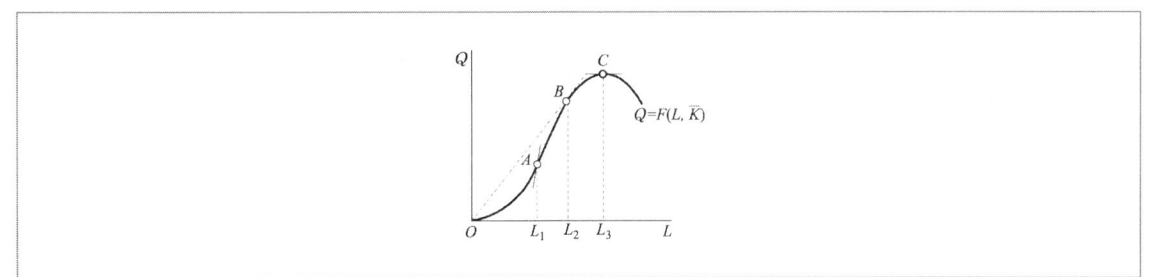

① A에서는 노동의 한계생산물이 극대화된다.
② B에서는 노동의 평균생산물과 한계생산물이 일치한다.
③ C에서는 노동의 한계생산물이 0이 되어 총생산물이 극대가 된다.
④ 생산은 주로 O와 L_1 사이에서 이루어진다.

14 다음 중 등량곡선에 대한 설명으로 옳지 않은 것은?

① 등량곡선이 우하향하므로 한계기술대체율이 체감한다.
② 등량곡선은 서로 교차하지 않는다.
③ 등량곡선은 원점에 대하여 볼록하다.
④ 두 생산요소가 완전보완적이면 등량곡선은 L자 형태이다.

15 생산함수가 $Q = 4KL^{0.5}$로 주어진 경우 K=12, L=36일 때 노동의 한계생산물은?

① 4
② 6
③ 8
④ 10

✅ ANSWER | 13.④ 14.① 15.①

13 ④ 일반적으로 생산은 생산의 2단계에서 이루어진다. 그러므로 노동투입량이 L_2와 L_3 사이인 구간에서 이루어진다.

14 ① 한계기술대체율이 체감하는 것은 등량곡선이 우하향하기 때문이 아니라 원점에 대하여 볼록하기 때문이다. 예를 들어, 등량곡선이 우하향하는 직선인 경우 등량곡선은 우하향하지만 한계기술대체율은 일정하다.

15 ① $MP_L = \dfrac{dQ}{dL} = 2KL^{-0.5} = \dfrac{2K}{\sqrt{L}} = \dfrac{2 \times 12}{\sqrt{36}} = \dfrac{24}{6} = 4$이다.

16 다음 중 등량곡선에 대한 설명으로 옳지 않은 것은?

① 원점으로부터 멀리 위치한 등량곡선일수록 높은 산출량을 나타낸다.
② 생산요소 간의 대체성이 낮을수록 등량곡선의 형태는 직선에 가깝다.
③ 등량곡선의 기울기를 한계기술대체율(marginal rate of technical substitution)이라 한다.
④ 한계기술대체율체감의 법칙이 적용되지 않을 경우에는 등량곡선이 원점에 대하여 볼록하지 않을 수도 있다.

ANSWER | 16.②

16 ② 요소 간 대체성이 높을수록(대체탄력도가 클수록) 등량곡선은 우하향의 직선에 가까워지고, 대체성이 낮을수록(대체탄력도가 작을수록) 등량곡선이 L자에 가까워진다.

※ 등량곡선(isoquant)
   ㉠ 개념 : 등량곡선이란 동일한 양의 재화를 생산할 수 있는 L(노동)과 K(자본)의 조합을 연결한 곡선을 의미한다. 등량곡선은 모든 생산요소가 가변요소일 때의 생산함수인 장기생산함수를 그림으로 나타낸 것이다.

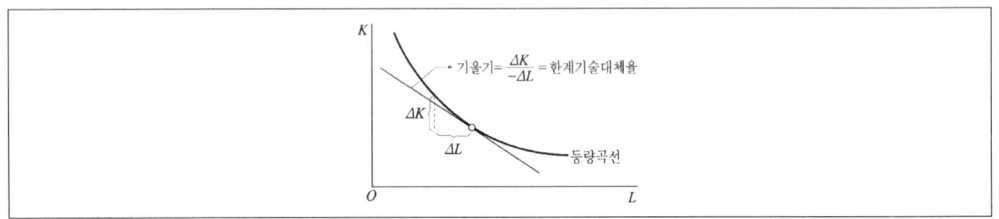

   ㉡ 등량곡선의 성질
   • 등량곡선은 우하향의 기울기를 갖는다.
   • 원점에서 멀리 떨어져 있을수록 높은 산출량을 나타낸다.
   • 등량곡선은 서로 교차할 수 없다.
   • 등량곡선은 원점에 대해 볼록한 형태이다(한계기술체감의 법칙).

구분	형태
두 생산요소가 완전보완재 관계	L자 형태
두 생산요소가 완전대체재 관계	우하향하는 직선 형태

   ㉢ 무차별곡선과 등량곡선의 차이점 : 무차별곡선은 원점에서 멀어질수록 높은 효용수준을 나타낸다(효용의 크기는 서수적으로 표시). 반면에 등량곡선은 요소투입량과 산출량 간의 기술적인 관계를 나타내는 생산함수에서도 도출된다(산출량의 크기는 기수적으로 표시).

17 생산요소의 가격비가 한계기술대체율(MRTS)보다 크다면 생산자는 어떻게 행동하는 것이 바람직한가?

① 자본의 투입을 증가시켜야 한다.
② 노동과 자본의 투입을 증가시켜야 한다.
③ 노동의 투입을 증가시켜야 한다.
④ 노동과 자본의 투입을 감소시켜야 한다.

18 다음 등량곡선과 등비선에 대한 내용으로 옳지 않은 것은?

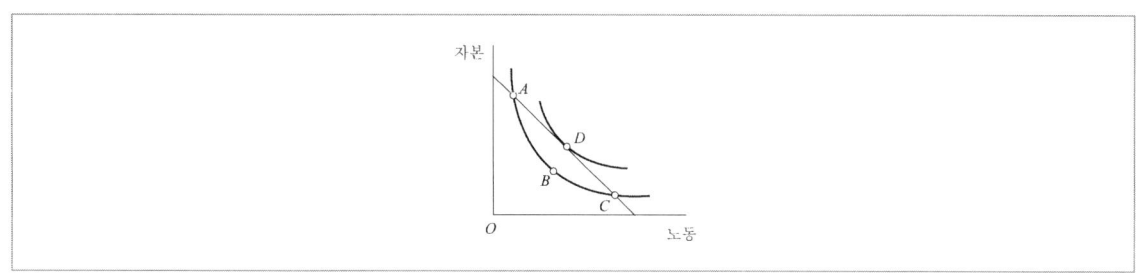

① A와 B는 동일한 생산량을 생산할 수 있는 요소조합점이다.
② A, C는 동일한 비용이 드는 요소조합점이다.
③ A보다 D의 요소조합에서 생산량이 더 많다.
④ C보다 D의 요소조합에서 비용이 더 많이 든다.

ANSWER | 17.① 18.④

17 ① 제시된 상황은 $MRTS_{LK} = \frac{MP_L}{MP_K} < \frac{w}{r}$ 인 경우이다. 이 식을 다시 정리하면 $\frac{MP_L}{w} < \frac{MP_K}{r}$ 이므로 자본투입량을 증가시키고 노동투입량을 감소시켜야 한다.

18 ④ A, B, C는 동일한 등량곡선상의 점이므로 생산량이 모두 동일하다. D는 원점에서 더 멀리 떨어져 있는 등량곡선상의 점이므로 다른 3점보다는 생산량이 더 많은 점이다. A, D, C는 모두 동일한 등비용선상의 점이므로 총비용이 동일한 점이다. B를 지나는 등비선은 보다 안쪽에 위치하므로 나머지 3점보다는 총비용이 더 적게 소요되는 점이다.

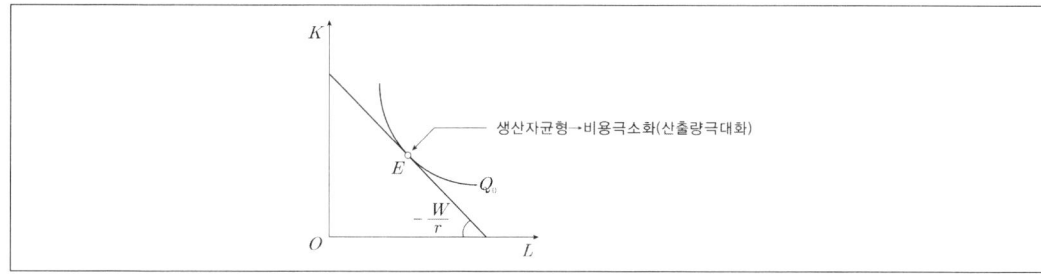

19 대체탄력성에 대한 다음 설명 중 옳지 않은 것은?

① Leontief 생산함수의 대체탄력성은 무한대이다.
② 요소가격비가 요소집약도에 미치는 영향의 정도를 나타낸다.
③ 한계기술대체율 변화에 따른 요소고용량의 상대적 변화율을 나타낸다.
④ Cobb-Douglas 생산함수의 대체탄력성은 1이다.

20 다음 중 생산자균형점에 관한 내용으로 옳지 않은 것은?

① 요소가격당 한계생산물균등의 법칙이 성립한다.
② 주어진 생산량을 최소의 비용으로 생산하는 점이다.
③ 생산요소들 간의 기술적 한계대체율과 생산요소들의 가격의 비가 균등하다.
④ 기술적 효율성을 갖는 요소결합은 모두 생산자균형점을 의미한다.

ANSWER | 19.① 20.④

19 ① 레온티에프 생산함수(Leontief production function)란 L자 모양을 한 등량곡선의 경우에는 한계기술대체율이 아무리 변화해도 생산요소투입비율에는 아무 변화가 없어 대체탄력성이 0임을 알 수 있다. 두 생산요소가 일정한 비율로 결합되어 생산에 투입되어야 하며, 한 생산요소의 투입이 아무리 크게 증가한다 하더라도 다른 생산요소와 그 비율로 결합되지 않는 한 그 요소의 한계생산이 0인 경우이다. 말하자면 두 생산요소가 완전히 보완적인 관계를 가진다고 할 수 있는데, 이러한 특성의 생산기술을 대표하는 생산함수를 고정비율 생산함수라 한다.

20 ④ 등량곡선상의 모든 점은 생산의 기술적 효율성이 충족되는 점이지만, 생산자균형점은 등량곡선과 등비용선이 접하는 점에서 이루어진다. 생산자균형점은 기술적 효율성이 충족되는 점 중에서 경제적인 효율성도 동시에 충족되는 점이다.

※ 생산자균형

등량곡선과 등비용선이 접하는 점에서 생산자의 비용극소화가 달성된다.

㉠ 등량곡선의 기울기($MRTS_{LK}$) = 등비용선의 기울기($\frac{w}{r}$)

㉡ 생산자 균형조건 : $MRTS_{LK} = \frac{\Delta K}{\Delta L} = \frac{MP_L}{MP_K}$ 이므로 생산자 균형조건은

$\frac{MP_L}{w} = \frac{MP_K}{r}$ (한계생산물균등의 법칙)이 된다.

여기서 한계생산물균등의 법칙이란 각 생산요소의 구입에 지출된 1원의 한계생산물이 같도록 생산요소를 투입하여야 비용극소화가 달성됨을 의미한다.

21 만약 생산함수가 Q=8KL로 주어져 있다면 한계기술대체율은?

① 8
② K/L
③ L/K
④ 8/KL

22 A 기업이 자본을 150단위 줄이고 노동을 50단위로 늘렸을 때 생산량은 불변하다고 하자. 노동의 한계생산물이 15이면 자본의 한계생산물은?

① −5
② 2
③ 5
④ 10

23 어떤 기업의 생산량을 100단위로 하였을 때 평균고정비용은 30원, 한계비용은 40원, 평균비용은 50원이었다. 이 기업의 가변비용은 얼마인가?

① 500원
② 1,000원
③ 2,000원
④ 4,000원

ANSWER | 21.② 22.③ 23.③

21 ② $MP_K = \dfrac{dQ}{dK} = 8L$, $MP_L = \dfrac{dQ}{dL} = 8K$ 이므로 $MRTS_{LK} = \dfrac{MP_L}{MP_K} = \dfrac{8K}{8L} = \dfrac{K}{L}$ 이다.

※ 한계기술대체율(MRTS)
  ㉠ 개념: 한계기술대체율이란 동일한 생산량을 유지하면서 노동을 추가로 1단위 더 고용하기 위하여 감소시켜야 하는 자본의 수량을 의미한다. MRTS는 등량곡선 접선의 기울기로 측정되며 MP_L과 MP_K의 비율로 나타낼 수 있다.

$$MRTS_{LK} = \dfrac{\Delta K}{\Delta L} = \dfrac{MP_L}{MP_K}$$

  ㉡ 한계기술대체율체감의 법칙: 한계기술대체율체감의 법칙이란 동일한 생산량을 유지하면서 자본을 노동으로 대체해감에 따라 한계기술대체율이 점차 감소하는 현상을 의미한다. 등량곡선이 원점에 대하여 볼록하기 때문에 한계기술대체율이 체감한다.

22 ③ $MRTS_{LK} = -\dfrac{\Delta K}{\Delta L} = -\dfrac{-150}{50} = -\dfrac{MP_L}{MP_K}$ 이다. MP_L이 15이므로 자본의 한계생산물은 5이다.

23 ③ 총비용은 총고정비용과 총가변비용의 합이다. 그러므로 가변비용은 다음과 같이 구할 수 있다.
$TC = TFC + TVC \to TVC = TC - TFC$ 이므로 $TVC = 5,000 - 3,000 = 2,000$원이다.

24 다음 중 대체탄력성에 대한 설명으로 옳지 않은 것은?

① 대체탄력성은 요소대체에 관한 기술상 용이함의 정도를 나타낸다.
② CES생산함수란 대체탄력성이 일정한 값을 가지는 생산함수이다.
③ 1차 동차생산함수의 대체탄력성은 1이다.
④ 요소 간 완전대체가 가능하다면 대체탄력성이 무한대이다.

25 요소의 대체탄력성(σ)에 관한 다음 설명 중 가장 옳지 않은 것은?

① 생산함수가 규모에 대한 수익불변인 Cobb-Douglas 생산함수인 경우 σ는 1이다.
② σ를 정의하는 데 있어서는 생산량의 수준이 일정함을 전제로 하고 있다.
③ 고정계수 생산함수인 경우에는 σ가 0이다.
④ $\sigma >1$이면 임금이 상승할 때 (노동의 분배몫)/(자본의 분배몫)이 상승한다.

ANSWER | 24.③ 25.④

24 ③ CES생산함수는 1차 동차함수이나 대체탄력성은 $\frac{1}{1+\rho}$이다. ρ값에 따라서 $\rho = -1$인 선형생산함수의 대체탄력성은 무한대이고, $\rho = \infty$인 Leontief 생산함수의 대체탄력성은 0이며, $\rho = 0$인 Cob-Douglas 생산함수의 대체탄력성은 1이다. 따라서 1차 동차함수라고 해서 항상 대체탄력성이 1은 아니다.

※ 대체탄력성(elasticity of substitution)
대체탄력성은 생산과정에서 한 생산요소가 다른 생산요소로 얼마나 쉽게 대체될 수 있는지를 나타내는 지표이다. 대체탄력성은 생산량을 일정 수준으로 유지할 때 노동과 자본 사이의 대체의 용이성 정도를 나타내는 지표로, 그 크기는 등량곡선의 형태와 밀접한 관련이 있다. 대체탄력성의 크기는 생산의 기술적인 특성에 따라 크게 달라지는 데 산업별로 큰 차이를 보인다.

25 ④ 대체탄력성(elasticity of substitution)은 요소가격비율의 변화에 따라 요소고용비율은 얼마나 변화하게 될 것인가를 측정하는 척도이다. 생산자균형에서 요소가격비율은 기술적한계대체율과 같으므로 대체탄력성은 결국 요소고용비율의 변화율을 등량곡선의 기울기의 변화율로 나눈 것으로 표현된다.

※ 대체탄력성과 요소소득의 상대적 분배 관계

대체탄력성	임금(w/r)이 하락할 경우	노동소득분배율
$\sigma>1$	임금하락률<노동투입증가율	증가
$\sigma=1$	임금하락률=노동투입증가율	불변
$\sigma<1$	임금하락률>노동투입증가율	감소

26 다음 중 기술진보에 대한 설명으로 옳지 않은 것은?

① 기술진보가 이루어지면 평균비용곡선과 한계비용곡선이 모두 하방으로 이동한다.
② 중립적 기술진보란 노동과 자본의 한계생산물이 동일한 비율로 증가하는 기술진보를 말한다.
③ 자본절약적 기술진보가 이루어지면 요소집약도(K/L)가 낮아진다.
④ 노동절약적 기술진보란 노동의 한계생산물을 자본의 한계생산물보다 더 크게 증가시키는 기술진보이다.

27 한 달 임대료가 100만 원인 약국건물을 소유한 어떤 약사가 자신의 약국에서 약사로서 일을 하여 월 매상액이 500만 원이고 총회계적 비용이 월 200만 원이다. 이 약사는 다른 약국에 고용되어 일을 한다면 월 150만 원의 보수를 받을 수 있다고 한다. 이때 이 약사가 자신의 약국에서 약사로서 일을 하며 약국을 경영할 때 경제적 이윤은 월 얼마인가?(단, 총회계적 비용에 대한 은행이자는 고려하지 않는다)

① 30만 원
② 50만 원
③ 150만 원
④ 300만 원

ANSWER | 26.④ 27.②

26 ④ 노동절약적(자본집약적) 기술진보란 자본의 한계생산물(MP_K)이 노동의 한계생산물(MP_L)보다 더 많이 증가하는 기술진보를 말한다. 노동절약적 기술진보 이후에는 기술진보 이전보다 요소집약도$\left(\dfrac{K}{L}\right)$가 높아지는데, 이는 기술진보 이후에 상대적으로 노동보다 자본을 더 많이 사용함을 의미한다. 기업에서 기술진보 이후에 상대적으로 자본을 더 많이 고용하는 이유는 기술진보 이후에 상대적으로 자본의 한계생산물이 더 높아지기 때문이다.

※ 기술진보와 생산자균형의 이동
    ㉠ 개념 : 기술진보란 일정한 생산량을 보다 적은 생산요소의 투입으로 생산할 수 있게 하는 기술적 변화를 의미한다. 기술진보 이후에는 적은 양의 생산요소를 투입하더라도 동일한 양의 재화를 생산할 수 있게 되므로 등량곡선이 원점 쪽으로 이동한다.
    ㉡ 기술진보의 유형(Hicks의 분류) : Hicks는 $\left(\dfrac{w}{r}\right)$가 일정하다는 가정하에 기술진보의 유형을 중립적 기술진보, 자본절약적(노동집약적) 기술진보, 노동절약적(자본집약적) 기술진보의 3가지로 분류하였다. 실제에 있어서 기술진보는 이 3가지 중 몇 가지가 결합된 형태로 나타내는 것이 일반적이다.

27 ② 경제적 이윤(economic profit)은 총수입에서 명백한 비용뿐만 아니라 암묵적인 비용까지 빼야 한다. 즉, 진정한 경제적 이윤은 총수입에서 기회비용을 뺀 나머지로서 구해져야 한다는 뜻이다.
따라서 경제적 이윤=총수입-명시적 비용-암묵적 비용=500-200-(100+150)=50만 원이다.

28 최근 우리나라의 각 산업에서 기술진보가 급속히 진행되고 있다. 이러한 기술진보가 등(생산)량곡선에 미치는 효과를 바르게 나타낸 것은?

① 등(생산)량곡선이 원점을 향하여 안으로 이동한다.
② 등(생산)량곡선은 이동하지 않는다.
③ 등(생산)량곡선을 따라서 오른쪽 아래로 움직인다.
④ 등(생산)량곡선을 따라서 왼쪽으로 움직인다.

29 다음 중 평균비용(AC)과 한계비용(MC)에 관한 설명으로 옳지 않은 것은?

① 평균비용곡선이 수평이면 그 곡선 자체가 한계비용곡선이 된다.
② 한계비용곡선은 평균비용곡선의 최저점을 통과한다.
③ 총비용곡선이 수평이면 평균비용곡선과 한계비용곡선은 다같이 수평의 형태를 보이게 된다.
④ 평균비용이 감소하면 한계비용곡선은 평균비용곡선 아래에 위치한다.

ANSWER | 28.① 29.③

28 ① 기술진보가 이루어지면 동일한 요소투입량으로 더 많이 생산할 수 있거나, 동일한 양의 재화를 보다 적은 요소투입으로 생산할 수 있게 된다. 따라서 기술진보가 이루어지면 생산가능곡선은 원점에서 점점 멀어지나, 등량곡선은 점점 원점에 가까워진다. 이를 그림으로 나타내면 다음과 같다.
   ※ 기술의 진보와 생산가능곡선

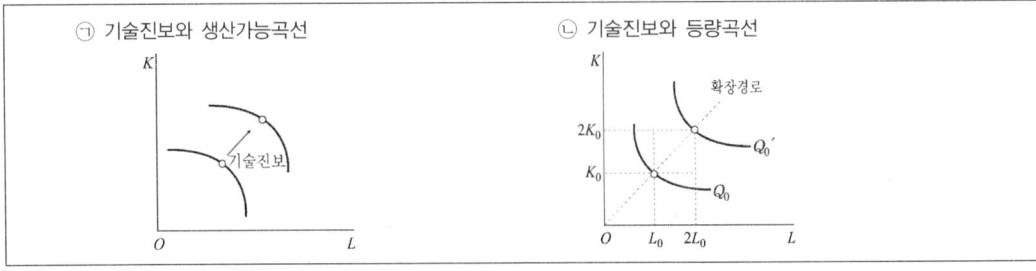

29 총비용곡선이 수평이면 가변비용은 0이고(총비용=총고정비용)이 성립한다. 이 경우 한계비용곡선은 가로축과 일치하므로 수평이지만 평균(고정)비용곡선은 우하향하는 직각쌍곡선이다.

30 발레리나 한서원은 한 발레컴퍼니에서 5,000만 원의 연봉을 받고 근무하던 중 발레학원을 개원하기로 결정했다. 학원의 운영비용은 임대료 1,500만 원, 장비대여비 300만 원, 사무용품비 100만 원, 공공요금 100만 원, 강사급여 2,500만 원이다. 그는 이들 비용을 연간 500만 원의 이자수입이 있었던 1억 원의 예금으로 충당하고 남은 금액을 금고에 보관했다. 추가적인 비용이 없다고 가정할 때 한서원의 1년간 명시적 비용과 암묵적 비용은 모두 얼마인가?

명시적 비용	암묵적 비용
① 4,500만 원	5,500만 원
② 4,500만 원	5,000만 원
③ 6,500만 원	1억 원
④ 1억 원	7,000만 원

31 기업의 단기평균비용(AC) 및 한계비용(MC)에 대한 설명으로 옳지 않은 것은?

① 이윤극대화는 MC가 증가하는 영역에서 이루어진다.
② AC가 감소하면 MC도 감소한다.
③ AC의 최저점에서 $AC = MC$이다.
④ $MC > AC$이면 AC는 증가한다.

✅ ANSWER | 30.① 31.②

30 ① 명시적 비용(explicit cost)은 기업이 실제로 화폐를 지불한 회계상의 비용을 말한다.
문제에서의 명시적 비용은 임대료(1,500) + 장비 대여비(300) + 사무용품비(100) + 공공요금(100) + 강사급여(2,500) = 4,500(만 원)이다.
암묵적 비용(implicit cost)은 잠재적 비용이라고도 하며 기업이 생산에 투입한 생산요소의 기회비용으로 회계상 나타나지 않는 비용을 말한다. 여기에는 포기한 연봉(5,000) + 사업에 투입된 금융자본 기회비용(500) = 5,500(만 원)이 있다.
※ 명시적 비용과 암묵적 비용
  ㉠ 명시적 비용 : 명시적 비용이란 기업의 생산활동과정에서 실제로 지출된 금액을 말한다. 원료구입비, 임금, 이자, 임대료 등이 명시적 비용(회계적 비용)에 포함된다.
  ㉡ 암묵적 비용(귀속비용) : 일반적으로 자신이 소유한 생산요소에 대한 비용으로 명시적 비용에 포함되지 않는 비용이다. 암묵적 비용은 회계적 비용에는 포함되지 않으나 경제적 비용에는 포함된다.

31 ② AC가 감소하는 영역에서 MC는 감소 또는 증가가 가능하다.

32 다음 중 암묵적 비용에 해당되는 것은?

① 실현된 기업의 이익
② 기업이 보유한 자산에 대한 조세
③ 자기자본에 대한 이자
④ 임차한 기계장비에 대한 비용

33 단기비용함수가 C=20 +2Q²이면 생산량(Q)이 10단위일 때 평균가변비용은?

한국수력원자력 기출변형

① 4
② 20
③ 40
④ 200

✅ ANSWER | 32.③ 33.②

32 ③ 기업이 생산에 투입하는 생산요소는 대가를 지불하고 외부에서 조달하는 것과 자체적으로 보유하면서 생산에 투입하는 것으로 나눌 수 있다. 외부에서 조달한 생산요소에 대해 지급하는 비용을 명시적 비용(explicit cost), 기업이 보유하고 있으면서 생산에 투입한 요소의 기회비용을 암묵적 비용(implict cost)이라고 한다. 암묵적인 비용은 귀속비용 (imputed cost)이라고도 한다. 회계적 비용에는 명시적 비용만 포함되는 데 비해, 경제적 비용에는 명시적 비용뿐만 아니라 암묵적 비용도 포함된다.

※ 명시적 비용과 암묵적 비용

구분	내용	예
명시적 비용	• 외부에서 고용한 생산요소에 대해 지불한 비용을 말한다. • 실제로 비용지불이 이루어지므로 회계적 비용에 포함된다.	임금, 지대, 이자, 이윤
암묵적 비용	• 기업이 보유하고 있으면서 생산에 투입한 요소의 기회비용을 말한다. • 실제로는 비용지불이 이루어지지 않으므로 회계적 비용에 포함되지 않는다.	귀속임금, 귀속지대, 귀속이자, 정상이윤

33 $AVC = \dfrac{TVC}{Q} = \dfrac{2Q^2}{Q} = 2Q = 20$이다.

34 어떤 기업의 총비용이 TC=50,000+10Q 라고 하자. 만약 이 기업이 100단위의 재화를 생산하고 있다면 평균고정비용과 평균가변비용은?

① 490과 10
② 500과 10
③ 500과 20
④ 510과 10

35 단기적으로 150단위의 상품을 생산하는 회사의 평균비용이 400원이고 평균가변비용이 200원이라면 총고정비용은 얼마인가?

① 15,000원
② 20,000원
③ 30,000원
④ 35,000원

ANSWER | 34.② 35.③

34 ② TC = 50,000+10Q이므로 TFC = 50,000, TVC = 10Q임을 알 수 있다. 따라서 평균고정비용과 평균가변비용은 각각 다음과 같이 계산된다.

㉠ 평균고정비용(AFC) = $\dfrac{TFC}{Q} = \dfrac{50,000}{Q} = \dfrac{50,000}{100} = 500$

㉡ 평균가변비용(AVC) = $\dfrac{TVC}{Q} = \dfrac{10 \times Q}{Q} = 10$

※ 단기평균비용
  ㉠ 평균고정비용(AFC ; Average Fixed Cost) : 평균고정비용은 총고정비용을 생산량으로 나눈 값이므로 $AFC = \dfrac{TFC}{Q}$으로 정의된다.
  TFC가 상수이므로 생산량이 증가하면 AFC는 점점 감소하며 평균고정비용곡선은 직각쌍곡선의 형태이며 총고정비용곡선에서 원점으로 연결한 직선의 기울기로 측정된다.
  ㉡ 평균가변비용(AVC : Average Variable Cost) : 평균가변비용은 총가변비용을 생산량으로 나눈 값이므로 $AVC = \dfrac{TVC}{Q}$과 같이 정의된다. AVC는 TVC곡선에서 원점에 연결한 직선의 기울기로 측정되며 평균가변비용은 처음에는 체감하다가 나중에는 체증하므로 AVC곡선은 U자 형태로 도출된다.

35 ③ 총고정비용(TFC)은 다음과 같다.
$TFC = TC - TVC$ - ㉠
$TVC = AVC \times Q = 200원 \times 150 = 3만 원$ - ㉡
$TC = AC \times Q = 400원 \times 150 = 6만 원$ - ㉢
㉡과 ㉢을 ㉠에 대입하면 $TFC = 6만 원 - 3만 원 = 3만 원$이다.

36 A 기업의 총비용이 $TC=25Q^2+50Q+30,000$이라고 하고 이 기업이 100단위의 재화를 생산하고 있다면 AFC과 AVC는?

① 300, 2,000
② 300, 2,500
③ 300, 2,550
④ 300, 3,000

37 다음 중 최적조업도에 관한 설명으로 옳은 것은?

① 평균비용곡선이 가격과 일치하는 점에서의 조업도
② 한계비용곡선이 가격 및 한계수입곡선과 일치하는 점에서의 조업도
③ 한계수입곡선이 가격과 일치하는 점에서의 조업도
④ 평균비용곡선이 한계비용곡선과 일치하는 점에서의 조업도

38 다음 중 단기평균비용에 대한 설명으로 옳지 않은 것은?

한국전력공사 기출변형

① 단기평균비용이 감소할 경우 단기한계비용은 단기평균비용보다 작아야 한다.
② 한계생산체감의 법칙 때문에 궁극적으로 단기평균비용은 상승한다.
③ 단기평균비용이 증가하는 것은 단기한계비용이 단기평균비용을 상회하기 때문이다.
④ 단기평균비용이 감소하는 것은 생산량이 증가함에 따라 규모의 경제가 발생하기 때문이다.

ANSWER | 36.③ 37.④ 38.④

36 ③ $TC=25Q^2+50Q+30,000$이므로 $TFC=30,000$, $TVC=25Q^2+50Q$임을 알 수 있다. 평균고정비용과 평균가변비용은 각각 다음과 같이 계산된다.

㉠ 평균고정비용(AFC) = $\dfrac{TFC}{Q} = \dfrac{30,000}{Q} = \dfrac{30,000}{100} = 300$

㉡ 평균가변비용(AVC) = $\dfrac{TVC}{Q} = \dfrac{25Q^2+50Q}{Q} = 25Q+50 = 2,550$

37 ④ 최적조업도는 평균비용이 최저가 되는 점에서 나타난다. 이 최적점은 한계비용(MC)과 평균비용(AC)이 일치하는 점에서 나타난다. 그리고 $MC=AC$에서 최적산출량을 구할 수 있다.

38 ④ 단기평균비용곡선이 U자 형태를 취하는 것은 규모에 대한 수익이 아니라 수확체감의 법칙에 기인한다. 그리고 장기평균비용곡선이 U자 형태를 취하는 것은 규모에 대한 수익 때문이다. 따라서 규모에 대한 수익은 장기적인 개념이다.

39 최근 우리나라의 다양한 분야의 산업에서 기술진보가 급속히 진행되고 있다. 이러한 기술진보에 대한 설명으로 옳지 않은 것은?

① 기술진보가 이루어지면 등(생산)량곡선이 원점으로부터 멀어진다.
② 자본절약적 기술진보가 이루어지면 요소집약도(K/L)가 낮아진다.
③ 기술진보가 이루어지면 평균비용곡선과 한계비용곡선이 모두 하방으로 이동한다.
④ 노동절약적 기술진보란 자본의 한계생산물이 노동의 한계생산물보다 더 크게 증가시키는 기술진보이다.

40 등량곡선에 대한 설명으로 가장 적절하지 않은 것은?

① 한계기술대체율체감의 법칙이 적용되지 않을 경우에는 등량곡선이 원점에 대해 볼록하지 않을 수도 있다.
② 생산요소 간의 대체성이 낮을수록 등량곡선의 형태는 직선에 가깝다.
③ 원점으로부터 멀리 위치한 등량곡선일수록 높은 산출량을 나타낸다.
④ 등량곡선은 서로 교차하지 않는다.

ANSWER | 39.① 40.②

39 기술진보가 이루어지면 동일한 요소투입량으로 더 많이 생산할 수 있거나, 동일한 양의 재화를 보다 적은 요소투입으로 생산할 수 있게 된다. 따라서 기술진보가 이루어지면 생산가능곡선은 원점에서 점점 멀어지나, 등량곡선은 점점 원점에 가까워진다.
④ 노동절약적(자본집약적) 기술진보란 자본의 한계생산물(MP_K)이 노동의 한계생산물(MP_L)보다 더 많이 증가하는 기술진보를 말한다. 노동절약적 기술진보 이후에는 기술진보 이전보다 요소집약도(K/L)가 높아지는데, 이는 기술진보 이후에 상대적으로 노동보다 자본을 더 많이 사용함을 의미한다. 기업에서 기술진보 이후에 상대적으로 자본을 더 많이 고용하는 이유는 기술진보 이후에 상대적으로 자본의 한계생산물이 더 높아지기 때문이다.

40 요소 간의 대체성이 높을수록 등량곡선은 우하향의 직선에 가까워지며, 대체성이 낮을수록 등량곡선은 L자에 가까워진다.

CHAPTER 05

시장 이론

1 다음 글에 따를 때 슈타켈버그(Stackelberg) 경쟁의 결과로 옳은 것은?

금융감독원, 중부발전 기출유형

- 시장에는 A, B는 두 기업만 존재한다.
- 시장수요곡선: $Q=40-P$
  (단, $Q=Q_A+Q_B$이고, Q_A, Q_B는 A기업과 B기업의 생산량을 의미한다)
- 한계비용: $MC_A=MC_B=0$
- B기업은 A기업의 반응곡선을 알고, A기업은 B기업의 반응곡선을 모른다.

	Q_A	Q_B		Q_A	Q_B
①	5	10	②	7	14
③	8	16	④	10	20

● ANSWER | 1.④

1 슈타켈버그 균형에서의 생산량은 완전경쟁의 3/4수준이고, 2/4를 선도기업이, 1/4를 추종기업이 생산하게 된다. 주어진 문제에서는 B기업이 선도자가 되어 A기업의 반응곡선을 제약조건으로 삼아 상대방의 생산량을 예상하고 자신의 생산량을 결정하게 된다. A기업의 생산량은 B기업 생산량의 절반이 된다.
B기업이 먼저 자신의 생산량을 구하는 데 독점인 경우와 같으므로 MR=MC인 점, P=MC=0이 되어 Q=40이 된다. 따라서 슈타켈버그 생산량은 q=30이다.
선도자인 B기업의 생산량(Q_B)는 20, 추종자인 A기업의 생산량(Q_A)는 10이 된다.

2 시장의 원리로 보기 어려운 것은?

① 경쟁의 원리
② 이익 추구 원리
③ 자유 교환의 원리
④ 생산수단 공동 소유 원리

3 다음 중 ㉠과 ㉡에 들어갈 알맞은 것은?

> 시장에서 초과수요가 발생하면 그 상품의 가격이 (㉠)하고, 초과공급이 발생하면 가격이 (㉡)한다.

	㉠	㉡
①	하락	급등
②	상승	하락
③	상승	상승
④	하락	상승

ANSWER | 2.④ 3.②

2 ④ 생산수단을 공동으로 소유한다는 것은 계획경제의 특징 중 하나이다. 시장 경제는 생산수단과 재화의 사적 소유가 가능하며, 생산과 분배를 결정하는 요인이 바로 시장가격이라 할 수 있다.

※ 시장의 원리

구분	내용
경쟁의 원리	시장은 자신의 이익을 위해 경쟁을 하는 구조이다. 생산자들은 가격, 제품의 질, 원가 절감, 새로운 시장 판로 개척 등을 실시하는데 이는 다른 경쟁자들보다 더 많은 이익을 얻기 위한 경쟁이라 볼 수 있다. 시장에서 경쟁은 시장의 가격기구가 잘 작동할 수 있도록 역할을 함과 동시에 기술발달을 가져오기도 한다.
이익 추구 원리	시장에서 거래를 하는 사람들은 자유의지에 따라 서로가 원하는 재화와 서비스를 다루게 되는데, 이는 이익을 추구하고자 하는 개인의 이기심에 의한 것이라 할 수 있다. 이처럼 시장은 개개인의 이익을 추구하고자 하는 심리에 의해 운영되는 것이다.
자유 교환의 원리	시장에서 거래 당사자들은 어느 누구의 간섭 없이 자발적으로 원하는 재화와 서비스를 교환한다는 것을 말한다. 즉 자유롭게 교환이 가능해져 경제 구성원들은 모두 풍족하게 삶을 누릴 수 있게 된다고 말한다.

3 ② ㉠ 상승이며 ㉡은 하락이 들어가야 한다.

※ 균형가격

시장에서 공급량과 수요량이 일치하는 상태에서 가격은 더 이상 움직이지 않게 되는데 그 때의 가격 수준을 말한다. 균형가격은 수요량과 공급량이 일치하는 수준에서 균형 가격이 결정된다.

구분	내용
가격 상승 시	수요량 감소, 공급량 증가 → 초과공급 발생 → 가격하락
가격 하락 시	수요량 증가, 공급량 감소 → 초과수요 발생 → 가격상승

4 시장 가격이 가지는 기능으로 보기 어려운 것은?

① 정보전달 역할
② 자원배분 기능
③ 가격의 탄력성 유지
④ 경제활동의 동기 부여

ANSWER | 4.③

4 ③ 가격은 우선 경제주체들에게 정보를 전달하는 신호의 역할을 한다. 생산자와 소비자가 무엇을 얼마나 생산하고 구매할 것인지를 결정하는 데 필요한 정보를 제공하여 가격의 높고 낮음은 소비자가 그 상품을 얼마나 원하고 있는지, 그리고 생산자가 그 상품을 생산하는 데 얼마나 많은 비용이 드는지에 관한 정보를 전달해 준다. 또한 생산을 통해 기업이 얼마나 이익을 얻을 수 있는지에 대한 정보도 제공한다. 가격은 또한 경제활동의 동기를 제공하고 자원을 자율적으로 배분하는 기능을 한다. 어떤 상품의 가격이 상승한다는 것은 그 상품을 생산하는 기업에게 더 많이 생산할 동기를 부여하고 다른 사람에게 새롭게 그 상품의 생산에 참여할 유인을 제공하기도 한다.

※ 시장 가격의 기능

구분	내용
정보전달의 역할	가격은 생산자와 무엇을 구매할 것인지, 판매자는 무엇을 얼마나 생산하고 구매할 것인지를 결정하는 데 필요한 정보를 제공하는 역할을 한다. 예를 들어, 커피 전문점에서 커피를 먹고 싶은 소비자는 시장에서 형성되는 균형가격 수준에서 돈을 지불하기만 하면 원하는 커피를 마실 수 있으며 이를 근거로 공급자인 커피 공급업체는 커피를 제공한다. 이처럼 가격은 소비자가 그 상품을 얼마나 원하고 있는지, 그리고 생산자가 그 상품을 생산하는 데 얼마나 많은 비용이 드는지에 관한 정보를 알려주기 때문에 가격은 경제주체들에게 정보를 전달하는 신호의 역할을 한다고 볼 수 있다.
자원 배분 기능	시장에서 생산자는 제한된 자원을 사용하여 물품을 팔아 최대의 이윤을 얻고자 하며, 소비자는 한정된 소득으로 가장 큰 만족을 얻기 위해 경쟁을 한다. 이러한 각자의 이익추구 행위 덕분에 수많은 재화와 서비스가 생산되어 시장에서 거래를 하게 되고 필요한 사람에게 공급된다. 이는 사회라는 큰 틀에서 보면 전체적으로 한정되어 있던 자원이 필요한 자들에게 효율적으로 분배되고 있음을 알 수 있다.
경제활동의 동기 부여	우리나라에서 몇 년 전부터 패딩 점퍼가 유행을 하면서 패딩 점퍼 상품가격이 상승한 적이 있다. 이렇게 가격이 상승하게 되면 그 제품을 생산하는 기업들에게 더 많이 생산할 수 있는 동기를 부여하게 되고, 다른 업계의 기업들도 패딩 점퍼 사업에 참여하도록 하는 촉매제가 된다. 이처럼 가격은 경제활동의 동기를 부여하는 기능도 한다.

5 다음 중 성격이 다른 하나는?

① 완전경쟁시장 ② 독점 시장
③ 과점 시장 ④ 독과점 시장

6 다음 중 과점시장의 독자행동모형에 대한 설명 중 가장 옳지 않은 것은?

① 스타겔버그 모형에서는 추종기업은 지배기업의 모든 생산정보를 알기 때문에 유리하다.
② 스타겔버그 모형에서는 추종기업의 경우에만 생산량 추측된 변화는 영(0)이라고 가정한다.
③ 베르트랑 모형에서는 상대 기업의 가격을 주어진 것으로 간주하고 자신의 가격을 설정한다.
④ 꾸르노 모형에서는 두 기업이 생산하는 총생산량은 두 기업이 담합을 성공적으로 유지했을 때 총생산량보다 크다.

ANSWER | 5.① 6.①

5 ① 시장은 경쟁 형태에 따라 완전경쟁시장, 불완전경쟁시장으로 구분되는데 독점시장, 과점시장, 독과점 시장은 불완전경쟁시장의 한 종류이다.
※ 경쟁 형태에 따른 시장의 구분

구분		내용
완전경쟁시장		완전경쟁시장은 가격이 완전경쟁에 의해 형성되는 시장을 말한다. 완전경쟁시장이 성립하기 위해서는 생산과 거래대상이 되는 상품의 품질이 동일해야 하며, 개별 경제주체가 가격에 영향력을 행사할 수 없을 정도로 수요자와 생산자의 수가 많아야 하고, 모든 시장참가자들은 거래와 시장 여건에 관해 완전한 정보를 가지고 있어야 하며, 시장참가자들의 자유로운 시장진입과 이탈은 물론 생산요소의 자유로운 이동이 보장되어야 한다. 따라서 현실세계에서는 존재하기 어려운 이상적인 시장 형태로 간주된다.
불완전 경쟁시장	독점 시장	독점시장이란 공급자의 수가 하나인 시장을 말한다. 대표적으로 우리나라에서 담배를 독점적으로 판매하는 KT&G, 고속철도 등이 있다.
	과점 시장	과점시장은 소수의 생산자가 존재하는 시장을 말한다. 대표적으로 자동차, 이동통신, 항공 서비스 등이 있다.
	독점적 경쟁시장	음식점·미용실 같이 조금씩 질이 다른 상품을 생산하는 다수의 생산자들로 구성된 시장을 말한다. 이들은 같은 상품을 팔아도 품질과 서비스가 동일하지 않기 때문에 독점의 성격을 가지며 시장진출입이 자유롭다는 점에서 경쟁시장의 성격을 모두 갖고 있다.

6 스타겔버그 모형에서 기업 1이 리더(선도자)라는 것은 기업 2(추종자)의 반응곡선을 알고 있음을 의미한다. 기업 2가 기업 1보다 더 많은 정보를 가지고 있기 때문에 발생하는 것이 아니라, 기업 2가 더 많은 정보를 알고 있음을 기업 1이 알고 있기 때문이다.

7 다음 중 완전경쟁시장구조에 대한 설명으로 옳지 않은 것은?

한국수력원자력 기출변형

① 기업의 단기공급곡선은 서로 같지 않을 수도 있다.
② 시장수요곡선과 개별기업이 직면하는 수요곡선은 서로 동일하지 않다.
③ 가격 = 한계비용의 등식은 단기균형의 필요조건이다.
④ 산업의 장기공급곡선은 이미 시장에 진입해 있는 기존기업들의 장기공급곡선의 합이다.

8 다음의 지문에서와 같은 조건을 충족하는 시장에 대한 설명 중 옳은 것은?

- 수많은 수요자와 공급자가 존재한다.
- 동질적인 상품이 거래된다.
- 시장에의 진입과 탈퇴가 자유롭다.

① 시장 지배력이 가장 강하게 나타난다.
② 소비자 잉여는 모두 기업에 귀속된다.
③ 소비자의 다양한 기호를 충족시킬 수 있다.
④ 개별 기업이 직면하는 수요곡선은 완전 탄력적이다.

✓ ANSWER | 7.④ 8.④

7 ④ 완전경쟁의 경우 장기에는 기업의 진입과 퇴거가 자유롭게 일어나므로 장기공급곡선상의 모든 점에서 기업 수는 서로 다르다.
※ 완전경쟁시장을 위한 조건
  ㉠ **제품의 동질성**: 수요공급분석에서 하나의 시장가격만이 존재한다.
  ㉡ **자유로운 진입과 퇴출**: 새로운 기업이 해당산업에 진입하거나, 해당산업으로부터 나오는 것에 특별한 비용이 발생하지 않는다.
  ㉢ **가격수용자로서 수요자와 공급자**: 시장가격에 영향을 미칠 수 없는 기업이나 소비자이다.
  ㉣ 자원의 완전한 이동과 완벽한 정보를 얻을 수 있다.

8 완전경쟁시장은 수많은 수요자와 공급자가 존재하며, 공급자들이 공급하는 물건은 거의 동일하다. 기업들이 자유롭게 진입하고 퇴출할 수 있다. 완전경쟁시장에서는 개별 기업이 1원이라도 더 높은 가격을 받으면 소비자가 다른 기업 제품을 선택하기 때문에 수요곡선은 완전 탄력적이다.

9 어느 한 완전경쟁기업의 생산설비가 설치는 되었으나 가동은 되지 않는다고 하자. 다음 중 이때 발생하는 손실과 동일한 규모의 손실이 나타나는 상황은?

> ㉠ 가격＝평균가변비용＝한계비용
> ㉡ 가격＝평균비용＝한계비용
> ㉢ 가격＜평균가변비용
> ㉣ 평균가변비용＜시장가격＜평균비용

① ㉠, ㉢　　② ㉡, ㉢
③ ㉡, ㉣　　④ ㉢, ㉣

10 어느 완전경쟁시장의 시장수요함수는 P=−4Q+20이고 한계수입은 8이라 하자. 소비자잉여는 얼마인가?(P: 가격, Q: 수량)

① 10　　② 12
③ 18　　④ 22

○ ANSWER | 9.① 10.③

9 ㉠ 가격이 평균가변비용과 같으므로 손실이 총고정비용과 같다.
㉢ 가격이 평균가변비용보다 작으므로 조업이 중단되고 손실이 총고정비용과 같다.
㉡ 가격이 평균비용과 같으므로 손실이 0이다.
㉣ 가격이 평균가변비용보다 높으므로 조업은 하지만 평균비용보다 작으므로 고정비용의 일부만큼 손실을 얻는다.

10 ③ 완전경쟁시장에서는 한계수입곡선이 수평의 수요곡선과 같다. 균형점에서는 한계수입(8)=가격(−4Q+20)이므로 균형수량은 3이다. 소비자잉여는 수요가격과 시장가격의 차이를 합한 것이며 검은 삼각형의 면적 $\frac{(12 \times 3)}{2}=18$과 같다.

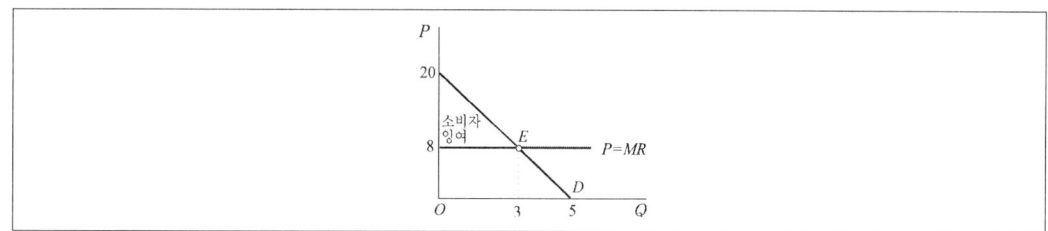

05. 시장 이론 **115**

11 완전경쟁시장에서 모든 기업의 비용조건이 $C=Q^3-6Q^2+18Q$로 동일한 경우, 이 산업의 장기균형가격은?

한국수력원자력 기출변형

① 3
② 6
③ 9
④ 12

12 완전경쟁시장에서 기업의 비용조건이 총고정비용은 1,000원, 총비용은 3,500원, 한계비용은 1원이다. 이 기업이 3,000개의 상품을 개당 1원에 팔고 있으면?

① 이 기업은 손익분기점에 위치하고 있다.
② 이윤을 증가시키기 위해서 생산을 줄이고 가격을 높여야 한다.
③ 이 기업의 생산량은 균형이며 이윤을 보고 있다.
④ 이 기업은 손해를 보고 있지만 생산은 지속해야 한다.

13 독점적 경쟁의 특징으로 옳지 않은 것은?

① 기업의 수요곡선은 우하향하는 형태이다.
② 기업의 이윤극대화 가격은 한계비용보다 크다.
③ 장기에 평균비용이 최소가 되는 수준에서 생산량이 결정된다.
④ 완전경쟁과 마찬가지로 다수의 기업이 존재하며 진입과 퇴출이 자유롭다.

ANSWER | 11.③ 12.④ 13.③

11 ③ 완전경쟁기업은 장기에는 장기평균비용곡선 최소점에서 생산한다. 평균비용은 총비용을 생산량으로 나눈 것이므로 $AC=Q^2-6Q+18$이다. 평균비용이 최소가 되는 생산량을 구하기 위해 평균비용함수를 Q로 미분한 다음 0으로 두면 $\frac{dAC}{dQ}=2Q-6=0$, $Q=3$을 구할 수 있다. Q=3을 평균비용함수에 대입하면 AC=9이다. 따라서 장기균형가격은 9원이 된다.

12 ④ 완전경쟁시장에서는 한계비용(1원)과 가격이 같으므로 가격은 1원이다.

평균가변비용 $=\frac{총비용-총고정비용}{생산량}=\frac{3500-1000}{3000}=\frac{5}{6}$이다.

평균비용 $=\frac{총비용}{생산량}=\frac{3500}{3000}=\frac{7}{6}$이다.

경쟁시장에서 가격이 평균가변비용보다 높으면 손해를 보더라도 조업은 지속된다. 가격이 평균비용보다 낮으므로 손해가 발생하지만 평균가변비용보다 높으므로 조업한다.

13 독점적 경쟁기업의 장기균형은 기업의 수요곡선과 평균비용곡선이 접하는 점에서 이윤극대화 생산량이 결정된다.

14 완전경쟁시장에서 기업의 단기공급곡선에 대한 설명으로 옳지 않은 것은?

한국환경공단 기출변형

① 단기공급곡선이 우상향하는 부분에서 이 기업은 손실을 볼 수도 있다.
② 한계비용이 평균비용보다 높은 경우에 단기공급곡선상의 점들은 초과이윤을 보장한다.
③ 평균가변비용의 최저점보다 생산량이 많아질 경우에 단기공급곡선은 우상향한다.
④ 한계비용이 손익분기점보다 낮은 경우 단기공급곡선은 $Q = 0$이다.

15 완전경쟁적 산업에서 토지, 건물의 임대비용이 증가할 때 단기적으로 산업의 공급과 가격은 어떻게 변화하는가?

① 공급과 가격이 불변이다.
② 공급이 감소하고 가격이 상승한다.
③ 공급이 증가하고 가격이 상승한다.
④ 임대비용의 상승은 소비자에게만 부담된다.

✅ ANSWER | 14.④ 15.①

14 완전경쟁기업의 단기공급곡선
이윤극대화 생산량은 $P(=MR) = MC$인 점에서 결정된다.
㉠ 가격=P_0일 때 : $P=MC$는 A에서 달성→q_0만큼 생산(A에서는 $P>AC$이므로 초과이윤 발생)
㉡ 가격=P_1일 때 : $P=MC$는 B에서 달성→q_1만큼 생산(B에서는 $P=AC$이므로 정상이윤 발생 : 손익분기점)
㉢ 가격=P_2일 때 : $P=MC$는 C에서 달성→q_2만큼 생산
㉣ 가격=P_3일 때 : $P=MC$는 D에서 달성→생산 여부 불분명($P=AVC$이므로 생산할 때와 생산을 하지 않을 때의 손실이 TFC로 동일)
㉤ 가격<P_3일 때 : 가변비용도 회수할 수 없으므로 생산포기 - 생산중단점

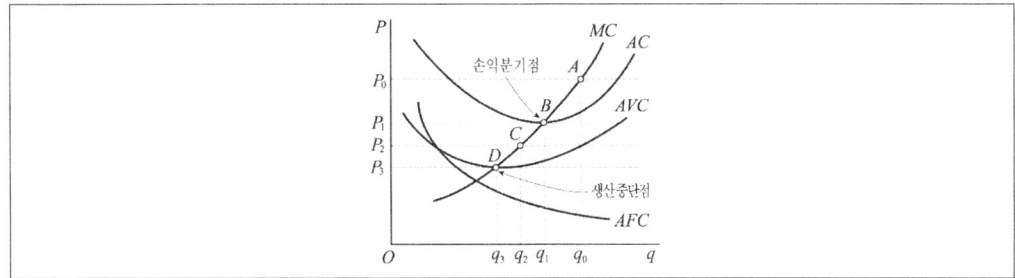

15 ① 토지, 건물의 임대료는 고정비용에 속한다. 고정비용이 오르더라도 한계비용곡선은 불변이므로 단기적으로 개별공급곡선과 산업의 공급곡선은 변하지 않는다. 그 결과 공급과 가격 및 수량이 모두 불변이다.

16 다음 중 산업의 장기공급곡선에 대한 설명으로 옳지 않은 것은?

① 장기공급곡선상의 모든 점에서 기업 수는 동일하다.
② 산업의 장기공급곡선은 시장의 장기균형점들의 궤적이다.
③ 비용체감산업의 장기공급곡선은 우하향한다.
④ 산업의 장기공급곡선의 모든 점은 기업의 장기평균비용의 최저점과 대응된다.

17 다음 중 완전경쟁시장에서 단기공급곡선에 대한 설명으로 옳지 않은 것은?

① 한계비용이 평균가변비용보다 큰 경우에는 한계비용곡선이 단기공급곡선이다.
② 한계비용이 손익분기점보다 낮은 경우 단기공급곡선은 Q=0이다.
③ 평균가변비용의 최저점보다 생산량이 많아질 경우에 단기공급곡선은 우상향한다.
④ 한계비용이 평균총비용보다 높은 경우에 단기공급곡선상의 점들은 초과이윤을 보장한다.

ANSWER | 16.① 17.②

16 ① 장기공급곡선이 우상향하는 경우 가격의 상승은 공급량의 증가를 가져오는데, 이때 공급량의 증가는 기존 기업의 생산량 증대를 통하여 이루어지는 부분도 있겠지만 새로운 기업의 진입으로 생산량이 증가하는 부분도 있다. 따라서 동일한 장기공급곡선이라 하더라도 기업 수는 각 점에서 모두 다르다.

※ 산업의 장기공급곡선
  ㉠ 산업의 장기공급곡선 형태

구분	내용	
비용불변산업	수평선	수요증대 → 가격상승 → 초과이윤 발생 → 새로운 기업 진입 → 공급증대 → 장기공급곡선 수평
비용증가산업	우상향	수요증대 → 가격상승 → 초과이윤 발생 → 새로운 기업 진입 → 공급증대 → 생산요소 수요증대 → 요소가격 상승 → 비용곡선 상방이동 → 장기공급곡선 우상향
비용감소산업	우하향	수요증대 → 가격상승 → 초과이윤 발생 → 새로운 기업 진입 → 공급증대 → 생산요소 수요증대 → 요소가격 하락 → 비용곡선 하방이동 → 장기공급곡선 우하향

  ㉡ 산업의 장기공급곡선은 시장 전체의 장기균형점의 궤적이다.
  ㉢ 산업의 장기공급곡선상의 모든 점에서 기업 수가 서로 상이하다.

17 ② 완전경쟁기업의 단기공급곡선은 평균가변비용(AVC)의 극소점, 즉 제시된 그림의 B(조업중단점)에서부터 우상향하는 한계비용곡선이다. 손익분기점은 MC와 AC의 교차점(A)이다.
한계비용이 손익분기점보다 낮은 AB구간에서는 손실이 발생하지만 조업은 중단하지 않는다. 따라서 Q>0이 성립한다.

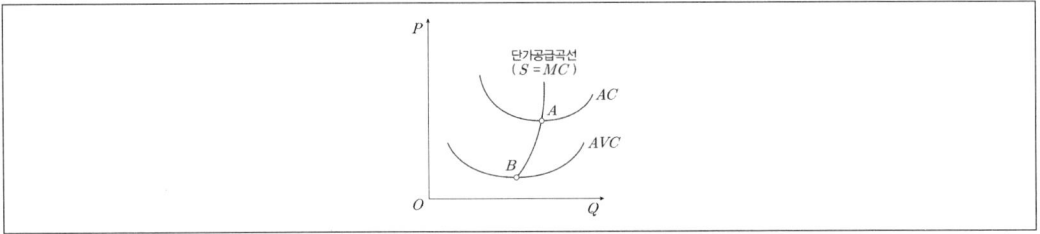

18 A회사가 신제품의 상품가격을 1개당 2,000원으로 책정했다. 이때 신제품의 고정비용이 150만원이고, 가변비용은 1개당 1,500원이라고 할 때 이 제품에 대한 손익분기점은 몇 개인가?

① 2,000개
② 3,000개
③ 4,000개
④ 5,000개

19 다음 중 '완전경쟁시장에서 조업하는 기업의 초과이윤은 0이다'라는 명제와 가장 관련성이 깊은 완전경쟁시장의 성립조건은?

① 진입 및 퇴출장벽이 없다.
② 각 기업이 공급하는 상품이 동질적이다.
③ 시장에 수많은 수요자가 존재한다.
④ 수요자는 제품에 대해 완전한 정보를 가지고 있다.

20 완전경쟁적 산업에서 토지·건물의 임대비용이 증가할 때 단기적으로 산업의 공급과 가격은?

① 공급과 가격이 불변이다.
② 임대비용의 상승은 소비자에게만 부담된다.
③ 산업의 기술수준에 따라 공급이 증가하거나 감소한다.
④ 공급이 증가하고 가격이 상승한다.

ANSWER | 18.② 19.① 20.①

18 ② 상품가격이 개당 2,000원이므로 총수입 TR = 2,000Q, 상품생산에 소요되는 고정비용이 150만 원, 가변비용이 개당 1,500원이므로 총비용 TC=1,500,000+1,500Q이다.
손익분기점에서는 총수입과 총비용이 일치하므로 2,000Q = 1,500,000+1,500Q, 500Q = 1,500,000, Q = 3,000으로 계산된다.

19 ②③④ 이외에 기업의 진입과 퇴출이 자유롭다면 초과이윤의 발생은 새로운 기업의 진입을 유도하고, 손실의 발생은 기존 기업들의 퇴거와 설비조정을 유도한다. 따라서 장기균형에서 기업의 초과이윤은 0이 된다.

20 ① 토지와 건물의 임대비용은 고정비용에 해당한다. 따라서 고정비용이 증가한다 할지라도 한계비용곡선은 이동하지 않으므로 단기적으로는 가격과 생산량은 불변이다.

21 독점기업의 행동에 대한 설명으로 옳지 않은 것은?

① 독점기업은 수요가 비탄력적인 구간에서 생산한다.
② 독점기업은 한계수입과 한계비용이 일치하도록 생산한다.
③ 독점기업은 공급곡선을 갖지 않는다.
④ 독점기업에 대한 수요곡선은 우하향한다.

22 다음 중 독점시장에 대한 진입장벽이라고 볼 수 없는 것은?

① 규모의 경제
② 정부의 규제
③ 특허제도
④ 수출보조금제도

23 다음 중 독점에 대한 설명으로 옳지 않은 것은?

① 완전경쟁의 경우보다 생산량이 적다.
② 독점은 시장경제의 효율성을 저해한다.
③ 독점기업의 공급곡선은 존재하지 않는다.
④ 규모의 경제(economies of scale)는 독점 형성의 원인이 될 수 없다.

ANSWER | 21.① 22.④ 23.④

21 ① 완전경쟁하에서는 P(가격)=MC(한계비용)의 관계가 성립되지만 독점 체제에서는 P>MC 가 되어 한계비용을 가격이 초과하는 현상이 나타난다. 독점기업은 한계수입이 0보다 작은 점에서 생산하지 않으므로 항상 수요의 가격탄력성이 1보다 큰 구간에서 재화를 생산한다.

22 ④ 특정 산업에 대하여 수출보조금을 지급하게 되면 수익성이 높아지므로 그 산업으로의 진입이 촉진될 것이다.
①②③ 독점시장에 대한 진입장벽에 해당된다.
※ 독점발생의 원인

구분	내용
경제 · 기술적 요인에 의한 진입장벽	• 생산요소의 독점적 소유(광산 · 토지의 독점소유) • 규모의 경제로 자연독점 발생(전기, 전화, 철도, 수도사업) • 작은 시장규모 • 기술혁신
제도 · 행정적 요인에 의한 진입장벽	• 특허권 • 정부의 독점권 부여(담배인삼공사) • 정부의 인 · 허가

23 ④ 독점 형성의 원인 중 규모의 경제는 자연독점의 발생원인이 된다.

24 완전경쟁시장과 독점기업의 기본적인 차이는 무엇인가?

① 독점기업은 초과이윤을 얻는 가격을 항상 요구할 수 있는 반면, 경쟁기업은 그런 이윤을 결코 얻지 못한다.
② 경쟁기업은 어떤 주어진 가격으로 그가 원하는 만큼 판매할 수 있는 반면, 독점기업은 가격인하가 필요하다.
③ 독점기업이 직면하는 수요의 탄력성은 경쟁기업이 직면하는 수요의 탄력성보다 작다.
④ 독점기업이 정하는 가격은 한계비용보다 높은 반면, 완전경쟁시장가격은 한계비용보다 낮다.

25 다음 중 독점기업에 대한 설명으로 옳은 것은?

한국수력원자력 기출변형

① 독점기업은 항상 초과이윤을 얻는다.
② 독점기업은 수요곡선의 탄력적인 구간에서 생산량을 결정한다.
③ 비가격경쟁은 완전경쟁의 경우만큼 심하지 않다.
④ 독점기업은 항상 이윤을 극대화시키는 점에서 생산량을 결정한다.

ANSWER | 24.② 25.②

24 ② 완전경쟁시장의 개별수요곡선은 수평선이므로 경쟁기업은 주어진 가격으로 그가 원하는 만큼 판매할 수 있는 반면, 독점시장의 개별수요곡선은 우하향하므로 주어진 가격을 유지하는 상태에서는 판매량을 늘릴 수 없다.

※ 독점의 특징

구분	내용
시장지배력	독점기업은 시장지배력(market power)을 가지며, 가격설정자(price setter)로 행동한다. 즉, 가격차별(price discrimination)이 가능하다.
우하향의 수요곡선	독점기업이 직면하는 수요곡선은 우하향하는 시장 전체의 수요곡선이다. 따라서, 수요곡선이 우하향하므로 판매량을 증가시키기 위해서는 반드시 가격을 인하해야 한다.
경쟁압력의 부재	직접적인 대체재가 존재하지 않고, 경쟁상대가 없으므로 독점기업은 직접적인 경쟁압력을 받지는 않는다.

25 ② 독점기업은 시장의 가격결정자이다. 그러므로 기업의 절대적 이익에서 생산이 가능하며, 이 말은 수요곡선의 탄력적인 곳에서 생산량이 결정된다는 말이다. 그리고 독점기업의 가격차별화는 소비자잉여를 독점기업의 수입으로 전환시키는 등의 나쁜 점이 있지만 가격차별화를 실시할 경우는 그렇지 않을 경우보다 생산량이 증가하므로 고용증대와 국민소득의 증가를 가져오는 등의 좋은 점도 있다. 또한 독점기업이라고 해서 항상 초과이윤을 얻는 것은 아니다.

26 독점에 관한 다음의 설명 중 옳지 않은 것은?

① 독점기업의 초과이윤은 장기에서도 없어지지 않는다.
② 독점기업의 공급곡선은 한계비용곡선이다.
③ 독점기업의 균형생산량은 한계수입과 한계비용이 일치하는 수준에서 결정된다.
④ 독점기업의 균형에서는 생산물의 가격이 한계비용보다 높다.

27 어떤 기업의 한계수입이 한계비용을 초과할 때 이윤극대화의 원칙에 따르면 이 기업은?

① 완전경쟁이건 불완전경쟁이건 가격을 올려야 한다.
② 완전경쟁이건 불완전경쟁이건 생산량을 증가시켜야 한다.
③ 불완전경쟁하에서는 가격을 올리고 완전경쟁하에서는 생산량을 늘린다.
④ 불완전경쟁하에서는 생산량을 증가시키고 완전경쟁하에서는 가격을 올린다.

28 독점의 경우 만약 한계 생산비가 0이라면 어느 점에서 생산이 이루어지는가?

① 수요곡선의 탄력적인 구간의 어느 점
② 수요곡선의 비탄력적인 구간의 어느 점
③ 수요곡선의 탄력성이 1인 점
④ 수요곡선의 탄력성이 무한대인 점

ANSWER | 26.② 27.② 28.③

26 ② 완전경쟁시장에서는 공급곡선이 도출되지 않는다. 독점시장은 완전경쟁과 달리 독점에 있어서는 각각의 가격에서 독점기업이 공급하기를 원하는 재화의 수량이 유일하게 결정되지 않는다. 이는 독점에 대해서는 가격과 공급량 간의 관계를 나타내는 공급곡선의 개념 자체를 적용할 수 없음을 의미한다. 즉, 독점의 경우에는 단기공급곡선이 존재하지 않는다.

27 ② 한계수입(MR)>한계비용(MC)인 경우 재화를 추가적으로 한 단위 더 생산함으로써 얻게 되는 수입이 추가적으로 소요되는 비용보다 크므로 재화의 생산을 증가시키는 것이 이윤을 더 증가시킬 수 있다. 그러므로 한계수입(MR)>한계비용(MC)인 경우 완전경쟁기업이건 불완전경쟁기업이건 모두 생산량을 증가시킴으로써 이윤을 증가시킬 수 있다.

28 ③ 독점기업의 이윤극대화조건은 한계수입(MR)=한계비용(MC)이다. 만약 $MC=0$이면 $MR=0$인 점에서 생산이 이루어질 것이다. 그리고 $MR=P$이므로 $MR=0$일 때 수요의 가격탄력성은 1이 된다.

29 순수독점기업이 4,000원의 가격으로 5만 개의 재화를 판매하고 있다. 만약 가격을 2,000원으로 인하할 경우 10만 개의 재화를 판매할 수 있다면 이때의 한계수입은?

① 0원
② 1,000원
③ 2,000원
④ 4,000원

30 비용체감산업에 대한 다음 설명 중 옳지 않은 것은?

① 자본재의 비분할성도 평균비용체감의 원인이 된다.
② 전력, 통신, 지하철 등을 그 대표적 산업으로 들 수 있다.
③ 정부의 개입이 없으면 자연독점화하는 경향이 있다.
④ 독점화되어 있을 때 한계비용 가격설정방식은 적정이윤을 보장한다.

31 다음 중 독점에 관한 설명으로 옳지 않은 것은?

① 독점기업의 공급곡선은 평균가변비용곡선의 최저점보다 위에 있는 한계비용곡선이다.
② 독점의 장기균형을 완전경쟁의 장기균형과 비교하면 독점기업은 완전경쟁기업에 비해 과잉시설을 보유하며 생산에 참여한다.
③ 독점기업은 가격차별이 가능한 경우 상대적으로 더 탄력적 시장에 낮은 가격을 부과함으로써 이윤을 극대화할 수 있다.
④ 독점기업도 이윤을 극대화하기 위하여 한계비용과 한계수입이 일치하는 점에서 생산량을 결정한다.

✅ ANSWER | 29.① 30.④ 31.①

29 ① 순수독점기업의 가격에 따른 총수입은
  ㉠ P=2,000원일 때의 총수입=2,000×10만개=2억원이고,
  ㉡ P=4,000원일 때의 총수입=4,000×5만개=2억원이다.
  그러므로 가격이 하락할 때 총수입은 불변임을 알 수 있다. 따라서 MR=0이다.

30 ④ 비용체감산업이란 초기 투자가 커서 고정비용이 큰 산업들로 전력, 항공, 우편, 철도 등이 비용체감산업이라고 할 수 있다. 비용체감산업의 경우 한계비용가격정책을 실시하면 P=MC가 달성되므로 자원배분이 가장 효율적으로 이루어진다. 그러나 한계비용가격정책을 실시하면 파레토최적이기는 하나 적자가 발생한다. 이러한 것을 해결하기 위해 평균비용가격정책을 실시하면 적자(손실)는 0으로 만들어 주지만 너무 작은 생산량, 너무 비싼 가격, 초과부담이 이루어지는 문제가 발생한다.

31 ① 독점기업의 경우 시장수요가 주어지면 그에 맞추어 이윤극대화 생산량과 가격을 결정하기 때문에 시장수요가 변하면 비용곡선이 이동하지 않더라도 생산량과 가격이 변한다. 그러므로 각각의 가격에서 공급하고자 하는 양이 유일하게 결정되지 않는다. 즉, 공급곡선이 존재하지 않는다.

32 독점시장의 균형상태를 표시한 것으로 옳은 것은?

① $MR = MC > P$
② $P > MR = MC$
③ $MR > MC > P$
④ $P > MR > MC$

33 다음 중 이윤극대화를 위한 가격차별에 대한 내용으로 옳은 것은?

① 남녀의 구별보다는 연령에 의한 가격차별이 유리하다.
② 어른에게는 높은 가격을, 어린이에게는 낮은 가격을 책정한다.
③ 탄력성이 큰 시장에는 낮은 가격을, 탄력성이 작은 시장에는 높은 가격을 책정한다.
④ 차별가격의 가지 수는 너무 많은 것보다는 가급적 적은 것이 좋다.

34 평균비용곡선이 우하향하는 산업에서 단기적으로 옳지 않은 것은?

① 한계비용이 평균비용보다 낮다.
② 자연독점이 발생한다.
③ 시장가격기구에 의해서는 자원의 최적배분이 달성되지 못한다.
④ 경쟁도입이 사회적으로 효율성을 증대시킨다.

ANSWER | 32.② 33.③ 34.④

32 ② 독점시장의 균형점에서는 $P > MR$과 $MR = MC$가 성립하므로 $P > MR = MC$가 성립한다.

33 ③ 독점기업의 가격차별은 수요의 탄력성이 낮은 시장에서 상대적으로 높은 가격을 설정하고, 탄력성이 큰 시장에서 상대적으로 낮은 가격을 설정함으로써 많은 이윤을 얻을 수 있다.

34 자연독점(natural monopoly)은 규모의 경제라는 기술적 요인이 독점화의 경향을 가져오게 되는 경우이다. 자연독점의 경우 경쟁도입을 위하여 인위적으로 독점기업을 몇 개의 기업으로 분할하면 개별기업의 생산량이 감소하고 평균비용이 급속히 상승하여 사회적으로 비효율적인 상황을 초래하게 된다. 따라서 자연독점의 경우에는 경쟁도입이 바람직한 결과를 가져오지 않는다.

35 유일한 담배생산기업이 있고 한계비용이 일정하다고 가정하자. 담배에 대한 수요곡선은 선형함수로 주어졌다. 만약 정부에서 1갑당 100원의 세금을 부담한다면 세금부과가 담뱃값에 미치는 영향은?

① 100원만큼 오른다.
② 100원보다 더 오른다.
③ 100원보다 적게 오른다.
④ 수요의 탄력성에 의존하므로 알 수 없다.

36 시장 진입을 위한 대규모 투자가 필요하지만 소비자층에 따라 가격차별이 가능한 특성을 지니는 산업 유형에 대한 설명으로 옳은 것은?

> ㉠ 정부가 경우에 따라 가격 규제를 실시하기도 한다.
> ㉡ 상품 차별화를 통해 소비자에 대한 가격차별이 발생한다.
> ㉢ 높은 진입 장벽이 존재하여 새로운 기업의 시장 진입이 어렵다.
> ㉣ 기업 간의 상호 의존성이 강하며, 참여 기업들은 높은 시장지배력을 갖고 있다.

① ㉠, ㉡
② ㉠, ㉢
③ ㉡, ㉢
④ ㉡, ㉣

ANSWER | 35.③ 36.②

35 담배 1갑에 100원의 종량세가 부과된 경우 새로운 담배 공급 가격은 100원보다 적게 오른다. 공급자가 소비세 전액을 소비자에게 전가하지 못해 소비자와 공급자 모두가 세금을 부담하기 때문이다. 수요곡선이 우하향의 직선이고 한계비용이 일정한 경우에 단위당 t원의 조세가 부과되면 단위당 조세액의 절반만큼 소비자에게 전가된다.

36 ② 자연독점(natural monopoly) 시장의 특성에 해당한다. 철도·가스·전기·소방·통신서비스처럼 경합성은 없으나 배제성이 존재하는 공공재의 경우에 발생하기 쉽다. 막대한 규모의 기반투자가 필요하므로 정부가 시장에 개입하여 독점하거나 가격을 통제하는 경우가 많다. ㉡은 독점적 경쟁시장, ㉣은 과점시장의 특성이다.

37 꾸르노(Cournot) 복점기업 1과 2의 수요함수가 $P=10-(Q_1+Q_2)$이고 생산비용은 0일 때, 다음 설명 중 옳지 않은 것은? (단, P는 시장가격, Q_1는 기업 1의 산출량, Q_2는 기업 2의 산출량이다.)

기술보증기금, 금감원 기출유형

① 산업 전체의 생산량은 $Q = \frac{20}{3}$이다.

② 꾸르노 균형산출량에서 균형가격은 $P = \frac{20}{3}$이다.

③ 기업 1의 한계수입곡선은 $MR_1 = 10 - 2Q_1 - Q_2$이다.

④ 기업 1의 꾸르노 균형산출량은 $Q_1 = \frac{10}{3}$이다.

38 다이어트 식품을 독점공급하고 있는 어느 기업이 당면한 수요함수는 $Q=100-P$이고 비용함수는 $C=94+4Q+Q^2$이다. 다음 중 독점이윤을 극대화할 수 있는 가격은?

① 50
② 52
③ 68
④ 76

> **ANSWER** | 37.② 38.④

37 꾸르노(Cournot) 복점의 경우 생산량이 완전경쟁시장 생산량의 $\frac{2}{3}$ 수준(각 기업은 완전경쟁시장 생산량의 $\frac{1}{3}$ 생산)이다.
완전경쟁시장은 P=MC이므로 P=0이고, 생산량 Q=10이다.
따라서 꾸르노 복점 전체 생산량 $Q = \frac{20}{3}$이고, 균형가격 $P = \frac{10}{3}$이다.

38 ④ 수요함수를 P=100-Q로 바꾸면 한계수입 MR= 100-2Q이다. 총비용함수를 미분하면 한계비용 MC=4+2Q로 구해진다. 이제 MR=MC로 두면 100-2Q=4+2Q, 4Q=96, Q=24로 계산된다. 이윤극대화 생산량 Q=24를 수요함수에 대입하면 P=76이다.

39 독점시장의 균형상태에서 한계수입과 한계비용 및 시장균형가격의 관계를 옳게 표시한 것은?

① P>MR>MC
② MR>MC>P
③ MR=MC>P
④ P>MR=MC

40 단기의 독점기업에 대한 설명 중 옳지 않은 것은?

① 균형은 한계비용과 한계수입이 일치하는 곳에서 이루어진다.
② 제품공급량과 제품가격을 동시에 자기가 원하는 수준으로 결정할 수 있다.
③ 손실을 입을 수도 있다.
④ 첫 단위제품을 제외하고는 항상 가격이 한계수입보다 더 크다.

ANSWER | 39.④ 40.②

39 ④ 독점시장의 균형점에서는 P>MR과 MR=MC가 성립하므로 P>MR=MC가 성립한다. 그 결과 독점가격은 한계비용(MC)보다 높다.

구분	내용
한계수입	생산량 한 단위를 추가로 판매할 때 얻어지는 총 수입의 증가분을 말한다. Marginal Revenue의 약자로 일반적으로 MR로 표기한다.
한계비용	생산물 한 단위를 추가로 생산할 때 필요한 총비용의 증가분을 말한다. Marginal Cost의 약자로 일반적으로 MC로 표기한다.

40 ② 가격과 공급량을 동시에 정할 수는 없다.
  ※ 독점시장의 단기균형
    ㉠ 독점기업은 한계수입과 한계비용이 만나는 점에서 가격과 수량이 결정된다.
    ㉡ 단기에 독점기업은 초과이윤, 정상이윤, 손실 중 어느 것도 가능하다.
    ㉢ 완전경쟁시장에서는 가격(P)=한계비용(MC)이 성립한다. 하지만 독점시장은 P>MC가 성립한다.
    ㉣ 가격과 한계비용의 불일치로 인해 독점시장에서는 사회적 후생손실이 발생한다.
    ㉤ 독점시장의 단기공급곡선은 존재하지 않는다.

41 다음 중 적용되는 가격설정원리의 성격이 다른 것은?

① 주말과 심야의 국제통화료가 할인된다.
② 국내에서 시판되는 자동차의 가격이 수출품보다 비싸다.
③ 산꼭대기로 갈수록 냉장 캔 맥주의 가격이 비싸다.
④ 냉해로 채소의 가격이 상승하였다.

42 어떤 기업이 가격차별을 적용할 수 있는 조건으로 적절하지 못한 것은?

① 두 시장에 공급하는 제품의 생산비가 달라야 한다.
② 공급의 독점력을 가져야 한다.
③ 두 시장에서의 수요의 가격탄력성이 달라야 한다.
④ 한 시장에서 다른 시장으로의 재판매가 불가능해야 한다.

ANSWER | 41.④ 42.①

41 ④ 냉해로 채소의 가격이 상승하는 것은 공급감소에 따른 가격상승을 의미한다.
①②③ 가격차별에 의해 가격이 설정된다.

42 ① 동일한 상품에 대한 생산비(MC, AC)는 같다. 다만, 수요의 가격탄력도에 따라 독점공급자가 상이한 가격을 요구할 뿐이다.
※ 가격차별(price discrimination)
독점기업은 가격결정자로서 가격차별화가 가능하며 다음의 가격차별의 조건을 구비해야 한다.
㉠ 소비자를 각각 상이한 그룹으로 구분이 가능해야 한다.
㉡ 구매자 간 상품의 전매가 불가능하여야 한다.
㉢ 판매자가 시장지배력을 행사해야 한다.
㉣ 서로 다른 그룹으로 구분된 시장, 수요자군의 가격탄력성은 모두 달라야 한다.
㉤ 시장을 구분하는 데 소요되는 비용이 가격차별의 이익보다 작아야 한다.

43 A 독점기업이 2개의 공장을 가지고 있는데, 제1공장의 한계비용이 $MC_1 = 10 + 2Q_1$, 제2공장의 한계비용이 $MC_2 = 20 + Q_2$이다. 이 기업의 이윤극대화생산량은 50단위라면 다음 중 옳은 것은?

① 균형에서 각 공장의 한계수입은 30이다.
② 40단위를 전부 공장 1에서 생산하는 것이 최적이다.
③ 균형에서 공장 2의 생산량은 공장 1의 생산량보다 많다.
④ 균형에서 공장 1의 한계비용은 공장 2의 한계비용보다 높다.

44 철수와 영희는 동업을 하고 있다. 둘이 모두 열심히 일을 하면 사업은 성공할 것이며 이들은 각각 100달러의 이윤을 벌 수 있다. 둘 중 하나가 열심히 일을 하지 않으면 사업은 성공할 수 없으며 각각 60달러를 벌 수 있을 뿐이다. 둘이 모두 열심히 일을 하지 않는다면 사업은 상황이 나빠져 각각 50달러밖에 벌 수 없다. 열심히 일하는 데는 30달러 상당의 노력이 필요하다. 다음 설명 중 틀린 것은?

한국수력원자력 기출변형

① 복수균형의 존재로 철수와 영희는 우월균형을 달성할 수 없다.
② 반복게임의 경우에 영희가 전기에 열심히 했을 때 철수도 열심히 일하여 동업이 성공한다.
③ 철수와 영희 모두 상대편이 게으르다고 기대하면 (50, 50)이 된다.
④ 철수와 영희 모두 상대편이 열심히 한다고 기대하면 (70, 70)이 된다.

✅ ANSWER | 43.③ 44.①

43 ③ $Q_1 + Q_2 = 50$ – ㉠
각 공장의 한계비용이 동일해야 하므로 $10 + 2Q_1 = 20 + Q_2$ – ㉡
㉠+㉡ 연립하면 $Q_1 = 20$, $Q_2 = 30$이 나온다.
각 공장의 한계비용은 50으로 동일하다.

44 ① 철수와 영희는 우월균형인 (70, 70)을 얻기를 원할 것이므로 상대편에 대한 기대 변화에 따라 우월균형을 달성할 수 있다.

※ 보수표

구분		영희	
		hard	easy
철수	hard	(70, 70)	(40, 60)
	easy	(60, 40)	(50, 50)

45 독점적 경쟁시장과 과점시장의 공통적인 특징의 연결은?

> ㉠ 비가격경쟁　　　　　　　㉡ 기업 간의 상호의존성
> ㉢ 가격선도자의 존재　　　　㉣ 비경쟁행위

① ㉠, ㉡
② ㉠, ㉢
③ ㉠, ㉣
④ ㉡, ㉢

46 어떤 독점기업이 두 시장에서 3급 가격차별을 실시할 수 있다. 첫 번째 시장의 수요함수는 $q = 500 - 2p$이고, 두 번째 시장의 수요함수는 $q = 1,500 - 6p$이다. 이윤을 극대화하는 독점기업의 선택으로서 옳은 것은?

① 첫 번째 시장보다 두 번째 시장에서 높은 가격을 설정한다.
② 두 번째 시장보다 첫 번째 시장에서 높은 가격을 설정한다.
③ 두 시장에서 동일한 가격을 설정한다.
④ 두 시장 중 첫 번째 시장에서만 판매한다.

ANSWER | 45.① 46.③

45 ① 양쪽 시장의 경우 상품차별화를 통한 품질경쟁(비가격경쟁)이 일어난다. 또한 어느 한 기업의 가격하락은 다른 기업의 가격하락을 유발한다.

46 두 시장의 수요함수를 그려보면 가격(p) 절편이 같고, 수량(q) 절편만 다른 수요곡선이 도출됨을 알 수 있다. 결국 어느 수준에서 가격이 결정되든지 가격탄력성은 동일하다는 것을 예측할 수 있고, 그 결과 두 시장에서 동일한 가격을 설정하는 것이 합리적이다.

※ 제3급 가격차별
　㉠ 개념 : 소비자들의 특징에 따라 시장을 몇 개로 분할하여 각 시장에서 서로 다른 가격을 설정하는 것을 말한다. 일반적으로 가격차별이라고 하면 제3급 가격차별을 의미한다. 이윤극대화를 달성하려면 각 시장에서의 한계수입이 같아지도록 각 시장에서의 판매량을 결정하여야 한다.
　㉡ 가격차별의 성립조건
　　• 기업이 독점력을 가지고 있어야 한다.
　　• 시장의 분리가 가능하여야 한다.
　　• 각 시장의 수요의 가격탄력성이 서로 달라야 한다.
　　• 시장 간 재판매가 불가능하여야 한다.
　　• 시장분리비용이 시장분리에 따른 이윤증가분보다 작아야 한다.

47 독점규제를 위한 한계비용가격설정(marginal cost pricing)이 현실적으로 적용되기 어려운 이유로 가장 타당한 것은?

① 한계비용가격설정을 실시하더라도 독점에 의한 사회적 후생손실이 줄어들지 않기 때문이다.
② 독점기업은 한계비용으로 가격을 설정해도 독점이윤이 발생되기 때문이다
③ 규모의 경제가 존재하는 자연독점의 경우 한계비용으로 가격을 설정하면 손실이 발생하기 때문이다.
④ 한계비용가격설정이 독점의 X-비효율성을 증대시키기 때문이다.

ANSWER | 47.③

47 ③ 한계비용가격설정은 다음과 같이 설명할 수 있다. 완전경쟁시장에서의 자원배분이 효율적이라는 것은 가격(P)과 한계비용(MC)이 같다는 사실과 밀접한 관련이 있다. 그러므로 독점기업의 경우에도 $P=MC$의 관계가 성립하는 산출량을 선택하도록 유도한다면 비효율성의 문제가 저절로 해소될 것이라고 기대할 수 있다. 즉, 가격과 한계비용을 같게 함으로써 완전경쟁시장에서의 자원배분을 독점체제에서도 재현시킨다는 생각인데, 이와 같은 규제방식을 한계비용가격설정(MC pricing)이라고 부른다. 이를 그림으로 나타내면 ㉠과 같다.

여기서 정부는 우선 수요곡선과 독점기업의 한계비용곡선이 교차하는 점을 찾고 그 점이 의미하는 가격을 찾아내 이를 독점자가 최대한으로 받을 수 있는 상한가격(price ceiling)으로 설정한다. ㉠에서 P_e가 바로 그 상한가격이 되는 것으로 나타나 있는데, 이때 독점기업의 실질적인 수요곡선 P_eED가 된다. 이 새로운 수요곡선에서 한계수입곡선을 도출해 보면 P_eEGM이 된다. 이 독점기업의 이윤을 극대화하는 산출량은 이렇게 구해진 한계수입곡선과 한계비용곡선이 교차하는 점에 의해 결정된다. 즉, $P=MC$가 성립하도록 상한가격을 설정해 놓음으로써 이윤극대화를 추구하는 독점기업이 자발적으로 효율적인 선택을 하도록 유도한 결과가 나타난 것이다. 그러나 이와 같은 규제방식 독점기업의 자연독점의 성격을 갖고 있을 때 심각한 문제를 일으키게 된다. 이 경우 독점기업의 평균비용곡선은 상당히 높은 산출량 수준까지 계속 우하향하는 모양을 갖게 된다. ㉡에서 보는 것처럼 한계비용곡선은 줄곧 평균비용곡선의 아래쪽에 위치하게 된다. 이 상황에서 $P=MC$가 성립하도록 상한가격을 설정해 놓을 경우, 가격(평균수입)이 평균비용보다 작아져 이 기업은 손실을 볼 수밖에 없다. 아무리 독점을 규제하려 한다고는 하지만 기업으로 하여금 손실을 보게 하면서까지 효율적인 자원배분을 강요할 수 없는 일이다. 따라서 자연독점의 경우에는 이와 다른 규제방식의 채택이 불가피해진다.

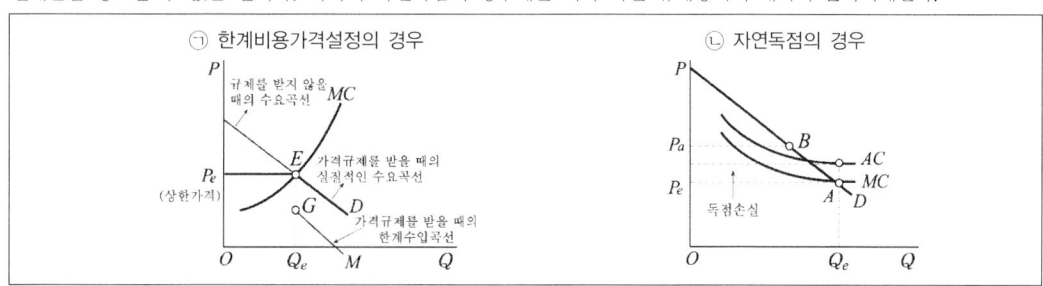

㉠ 한계비용가격설정의 경우　　㉡ 자연독점의 경우

48 독점기업이 경제적 효율성을 깨뜨리는 가장 중요한 이유로 들 수 있는 것은?

① 과대광고로써 상도덕 및 질서를 깨뜨린다.
② 과다이윤의 추구를 위하여 제품을 무한정 생산한다.
③ 자원의 최적배분이 구조적으로 이루어지지 않는다.
④ 한 나라의 경제력을 몇몇 대기업이 장악하려 한다.

49 다음 중 자연독점에 대한 설명으로 옳지 않은 것은?

① 수요곡선이 우하향할 때 자연독점 하에서는 항상 가격이 한계비용보다 높게 책정된다.
② 한계비용이 항상 평균비용보다 낮게 나타난다.
③ 한계비용곡선과 시장수요곡선이 일치하는 수준에서 가격상한제를 실시하면 독점기업은 손실을 보게 된다.
④ 자연독점기업은 한계비용과 한계수입이 일치하는 수준에서 생산량을 결정하지만 손실을 볼 수밖에 없다.

ANSWER | 48.③ 49.④

48 ③ 독점력의 존재는 기업이 초과이윤을 획득하게 하며, 시장균형은 과소생산결과를 초래하여 자원배분을 왜곡시킨다.

49 자연독점기업이 한계수입(MR)=한계비용(MC)인 점에서 생산량을 결정할 때 초과이윤을 얻을 것인지, 손실을 볼 것인지는 AC곡선의 위치에 따라 달라진다. 이를 그림을 통해 살펴보면 다음과 같다.

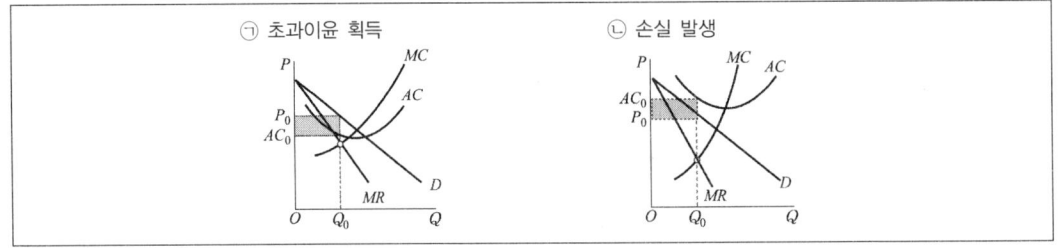

㉠ MR=MC인 점에서 생산량을 결정할 때 초과이윤이 발생한다.
㉡ MR=MC인 점에서 생산량을 결정할 때 오히려 손실이 발생함을 알 수 있다.
따라서 정리하면 독점시장에서 단기에 반드시 이익 또는 반드시 손실이라고 말할 수 없다.

50 다음은 독점시장에서 균형에 대한 설명이다. 옳지 않은 것은?

> ㉠ 독점시장에서 결정된 가격은 독점기업에서는 한계수입과 같다.
> ㉡ 한계수입이 한계비용보다 작을 때 생산량을 줄여야 한다.
> ㉢ 수요가 비탄력적인 수요곡선상에서도 독점균형은 성립할 수 있다.
> ㉣ 한계비용이 0인 독점기업의 균형은 수요곡선상의 단위 탄력적인 점에서 결정된다.

① ㉠㉡
② ㉠㉣
③ ㉡㉢
④ ㉢㉣

51 생산에 따르는 규모의 경제에 대한 설명으로 옳은 것은?

① 생산기술과는 아무런 관계없는 현상이다.
② 생산물이 증가함에 따라 단위당 비용이 하락한다.
③ 정부는 경쟁시장을 유도하기 위하여 독점기업을 소규모 기업체로 분할시켜야 한다.
④ 생산기술에 규모의 경제가 있어도 완전경쟁체제가 성립할 수 있다.

ANSWER | 50.② 51.④

50 ㉠ 독점시장에서 결정된 가격은 $P > MR = MC$이므로 독점기업에서의 한계수입보다 크다.
㉣ 한계비용이 0인 독점기업의 균형은 수요의 가격탄력성이 1인 점에서 결정된다.
㉡ $MR < MC$이므로 생산량을 줄여야 한다.
㉢ 독점기업은 수요의 가격탄력성이 1보다 큰 영역에서 생산한다는 의미이지, 비탄력적인 수요곡선이라고 해서 독점의 균형이 존재하지 않는 것은 아니다.

51 ④ 규모의 경제는 생산규모가 커짐에 따라서 평균비용이 점차 감소하는 것을 의미한다. 그리고 규모의 경제가 있게 되면 자연독점이 발생한다.
※ **규모의 경제**(economy of scale)
규모의 경제는 산출량이 증가함에 따라 장기 평균총비용이 감소하는 현상을 말한다. 글로벌화를 통하여 선호가 동질화된 세계 시장의 소비자들을 상대로 규모의 경제를 실현할 수 있다.

52 다음 중 독점기업의 행동에 단기적으로 아무런 영향을 미치지 않는 세금부과방법은?

① 독점기업의 노동고용 1단위당 일정 비율의 음(−)의 세금을 부과하는 방법
② 독점기업차입금의 이자율에 대해 일정 비율의 세금을 부과하는 방법
③ 독점기업의 이윤에 일정 비율의 세금을 부과하는 방법
④ 판매되는 제품 1단위당 일정액의 세금을 부과하는 방법

53 독점기업의 공급곡선에 대한 설명으로 옳은 것은?

① 평균비용곡선 위에 있는 한계비용곡선이다.
② 평균비용곡선과 같다.
③ 한계비용곡선과 같다.
④ 존재하지 않는다.

ANSWER | 52.③ 53.④

52 ③ 이윤세의 경우 기업의 이윤극대화조건을 변화시키지 않으므로 독점기업의 행동에 단기적으로 아무런 영향을 미치지 않는다.

※ 조세부과

구분	내용
이윤세 (profit tax)	이윤세란 기업의 이윤에 대하여 부과하는 조세를 의미한다. 이윤세 부과 시 생산량과 가격은 변하지 않고 독점기업의 이윤만 감소한다.
종량세 (unit tax)	• 종량세란 재화 1단위당 일정액의 조세를 부과하는 것을 의미한다. 종량세를 부과하면 단위당 생산비가 상승하므로 AC, MC가 모두 상방으로 이동한다. • 종량세 부과시 생산량은 감소하고 가격은 상승한다. 또한 소비자가격이 상승하였으므로 단위당 조세액의 일부가 소비자에게 전가된다. 그러나 단위당 조세액의 전부가 소비자에게 전가되는 것은 아니다. • 조세부과 이전보다 생산량이 감소하므로 자원배분의 효율성이 악화된다.
정액세	• 정액세란 생산량과 관계없이 일정액의 조세를 부과하는 것을 의미한다. 정액세는 고정비용과 동일한 성격을 갖고 있으므로 MC에 영향을 미치지 않는다. • 정액세부과시 생산량과 가격은 조세부과 이전과 동일하며 재화가격이 불변이므로 소비자에게 전혀 조세전가가 이루어지지 않는다. 다만 조세액만큼 독점기업의 이윤이 감소한다. • 정액세를 부과하더라도 생산량이 전혀 변하지 않으므로 자원배분의 효율성 증대가 이루어지지 않는다. 그러나 소득재분배 측면에서 보면 어느 정도의 긍정적인 효과는 있다.

53 ④ 완전경쟁과 달리 독점에 있어서는 각각의 가격에서 독점기업이 공급하기를 원하는 재화의 수량이 유일하게 결정되지 않는다. 이는 독점에 대해서는 가격과 공급량 간의 관계를 나타내는 공급곡선의 개념 자체를 적용할 수 없음을 의미한다. 즉, 독점의 경우에는 단기공급곡선이 존재하지 않는다.

54 특정 상품 A의 생산과 판매를 독점하고 있는 기업의 시장에 대한 설명이 적절하지 않은 것은?

① 제품의 시장가격이 단위당 한계 생산비용보다 높게 책정되어 있어 비효율적인 자원배분이 발생한다.
② 자원배분의 비효율성을 감소시키기 위해 독점기업에게 판매 단위당 일정한 세금을 부과할 필요가 있다.
③ 경쟁시장과 비교하여 비용절감유인이 적어 주어진 산출량을 생산하는데 많은 비용이 드는 비효율성이 발생한다.
④ 기업은 독점이윤을 계속 유지하기 위해 진입장벽을 구축하거나 로비를 하는 등 추가적인 비용을 발생시킬 수 있다.

55 차별적 재화를 생산함으로써 시장규모의 확대를 통해 규모의 경제를 누리게 되는 현상을 설명하는 무역 이론은?

① 스톨퍼 사무엘슨 정리
② 리카르도 비교우위론
③ 헥셔-올린 모형
④ 산업 내 무역이론

ANSWER | 54.② 55.④

54 ② 세금을 부과하게 되면 독점기업에서는 부과한 세금만큼을 제품가격에 반영하여 소비자 가격을 인상시킨다. 따라서 자원배분의 비효율성을 해소하지 못하며 소비자 가격의 인상만을 가져올 수 있으므로 적절한 방안이라 할 수 없다.

55 ④ 산업 내 무역이론은 독점적 경쟁시장에서 자유무역이 이루어질 경우 규모의 경제로 인해 시장 가격이 낮아진다는 것을 설명한 이론이다.

56 다음의 어떤 조건하에서 과점기업들 간의 담합이 성공적일 수 있겠는가?

① 고도의 생산물분화가 있을 때
② 과점기업 간의 생산비조건이 크게 다를 때
③ 담합 위반 시 보복가능성이 높을 때
④ 산업 내에 과점기업의 수가 많을 때

57 다음은 독점적 경쟁기업에 대한 설명이다. 옳지 않은 것은?

① 공급곡선이 존재하지 않는다.
② 시장 전체의 수요곡선을 구할 수 없다.
③ 수요곡선의 탄력적인 구간에서 생산한다.
④ 제품차별화의 정도가 클수록 수요는 탄력적이다.

ANSWER | 56.③ 57.④

56 ③ 과점기업들 간의 담합이 성공하기 위해서는 카르텔을 결성하여 독점기업처럼 행동하여야 한다. 이 결성이 강해야 하는데, 실제로 결성하고 나면 개별기업은 카르텔을 위반함으로써 더 많은 이윤을 얻을 수 있게 된다. 따라서 카르텔은 항상 붕괴되려는 속성을 가지고 있다. 그러므로 카르텔이 성공적으로 계속 유지되기 위해서는 위반기업에 대한 효과적인 제재조치가 있어야 한다.

57 ④ 제품차별화의 정도가 커진다는 것은 제품의 이질성이 높아진다는 의미이다. 제품이 서로 이질적이 되면 대체성이 낮아진다. 대체성이 낮아지면 수요가 보다 비탄력적이 된다.

※ 독점적 경쟁

독점적 경쟁은 상품차별화를 통해서 독점적 지위를 얻는 시장경쟁을 말한다. 완전경쟁기업이 상품차별화를 이루면 독점적 경쟁시장이 형성된다. 독점적 경쟁시장은 진입과 퇴거가 대체로 자유롭고, 다수의 기업이 존재하며, 개별기업들은 대체성이 높지만 차별화된 재화를 생산하는 시장이다. 독점적 경쟁시장은 독점적 요소와 경쟁적인 요소가 동시에 존재한다.

58 만약 어떤 시장이 경합시장(contestable market)이라면 다음 중 옳은 것은?

한국전력공사 기출변형

① 이 시장이 비효율적이므로 장기적으로 초과이윤은 최소수준에 머무르게 된다.
② 장기적으로 기업들은 정상이윤만 얻게 된다.
③ 장·단기적으로 초과이윤은 존재하지 않는다.
④ 타 기업들의 진입위협으로 인하여 기업들은 효율적으로 생산을 하게 되므로 초과이윤이 존재한다.

59 독점적 경쟁기업에서 초과생산능력의 정도는 다음 중 어느 것과 역으로 관련되는가?

① 경제적 이윤
② 수요의 가격탄력성
③ 판매비용
④ 생산요소의 가격

ANSWER | 58.② 59.②

58 ② 경합시장에는 진입장벽과 퇴거장벽이 전혀 존재하지 않으므로 초과이윤이 존재할 경우, 즉각적으로 다른 기업들의 진입이 이루어진다. 그러므로 비록 이 시장에 소수의 기업만이 존재한다고 할지라도 이들 기업은 완전경쟁기업과 같은 행태를 보일 수밖에 없다.

59 ② 수요곡선이 D_1으로 주어지면 과잉설비는 Q_1Q_0로 측정되고 수요곡선이 보다 탄력적인 D_2로 주어지면 초과설비규모는 Q_2Q_0로 되어 수요곡선이 탄력적일수록 초과설비규모가 감소함을 알 수 있다. 그러므로 독점적 경쟁에서 과잉설비는 장기균형 상태에서 볼 때 이윤극대화 생산량과 평균비용 최저점에서의 생산량의 차이로 측정된다.

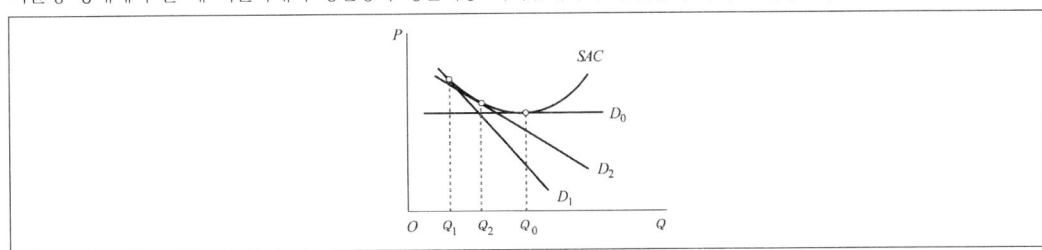

※ 독점적 경쟁시장의 특성
 ㉠ 시장 내에 다수의 기업이 존재하므로 개별기업은 다른 기업들의 행동 및 전략을 고려하지 않고 독립적으로 행동하나, 가격 면에서 치열한 가격경쟁을 벌인다.
 ㉡ 독점적 경쟁기업은 상표, 품질, 포장, 디자인, 기능 등에서 약간씩 차이가 있는 재화를 생산한다(소비자의 다양한 욕구를 충족시킨다).
 ㉢ 진입과 탈퇴가 자유롭기 때문에 초과이윤이 발생하면 새로운 기업의 진입이 이루어지고, 손실이 발생하면 일부 기업이 퇴거한다.
 ㉣ 독점적 경쟁기업들은 대체성이 매우 높은 재화를 생산하므로 판매량 증대를 위해 품질개선, 광고 등 다양한 비가격경쟁(non-price competition)을 벌인다. 비가격경쟁은 독점적 경쟁보다 과점의 경우가 훨씬 치열하다.
 ㉤ 시장 내에 다수의 기업이 존재하므로 개별기업은 다른 기업들의 행동 및 전략을 고려하지 않고 독립적으로 행동한다.

60 과점시장에 대한 다음 설명 중 옳은 것은?

① 과점시장에서 각 기업이 책정하는 가격은 서로 다를 수 있다.
② 과점시장에는 무수히 많은 기업들이 자신의 이윤극대화를 위하여 경쟁하고 있으며, 개별기업들은 모두 가격수용자이다.
③ 진입장벽이 거의 없기 때문에 신규기업의 진입이 매우 용이하다.
④ 과점시장에 속한 기업들은 모두 동질적인 상품만 생산한다.

61 X-비효율성(X-Inefficiency)의 정의로 옳은 것은?

① 중복투자에 의한 수요를 초과하는 생산능력의 과다현상
② 투자단위의 증가에 따른 투자효율의 체감현상
③ H. Leibenstein의 이론으로 독점기업의 독점에 기인하는 여러 가지 비효율성
④ 조세수입의 증가에 의한 재정지출의 증가가 민간부문의 투자를 위축하는 현상

ANSWER | 60.① 61.③

60 ① 과점기업들은 상대방의 반응을 살펴보고 가격을 결정하게 되는데, 과점기업들이 설정하는 가격은 상대방과 같을 수도 있고 서로 다를 수도 있다.

※ 과점시장의 성격

구분	내용
기업 간의 상호의존성	기업의 수가 소수이므로 기업 간 상호의존성이 매우 높다. 즉, 한 기업이 가격을 낮추면 다른 기업도 가격을 낮춘다.
가격의 경직성	과점시장의 가격은 대체로 경직적이다.
진입장벽	독점보다는 낮지만 과점의 경우에도 상당한 정도의 진입장벽이 존재한다.
비가격경쟁	과점기업들은 시장점유율을 증대시키기 위하여 광고, 제품차별화 등을 통한 치열한 비가격경쟁을 한다.
비경쟁행위	경쟁기업 사이에 담합, 합병, 기업활동 등 기업 간 경쟁을 제한함으로써 다양한 비경쟁행위를 하는 경향이 있다.

61 ③ X-비효율성(X-Inefficiency)이란 경쟁이 제약됨으로써 독점기업은 생산비용을 낮추려는 노력을 상대적으로 게을리 하는 행위이다. 즉, 평균비용보다 높은 비용으로 생산하는 경우가 일반적인데, 이때 평균비용보다 높은 비용으로 생산하는 것을 의미한다.

62 경제학자들은 카르텔이 어떤 영향을 미친다고 보는가?

① 대규모생산으로 비용절감의 효과가 있으나, 독점의 배분적 비효율성이 나타난다.
② 독점의 배분적 비효율성은 나타나지 않으나, 대규모생산에서 발생하는 비용절감의 효과도 없다.
③ 독점의 배분적 비효율성이 나타나고 대규모생산에서 발생하는 비용절감의 효과도 없다.
④ 규모의 경제를 기대할 수 있고 X-비효율성의 문제를 피할 수 있다.

63 과점시장이 다른 형태의 시장과 가장 다른 점은?

① 기업들은 가격에 영향을 미칠 수 없다.
② 기업들은 자유롭게 가격을 설정한다.
③ 특정 기업의 가격결정이 다른 기업들에게 영향을 미친다.
④ 기업들의 가격책정은 그 범위가 굉장히 제한되어 있다.

ANSWER | 62.① 63.③

62 ① 과점시장 안의 기업들은 담합을 통해 여러가지 이득을 얻는데, 이를 카르텔이라 한다. 즉, 과점기업들은 카르텔 형성을 통해 경쟁을 줄이고 새로운 기업의 진입을 저지하려는 경향이 있는데, 여러 기업이 카르텔을 결성하여 독점기업과 같이 행동한다면 대규모생산에 따른 비용절감효과가 있으나, 독점화에 따른 배분적 비효율성이 발생하게 된다.

63 ③ 과점시장의 가장 큰 특징은 과점시장에는 소수의 기업들만 존재하기 때문에 기업들 간의 상호의존성이 매우 높다는 점이다.

※ 과점시장
  ㉠ 개념 : 소수의 기업이 시장수요의 대부분을 공급하는 시장형태이다. 과점시장의 예로는 자동차, 냉장고, 세탁기, 맥주시장을 들 수 있다. 과점시장에서는 기업 수가 소수이므로 개별기업이 시장에서 차지하는 비중이 상당히 높으며, 한 기업의 생산량 변화는 시장가격과 다른 기업이윤에 큰 영향을 미친다. 공급자가 단 둘뿐인 복점시장(duopoly)도 과점시장에 해당한다.
  ㉡ 과점시장의 특징

구분	내용
기업 간의 상호의존성	기업의 수가 소수이므로 기업 간 상호의존성이 매우 높다. 즉, 한 기업이 가격을 낮추면 다른 기업도 가격을 낮춘다.
비가격경쟁	과점기업들은 시장점유율을 증대시키기 위하여 광고, 제품차별화 등을 통한 치열한 비가격경쟁을 한다.
비경쟁행위	경쟁기업 사이에 담합, 합병, 기업활동 등 기업 간 경쟁을 제한함으로써 다양한 비경쟁 행위를 하는 경향이 있다.
진입장벽	독점보다는 낮지만 과점의 경우에도 상당한 정도의 진입장벽이 존재한다.

64 다음 중 과점시장에 대한 설명으로 옳지 않은 것은?

① 새로운 기업의 진입이 자유롭다.
② 과점기업들은 상호의존도가 크다.
③ 여타 기업들의 행위에 주의를 기울인다.
④ 완전경쟁기업, 독점기업, 독점적 경쟁기업보다 더 치열한 비가격경쟁을 한다.

65 굴절수요곡선이론에 따르면 과점가격이 경직적인 이유는?

① 경쟁기업이 가격보다는 품질경쟁을 하기 때문이다.
② 경쟁기업이 안정적 판매를 위해 가격을 고정시키기 때문이다.
③ 경쟁기업이 가격인하경쟁을 하되 가격인상경쟁은 하지 않기 때문이다.
④ 경쟁기업 간의 담합현상 때문이다.

66 다음은 과점모형에 대한 설명이다. 옳은 것은?

① 베르뜨랑 모형의 경우 각 기업은 초과이윤을 얻는다.
② 굴절수요곡선모형에서 각 기업은 경쟁기업의 가격조정에 민감하게 반응한다.
③ 꾸르노 모형의 균형은 각 기업의 반응곡선이 교차하는 점에서 결정된다.
④ 베르뜨랑 모형에서는 각 기업은 상대방 기업의 생산량이 주어진 것으로 보고 자신의 생산량을 결정한다.

ANSWER | 64.① 65.③ 66.③

64 ① 과점시장에서의 진입장벽은 독점시장처럼 완벽하지는 않으나, 독점적 경쟁보다는 더 높다. 비가격경쟁의 대표적인 예는 광고인데 기업의 수는 적으나 상품의 질이 동질인 경우(통신, 정유)에 비가격경쟁이 가장 치열하다.

65 ③ 과점기업들이 다른 기업이 가격을 인상할 때는 인상하지 않고 인하할 경우에는 같이 인하한다면 수요곡선이 굴절하게 되어 경직성이 나타난다.

66 ① 베르뜨랑 모형의 경우 균형에서는 P=MC가 되며, 균형에서 각 기업은 정상이윤만을 얻는다.
② 굴절수요곡선모형에서는 각 기업은 경쟁기업의 가격인하에는 민감하게 반응하나 가격인상에는 반응하지 않는다고 가정한다.
④ 꾸르노 모형은 '생산량 결정모형', 베르뜨랑 모형과 굴절수요곡선 모형은 '가격결정모형'이다.

67 베르뜨랑 모형에서 시장수요곡선이 $Q = 120 - 10P$라고 할 경우 균형가격 및 균형산출량은 각각 얼마인가? (단, 두 개의 기업만 존재하며 한계비용은 0이다)

① $P = 0$, $Q = 80$
② $P = 0$, $Q = 120$
③ $P = 10$, $Q = 120$
④ $P = 20$, $Q = 40$

68 꾸르노 경쟁(Cournot Competition)에 관한 설명 중 옳지 않은 것은?

① 완전경쟁시장 수준의 생산량을 생산하게 된다.
② 경쟁기업들이 우하향하는 수요곡선을 가지는 것을 전제로 하고 있다.
③ 복점기업이 모두 상대방의 전략에 따라 반응하는 것을 설명한다.
④ 자신의 산출량에 대해 경쟁기업들이 상이한 반응을 보임을 전제로 하고 있다.

ANSWER | 67.② 68.①

67 ② 베르뜨랑 모형에서 $P = MC$가 성립한다. $MC = 0$이므로 균형에서는 $P = 0$이 된다. $P = 0$을 수요함수에 대입하면 $Q = 120$임을 알 수 있다. 그러므로 $P = 0$이고 $Q = 120$이 된다.

※ 베르뜨랑 모형

㉠ 가정 : 재화생산의 한계비용은 0으로 일정하다. $MC = 0$으로 둔 것은 분석의 편의를 위한 가정이다. 각 기업은 상대방이 현재의 가격을 그대로 유지할 것으로 보고 자신의 가격을 결정한다.

㉡ 내용
- 기업 A가 한계비용보다 높은 P_0의 가격을 설정한다면, 기업 B는 P_0보다 약간 낮은 P_1의 가격을 설정하여 모든 소비자를 유인하는 것이 가능하다.
- 그렇게 되면 기업 A는 P_1보다 조금 낮은 P_2의 가격을 설정함으로써 다시 시장수요 전부를 차지하는 것이 가능하다.
- 각 기업이 모두 상대방보다 약간씩 낮은 가격을 설정하려고 하면 결국 가격은 한계비용과 같아지고, 두 기업의 이윤은 모두 0이 된다.

㉢ 평가
- 두 기업이 생산하는 재화가 완전히 동질적이고, 기업의 비용조건이 동일하다는 비현실적인 가정에 입각하고 있어 현실설명력이 낮다.

68 ① 꾸르노 모형에서 두 기업 전체의 생산량은 완전경쟁시장 수준의 $\frac{2}{3}$ 정도만 생산하게 된다.

69 과점이론 중 베르뜨랑 모형에서 시장수요곡선이 Q=240-10P라고 할 경우 균형가격 및 균형산출량은 각각 얼마인가?(단, 두 개의 기업만 존재하며 한계비용은 0이다)

① P=0, Q=240
② P=10, Q=140
③ P=20, Q=40
④ P=16, Q=80

70 대학교육기관을 이윤을 극대화하려는 일반적인 사기업과 동일시할 경우 다음 중 수도권 인구집중방지책의 일환으로 실시되고 있는 수도권 대학정원의 증가억제정책의 경제적 측면과 가장 관계가 없는 것은?

① 수도권 내 기존대학 사이의 담합이 훨씬 용이해진다.
② 수도권 내 기존대학들이 양(+)의 경제적 지대를 누릴 가능성이 크다.
③ 수도권 내 대학교육 서비스의 공급에 진입장벽을 설치한 것이다.
④ 수도권 내 대학들은 우수학생유치를 위해 치열하게 경쟁하게 되어 교육서비스 수요자의 후생이 증가할 것이다.

ANSWER | 69.① 70.④

69 ① 베르뜨랑 모형에서는 완전경쟁과 마찬가지로 P=MC가 성립한다. MC=0이므로 균형에서는 P=0이 된다. P=0을 수요함수에 대입하면 Q=240임을 알 수 있다.

70 ④ 수도권 인구집중방지책의 일환으로 실시되고 있는 수도권 대학정원의 증가억제정책은 수도권 내 대학교육 서비스의 공급에 진입장벽을 설치한 것과 같은 효과를 나타낸다. 이 효과로 인해 공급의 억제가 나타나 등록금이 상승할 가능성이 크게 되고, 수도권 내 기존대학들은 일정한 공급하에서 양의 경제적 지대를 얻게 될 것이다. 따라서 수도권 내 대학들은 우수학생유치를 위해 경쟁할 유인이 없어지게 된다. 결국 교육서비스에 있어 수요자의 후생은 감소하게 될 것이다.

71 다음 글을 읽고 물음에 답하시오.

> 어느 독점기업이 생산과정에서 오염물질을 배출함으로써 외부비경제를 유발하고 있다. 독점기업의 수요함수는 P=90-Q이고, 독점기업의 한계비용은 MC=Q이며 생산 1단위당 외부비용은 6이다. (P : 가격, Q : 수요량, MC : 한계비용)

사회적으로 최적인 생산량 수준을 달성하도록 하기 위해서는 정부가 독점기업에 생산 1단위당 조세(또는 보조금)를 얼마를 부과(또는 지불)해야 하는가?

① 조세 12
② 조세 36
③ 조세 42
④ 보조금 36

ANSWER | 71.④

71 사회적으로 최적 생산량은 SMB = SMC의 조건을 만족한다. 독점기업의 수요함수는 시장수요함수이고, 주어진 문제의 사안에서 다른 편익이 존재하지 않으므로 이것이 사회적 한계편익(SMB)이 된다. 독점기업의 한계비용과 외부비용을 더하면 사회적 한계비용 SMC = Q+6이 도출된다. 90-Q = Q+6을 풀이하면 사회적 최적 생산량(Q)은 42개이다.
정부가 조세 또는 보조금 정책을 시행할 때 독점기업이 사회적으로 최적 생산량을 선택하도록 하여야 한다. 독점기업의 이윤극대화 조건은 MR=MC이다. MR의 기울기는 독점기업이 직면하는 수요곡선 기울기의 2배이므로 MR = 90-2Q이다. 정부가 조세 또는 보조금 정책을 시행한다면 새로운 한계비용함수는 MC + T = Q+T가 된다.(T = 생산량 단위당 조세)
90-2Q = Q+T에 Q = 42개를 대입하면 단위당 조세는 T=-36이다. 결국 조세가 아니라 보조금을 생산량 단위당 36원 지급하여야 함을 의미한다.

CHAPTER 06 생산요소시장과 소득의 분배

1 다음 중 그 설명이 옳지 못한 것은?

① 생산요소시장 또는 요소시장이란 생산요소가 거래되는 시장을 말한다.
② 생산물시장과 요소시장에서는 수요자와 공급자의 위치가 바뀐다는 특징이 있다.
③ 생산요소에 대한 수요의 크기는 생산물에 대한 수요의 크기에 달려있다.
④ 생산요소시장이 완전경쟁이면 개별기업은 가격수용자이므로 주어진 요소가격으로 원하는 만큼의 생산요소를 고용하는 것이 불가능하다.

ANSWER | 1.④

1 ④ 생산요소시장이 완전경쟁이면 개별기업은 가격수용자이므로 주어진 요소가격으로 원하는 만큼의 생산요소를 고용하는 것이 가능하다. 따라서 한계요소비용(MFCL)은 요소가격과 일치한다.
① 생산요소시장 또는 요소시장이란 토지, 노동, 자본 등과 같이 생산요소가 거래되는 시장을 말한다.
② 생산물시장에서 기업은 공급자가 되고 가계가 수요자가 되지만 생산요소시장에서는 가계는 노동을 제공하는 공급자가 되고 기업은 이를 구입하는 수요자가 된다.
③ 생산요소에 대한 수요의 크기는 생산물에 대한 수요의 크기에 달려있다. 즉, 생산요소는 재화를 생산하기 위해 필요한 것이기 때문에 재화에 대한 수요가 우선 정해지고 2차적으로 생산요소에 대한 수요가 정해지는데 이러한 의미에서 생산요소에 대한 수요를 파생수요(derived demand)라 부른다.

※ 생산요소시장

생산요소시장은 토지와 노동, 자본 등의 생산요소가 거래되는 곳으로 이곳에서 가계는 요소 공급자로, 기업은 요소 수요자로 참여하는 것이 일반적이다. 대표적인 생산요소시장인 노동시장은 노동 수요와 공급이 만나서 임금과 고용량이 결정되는 시장으로 노동시장은 노동자를 사고파는 시장이 아니라 노동서비스를 거래하는 시장을 말한다. 경제학에서 자본은 금융자산이 아니라, 건물·기계 등 다른 재화를 만드는 데 사용되는 투입 요소 측면의 자본재(capital goods)를 의미하며, 자본재가 거래되는 시장을 자본시장 혹은 자본재시장이라고 부른다.

2 완전경쟁시장에서 요소수요는 상품수요에 의해 결정된다. 또 상품시장에서는 요소가격이 상품가격을 결정한다. 그렇다면 상품가격과 요소가격의 인과관계는?

① 상품가격이 먼저 결정되고 그에 따라 요소가격은 파생적으로 결정된다.
② 요소가격이 먼저 결정되고 그에 따라 상품가격이 결정된다.
③ 상품가격과 요소가격은 독립적으로 각 시장에서 수요공급원칙에 의해 결정된다.
④ 상품과 요소에 따라 다르다.

3 생산요소에 대한 수요를 파생적 수요(derived demand)라고 부르는 이유는?

① 생산자들이 비싼 생산요소를 싼 생산요소로 대체하기 때문에
② 생산요소의 수요곡선이 우하향이기 때문에
③ 정부수요가 민간수요를 보완하기 때문에
④ 생산요소에 대한 수요는 생산물에 대한 수요에 의존하기 때문에

4 생산물시장과 요소시장이 모두 완전경쟁이고 어느 기업의 시간당 임금은 5,000원, 제품가격은 100원이며 현재의 고용수준에서 한계수입생산물이 4,500이라면 이 기업의 이윤극대화 고용정책은?

① 노동의 고용을 증가시킨다.   ② 노동의 고용을 감소시킨다.
③ 노동고용을 현재의 수준에서 유지한다.   ④ 자본의 고용을 감소시킨다.

ANSWER | 2.① 3.④ 4.②

2 ① 재화시장에서 수요와 공급에 의해서 재화가격과 수급량이 결정된다. 재화생산량이 결정되면 그에 따라 생산요소수요가 결정된다.

3 ④ 생산요소에 대한 수요는 그 기업이 얼마만큼의 상품을 판매할 수 있느냐와 밀접한 관련을 갖고 있다. 따라서 생산요소에 대한 수요는 상품에 대한 수요에서 파생되어 나오는 파생수요의 성격을 갖는다. 이윤극대화를 추구하는 기업은 상품에 대한 수요를 감안하여 과연 얼마만큼의 생산요소를 수요할 것인지 결정한다.

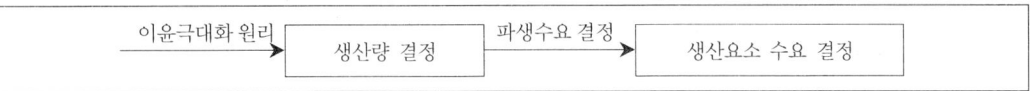

4 ② 이윤극대화 요소고용조건은 한계요소비용(MFC)=한계수입생산물(MRP)로 표시할 수 있다. 생산요소시장이 완전경쟁인 경우 개별기업은 주어진 요소가격에서 생산요소를 무한히 고용할 수 있으므로 MFC는 요소가격과 동일하고, 생산물시장이 완전경쟁이면 $MR=P$가 된다. 현재 요소가격이 MRP를 초과하고 있으므로 노동의 고용을 감소시키는 것이 바람직하다고 할 수 있다. 그리고 자본고용에 따른 MFC와 MRP가 주어져 있지 않으므로 자본고용량의 증감에 대해서는 알 수 없다.

5 복합재 및 여가를 소비하는 소비자를 생각하자. 모든 재화가 정상재인 경우 개인의 노동공급 의사결정에 관한 다음 설명 중 옳은 것은?

① 노동의 공급곡선의 기울기는 반드시 양(+)이다.
② 임금변화에 따르는 대체효과 및 소득효과의 영향은 항상 반대이다.
③ 재산소득이 증가하면 노동의 공급은 증가한다.
④ 여가의 수준에 상관없이 여가와 복합재의 한계대체율이 임금보다 작은 경우 노동의 공급은 영(0)이 된다.

6 월 보수가 200만 원 이하일 때에는 보수를 올려줄수록 더 많은 시간 노동을 하려고 하나, 200만 원을 넘어서고 나면 보수를 올려줄수록 노동시간을 줄이려는 노동자가 있다고 하자. 이 노동자의 노동공급곡선에 대한 설명으로 옳지 않은 것은?

① 여가는 이 노동자에게 열등재이다.
② 월 보수가 200만 원을 넘어서면 이 노동자의 임금상승에 따른 소득효과가 대체효과보다 크다.
③ 월 보수가 200만 원 이하일 때에는 이 노동자의 임금상승에 따른 소득효과가 대체효과보다 작다.
④ 이 노동자의 노동공급곡선은 월 보수 200만 원을 기준으로 후방굴절하는 모양을 지닌다.

ANSWER | 5.② 6.①

5 ② 제시된 경우 모든 재화가 정상재로 주어져 있으므로 대체효과와 소득효과는 항상 반대방향으로 작용한다. 대체효과와 소득효과의 방향이 정반대이므로 임금이 상승할 때 노동공급의 증감 여부는 대체효과와 소득효과의 상대적인 크기에 달려있다. 즉, 대체효과가 소득효과보다 큰 경우에는 노동공급곡선이 우상향하나, 소득효과가 대체효과보다 큰 경우에는 노동공급곡선이 후방으로 굴절한다. 재산소득이 증가하면 소득효과만 발생하므로 노동공급이 감소한다.

6 ① 위의 관계에 대해 살펴보면 임금이 상승할 때 노동공급이 감소하는 후방굴절형 노동공급곡선이 나타나기 위해서는 소득효과가 대체효과보다 커야 한다. 여기서 주의할 것은 여가가 정상재이어야 한다. 만약 여가가 열등재가 되면 실질소득이 증가할 때 여가소비가 감소하므로 소득효과도 노동공급을 증가시키게 된다. 따라서 여가가 열등재인 경우에는 소득효과와 대체효과 모두 노동공급을 증가시키므로 노동공급곡선이 후방굴절형이 되기 위해서는 여가가 정상재이어야만 한다. 즉 여가가 열등재인 경우에는 대체효과와 소득효과 모두 임금상승 시에 노동공급을 증가시키므로 후방굴절 노동공급곡선이 도출될 수 없다.

※ 임금상승에 따른 소득효과와 대체효과

구분	내용
대체효과	임금상승→여가의 상대가격 상승→여가소비 감소→노동공급 증가
소득효과	임금상승→실질소득의 증가→여가소비 증가→노동공급 감소

7 다음 중 노동의 한계생산성의 변화를 통해 노동수요에 영향을 미치는 것은?

① 최저임금의 인상
② 기업 생산품에 대한 수요의 증가
③ 노동자 1인당 자본장비율의 증가
④ 노동공급의 증가

8 민아의 소득 중 절반은 근로소득이고 나머지 절반은 보유주식의 배당금에서 얻는 배당금소득이라고 한다. 다른 소비자와 마찬가지로 민아에게 있어서도 여가는 정상재이다. ㉠ 주식배당금이 20% 증가하는 경우와 ㉡ 실질임금이 20% 상승하는 경우를 비교할 때 다음 중 옳은 것은?

① ㉠과 ㉡의 경우 모두 민아의 근로시간은 불변이다.
② ㉠과 ㉡의 경우 모두 민아는 일을 적게 한다.
③ 민아는 ㉠의 경우 더 많이 일한다.
④ 민아는 ㉡의 경우 더 많이 일한다.

ANSWER | 7.③ 8.④

7 ③ 노동의 한계생산성이 변화하면 노동수요곡선은 이동하게 된다. 즉 노동자 1인당 자본장비율이 증가하면 MPL이 커지므로 노동수요곡선이 우측으로 이동하게 된다.

8 ④ 주식배당금이 증가하는 경우에는 실질소득이 증가하는 소득효과만 나타나므로 노동공급이 감소한다. 따라서 주식배당금이 증가하는 경우가 실질임금이 상승하는 경우보다 노동공급이 더 크게 감소한다.

9 최근 휴일근무, 잔업처리 등 일정량 이상의 노동을 기피하는 풍조가 사회적으로 확산되고 있다. 이러한 현상에 대한 분석도구로 잘 사용될 수 있는 것은?

① 화폐적 환상
② 노동수요독점
③ 규모의 경제
④ 후방굴절 노동공급곡선

10 후방굴절형 노동공급곡선이 발생하는 이유는?

① 여가가 열등재이고 소득효과가 대체효과보다 크므로
② 여가가 정상재이고 대체효과가 소득효과보다 크므로
③ 여가가 열등재이고 대체효과가 소득효과보다 크므로
④ 여가가 정상재이고 소득효과가 대체효과보다 크므로

11 완전경쟁인 어떤 산업이 비용불변(constant costs)의 특징을 갖고 있다. 수요가 증가하는 경우 장기적으로 가격과 균형수급량은 각각 어떻게 변화하겠는가?

① 양은 증가하고 가격은 낮아진다.
② 가격과 양은 모두 증가한다.
③ 양은 증가하나 가격은 불변이다.
④ 가격은 증가하나 양은 불변이다.

ANSWER | 9.④ 10.④ 11.③

9 ④ 후방굴절 노동공급곡선은 임금이 상승할 때 노동공급이 감소하는 경우를 나타낸 것이다. 임금이 상승하면 노동이 감소하는 구간 즉, 노동공급곡선이 후방으로 굴절하는 구간은 바로 소득효과가 대체효과보다 큰 경우이다.

10 ④ 임금이 상승할 때 노동공급이 감소하는 후방굴절형 노동공급곡선이 나타나는 이유는 소득효과가 대체효과보다 커야 하기 때문이다. 그리고 여가가 정상재이어야 한다. 만약 여가가 열등재가 되면 실질소득이 증가할 때 여가소비가 감소하므로 소득효과도 노동공급을 증가시키게 된다.

11 ③ 완전경쟁에서 비용불변산업은 장기공급곡선이 수평이므로 수요증가 시 장기적으로 가격은 불변이고, 양은 증가하게 된다.

12 다음 중 생산요소 X의 수요곡선을 이동시키는 요인이 아닌 것은?

① 요소 X의 가격하락
② 요소 X의 대체요소인 Y의 가격상승
③ 요소 X의 대체요소인 Y의 생산성 향상
④ 요소 X를 투입하여 생산하는 산출물가격의 상승

13 현실적으로 노동시장에 존재하고 있는 직종별 임금격차의 이유로서 타당치 못한 것은?

① 직종 간의 노동의 이동이 비교적 자유롭기 때문에 임금격차가 생긴다.
② 각 직종마다 작업조건정도 차이가 존재하기 때문에 이를 보상하기 위해 임금격차가 생긴다.
③ 사회문화적 관습으로 인해 특정직종에 대한 회피와 선호로 인해 직종 간에 임금격차가 생긴다.
④ 노동조합의 단체교섭이 모든 직종에서 이루어지고 있지 않기 때문에 직종 간에 임금격차가 생긴다.

14 일반적으로 호황 끝에는 소비재가격이 등귀하게 되어 실질임금이 저하되기 때문에 기업은 상대적으로 싼 노동력을 더 수요하고 기계나 시설과 같은 자본재의 이용도를 줄이게 되는데, 이것은 다음 중 어느 것과 관계가 깊은가?

① 필립스곡선
② 리카르도효과
③ 오쿤의 법칙
④ 피구효과

ANSWER | 12.① 13.① 14.②

12 ① 생산성 향상, 재화가격 상승, 재화수요 증가, 대체적인 요소의 가격상승, 대체적인 요소의 생산성 하락, 보완적인 요소의 가격하락, 보완적인 요소의 생산성 하락 등은 수요곡선을 우측으로 이동시킨다.

13 ① 직종 간에 노동의 이동이 자유롭지 못하기 때문에 직종별 임금격차가 발생한다. 그리고 노동이동이 자유로우면 임금격차가 없어진다.

14 ② 실질임금이 하락하면 자본재를 노동력으로 대체하고 실질임금이 상승하면 노동력을 자본재로 대체하는 것을 리카르도효과라 한다. 필립스곡선은 물가와 실업의 관계를 나타내는 곡선이고, 오쿤의 법칙은 경제성장률과 실업의 관계를 나타낸다.

15 노동시장이 완전경쟁시장으로부터 수요독점화 될 경우에 노동시장에 나타날 변화를 설명한 것 중 옳은 것은?

① 고용량은 감소하고 임금은 상승한다.
② 고용량은 감소하고 임금은 하락한다.
③ 고용량은 증가하고 임금은 상승한다.
④ 고용량은 증가하고 임금은 하락한다.

16 생산요소수요에 대한 다음 설명 중 옳지 않은 것은?

① 생산요소에 대한 수요는 제품수요로부터 유발된 수요이다.
② 최종재에 대한 수요가 탄력적일수록 생산요소에 대한 수요도 탄력적이다.
③ 기술의 특성상 생산요소의 사용에 있어서 다른 요소들과 일정한 비율을 유지해야 한다면 생산요소에 대한 수요는 더욱 탄력적이다.
④ 총생산비에서 차지하고 있는 비중이 작을수록 그 생산요소에 대한 수요는 비탄력적이 된다.

ANSWER | 15.② 16.③

15 ② 노동시장이 수요독점화 되면 수요독점기업이 상대하는 노동공급곡선은 노동시장 전체의 노동공급곡선(L^s)과 같으므로 우상향한다. 이때 한계요소비용곡선(MFC)은 노동공급곡선보다 위에 놓인다. 주어진 문제에서 생산물시장형태에 대한 언급이 없으므로 일단 생산물시장을 완전경쟁시장으로 가정하면, 노동수요곡선은 VMP(한계생산물가치)로 나타나며 이는 MRP(한계수입생산물)곡선과 일치한다. 기업이 이윤극대화를 목표로 하면 이윤극대화고용량은 $MRP = MFC$가 성립하는 A를 기준으로 정해진다($L_{독점}$). 이때 임금은 노동공급곡선상의 B를 기준으로 정해진다($W_{수요독점}$). 노동시장이 완전경쟁 상태에 있다고 가정하면 임금과 고용량은 노동수요곡선과 노동공급곡선의 교차점(E)에서 결정될 것이다. 따라서 노동시장이 수요독점화 되면 고용량은 감소하고 임금은 하락한다.

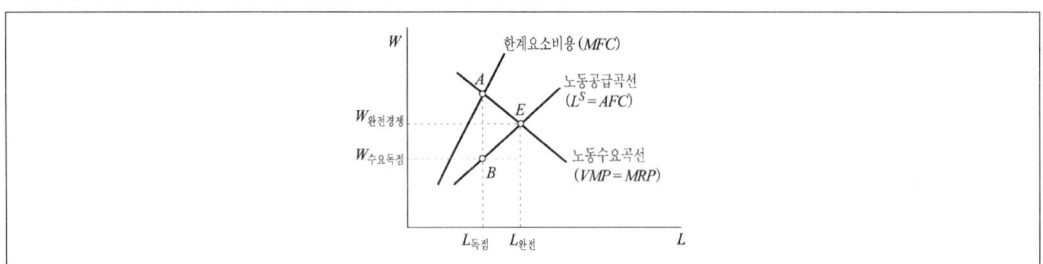

16 ③ 생산요소 간 대체가 어려운 경우에는 그 요소가격이 상승하더라도 다른 요소로 대체하기 힘들기 때문에 그 요소를 사용해야 한다. 이런 관계는 생산요소수요가 가격에 대해 비탄력적이기 때문이다.

17 다음 중 생산요소의 공급자는 무수히 많으나, 생산요소에 대한 수요자가 하나뿐인 수요독점시장에 대한 설명으로 옳은 것은?

① 이 경우 생산요소가 받는 보수는 그 요소공급의 한계요소비용(MFC)보다 낮다.
② 이 경우 고용량은 생산물시장이 완전경쟁일 때보다 작은 수준에서 결정된다.
③ 이 경우 생산요소가 받는 보수는 그 요소의 한계생산물가치(VMP)보다 낮다.
④ ①②③ 모두 옳다.

18 자본과 노동 간의 대체탄력성이 1보다 크다면 임금 상승 시 두 요소소득 간의 비율은 어떻게 변하는가?

① 임금소득이 이자소득에 비해 감소한다.
② 임금소득이 이자소득에 비해 감소하다가 증가한다.
③ 임금소득이 이자소득에 비해 증가한다.
④ 불변이다.

19 지대와 전용수입에 대한 다음 설명 중 옳지 않은 것은?

① 경제적 지대란 생산요소가 실제로 얻고 있는 수입과 전용수입과의 차액이다.
② 준지대는 내구자본설비의 용역에 대해 지불되는 일종의 지대이다.
③ 완전경쟁 하에서 생산요소의 공급탄력성이 무한히 클 경우에는 요소소득의 전액이 지대이다.
④ 준지대는 총수입에서 가변요소에 대한 보수를 치른 후 남게 되는 고정요소에 대한 보수이다.

ANSWER | 17.④ 18.① 19.③

17 ④ 수요독점자는 생산요소를 한 단위 더 고용함으로써 얻는 수입과 이에 드는 비용이 서로 같아지는 선에서 고용량을 결정한다. 이것은 한계수입생산곡선(MRP)과 한계요소비용곡선(MFC)이 교차하는 점이 의미하는 고용수준을 선택한다는 뜻이다.

18 ① 대체탄력성이 1보다 크므로 상대적으로 임금이 1% 상승하면 상대적인 노동투입량은 1%보다 크게 감소한다. 따라서 노동소득분배율은 낮아지게 된다.

19 ③ 지대(rent)란 전통적으로 토지같이 그 공급이 완전히 고정된 생산요소에 대해 지불되는 보수를 의미한다. 그러므로 지대의 의미를 우리가 생활에서 일상적으로 사용하는 의미, 즉 토지사용에 대한 대가에 국한할 필요는 없고 공급이 고정된 것이라면 어떤 것이든 그것에 대한 보수를 지대라고 부를 수 있다. 어떤 생산요소의 공급이 고정되었다 함은 공급곡선이 수직선이라는 것을 의미하는데, 이 경우 그 생산요소의 가격은 전적으로 수요측 요인에 의해 결정되는 것을 알 수 있다. 이와 같이 가격이 변화해도 그 공급량이 변하지 않는 생산요소라면 그것의 소유자가 벌어들이는 수입, 즉 지대수입에 무거운 세금을 물리더라도 경제에 별다른 파급효과를 미치지 않을 것이다. 그리고 일반적으로 생산요소가 받는 소득은 전용수입과 지대로 구성되는데, 상대적인 크기는 요소공급곡선의 기울기에 달려 있다. 즉 요소공급곡선이 탄력적일수록 전용수입이 커진다.

20 다음은 한 요소시장에 1명의 구매자와 1명의 판매자가 존재하는 쌍방독점의 경우를 나타내고 있다. 이 때 이 요소의 가격은 어디에서 결정되겠는가?

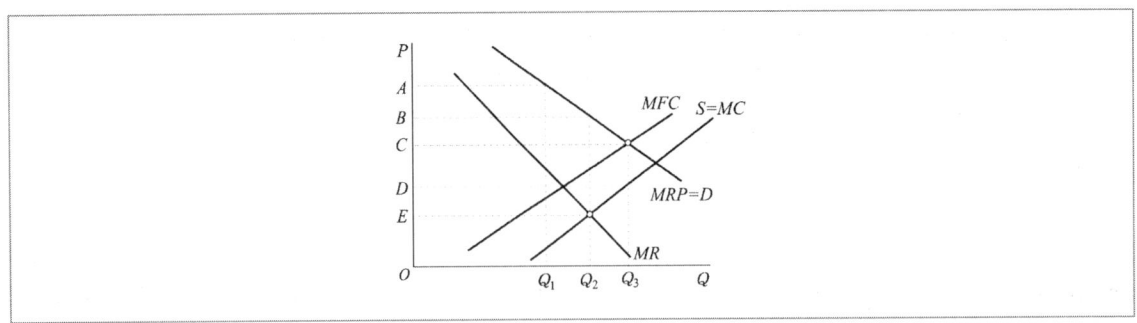

① A와 C 사이
② A와 E 사이
③ B와 D 사이
④ B와 E 사이

21 다음의 생산요소시장의 수식들의 크기 관계가 옳은 것은?

㉠ 한계생산가치(VMP) ≥ 한계수입생산(MRP)
㉡ 한계비용(MC) > 한계요소비용(MFC 또는 ME)
㉢ 한계생산가치(VMP) < 한계수입생산(MRP)
㉣ 한계비용(MC) ≤ 한계요소비용(MFC)

① ㉠, ㉡
② ㉠, ㉣
③ ㉡, ㉢
④ ㉡, ㉣

✅ **ANSWER | 20.③ 21.②**

20 ③ 문제에 접근하기 위해서는 공급독점자와 수요독점자의 입장을 각각 살펴보아야 한다. 우선 공급독점자의 입장에서는 해당 요소에 대한 수요곡선(D)로부터 도출한 MR=MC가 성립하는 Q_2점에서 공급량을 결정하고 그 때의 가격은 B가격을 받기를 원할 것이다. 반면에 수요독점자의 입장에서는 공급곡선(S)으로부터 한계요소비용(MFC)를 구하고 MFC=MRP인 Q_3점에서 수요량을 결정하고 D의 가격을 지불하고 싶을 것이다. 이때 공급독점자의 힘이 클수록 요소가격은 B점에 가까워지고, 수요독점자의 힘이 클수록 요소가격은 D점에 가까워짐을 알 수 있다. 이와 같이 수요자와 공급자가 각각 1명씩만 존재하는 쌍방독점의 경우 요소가격과 고용량은 유일하게 결정되지 않고 'B와 D 사이'에서 서로의 협상에 의하여 결정된다.

21 ② $VMP = P \cdot MP \geq MR \cdot MP = MRP$
$MFC = MP \times MC \geq MC$이 된다.

22 경제적 지대에 관한 다음의 서술 중 가장 옳지 않은 것은?

① 경제적 지대는 생산자잉여를 구성한다.
② 경제적 지대는 공급량이 제한될 경우에 발생한다.
③ 정부가 인허가를 통해 특정 기업에 독점영업권을 부여하는 경우 비생산적인 지대추구행위를 유발할 수 있다.
④ 어떤 생산요소의 경제적 지대가 0이면 그 요소는 기존의 용도에 사용되지 않는다.

23 현재 월 300만 원의 보수를 받고 A사에 근무하는 어떤 앵커맨(뉴스진행자)이 B사로 이직할 경우 이직비용이 50만 원 들고 월 보수는 250만 원이 된다고 하자. 이 경우 앵커맨의 준지대(quasi-rent)는?

① 50만 원
② 100만 원
③ 250만 원
④ 300만 원

ANSWER | 22.④ 23.①

22 ④ 제시된 그림에서 우상향하는 노동공급곡선을 보면 현재 요소소유자는 임금이 w_e일 때 L_0만큼 노동을 공급하고 있다. 소비자의 최적선택조건, 즉 $MRS = w$라면 노동공급곡선의 높이가 의미하는 것은 각 점에서 소비자가 느끼는 여가의 가치 또는 추가노동을 투입하기 위해 주장하는 대가라고 이해할 수 있을 것이다. 이와 같이 노동공급곡선 아래의 면적은 소비자가 L_0까지 노동 공급하는데 적어도 받아야 한다고 생각하는 총반대급부[전용수입(transfer earnings)]가 된다. 그런데 노동의 가격인 임금은 w_e로 일정하게 주어져 있으므로 우상향하는 요소공급곡선 하에서 경제적 지대는 항상 0보다 크게 된다.

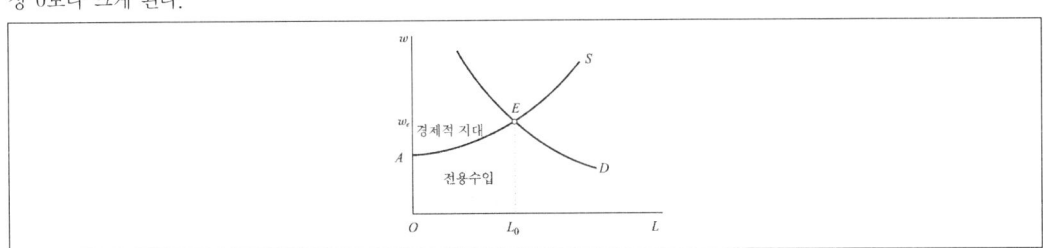

23 ① 준지대(quasi-rent)는 고정된 생산요소에 대한 보수를 의미한다. 따라서 준지대는 총수입에서 가변요소비용을 뺀 값을 말한다. 장기에는 고정생산요소가 존재하지 않기 때문에 준지대는 단기적인 개념이며, 고정비용과 이윤의 합으로 구성된다.
준지대=총수입-총가변비용=총고정비용+초과이윤
그러므로 단기적으로 앵커맨의 공급이 고정되어 있기 때문에 A사에 고용된 앵커맨들은 B사에 고용되었을 때보다 50만 원 더 높은 보수를 받고 있다. 따라서 50만 원이 고정된 생산요소에 대한 보수인 준지대로 볼 수 있다.

24 이윤에 대한 다음 설명 중 옳지 않은 것은?

① Marx에 의하면 이윤은 잉여가치의 일부이다.
② 경제학에서 정상이윤은 일반적으로 비용이 포함된 것으로 간주한다.
③ 경제학에서 이윤은 총수입에서 명시적 비용뿐만 아니라 묵시적 비용도 빼고 남은 것이다.
④ 이윤을 기업가의 혁신에 대한 보수라고 설명한 사람은 Kuznets이다.

25 다음 중 소득불평등도를 분석하는 방법에 대한 설명으로 옳지 않은 것은?

한국수력원자력 기출변형

① 로렌츠곡선이 대각선에 가까울수록 평등한 소득분배에 접근하게 된다.
② 로렌츠곡선은 서로 교차하지 않는다.
③ 로렌츠곡선은 서수적 평가방법이고 지니계수는 기수적 평가방법이다.
④ 로렌츠곡선은 저소득자로부터 누적가계들이 전체 소득의 몇 %를 차지하는가를 나타내는 곡선이다.

✅ ANSWER | 24.④ 25.②

24 ④ 이윤을 기업가의 혁신에 대한 보수라고 설명한 사람은 슘페터(J. Schumpeter)이다.

25 ② 서로 다른 집단의 로렌츠곡선은 서로 교차할 수 있다.
※ 로렌츠곡선(Lorenz curve)
  ㉠ 개념 : 계층별 소득분포자료에서 인구의 누적점유율과 소득의 누적점유율 사이의 대응관계를 나타낸 것이다. 소득분배가 분명할수록 로렌츠곡선은 대각선에 가까워진다.
  ㉡ 해석
    • 소득분배가 균등할수록 로렌츠곡선은 직선에 가까워진다.
    • 소득분배가 불균등할수록 로렌츠곡선은 직각굴절선에 가까워진다.

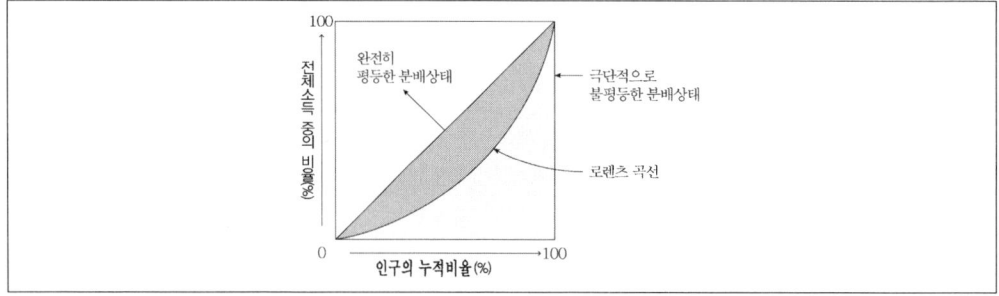

26 다음은 소득분배와 관련된 설명이다. 옳지 않은 것은?

① 로렌츠곡선이 대각선일 경우 지니계수는 0이다.
② 조세구조상 직접세 비중이 높을수록 조세제도의 소득재분배기능이 약하다.
③ 지니계수가 낮다고 반드시 분배상태가 좋은 것은 아니다.
④ 소득분배정책의 문제점으로 도덕적 해이로 인한 경제활동의 위축을 지적할 수 있다.

27 지니계수에 대한 내용 중 적절하지 못한 것은?

① 지니계수는 전체가구의 소득불평등도를 나타내는 대표적인 지표이다.
② 소득 불평등을 나타내는 지표로는 지니계수 외에도 10분위 분배율이 있다.
③ 지니계수는 0에서 1사이의 비율을 가지며, 0에 가까울수록 불평등도가 높은 상태를 나타낸다.
④ 지니 계수는 전 계층의 소득 분배 상태를 하나의 숫자로 나타내므로, 특정 소득 계층의 소득 분배 상태를 나타내지 못한다는 한계를 가진다.

28 소득분배의 불균등도를 측정하는 방법이 아닌 것은?

① Lorenz곡선　　　　　　　② Engel법칙
③ Gini집중지수　　　　　　④ Gibrat법칙

ANSWER | 26.② 27.③ 28.②

26　② 직접세 비중이 높을수록 조세의 소득재분배기능은 크다. 즉, 직접세는 누진세의 구조를 가지기 때문에 누진세의 비중이 클수록 고소득층이 보다 많은 조세를 부담하게 된다.

27　③ 지니계수는 0에서 1사이의 비율을 가지며, 1에 가까울수록 불평등도가 높은 상태를 나타낸다. 지니계수는 값이 클수록 불균등한 상태를 나타낸다. 지니 계수는 0.40 미만이면 고른 균등 분배, 0.40에서 0.50 사이이면 보통의 분배를 나타내며, 0.5 이상이면 저균등 분배를 의미한다.

28　② 엥겔의 법칙(Engel's law)은 독일의 통계학자 엥겔이 1875년 근로자의 가계조사에서 발견한 법칙이다. 이 법칙은 저소득가정일수록 전체의 생계비에 대한 식료품비가 차지하는 비중이 높아지는 현상을 말한다. 그러므로 소득이 증가함에 따라 전체의 생계비 중에서 음식비가 차지하는 비중이 감소하는 현상으로 소득분배와는 무관하다.

29 한 나라 국민의 50%에 해당하는 사람들은 개인소득이 전혀 없고 나머지 50%에 해당하는 사람들에게는 모두 100만 원의 개인소득이 있다고 할 때 지니계수의 값은?

① 0
② $\frac{1}{5}$
③ $\frac{1}{3}$
④ $\frac{1}{2}$

30 부패는 소득불평등과 빈곤에 영향을 미치는 것으로 알려져 있다. 다음 중 부패가 소득불평등과 빈곤에 작용하는 메커니즘과 무관한 것은?

① 부패는 노동집약적 프로젝트에 보다 많은 투자를, 자본집약적 프로젝트에 적은 투자를 야기함으로써 빈곤을 증대시킨다.
② 부패는 불확실성과 정보비용을 증가시켜 투자결정에 대해 위험을 증가시킴으로써 소득불평등과 빈곤을 항구화시킨다.
③ 부패는 공공정책에 영향을 미쳐 자산소유자에게 높은 수익을 가져다줌으로써 소득불평등을 증대시킨다.
④ 부패는 성장을 감소시켜 빈곤감소율을 느리게 하는 효과가 있다.

ANSWER | 29.④ 30.①

29 ④ 문제에서 50%에 해당하는 사람들은 전혀 소득이 없고 나머지 50%에 해당하는 사람들의 소득은 완전히 균등하게 100만 원씩이므로 로렌츠곡선(ORO')은 다음과 같다.

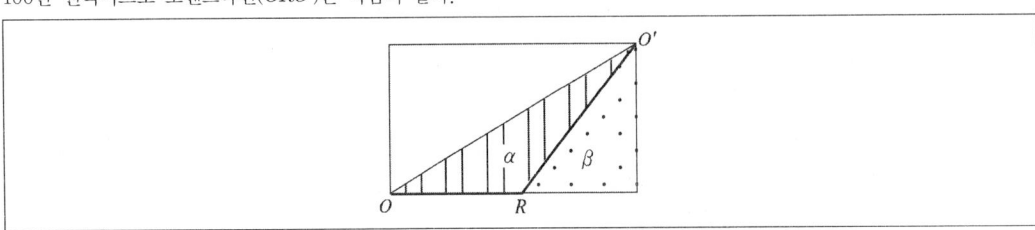

지니계수(G)는 $G = \frac{\alpha}{\alpha+\beta} = \frac{1}{2}$이다.

30 ① 부패와 노동집약적·자본집약적 프로젝트에 관한 투자는 직접적인 관계가 없으므로 비교할 수 없다.

31 십분위분배율에 대한 설명으로 옳지 않은 것은?

① 중간소득계층의 소득분포를 반영하지 못한다.
② 지니계수가 0인 경우 십분위분배율은 2가 된다.
③ 로렌츠곡선이 대각선에서 이탈하면 십분위분배율은 커지는 경향이 있다.
④ 0과 2 사이의 값을 갖는다.

32 다음 중 소득분배와 경제후생에 대한 설명으로 가장 옳은 것은?

① 롤즈(J. Rawls)의 정의의 원리는 공리주의 입장과는 맞지 않는다.
② 파레토효율성의 개념은 소득분배와 밀접하게 관련되어 있다.
③ 지니계수가 높을수록 소득분배구조가 평등하게 된다.
④ 사회후생이 극대화되어도 파레토효율성이 달성되지 못할 수 있다.

ANSWER | 31.③ 32.①

31 ③ 로렌츠 곡선은 완전평등할수록 대각선에 가깝고 불평등할수록 수직에 가깝다. 지니계수는 완전평등할수록 0에 가까워지고, 완전 불평등할수록 1에 가까워진다.

10분위 분배율 = $\dfrac{\text{하위 40\%인구의 소득누적비율}}{\text{상위 20\%인구의 소득누적비율}}$ 이므로 완전평등할수록 2, 완전 불평등할수록 0에 가깝다.

따라서 로렌츠곡선이 대각선에서 이탈하면 십분위배율은 작아지는 경향이 있다.

32 ② 파레토효율성 개념은 소득분배와는 무관한 탈가치적인 개념이다.
③ 지니계수가 낮을수록 소득분배가 평등하다고 할 수 있다.
④ 사회후생이 극대화되는 점에서 항상 자원배분이 파레토효율적이라 할 수 있다.

33 A국가에서 외국인 노동자들의 모든 근로가 합법화되었을 때 외국인 노동수요의 임금탄력성이 0.5이고 임금이 12% 상승한다면, 외국인 노동자들에 대한 수요는 몇 % 감소하는가?

① 5%
② 6%
③ 9%
④ 12%

34 다음 중 현재의 평균소득과 균등분배대등소득을 이용하여 소득분배상태를 측정하는 방법으로 옳은 것은?

① 소득5분위배율
② 십분위분배율
③ 지니계수
④ 앳킨슨 지수

ANSWER | 33.② 34.④

33 노동수요의 임금탄력성 = 수요량의 변화율(%)/임금의 변화율(%)
0.5 = 수요량의 변화율(%)÷12%이 된다. 이항하면 수요량의 변화율(%) = 0.5×12 = 6이다.
따라서 외국인 노동자들에 대한 수요는 6% 감소하였다.

34 ① 소득5분위배율 : 소득분배의 불평등도를 나타내는 지표의 하나로 전체 가구를 소득수준의 순서에 따라 20%씩 5등분으로 나눈 다음, 소득 상위 20%(5분위) 계층의 평균소득을 소득 하위 20%(1분위) 계층의 평균소득으로 나눈 값이다. 소득 5분위 배율 값이 커질수록 고소득층과 저소득층 간의 소득분배가 악화하였음을 의미한다.
② 십분위분배율 : 전체 인구를 소득수준에 따라 저소득층에서 고소득층 순으로 배열한 후 10% 간격으로 계층을 구분했을 때 십분위 분배율은 최하위 40%의 소득 점유율을 최상위 20%의 소득 점유율로 나눈 값을 말한다. 십분위 분배율을 5분위 분배율, 지니 계수와 함께 한 사회의 소득 분배가 얼마나 불평등한지를 측정하는 지표이다. 십분위 분배율은 이론적으로 0과 2사이의 값을 갖는다. 십분위 분배율은 그 값이 커질수록 평등하다는 것을 의미하는데, 그 값이 0일 경우 최하위 40%의 소득이 전혀 없는 가장 불평등한 사회가 되고, 그 값이 2일 경우 모든 사람들의 소득이 동일해지는 가장 평등한 사회가 된다.
③ 지니계수 : 지니계수란 이탈리아의 통계학자 지니(Gini)가 소득분배상태를 파악하기 위하여 로렌츠곡선의 단점을 보완, 로렌츠곡선이 나타내는 내용을 하나의 단순한 숫자로 표시한 것이다. 소득분배의 불균형 정도가 클수록 소득의 완전균등분배를 나타내는 대각선과 로렌츠곡선 사이의 면적이 넓어지는 데 착안, 대각선과 로렌츠 곡선 사이의 면적을 대각선에 의해 생성되는 직각삼각형의 면적으로 나눈 값을 계산하여 소득 불평등계수로 사용하였는데, 이를 지니계수라 한다. 소득분배가 완전히 균등할 경우 지니계수는 0이 되며 소득분배가 완전히 불균등할 경우에는 1이 된다. 그러므로 지니계수는 0에서부터 1까지의 값을 가지며 그 값이 클수록 소득분배가 불균등함을 의미한다. 지니계수는 가장 널리 쓰이는 소득분배 측정방법이지만 전 계층의 소득분배상태를 하나의 숫자로 나타낼 수 있을 뿐이며 특정 소득계층의 소득분포상태를 나타내지 못한다는 한계를 가지고 있다.
④ 앳킨슨 지수 : 균등분배의 전제하에서 지금의 사회후생수준을 가져다 줄 수 있는 평균소득이 얼마인가를 주관적으로 판단하고 그것과 한 나라의 1인당 평균소득을 비교하여 그 비율을 따져보는 것이다. 앳킨슨지수는 평가자의 주관적 가치판단을 고려하는 지수로 소득분배가 불평등하다고 여길수록 지수가 커진다.

CHAPTER 07 공공경제론

1 다음 중 시장 실패의 원인이라 할 수 없는 것은?

① 독점기업 출현
② 공공재의 무임승차자 문제
③ 외부효과
④ 편익 원칙

ANSWER | 1.④

1 ④ 편익원칙이란 각 납세자가 정부가 제공하는 서비스로부터 얻는 혜택만큼 세금을 내야 한다는 것으로 시장 실패와는 거리가 있다. 소비자들과 생산자들이 자유롭게 경쟁하는 시장에서는 수요와 공급의 원리에 의해 시장 가격이 형성되는데 이처럼 시장 가격은 자원의 희소성을 효율적으로 배분하는 역할을 한다. 그러나 독점기업, 공공재의 무임승차 등이 일어나면 시장이 올바르게 작동하지 못하게 된다.

※ 시장한계와 실패

구분	내용
독점 출현	시장 참여자들 사이에서 자유로운 경쟁이 이루어지지 않으면 시장 실패가 나타나게 된다. 이와 같이 경쟁을 제한하는 대표적인 예로 독과점 기업을 들 수 있다. 독과점 기업은 다른 기업들이 시장에 새롭게 진입할 수 없도록 다양한 장벽을 마련하여 경쟁을 제한한다. 독과점 기업은 이윤을 극대화하기 위해 재화나 서비스의 공급량을 적절히 줄여 나감으로써 시장 가격을 올리려고 할 것이다. 그 결과 시장에서 수많은 공급자들이 경쟁하면서 상품을 공급할 때보다는 훨씬 적은 수의 재화와 서비스가 공급되고 더욱 비싼 가격에 판매를 하는 폐해가 발생하게 되는 것이다.
외부 효과 발생	외부 효과란 어떤 시장 참여자의 경제적 행위가 다른 사람들에게 의도하지 않은 혜택이나 손해를 가져다 주는데도 불구하고 이에 대해 아무런 대가를 받지도, 지불하지도 않는 현상을 말한다. 외부 효과는 다른 사람들에게 긍정적인 영향을 주었는지 아니면 부정적인 영향을 주었는지로 구분할 수 있다. 외부 효과가 나타나는 경우에 개인이 부담하는 비용과 사회 전체가 부담하는 비용이 다르고, 이에 따라 사회 전체적으로 필요한 재화와 서비스의 생산량과 실제 생산량 사이에 차이가 나기 때문에 시장 실패가 발생한다.
공공재의 무임승차	치안, 국방, 보건, 의료, 사회간접자본처럼 여러 사람의 사용을 위해 생산된 재화나 서비스를 공공재라 하는데 이러한 공공재적인 특성을 나타내는 공공재도 무임승차라는 문제점이 있어 시장 실패를 가져올 수 있다. 무임 승차자의 문제란 사람들이 어떤 재화와 서비스의 소비를 통해 일정한 혜택을 보지만, 이런 혜택에 대해 어떤 비용도 지불하지 않는 것으로 생산된 재화나 서비스에 대해 아무런 비용을 지불하지 않기 때문에 시장의 실패가 일어난다고 볼 수 있다.

2 어떤 경제 활동과 관련하여 다른 사람에게 의도하지 않은 혜택이나 손해를 가져다주면서도 이에 대한 대가를 받지도 않고 비용을 지불하지도 않는 상태를 의미하는 것은?

① 독점
② 담합
③ 외부효과
④ 공유자원

3 외부효과란 경제활동과정에서 제3자에게 의도하지 않은 혜택이나 손해를 끼치면서도 그에 대한 대가를 서로 치르지 않는 것을 의미한다. 다음 중 외부효과에 대한 내용으로 옳은 것은?

① 생산의 외부경제가 발생하면 생산물이 사회적으로 바람직한 수준보다 과잉생산된다.
② 생산의 외부불경제가 발생하면 사적 한계비용이 사회적 한계비용보다 커진다.
③ 소비의 외부경제가 발생하면 사적 한계편익이 사회적 한계편익보다 커진다.
④ 소비의 외부불경제가 발생하면 생산물이 사회적으로 바람직한 수준보다 과잉소비된다.

4 생산과정에서 공해와 같은 외부불경제가 발생하는 경우에 대한 설명으로 옳지 않은 것은?

① 완전경쟁기업의 균형산출량 수준에서 제품가격이 사적 한계비용을 초과한다.
② 완전경쟁기업의 균형산출량 수준에서 사회적 한계비용이 사적 한계비용을 초과한다.
③ 코즈는 재산권을 확실하게 함으로써 외부성의 문제를 해결할 수 있음을 주장하였다.
④ 공해방지시설에 대한 정부보조금 지급에 의해 공해발생량을 줄일 수 있다.

✅ **ANSWER** | 2.③ 3.④ 4.①

2 ③ 어떤 경제 활동과 관련하여 다른 사람에게 의도하지 않은 혜택이나 손해를 가져다주면서도 이에 대한 대가를 받지도 않고 비용을 지불하지도 않는 상태를 외부효과라 한다. 외부 효과는 외부 경제와 외부 불경제로 구분된다. 경제활동 과정에서 발생하는 외부효과(External Effects)는 시장실패 원인이 된다. 어떤 경제주체의 행위가 본인 의도와 관계없이 다른 경제주체에게 영향을 미치지만 이에 대해 어떠한 대가를 요구하거나 비용을 지불하지 않는 경우 외부효과가 발생하며, 외부효과에는 해로운 것과 이로운 것이 있다. 해로운 외부효과를 외부불경제라 부르며, 자동차의 배기가스나 소음, 공장의 매연이나 폐수 등이 여기에 해당한다. 반대로 이로운 외부효과를 외부경제라 한다.

3 ④ 환경오염 등 외부불경제가 발생하면 기업이 이를 제거하는 데 필요한 비용을 부담하지 않으므로 사회적 적정수량보다 많이 생산하여 그 결과 과다소비가 이루어진다.

4 ① 완전경쟁시장에서는 수요곡선과 공급곡선이 교차하는 점에서 가격이 결정되므로 균형산출량 수준에서는 제품가격과 사적 한계비용이 같다.

5 A기업의 생산활동이 B기업의 생산활동에 나쁜 영향을 주는 생산의 외부성이 존재한다. 생산의 가격과 사적 한계비용이 같은 점에서 이루어진다. 다음 중 옳은 것은? (단, 소비의 외부성은 배제한다)

① A기업의 사적 한계비용은 사회적 한계편익보다 크다.
② A기업은 사회적으로 바람직한 수준보다 많이 생산하게 된다.
③ A기업의 사적 한계편익은 사회적 한계편익보다 작다.
④ A기업의 생산을 한 단위 줄이면 사회순편익은 감소한다.

6 사람들이 어떤 재화와 서비스의 소비를 통해 혜택을 얻지만 이에 대해 아무런 비용도 부담하지 않으려는 데서 생기는 문제를 나타내는 것은?

① 무임승차 문제　　　　　② 외부효과
③ 유인제공　　　　　　　④ 포크배럴

7 다음 중 시장의 실패에 관한 내용으로 옳은 것은?

① 공공재는 시장실패와 관계가 없다.
② 정부가 적절히 개입하지 못했을 때 발생한다.
③ 시장기구가 자원을 적절하게 배분하지 못하는 현상을 말한다.
④ 완전경쟁시장에서는 일어나지 않고 독점 및 과점하에서만 일어난다.

ANSWER | 5.② 6.① 7.③

5　② 외부비경제를 유발시키는 기업은 정화비용을 부담하지 않으므로 적정수량보다 과다생산한다.

6　① 무임승차란 자발적으로 가격을 지불하지 않고 편익만을 취하고자 하는 심리가 들어있다. 이 같은 심리는 공공재의 특성처럼 그것을 공동으로 소비하고 있는 다른 사람의 효용이 감소되지 않고, 그것의 소비와 사용에 어떤 특정 개인을 제외시키는 것이 어려울 때 생겨난다.
　　국방, 치안, 외교, 소방 등과 같은 공공재는 수많은 사람들에게 혜택을 주기 때문에 반드시 생산되어야 한다. 그러나 공공재의 생산에는 막대한 비용이 드는데도 일단 생산되면 사람들은 아무 대가를 지불하지 않고 소비하려고 할 것이기 때문에 공공재의 생산을 시장기능에 맡겨 놓을 경우 이윤을 목적으로 하는 기업은 공공재를 생산하려고 하지 않을 것이다. 따라서 정부의 개입이 필요해지는 것이다.

7　③ 시장실패는 가격기구가 제기능을 다하지 못하여 자원배분의 효율성이 충족되지 못하는 현상을 말한다. 완전경쟁시장이라 하더라도 외부효과가 발생하면 과다생산·소비, 과소생산·소비가 일어나서 시장실패가 일어난다.

8 다음 중 시장의 실패로 볼 수 있는 것을 모두 고르면?

한국수력원자력 기출변형

> ㉠ 공공장소에서 흡연으로 주위 사람들이 고통을 받고 있다.
> ㉡ 과점시장에 참여하고 있는 기업들은 가격, 판매지역 등과 관련하여 담합한다.
> ㉢ 도로, 가로등, 전기, 통신 등의 생산을 시장에 맡겨 두면 충분한 양의 공급이 이루어지지 않는다.
> ㉣ 지나치게 까다롭고 복잡한 수출입 통관절차로 기업의 물류비용이 증가한다.

① ㉠, ㉡, ㉢
② ㉠, ㉡, ㉣
③ ㉠, ㉢
④ ㉡, ㉢, ㉣

9 시장실패와 정부실패에 관한 설명 중 가장 옳지 않은 것은?

① 상이한 시장실패가 여러 가지 존재할 때는 일부 시장실패만 치유하더라도 항상 후생증대를 가져온다.
② 민간부문과 공공부문으로 구성되어 있는 혼합경제 체제에서 정부의 기능과 역할에 관한 이론적 근거를 제공한다.
③ 1930년대 대공황이 시장실패에 따른 정부개입의 필요성을 인정하는 계기가 되었다.
④ 시장실패를 치유하려는 목적으로 정부가 개입한다고 해서 반드시 사회후생이 증대되는 것은 아니다.

ANSWER | 8.① 9.①

8 ㉠, ㉡, ㉢이 시장실패의 원인으로 볼 수 있다. 정부는 시장의 실패를 보완하기 위해 시장에 개입한다. 실제로 정부의 시장 개입이 자원의 비효율적인 배분을 개선시키는 데 성과를 나타내기도 한다. 또한 현대사회에서는 여러 가지 정부의 기능과 역할이 강화되고 있는 추세이다. 하지만 어떤 경우에는 정부의 시장 개입이 오히려 더 나쁜 결과를 초래하기도 하는데, 이를 정부실패라고 한다. ㉠은 해로운 외부효과이며, ㉡은 담합이라는 독점 문제, ㉢은 공공재 문제이다. ㉣은 정부가 시장에 지나치게 간섭하여 나타나는 정부실패의 원인으로 볼 수 있다. 따라서 각종 제도의 개선을 통해 민간의 경제활동을 제약하는 불필요한 규제를 과감히 완화하거나 철폐를 하여야 정부실패를 막을 수 있다.

9 ① 정부실패(government failure)는 시장실패를 치료하기 위해 정부가 시장에 개입했으나 오히려 정부가 이 기능을 제대로 수행하지 못한 상태를 의미한다.

10 정부실패에 대한 내용으로 틀린 것은?

① 시장실패로 인하여 정부의 시장개입과 규제가 오히려 역효과를 낸 것을 말한다.
② 시장실패의 원인인 정부의 정책에 관한 지식이나 정보가 정확하지 못한 것과 비슷한 원인으로 정부실패가 발생한다.
③ 특정집단의 편들기가 정부실패로 이어질 수 있다.
④ 정부는 민간기업처럼 경쟁을 해야 할 필요가 없기 때문에 노력이 소홀해지면서 정부실패가 나타난다.

11 코즈의 정리에 따르면 외부효과가 있는 경우에도 시장은 자원배분을 효율적으로 달성할 수 있다. 이를 위한 전제조건에 해당한다고 보기 어려운 것은?

① 작은 거래비용
② 명확한 재산권 확립
③ 이해당사자 간의 보상금액에 관한 줄다리기
④ 외부효과의 원인과 결과에 대한 명확한 정보

ANSWER | 10.② 11.③

10 ② 정부실패란 시장실패를 해결하기 위한 정부의 개입이 자원배분의 효율성을 높이기보다 오히려 해치는 상황을 말한다. 정부실패는 정부의 정책에 관한 지식이나 정보가 정확하지 못함으로써 발생한다.
정부에서 일하는 공무원들은 각종 규제를 까다롭게 하여 서비스는 적게 하고, 천천히 함은 물론 자신의 책임까지도 회피하려고 한다. 또한, 경쟁자가 없기 때문에 국민에 대한 서비스의 경비를 자발적으로 절약하고자 하지 않는다. 또한, 정부 기구를 아무리 부실하게 운영하더라도 민간 기업의 경우처럼 부도가 나는 일도 거의 없다. 한편, 시장실패는 독과점 기업 출현, 외부경제, 무임승차가 원인이다.
※ **정부실패**(government failure)
  ㉠ 개념 : 정부실패란 시장실패를 교정하기 위한 정부의 시장개입이 오히려 바람직하지 못한 결과를 초래하는 것을 의미한다. 정부개입으로 인해 자원배분이 그 이전보다 더 비효율적이 되거나 소득분배불공평이 심화되는 현상을 의미한다.
  ㉡ 발생원인

구분	내용
정보의 부족	정보가 부족한 상황에서 정부개입은 의도하지 않은 결과를 가져올 가능성이 있다.
관료제도의 문제	정부정책을 집행하는 관료가 진정으로 국민을 위하는 방향으로 정책을 집행한다는 보장이 없다.
정치과정의 문제	정책시행과정에서 이행당사자 간의 주고받기식 타협이 이루어진다면 정책이 의도하지 않았던 방향으로 흘러갈 수 있다.
민간부문반응의 변화	정부정책을 민간부문이 사전에 예견하고 행동을 변화시킨다면 의도하지 않았던 결과가 나타날 수도 있다.

11 ③ 코즈의 정리에 의하면 외부불경제는 토지 등 자연환경에 대한 재산권(귀속권)이 불분명하기 때문에 발생한다고 한다. 정부가 당사자 중 어느 한 편에 재산권을 부여하면 이해당사자들이 자발적인 협상을 통하여 자원배분을 효율적으로 달성할 수 있다고 하였다.

12 다음 중 완전경쟁시장에서 반드시 이루어진다는 보장이 없는 것은? (단, 외부효과는 없다고 가정하자)

| ㉠ 생산의 효율성 | ㉡ 분배의 공평성 |
| ㉢ 소비의 효율성 | ㉣ 사회의 후생 극대화 |

① ㉠, ㉢
② ㉠, ㉣
③ ㉡, ㉢
④ ㉡, ㉣

13 외부성에 관한 코즈(Coase)정리의 설명으로 옳지 않은 것은?

① 거래비용의 중요성을 강조하고 있다.
② 시장실패를 교정하기 위해 정부가 반드시 개입할 필요는 없음을 시사한다.
③ 거래비용이 없다면 재산권을 누구에게 귀속시키는가에 따라 자원배분의 효율성이 달라진다.
④ 협상을 통해서 외부성을 내부화시킬 수 있다.

ANSWER | 12.④ 13.③

12 ④ 시장가격기구는 자원배분의 효율성을 이루지만 소득분배의 공평성을 이룰 수 없다. 따라서 가격기구 외에 사회후생함수가 주어져야만 분배의 공평성과 사회후생극대화 문제를 해결할 수 있다.

※ 시장실패
  ㉠ 개념: 가격기구의 조절작용으로 자원의 효율적 배분이 이루어질 수 없는 상태로 자원의 효율적 배분이 이루어지더라도 소득분배가 불공평한 상태이다.
  ㉡ 시장실패의 발생원인(미시적 시장실패)
    • 시장의 불완전성으로 가격기구가 제기능을 발휘하지 못한다.
    • 자연독점 등 시장의 경제력 집중현상이 발생한다.
    • 공공재가 존재한다.
    • 외부성(외부효과)이 발생한다.
    • 비대칭정보가 제공된다.
    • 시장이 완전하더라도 소득분배가 불공평할 수 있다.

13 ③ 코즈정리에 의하면 재산권이 부여되면 당사자 간의 자발적인 협의에 의하여 외부성문제가 해결될 수 있다. 이때 재산권이 누구에게 부여되는지는 효율성과는 무관하며, 소득분배에만 영향을 미친다.

※ 코즈의 정리(협상에 의한 해결)
  소유권(재산권)이 명확히 설정되어 있고 거래비용(협상비용)이 무시할 정도로 작다면 외부성에 관한 재산권이 누구에게 귀속되는지에 관계없이 당사자 간 협상을 통하여 효율적인 자원배분을 달성할 수 있다.

14 외부효과의 해결방법 중 하나인 코즈정리를 설명한 것으로 옳지 않은 것은?

① 이해당사자들의 거래비용은 없다고 가정한다.
② 공해협상의 경우 이해당사자를 결정하는 어려움이 있다.
③ 조세 혹은 보조금에 의한 해결방안의 하나이다.
④ 이해당사자들의 재산권이 명확하게 보장될 때 가능하다.

15 甲기업의 생산 활동이 乙기업의 생산 활동에 나쁜 영향을 주는 생산의 외부성이 존재한다. 생산의 가격과 사적 한계비용이 같은 점에서 이루어진다. 다음 중 옳은 것은? (단, 소비의 외부성은 배제한다)

① A기업의 사적 한계비용은 사회적 한계편익보다 크다.
② A기업은 사회적으로 바람직한 수준보다 많이 생산하게 된다.
③ A기업의 사적 한계편익은 사회적 한계편익보다 작다.
④ A기업의 생산을 한 단위 줄이면 사회순편익은 감소한다.

ANSWER | 14.③ 15.②

14 ③ 코즈의 정리(coase theorem)는 외부효과의 경우 개인 간 협상비용이 무시할 정도로 작고 협상으로 인한 소득재분배가 외부효과에 관한 각 개인의 한계효용에 영향을 미치지 않는다면 소유권이 누구에게 귀속되는가에 관계없이 당사자 간의 자발적 협상에 의하여 외부성 문제가 해결될 수 있다는 것을 말한다. 따라서 정부는 외부성 문제에 직접적으로 개입하는 것보다는 당사자 간의 협상이 원활하게 진행될 수 있도록 제도적·행정적 뒷받침을 해주는 데 그 역할이 한정되어야 한다고 본다. 그러나 현실적으로는 협상비용의 과다, 외부성의 측정문제, 거래당사자의 모호성, 정보의 비대칭성, 협상능력의 차이 등으로 코즈정리의 성립에는 한계가 있다. 그리고 코즈정리는 당사자들 간의 자발적 협상에 의해 외부성을 해결하고자 하는 것으로 정부의 직접적 개입을 반대한다.

15 ② '사적 한계비용<사회적 한계비용'이므로 외부비경제를 유발시키는 기업은 정화비용을 부담하지 않으므로 적정수량보다 과잉생산한다.

16 공해배출기업의 사회적 비용과 처방에 대한 다음의 설명 중 옳지 않은 것은?

① 사회적 편익이 사적 편익보다 낮다.
② 사회적 비용이 사적 비용보다 높다.
③ 정부의 규제가 없다면 사적 산출량은 사회적 적정산출량보다 많게 된다.
④ 사회적 적정산출량을 생산하도록 하기 위해서는 공해정화시설에 대해 보조금을 지급하여야 한다.

17 정부가 외부불경제(external diseconomies)가 있는 재화의 생산에 개입하지 않는다면 이 재화는?

① 적게 생산될 것이며, 가격은 낮게 책정될 것이다.
② 과도하게 생산될 것이며, 가격은 높게 책정될 것이다.
③ 너무 적게 생산되며, 가격은 적정수준보다 높게 책정된다.
④ 과도하게 생산되며, 가격은 과도하게 낮게 책정될 것이다.

18 생산과정에서 공해와 같은 외부불경제(external diseconomy)가 발생한다고 가정하자. 만약 완전경쟁기업이 산출량을 결정할 때 이 비용을 고려하지 않는다면 균형산출량 수준에서는 다음의 어떤 관계가 성립되는가? (P : 제품가격, PMC : 사적 한계비용, SMC : 사회적 한계비용)

① P=PMC=SMC
② P=PMC<SMC
③ P=PMC>SMC
④ P=SMC>PMC

✅ **ANSWER** | 16.④ 17.④ 18.②

16 ④ 공해배출기업의 사회적 비용과 처방은 적절한 세율의 오염부과금을 내도록 함으로써 오염발생자로 하여금 사회적으로 보아 가장 적정한 방출량을 자발적으로 선택하도록 유도할 수 있다. 그리고 적절한 유인을 부여해 사적인 이윤을 극대화하고자 하는 행위가 사회적으로도 바람직한 결과를 가져오도록 유도한 셈이다. 결과적으로 사회적으로 적정산출량이 생산되도록 하기 위해서는 외부불경제가 존재하는 경우에는 조세를, 그리고 외부경제의 경우에는 보조금을 지급하여야 한다.

17 ④ 외부불경제가 존재하면 사회적 한계비용(SMC)이 사적 한계비용(PMC)보다 높다. 따라서 사회적으로 바람직한 상태보다 가격은 낮고 산출량은 많다.

18 ② 외부불경제의 비용은 이를 발생시키는 개인공급자가 부담하는 것이 아니라, 사회 전체가 부담한다. 따라서 가격은 개인의 한계비용과 같고(P=PMC) 사회적 한계비용(SMC)은 이보다 높다

19 다음 중 공공재에 대한 설명으로 옳지 않은 것은?

① 여러 사람이 동시에 소비할 수 있다.
② 어느 특정인의 소비를 배제하는 것이 어렵다.
③ 한 사람의 소비가 다른 사람의 소비를 감소시키지 않는다.
④ 정부만이 공급해야 한다.

20 한 국가의 국민은 갑과 을 두 사람뿐이며, 특정 공공재에 대한 이들 각각의 수요함수는 P=15-Q이다. 해당 공공재의 한계비용은 공급규모와 상관없이 10원으로 일정하다. 해당 공공재의 적정 생산 수준은? (단, P는 해당 공공재의 가격, Q는 해당 공공재에 대한 수요량이다)

도로공사 기출유형

① 2단위
② 5단위
③ 10단위
④ 15단위

ANSWER | 19.④ 20.③

19 ④ 공공재는 공급자가 정부나 민간이나 상관없이 소비에 있어서 비배제성(non-excludability)과 비경합성(non-rivalry)이 성립하는 재화를 말한다. 실제로 민간인도 공공재를 공급할 수 있다(개인이 가꾼 정원이나 학교 등).

※ 공공재(public goods)
공공재란 비경합성과 비배제성의 특성을 갖는 재화와 서비스를 의미한다. 대부분의 공공재는 국가, 지방자치단체 등에 의하여 공급되나, 모든 공공재가 정부에 의해서 공급되는 것은 아니다.

구분		배제성	
		성립	불성립
경합성	성립	사용재(민간재) : 빵, 사과, 라면, 호떡	비순수공공재(공동자원) : 낚시터, 공동소유의 목초지
	불성립	비순수공공재 : 한산한 고속도로, 한산한 수영장	순수공공재 : 국방, 법률, 치안, 공중파방송

20 공공재는 비경합성과 비배제성을 가지므로 공공재에 대한 시장 전체의 수요곡선을 구하기 위해서는 개별수요곡선을 수직으로 더해야 한다. 따라서 두 구성원의 수요함수를 수직으로 더하면 시장 수요함수는 P=30-2Q가 된다.
공공재의 적정공급은 구성원의 한계편익의 총합과 한계비용이 같을 때 결정된다. 한계 편익의 총합인 시장 수요함수는 P=30-2Q이고, 한계비용은 10이므로 적정공급은 30-2Q=10을 만족하는 Q=10이다.

21 다음 중 재화의 배제가능성과 경합성에 관한 설명으로 옳지 않은 것은?

① 광화문 사거리 건물옥상에 설치된 대형화면으로 중계되는 월드컵 축구중계는 배제가능성과 경합성이 없다.
② 지하철 구내 소규모 공중화장실은 배제가능성과 경합성이 없다.
③ 붐비지 않는 유료 고속도로는 배제가능성은 있으나 경합성은 없다.
④ 인터넷에 무료로 공개된 폭탄제조법은 배제가능성과 경합성이 없다.

22 공유지의 비극(tragedy of commons)이라는 현상에 관련된 설명으로 옳지 않은 것은?

① 황해의 어족자원고갈이 그 단적인 예이다.
② 공용지 사용과 관련된 개인의 결정이 다른 사람에게 외부성을 일으키게 된다.
③ 여러 사람이 공동으로 사용하려고 구입된 재산이 결국은 한 사람의 수중으로 귀착되는 현상이다.
④ 공동으로 사용하는 자원은 너무나 빨리 고갈되는 경향이 존재하는 현상이다.

ANSWER | 21.② 22.③

21 ② 지하철 구내 소규모 공중화장실은 승차권을 구입하지 않은 사람은 사용할 수 없으므로 배제가능성이 있고, 사람들이 많아질 경우 혼잡이 발생하므로 경합성이 있다.

22 ③ 공유지(common resources)는 소비에 있어서의 경합성은 존재하나, 배제가 불가능한 자원을 의미한다. 예를 들어 어떤 마을에 공동소유의 목초지가 있다면 마을은 누구나 이용할 수 있으므로 배제가 불가능하다. 그런데 개인 A가 사육하는 가축의 수가 늘어난다면 이는 개인 B의 가축사육에 악영향을 미치게 되므로 소비는 경합적이다. 공유지는 누구나 아무런 비용 없이 이용할 수 있으므로 최적수준보다 과도하게 이용되는 경향이 있는데, 이를 공유지의 비극(tragedy of commons)이라고 한다. 기본적으로 공유지의 비극은 어떤 개인이 공유지를 사용하는 것을 배제할 수 없기 때문에 발생한다. 정부가 개입하여 조세 등을 통하여 공유지의 사용에 사용료를 부과하게 되면 공유지가 과다하게 이용되는 공유지의 비극은 어느 정도 줄일 수 있다.

23 다음의 설명을 기초하여 공공재를 정의할 때 공공재끼리 바르게 연결된 것을 고르면?

> • 비경합성 : 다수의 사람이 경합하지 않고 동시 소비할 수 있는 것
> • 비배제성 : 가격을 지불하지 않는다고 하더라도 소비에서 배제되지 않는 것

① 일기예보와 교육
② 국방과 일기예보
③ 교육과 군용자동차
④ 등대와 라면

24 다음은 자원의 최적배분을 위한 정책을 설명한 것이다. 옳지 않은 것은?
① 외부불경제가 존재하는 경우 특별과세를 한다.
② 독점기업에 대한 이윤세의 부과는 자원의 최적배분을 유도한다.
③ 현실적인 자원배분에 대한 연구로서 차선의 이론이 있다.
④ 생산가능곡선상의 모든 점은 생산의 파레토최적점이지만 소득분배의 최적성은 보장되지 않고 있으므로 가격조절을 위한 공정가격정책을 취할 수 있다.

ANSWER | 23.② 24.②

23 ① 비경합성과 비배제성으로 공공재를 정의할 때 개인 소비차원의 교육은 이러한 성격을 갖지 않고 공교육의 경우에도 모두가 함께 사용하는 것은 어느 정도 부정적 영향을 미친다.
③④ 군용자동차, 라면, 과자 등은 다른 사람이 소비하는 경우 다른 사람의 소비가 제한되므로 경합성과 배제성을 모두 갖는다.
※ 공공재의 특성

구분	내용
비경합성 (non-rivalry)	어떤 개인의 공공재 소비가 다른 개인의 소비가능성을 감소시키지 않으므로 공공재를 소비하기 위하여 서로 경쟁할 필요가 없다(공동소비가 가능).
비배제성 (non-excludability)	일단 공공재의 공급이 이루어지고 나면 생산비를 부담하지 않은 개인이라고 할지라도 소비에서 배제할 수 없다. 따라서 무임승차자의 문제가 발생한다.

24 ② 독점기업에 대한 이윤세 부과는 독점이윤을 감소시킬 뿐이며, 생산량을 변화시키지 못하므로 자원배분의 효율화를 유도하지는 못한다.

25 투표거래와 관련된 다음 설명 중 옳지 않은 것은?

① 투표자들이 자신의 선호강도를 반영시키는 하나의 방법이다.
② 공공재의 과다공급을 초래할 가능성이 높다.
③ 합리적인 개인들이 이익을 극대화하고자 하는 일련의 행위이다.
④ 은밀한 표의 거래행위인 투표거래는 사회적인 후생손실을 가져온다.

ANSWER | 25.④

25 ④ 투표거래를 긍정적으로 평가하는 일부 학자들은 시장에서 재화의 자유로운 교환이 효율적인 자원배분을 가져오는 것과 마찬가지로 정치적 의사결정과정에서 투표거래도 공공선택의 효율성을 증대시킨다고 주장한다. 그러나 투표거래를 부정적으로 평가하는 견해에 따르면 일반 대중의 의사와는 전혀 관계없이 공공선택과정에서 특정 그룹에게만 이익이 돌아가는 방향으로 집단적 의사결정이 이루어질 가능성이 있으며, 이는 오히려 사회적인 후생손실을 초래할 수 있다고 주장한다.

※ **투표거래(Logrolling)**
  ㉠ 개념: 투표거래란 다수의 대안이 존재할 때 투표자들이 자신이 가장 선호하는 대안이 선택되도록 하기 위하여 다른 투표자와 협의하여 각각 상대방이 선호하는 대안에 찬성투표를 하는 행위를 말한다. 투표거래는 자신의 선호강도를 반영하려는 투표자들의 전략적인 행동이다.
  ㉡ 장단점
    • 투표거래가 존재하는 경우에는 어느 정도 개인들의 선호강도가 반영되며 사회적인 의사결정이 보다 효율적으로 이루어지는 장점이 존재한다.
    • 사회구성원이 많거나 선택대안이 다양한 경우에는 전략적 행동(투표거래)에 많은 비용이 소요된다.
    • 경우에 따라서는 투표거래에 의하여 오히려 비효율적인 의사결정에 도달할 가능성이 있다.

26 다음 중 비대칭정보에 관한 설명으로 옳은 것은?

① 시장에 참여한 판매자가 구매자보다 해당 상품에 대하여 더 많은 정보를 가지고 있다면 비대칭정보의 경우라 할 수 있다.
② 비대칭정보의 상황은 시장구조가 완전경쟁일 때만 발생한다.
③ 어떤 비대칭정보의 경우에도 시장실패는 발생하지 않는다.
④ 역선택의 문제는 비대칭정보의 상황하에서는 전혀 발생하지 않는다.

27 다음 중 비대칭정보의 상황에서 일어날 수 있는 현상이 아닌 것은?

① 시장에서의 거래규모가 축소되거나 아예 시장이 폐쇄될 수도 있다.
② 자신이 공급하는 상품이 우수하다는 것을 알리는 신호를 보내려고 노력하게 된다.
③ 시장균형은 항상 존재하지만 파레토최적을 만족하지 않을 수도 있다.
④ 정보를 가진 쪽에서는 정보가 없는 쪽을 위하여 최선의 노력을 경주하지 않을 수도 있다.

ANSWER | 26.① 27.③

26 ① 어느 한 편이 갖고 있는 정보를 다른 편이 갖지 못하면 이를 비대칭정보라 한다.
※ 정보의 비대칭성
경제주체들이 보유하고 있는 재화의 특성 등에 관한 정보수준이 서로 다른 경우를 의미한다. 현실경제에서 비대칭정보(asymmetric information)의 상황은 구체적으로 다음 두 가지 중 한 가지의 형태를 취하게 된다.
㉠ 감추어진 특성(hidden characteristics, hidden type)의 형태로 비대칭정보의 상황이 나타날 수 있다. 예를 들어 중고차를 사려고 하는 사람은 시장에 나와 있는 어떤 차를 보고 그것이 괜찮은 차인지 아니면 속으로 골병이 든 차인지 잘 알지 못한다. 즉, 그에게는 사려고 하는 차의 속내용이 하나의 '감추어진 특성'이 된다. 또한 어떤 사람이 보험에 가입하려고 할 때 보험회사 측으로 보아서는 그가 사고를 일으킬 위험성이 높은 사람인지 아니면 낮은 사람인지가 감추어진 특성이 된다.
㉡ 감추어진 행동의 형태로 비대칭정보의 상황이 나타나기도 한다. 예를 들어 고용주는 어떤 근로자가 정말로 열심히 일을 하는지의 여부를 정확히 알기 힘들다. 근로자의 모든 행동을 일일이 관찰할 수 없을 뿐더러 그의 속마음을 읽는 것은 더욱 어려운 일이 아닐 수 없다. 그러므로 근로자가 쏟는 노력의 정보가 고용주에게는 '감추어진 행동'이 된다. 보험에 가입한 사람이 사고 예방을 위해 최선의 노력을 하고 있는지의 여부도 감추어진 행동의 다른 한 예가 될 수 있다.

27 ③ 정보의 비대칭성이란 경제주체들이 보유하고 있는 재화의 특성 등에 관한 정보수준이 서로 다른 경우를 말한다. 그리고 비대칭적 정보하에서는 아예 시장 자체가 존재하지 않게 될 가능성도 있다. 이는 시장균형이 항상 존재하는 것은 아니라는 것이다.

28 정보경제학의 다음 내용 중 올바르지 않은 것은?

① 역선택은 감추어진 특성이, 도덕적 해이는 감추어진 행동이 문제가 된다.
② 역선택의 해결은 신호와 선별로, 도덕적 해이의 해결은 유인체계로 가능하다.
③ 도덕적 해이의 경우 유인체계가 일반적 해결책이나 현실에서 완전히 없애는 것은 거의 불가능하다.
④ 정보비대칭은 정보를 가지지 못한 측이 정보가 하나도 없는 상태를 의미한다.

29 다음 중 비대칭정보(asymmetric information)로 인하여 나타나는 현상이 아닌 것은?

① 독점적 착취　　　　　　　　② 도덕적 해이
③ 역선택　　　　　　　　　　　④ 선별

✅ **ANSWER** | 28.④　29.①

28 ④ 정보비대칭은 정보를 가지지 못한 측이 정보가 하나도 없는 상태를 의미하는 것은 아니다.
　※ 정보의 비대칭성
　　㉠ 개념: 정보의 비대칭성이란 경제적인 이해관계가 있는 당사자들 사이에 정보수준의 차이가 존재하는 상황을 의미한다.
　　㉡ 종류

구분	내용
감추어진 특성 (hidden characteristic)	• 거래당사자 중에서 일방이 상대방의 특성(혹은 거래되는 재화의 품질)에 대하여 잘 모르고 있는 상황, 즉 거래당사자들 사이에 정보수준의 차이가 있는 경우이다. • 감추어진 특성의 상황에서는 역선택이 발생한다. • 감추어진 특성은 거래(계약) 이전에 재화의 품질(특성)을 거래당사자 중 한쪽만 알고 있는 경우를 의미한다. 예 생명보험에서 보험가입자는 보험회사보다 자신의 건강상태를 더 잘 알고 있다.
감추어진 행동 (hidden action)	• 거래당사자 모두에게 영향을 미치는 어느 일방의 행동을 상대방이 관찰할 수 없거나 통제 불가능한 상황을 의미한다. • 감추어진 행동의 상황에서는 도덕적 해이와 주인-대리인 문제가 발생한다. • 감추어진 행동은 거래(계약) 이후에 거래당사자 중 한 쪽의 행동을 상대방이 관찰할 수 없는 경우를 의미한다. 예 화재보험 가입 이후에 보험가입자가 화재예방 노력을 게을리 한다.

29 ① 정보의 비대칭성에 의해 발생하는 대표적인 현상은 역선택과 도덕적 해이가 있다. 그리고 선별은 정보를 갖지 못한 측이 역선택을 해소하기 위하여 노력하는 것을 의미한다. 이 선별의 한 예로는 신입 채용 시에 학력을 제한하는 현상이 있다. 한편 독점적 착취는 생산물시장 혹은 생산요소시장이 불완전경쟁상태이기 때문에 발생하는 현상이므로 정보의 비대칭성과는 무관하다고 할 수 있다.

30 비대칭적 정보상황하의 생명보험시장에서 발생하는 역선택을 줄일 수 있는 방안이 아닌 것은?

① 보험회사측에서 기초공제제도를 도입한다.
② 보험회사측에서 보험가입 희망자의 과거병력을 조사한다.
③ 단체보험상품을 개발하여 단체소속원 모두 강제 가입하게 한다.
④ 보험가입 희망자의 건강상태에 따라 보험료를 차별적으로 부과한다.

31 다음 중에서 신호보내기(signaling)의 사례로 보기 어려운 것은?

① 경영자에게 주식옵션을 주는 것
② 일류대학에 진학하는 것
③ 보험회사가 사옥을 크고 화려하게 짓는 것
④ 신제품을 크게 광고하는 것

ANSWER | 30.① 31.①

30 ① 기초공제제도(initial deduction)는 가령 환자가 의사를 방문할 때마다 환자가 기본요금을 부담하게 하고 이를 초과하는 금액만 보험회사가 부담하는 제도로서 (보험가입 이후의 상황이므로) 도덕적 해이를 방지하기 위한 것이다.
② 정보가 부족한 보험회사가 각종 질병에 걸릴 확률이 높은 사람만 보험에 가입하는 것을 막기 위한 것이므로 선별(screening)의 한 예이다.
④ 건강상태가 양호한 사람에게는 낮은 보험료를 부과하고, 건강상태가 나쁜 사람에게는 높은 보험료를 부과하여 사전적으로 건강상태가 나쁜 사람만 보험에 가입하는 현상을 줄이려는 것이므로 역선택을 줄이기 위한 방법의 하나로 볼 수 있다.

31 ① 신호발송은 정보를 가진 측이 적극적으로 정보를 알리려고 노력하는 것을 말하는데, 신호발송은 역선택을 해소하는 하나의 방안이다. 경영자에게 주식옵션을 부여하는 것은 주주와 경영자 간에 발생할 수 있는 주인-대리인 문제(혹은 도덕적 해이)를 줄이기 위한 수단의 하나이다.
②③④ 일류대학에 진학하는 것은 자신의 능력이 뛰어나다는 것을 보이기 위한 수단으로 사용될 수 있고, 보험회사가 사옥을 크고 화려하게 신축하는 것은 지불능력에 아무런 문제가 없음을 사람에게 알리려는 노력의 일환으로 볼 수 있다. 제품광고는 또한 그 제품의 우수성을 알리려는 노력의 일환이다.

32 비대칭정보의 상황에서 일어날 수 있는 현상이 아닌 것은?

① 악화가 양화를 구축한다는 그레샴의 법칙대로 양질의 상품이 시장에서 사라질 수도 있다.
② 시장에서의 거래규모가 축소되거나 아예 시장이 폐쇄될 수도 있다.
③ 정보를 가진 쪽에서는 정보가 없는 쪽을 위하여 최선의 노력을 경주하지 않을 수도 있다.
④ 시장균형은 항상 존재하지만 파레토최적을 만족하지 않을 수도 있다.

33 주인과 대리인(principal-agent) 간에 흔히 발생하는 문제로 도덕적 해이(moral hazard)가 있다. 이 문제를 줄이기 위한 방안으로 가장 적절한 것을 고른다면?

① 대리인의 노력 수준이 주인으로부터 받는 보수와 직결되도록 한다.
② 대리인이 더욱 많은 정보를 가질 수 있도록 한다.
③ 보수시스템을 월급제로 한다.
④ 도덕성을 강조함으로써 올바른 생활양식을 몸에 배게 한다.

ANSWER | 32.④ 33.①

32 ④ 비대칭정보가 주어질 때 비교적 많은 정보를 가진 자가 상대방을 이용하려 하면 시장거래가 소멸될 수 있다. 따라서 이러한 경우에는 시장균형이 존재하지 않는다.

33 ① 주인-대리인 사이에 발생하는 도덕적 해이는 대리인이 주인의 의지와는 반대로 자신의 이익을 높이기 위해서 이윤을 높이기보다는 매출액을 높이는 등 안전 위주의 전략을 취한다든가, 근무태만 등의 허술한 행동을 보이는 것을 뜻한다. 주인-대리인문제를 해결하기 위해서는 대리인이 열심히 노력하여 많은 이윤을 얻을수록 대리인에게도 많은 보수가 주어지도록 하면 해소될 수 있다.

※ 주인-대리인 문제(principal-agent problem)
  ㉠ 개념: 감추어진 행동이 문제가 되는 상황에서 주인의 입장에서 볼 때 대리인이 바람직스럽지 못한 행동을 하는 현상이다.
  ㉡ 사례

구분	내용
주주와 경영자	최고경영자가 선임되고 나면 굳이 주주의 목표인 이윤극대화를 위하여 노력하지 않는 현상
국민과 정치인	당선된 이후에 국민의 이익을 위하여 노력하지 않는 현상
의뢰인과 변호사	변호사 선임 이후에 의뢰인의 이익을 위하여 노력하지 않는 현상

  ㉢ 발생원인: 대리인이 주인의 목적을 달성하기 위하여 노력할 유인(incentive)이 없기 때문이다.
  ㉣ 해결방안: 대리인이 주인의 이익을 극대화하도록 행동하는 것이 대리인 자신에게 유리하도록 보수체계를 설계하는 것을 유인설계(incentive design)라고 한다.

34 ㈜ 왕창이 직장의료보험 가입을 개개인의 결정에 맡겼더니 아직 결혼하지 않은 젊은 직장인들은 모두 가입하지 않았다. 그로 인해 직장의료보험의 운영난에 시달리던 ㈜ 왕창은 모든 사원이 의무적으로 의료보험에 가입해야 한다고 통보했다. 다음 중 옳은 것은?

① 젊은 직장인들이 의료보험을 가입하지 않는 것은 가격수용자가 되려고 하기 때문이다.
② 의무적 가입을 통보한 것은 무임승차자문제를 해소하기 위함이다.
③ 젊은 직장인들이 직장의료보험에 가입하지 않은 것은 도덕적 해이이다.
④ 의무적 가입을 통보한 것은 역선택을 해소하기 위함이다.

35 은행들은 대출 시에 기업에 대한 신용평가를 하고 신용등급이 낮은 기업에 대해서는 보다 높은 금리를 요구하고 신용등급이 높은 기업에 대해서는 상대적으로 낮은 금리를 적용한다. 그러나 많은 경우 신용등급이 낮은 기업에 대해서는 높은 금리를 요구하기보다는 아예 대출을 거부하는 경우가 많다. 이러한 행태를 신용할당이라고 한다. 은행이 금리를 높게 받기보다 대출을 거부하는 신용할당의 행태를 보이는 이유에 대한 설명으로 옳지 않은 것은?

① 일정 금리 이상을 요구할 때 안전한 투자를 선호하는 기업들이 투자를 포기할 가능성이 커진다.
② 금리가 높아질수록 위험이 높은 기업들이 대출을 받게 되는 경향이 높아지는 것을 도덕적 해이(moral hazard)라고 한다.
③ 대출시장에서의 정보가 완전하다면 신용할당이 발생하지 않는다.
④ 신용할당이 존재할 때 은행의 대출공급곡선은 후방굴절형태를 갖는다.

ANSWER | 34.④ 35.②

34 ④ 정보가 비대칭적인 상황에서 모든 사람들에게 동일한 보험료를 부과하면 보험금을 지급받을 가능성이 많은 사람들만 보험에 가입하는 현상이 발생한다. 이를 역선택이라 한다. 그리고 모든 사원에게 강제로 보험에 가입하도록 하면 병원을 자주 이용하는 사람들만 주로 보험에 가입하게 되는 역선택 문제는 해소된다.
※ 역선택(adverse selection)
정보가 비대칭적으로 분포된 상황에서 정보를 갖지 못한 측의 입장에서 볼 때 바람직하지 못한 상대방과 거래를 할 가능성이 높아진다. 이런 현상이 나타났을 때 역선택이 일어났다고 말한다.

35 ② 금리가 높아질수록 보다 위험이 높은 기업들이 대출을 받게 되는 경향이 높아지는 현상은 역선택이다.

36 아래에서 설명하는 내용과 관계되는 것을 모두 고르면?

> 주식회사 연상기업의 대표는 회사의 이윤이 높아지기를 희망하고 있다. 반면 연상기업의 사원들은 아침에 출근하여 자신이 할 일만을 대충 끝낸 후 신문과 인터넷을 통해 주말에 무엇을 할지 계획하며 일과를 보내는 것을 최고의 인생목표로 삼고 있다. 대표이사는 이런 기업문화를 청산하고 이윤을 높이기 위하여 인터넷 사용시간 제한·직원 출입증 배부를 통한 출퇴근 업무시간 관리 등을 골자로 하는 직원 관리혁신안과 성과급 도입 방안을 검토 중이다.

㉠ 비대칭 정보 ㉡ 숨은 특성
㉢ 숨은 행동 ㉣ 주인–대리인 문제
㉤ 빛 좋은 개살구 ㉥ 감시·감독의 문제

① ㉠, ㉡, ㉤
② ㉠, ㉢, ㉣
③ ㉢, ㉣, ㉥
④ ㉠, ㉢, ㉣, ㉥

37 다음 중 정보의 비대칭 문제로 인해 발생하는 도덕적 해이로 볼 수 없는 것은?

인천국제공항공사 기출변형

① 김대리가 근무시간에 주식투자를 한다.
② 자동차보험에 가입한 후 운전을 할 때 조심성이 낮아졌다.
③ 고객이 맡긴 자금을 이용하여 증권회사 직원이 위험이 높은 투자행위를 한다.
④ 사고 난 차를 수리하여 무사고 차량으로 위조한 후 중고차시장에서 판매한다.

✅ ANSWER | 36.④ 37.④

36 보기에 제시된 ㉠~㉥은 모두 시장실패와 관련된 것들이다. 이 중에서 ㉠, ㉡, ㉤은 역선택(adverse selection)과 관련이 있고, ㉠, ㉢, ㉣, ㉥은 도덕적 해이(moral hazard)와 관련된다. 제시문은 도덕적 해이의 사례에 해당한다.

37 필요한 정보를 얼마나 가지고 있는가의 차이를 정보의 비대칭성이라고 한다. 도덕적 해이는 대리인이 사용자를 위해 어떤 임무를 수행할 때 발생하는 문제이며 사용자가 대리인의 행동을 완벽하게 감시할 수 없을 때, 대리인은 사용자가 원하는 수준만큼 열심히 일하지 않는 경향이 발생한다. 역선택은 시장에서 판매자가 파는 물건의 속성에 대해 구매자보다 많은 정보를 가지고 있을 때 발생하는 문제로 판매자가 품질이 낮은 물건을 구매자에게 판매할 가능성이 있다. 이는 곧, 정보가 부족한 구매자의 입장에서는 불리한 물건을 선택한다는 것이다. 도덕적 해이와 역선택은 모두 정보의 비대칭에서 발생하는 현상이지만 그 시점에 따라 구분된다. 역선택이 정보의 비대칭에서 생기는 거래 이전 단계에서 문제라면 도덕적 해이는 거래 이후 단계에서 발생하는 정보비대칭의 문제이다. 따라서 ④는 역선택에 해당한다.

38 다음의 글을 바탕으로 하여 설명한 것 중 적절하지 않은 것은?

> 옆집 미미가 치는 피아노 소리는 지은이를 불편하게 한다. 미미가 피아노를 쳐서 얻는 효용을 화폐 가치로 환산하면 10,000원이고, 지은이 그 소리 때문에 잃는 효용은 5,000원이다. 법원은 지은에게 조용히 휴식을 취할 권리가 있다고 인정하였다.

① 미미가 피아노를 치는 것은 지은에게 외부효과를 미치고 있다.
② 미미가 피아노를 치기 위해 지은에게 지불해야 하는 최소 금액은 5,000원이다.
③ 지은이 미미에게 피아노를 칠 수 있는 조건으로 받을 수 있는 최대 보상 금액은 10,000원이다.
④ 미미가 지은에게 7,500원을 지불하고 그 대가로 미미가 피아노를 치는 것은 두 사람 모두에게 동일한 액수만큼 이득이 되는 거래이므로 이 금액이 가장 적절한 지불 액수다.

39 외부성에 관한 코즈정리(Coase theorem)의 설명으로 가장 옳지 않은 것은?

① 협상을 통해서 외부성을 내부화시킬 수 있다.
② 이해당사자들의 거래비용은 거의 없다고 가정한다.
③ 이해당사자들의 재산권이 명확하게 보장될 때 가능하다.
④ 시장실패를 교정하기 위해 정부가 개입할 필요는 있음을 시사한다.

✓ **ANSWER** | 38.④ 39.④

38 ④ 두 사람 간의 거래는 5,000원에서 10,000원 사이의 경우 동일한 +5,000원의 이득을 나누는 것일 뿐이지 그 중 어느 가격이 사회적으로 효율적이라고 말할 수는 없다.
① 코즈정리(Coase theorem)에 관한 문제다. 미미가 피아노를 치는 것은 지은을 불편하게 하므로 외부효과를 갖고 있다.
② 피아노를 치는 것은 미미에게 10,000원의 정(+)의 가치에 해당되고 지은에게는 5,000원의 부(-)의 가치에 해당된다. 따라서 미미가 일정액의 보상금을 지은에게 지불하고 피아노를 치고자 한다면 최소 5,000원을 지불해야 한다. 왜냐하면 지은의 외부효과는 -5,000원이므로 5,000원 미만의 보상금은 받으려 하지 않을 것이기 때문이다.
③ 지은의 경우, 미미가 피아노를 치도록 허락하고 미미에게서 받을 수 있는 금액은 최대 10,000원이다. 미미가 피아노를 치는 것에서 얻는 효용은 10,000원이므로 그 이상을 받을 수 없기 때문이다.

39 코즈정리는 소유권(재산권)이 명확히 설정되어 있고 거래비용(협상비용)이 무시할 정도로 작다면 외부성에 관한 재산권이 누구에게 귀속되는지에 관계없이 당사자 간 협상을 통하여 효율적인 자원배분을 달성할 수 있다는 것이다. 따라서 정부는 외부성문제에 직접적으로 개입하는 것보다 당사자 간의 협상이 원활하게 진행될 수 있도록 제도적·행정적 뒷받침을 해주는데, 그 역할을 한정시켜야 한다고 본다.

02
거시경제

시험에 2회 이상 출제된 필수 암기노트

02 거시경제

1. 국민소득과 GDP

국민소득이란 한 나라의 생산물의 흐름의 가치를 어느 일정기간을 두고 집계한 것들을 의미한다.

① **국내총생산**(GDP : Gross Domestic Product) : '가계, 기업, 정부'라는 경제주체가 한 나라에서 생산해 낸 것을 돈으로 계산해서 합한 것

② **국민총소득**(GNI : Gross National Income) : 1년 동안에 한 나라 국민이 벌어들인 소득을 합한 것

✓ 국내총생산(GDP)은 일정 기간 동안이므로 유량 개념이 포함되며 영토를 기점으로 한 속지주의 개념이 포함된다. 따라서 국경 내에서의 생산이라면 생산의 주체가 자국인인지 외국인인지는 고려하지 않는다.
- GDP는 최종생산물에 대한 가치이므로 중간생산물은 GDP집계에 포함되지 않는다.
- 주부의 가사업무는 GDP에서 제외되나 가사도우미의 가사업무는 GDP에 포함된다.
- 주택을 새로 건설한 것은 GDP에 포함되나 기존의 주택을 제3자에게 판매한 것은 GDP에 포함되지 않는다.

Q 실전문제 _ 01 SH공사 기출변형

다음 중 GDP 개념과 관련하여 옳은 설명을 모두 고르면?

㉠ 일정기간 동안 국내에서 새로이 생산된 최종생산물의 시장가치를 모두 더한 것이다.
㉡ GDP는 일정기간 동안 측정되므로 유량변수이다.
㉢ 국내의 외국인 기업의 생산도 GDP에 산정된다.
㉣ 가계의 새로 건축된 주택의 구입은 가계소비에 해당한다.
㉤ 자가주택으로부터의 주거서비스는 GDP에 산정되지 않는다.
㉥ 가사서비스 생산은 시장에서 생산된 것이 아니므로 GDP에 산정되지 않는다.
㉦ 빈곤층을 위한 정부 보조금 지출은 GDP 산정에 포함되지 않는다.
㉧ 연말까지 팔리지 않은 중간재 생산량은 GDP 산정에 포함되지 않는다.

① 3개 ② 4개
③ 5개 ④ 6개
⑤ 7개

✓ 가계가 새로 신축된 주택을 구입에 지출한 금액은 소비지출이 아니라 국내 총투자로 집계된다. 자가주택에서 얻는 서비스의 가치인 귀속임대료는 시장에서 거래되지 않지만 GDP에 집계된다. 원칙적으로 중간생산물은 GDP에 집계되지 않지만 예외적으로 연말까지 팔리지 않은 중간생산물은 일단 최종생산물로 간주되어 GDP에 집계된다.

답 ③

✓ GDP갭 = 잠재GDP - 실제GDP
- 실제GDP : 한 나라 국경 안에서 실제로 생산된 모든 최종생산물의 시장가치
- 잠재GDP : 한 나라에 존재하는 노동과 자본 등의 모든 생산요소를 정상적으로 고용할 경우 달성할 수 있는 최대의 GDP

✓ GDP디플레이터 = $\frac{비교연도의\ GDP}{기준연도의\ GDP} \times 100$

✓ 디플레이션 갭(deflation gap)
완전고용국민소득보다 낮은 균형소득 아래서 완전고용국민소득의 달성에 필요한 총수요(유효수요)의 부족분. 디플레이션 갭만큼 총수요를 증가시키면 완전고용이 달성된다.

✓ 고전학파의 화폐수량설
- 교환방정식 : 일정 기간 동안의 총 거래액(PT)과 일정 기간 동안의 총 지출액(MV)은 항상 일치한다. 따라서 교환방정식은 항등식이다. $MV = PT$
- 일반적인 교환방정식 : 거래량(T)은 국민소득(Y)에 비례하므로 원래의 교환방정식의 T를 Y로 대체하면 다음과 같이 나타낼 수 있다. $MV = PY$
- 물가이론 : 교환방정식에서 Y와 V가 일정하므로 M이 증가하면 P가 정비례하여 상승한다.

✓ 케인즈 단순모형 가정
㉠ 경제에 잉여생산능력이 존재한다.
㉡ 충분한 잉여생산능력을 보유하고 있으므로 수요가 증가하더라도 물가는 고정되어 있다고 가정한다.
㉢ 소비는 소득의 함수이며, 한계소비성향은 0과 1 사이이다.
㉣ 기업의 투자지출, 정부지출, 순수출이 모두 외생적으로 주어진다.

✓ 절약의 역설(paradox of thrift)
케인즈는 사람들이 저축을 더 많이 하면 할수록 국가 전체로서는 반드시 저축이 증가하지는 않는다고 지적하였다. 즉, 가계가 미래소득을 증가시키는 방법은 장래소비를 더욱 증대시키기 위하여 현재소비의 일부를 저축하는 것이다. 가계가 저축하는 가장 근본적인 동기는 생산자원을 더 많이 축적시켜 미래소득을 증대시키려는 것이다.

✔ 공급중시 경제학

스태그플레이션 상황 하에서 확대정책을 실시했을 때 물가만 오르고 소득은 오르지 않아 총수요확대정책이 실효를 거두지 못했다. 이에 공급중시 경제학파는 공급을 늘림으로써 물가를 안정시키고 생산과 고용을 확대시킬 것을 주장하였다.

• 정책수단
- 세율을 낮춰서 비용부담을 줄이면 생산과 공급이 증가한다.
- 소득재분배 제도를 축소, 철폐함으로써 비용부담을 줄이고 노동의욕을 높인다.

✔ 오스트리아 학파

국가가 경제에 개입하면 합리적인 가격결정을 하지 못하게 되어, 전체주의가 되고 노예(예종)의 길로 들어서게 된다고 하여 정부 개입을 극단적으로 배격한다. 화폐와 신용 부분의 불균형과 비생산적인 부분으로 자금이 이동하여 경기변동을 촉발한다고 주장한다.

❷ 케인즈의 절대소득가설

① **가정**
- 소비의 독립성 : 특정 개인의 소비는 자신의 소득에 의해서만 결정되며, 타인의 소비행위와는 독립적이다.
- 소비의 가역성 : 소비지출이 소득수준에 따라 자유롭게 변화한다.

② **내용**
- 소비함수 : $C = C_0 + CY$
- 한계소비성향은 0과 1 사이 : 소득이 증가하면 소비도 증가하나 증가된 소득의 일부만 소비된다.
- 소비함수가 소비축을 통과하므로 소득이 증가할수록 소비함수에서 원점으로 연결한 직선의 기울기로 측정되는 평균 소비성향이 감소한다($APC > MPC$).

✔ 쿠츠네츠(Kuznets)의 실증분석
- 횡단면분석 : 소득수준이 높을수록 APC가 감소한다.
- 단기시계열분석 : 호황기에는 APC가 낮고, 불황기에는 APC가 높다.
- 장기시계열분석 : 장기에는 APC가 일정하다.
- 의미
  - 단기에 있어서 $APC > MPC$라는 것은 단기소비함수가 소비축을 통과하는 직선의 형태임을 의미한다.
  - 장기에는 $APC = MPC$이므로 장기소비함수는 원점을 통과하는 직선의 형태이다.
  - 소득이 증가함에 따라 단기소비함수가 상방으로 이동한다.

③ 절대소득가설에 의한 소비함수의 특징

- 소득이 증가하면 소비지출도 증가하지만 소비의 증가는 소득의 증가보다 작다. 0<MPC<1이다.
  즉, 소득이 증가하면 소비와 함께 저축도 증가한다는 것이다. 소득증가분의 일부는 소비의 증가로, 그리고 나머지는 저축의 증가로 처분된다.
- 소득이 증가하면 소득 중에서 소비가 차지하는 비율, 즉 APC가 감소한다.

> (사례) 상금 50만 원을 받았다고 가정하면 절대소득가설 하에서 상금 50만 원으로 인한 소득증가는 소비를 증가시킨다. 그러나 한계소비성향이 1보다 작으므로 50만 원보다는 적게 증가한다.
> 항상소득가설에서 50만 원의 상금은 임시소득의 증가이므로 소비는 이에 거의 영향을 받지 않는다.

- 소득이 증가하면서 한계소비성향은 감소한다. 즉, 소비함수가 원점에 대하여 오목한 형태로 나타난다.

④ 프리드만(Friedman)의 항상소득가설

① 항상소득과 임시소득
- 항상소득(Y_p) : 정상적인 소득흐름으로 볼 때 확실하게 기대할 수 있는 장기적인 기대소득으로 어떤 개인이 자신의 인적 자산과 금융자산에서 매기마다 발생하리라고 예상하는 평균수입을 의미한다. 일반적으로 현재 및 과거의 소득을 가중평균하여 구한다(적응적 기대).
- 임시소득(Y_t) : 비정상적인 소득으로 예측 불가능한 일시적인 소득이다. 단기적으로는 (+) 혹은 (−)이나 장기적으로는 평균이 0이다.

② 소비의 결정요인
  실제소비는 주로 항상소득(Y_p)에 의하여 결정되며, 임시소득(Y_t)은 소비에 별로 영향을 미치지 않는다. 그러므로 임시소득의 변화는 저축에 큰 영향을 미친다.

⑤ 안도-모딜리아니의 생애주기가설

소비자는 일생동안 일정한 소비를 유지하기 위해 소비에 비해 소득이 적은 유년기와 노년기에 (−)저축을 하고, 소비에 비해 소득이 많은 중년기에는 (+)저축을 한다는 것이다.

6 듀젠베리의 상대소득가설

- 소비의 상호의존성 : 다른 사람의 소비형태와 자신의 과거 소비습관에 의해서 영향을 받음
- 단기 소비함수는 APC>MPC, 장기소비함수는 APC=MPC
- 소비함수의 비대칭성 : 다른 사람의 소비에 영향을 받기 때문에(전시효과), 소득이 감소해도 소비는 감소하지 않는 형태(톱니효과)를 보인다.

> **Q 실전문제 _02** 수자원공사 기출유형
>
> 소비이론에 관한 설명으로 옳지 않은 것은?
> ① 항상소득가설에 따르면 항상소득의 한계소비성향이 임시소득의 한계소비성향보다 크다.
> ② 상대소득가설은 소비의 가역성과 소비의 상호의존성을 가정한다.
> ③ 케인즈의 소비함수에 따르면 평균소비성향은 한계소비성향보다 크다.
> ④ 생애주기가설에 따르면, 소비는 일생동안의 소득의 흐름에 의해서 결정된다.
> ⑤ 쿠즈네츠(Kuznets)의 실증분석에 따르면, 장기에는 평균소비성향이 한계소비성향과 동일하다.
>
> ✓ 상대소득가설은 사람들의 소비가 자신의 절대적인 소득수준보다는 다른 사람들의 소득수준이나 자신의 서로 다른 시점 간 소득을 비교한 상대소득에 의해 결정된다는 가설이다. 자신의 소득만이 아니라 다른 사람의 소득과 비교하여 소비를 결정하는 것을 전시효과(소비의 상호의존성)라고 하며, 소비 수준이 일단 올라가면 다시 쉽게 내려가지 않아(소비의 비가역성) 과거의 최고 소득수준에 영향을 받는 것을 톱니효과라고 한다.
>
> 답 ②

✓ **임의보행가설(취중보행가설, random walk)**
주가와 같은 예측 불가능한 자산가격의 변화는 과거의 변화나 어떤 패턴에 제약을 받지 않고 독립적으로 움직인다는 가설

7 피셔의 가설(Fisher hypothesis)

피셔 가설에 따르면 '명목이자율 = 실질이자율 + 예상인플레이션'으로 나타낼 수 있으므로 인플레이션율이 상승하면 실질이자율이 아니라 명목이자율이 상승한다. 실질변수가 통화량과 무관하게 결정되는 것을 화폐의 중립성(neutrality of money)이라고 한다.

① **순현재가치법**(NPV : Net Present Value)
투자로 인해 발생하는 현금흐름의 유입액을 현재가치로 할인하여 모두 더한 값에서 투자금을 차감한 것을 순현재가치라고 부르며, 이러한 순현재가치를 이용하여 투자안을 평가하는 것이 순현재가치법이다.

② **내부수익률**(IRR: Internal Rate of Return) : 투자의 순현재가치가 0이 되게 하는 할인율

즉, 투자비용과 투자로부터 얻는 수입의 현재가치가 같아지도록 만드는 할인율을 의미한다. 내부수익률은 일종의 투자의 순수익률에 해당한다. 내부수익률을 계산한 후 기준이 되는 이자율과 이를 비교해서 투자의 내부수익률이 기준이자율보다 높으면 투자를 행하도록 결정하는 것이 내부수익률법이다. 여기서 기준이자율은 어느 투자이건 적어도 그 이상의 수익률은 보장해야 한다는 일종의 최저수익률이다.

Q 실전문제 _ 03 　　　　　　　　　　　　　　　　　　　　　　　　　한국주택금융공사 기출유형

피셔효과(Fisher effect)에 대한 설명으로 옳지 않은 것은?

① 실질이자율이 변화하지 않을 때 성립한다.
② 인플레이션율이 변화하면 명목이자율도 같은 폭으로 변하는 현상을 의미한다.
③ 통화당국은 피셔효과에 근거하여 실질이자율을 결정함으로써 통화정책을 수행한다.
④ 상대적으로 단기보다는, 예상 인플레이션율이 실제 인플레이션과 같이 움직이는 장기에 성립한다고 볼 수 있다.

✔ 통화정책은 1차적으로 명목이자율을 결정하는 것이기 때문에 통화당국은 실질이자율을 직접적으로 결정할 수는 없다. 피셔효과는 실질이자율이 일정한 것을 전제로 하기 때문에 피셔효과에 근거하여 실질이자율을 결정한다는 것도 올바르지 못한 내용이다.

답 ③

---

8 토빈의 q(Tobin's q) 이론

주식시장에서 평가된 기업의 시장가치를 기업 실물자본의 대체비용(순자산가치)으로 나눈 것을 의미하며, 설비투자의 동향을 설명하거나 기업의 가치평가에 이용된다.

$$q \text{ 값의 정의} = \frac{\text{주식시장에서 평가된 기업의 시장가치}}{\text{기업의 실물자본대체비용}}$$

✔ **투자결정**

구분	내용
q > 1	(주식시장에서 평가된 기업의 시장가치) > (기업의 실물자본의 대체비용) → 투자증가
q = 1	(주식시장에서 평가된 기업의 시장가치) = (기업의 실물자본의 대체비용) → 투자불변
q < 1	(주식시장에서 평가된 기업의 시장가치) < (기업의 실물자본의 대체비용) → 투자감소

> **Q 실전문제 _ 04**　　　　　　　　　　　　　　　　　　　　　　　SH공사, 전력거래소 기출유형
>
> 토빈의 q(Tobin's q)에 대한 설명으로 옳지 않은 것은?
>
> ① 토빈 q의 값은 기업의 실물자본의 대체비용(replacement cost)을 주식시장에서 평가된 기업의 시장가치로 나누어서 계산한다.
> ② 기업의 수익성, 경제정책 등 미래에 대한 기대가 투자에 큰 영향을 미친다는 것을 강조한다.
> ③ 주가변화와 투자변화 간에는 밀접한 관계가 있음을 강조한다.
> ④ 토빈은 q가 1보다 크면 기업이 투자를 확대한다고 주장한다.
> ⑤ 자본조정비용을 고려할 경우 감가상각률이 증가하면 투자는 감소한다.
>
> ✔ 토빈의 q이론에서는 신고전학파의 투자이론에서 언급한 자본의 사용자비용을 원용하여, '토빈 q비율=기업의 시장가치(시가총액)/기업 실물자본의 대체비용(순자산가치)'으로 정의하여 이 값이 1보다 크면 투자를 늘린다고 하였다.
>
> 답 ①

❾ 투자의 한계효율(MEI)곡선

① **MEI곡선의 도출** : 다수의 투자안이 존재하면 각 투자안에 대하여 투자의 한계효율계산이 가능하다. 투자의 한계효율이 가장 큰 투자안부터 나열하면 우하향의 MEI곡선이 도출된다.

② **투자의 결정** : m > r이면 투자 결정. 투자는 이자율의 감소함수이다.

③ **MEI곡선의 이동** : 기업가의 경기전망기대가 낙관적, 투자 비용감소, 기술진보→MEI상승→MEI곡선 상방이동

✔ **케인즈의 내부수익률법**
　㉠ 개념 : 내부수익률(투자의 한계효율)과 이자율을 비교하여 투자를 결정한다는 케인즈의 투자결정 이론
　㉡ 투자의 한계효율
　　• 투자비용과 투자로부터 얻게 되는 수입의 현재가치가 같아지는 할인율로 다음의 식을 만족하는 m값을 의미한다.

$$C = PV = \frac{R_1}{(1+m)} + \frac{R_2}{(1+m)^2} + \cdots\cdots + \frac{R_n}{(1+m)^n}$$

　　• 투자비용 C는 객관적으로 주어진 값이므로 투자의 한계효율(m)의 크기는 예상수입(R_1, R_2, ⋯, R_n)에 의존한다.
　　• 예상수입의 크기는 기업가의 장래에 대한 기대에 의존하므로 m값은 기업가의 예상에 의하여 결정
　　• 투자결정의 원리
　　　m > r이면(NPV > 0) 투자 증가, m < r 이면(NPV < 0) 투자 감소, m=r이면 투자 중단

✔ **가속도의 원리(acceleration principle)**
유발투자를 가정하여 소득 혹은 소비변화가 발생할 때 투자가 훨씬 더 급속히 변화하는 경우를 설명하는 이론. 유휴시설이 존재하면 소득이 증가할 경우 기존의 유휴설비를 사용하게 되므로 유발투자가 일어나지 않는다.

⑩ 통화지표

① **M1(협의의 통화)** : 가장 일반적인 지불수단인 민간보유 현금과 은행의 요구불예금(예금주의 요구가 있을 때 언제든지 지급할 수 있는 예금)의 합계를 가리킨다. 즉, M1은 현재 가지고 있는 현금처럼 지급을 요구하면 바로 빼 쓸 수 있는 요구불예금, 수시 입출식 저축성예금 등의 양을 의미하는 것이다.

② **M2(총통화)** : M1에 저축성예금과 거주자외화예금을 합계한 것을 말한다. 여기서 저축성예금이란 이자율은 높으나 약정기간이 경과해야 현금 인출이 가능한 예금을 말하며, 거주자외화예금은 우리나라 사람이 가진 외화를 예금한 것을 의미한다. M2는 시중 유동성을 가장 잘 파악할 수 있는 지표로 활용된다.

③ **Lf(금융기관유동성)** : 과거 M3라고 불렀던 것으로 M2에 만기 2년 이상 장기 금융상품과 생명보험 계약준비금, 증권금융 예수금을 더했다. M2에 비해 만기가 길어 저축의 성격도 강하지만 필요하면 쉽게 현금화할 수 있다는 공통점이 있다.

④ **L(광의유동성)** : 가장 넓은 의미의 지표로 정부와 기업이 발행한 각종 채권과 어음 등이 총망라된다. 금융기관이 공급하는 유동성만을 포괄하고 있는 Lf를 포함한 한 나라 경제가 보유하고 있는 전체 유동성의 크기를 재는 지표다.

✔ **본원통화(High-Powered Money, Money Base)**
- 중앙은행인 한국은행이 지폐와 동전 등 화폐발행의 독점적 권한을 통해 공급한 통화
- 본원통화를 조절하면 시중통화량이 조절되기 때문에 통화관리수단으로 이용
- 본원통화 구성 : 현금통화 + 지급준비금 = 현금통화 + (시재금 + 지준예치금)
  = (현금통화 + 시재금) + 지준예치금
  = 화폐발행액 + 지준예치금
- 예금은행 조직으로 흘러 들어간 본원통화는 신용창조과정을 통하여 그 몇 배에 해당하는 예금통화를 창조한다. 이러한 뜻에서 본원통화를 고성능화폐라고 한다.

✔ 리디노미네이션(Redenomination)

리디노미네이션은 화폐단위를 변경하는 것으로, 통용되는 모든 지폐와 동전의 액면을 1,000 대 1 또는 100 대 1 등과 같이 동일한 비율의 낮은 숫자로 변경하는 것을 뜻한다. 리디노미네이션을 단행할 경우 실질적인 의미에서 가치가 변동하거나 자산 규모가 줄어드는 것은 아니므로 리디노미네이션은 돈의 여러 가지 기능 중에서 가치척도 기능인 표시 단위를 변경하는 정책이라고 할 수 있다.

✔ 통화승수

본원통화 1단위가 이의 몇 배에 달하는 통화를 창출하였는가를 나타내는 지표로 통화량을 본원통화로 나누어 산출한다.

통화승수 $m = \dfrac{1}{c+z(1-c)}$ 로 나타낼 수 있는데, 지급준비율이 100%라면 현금통화비율(c)은 0이고, z = 1 이므로 통화승수는 m=1이 된다. 보통의 경우에는 통화승수가 1보다 큰데, 그 이유는 은행의 신용창조가 이루어지기 때문이다. 본원통화는 통화승수에는 영향을 미치지 않는다. 현금통화비율(c)이 높아지거나 지급준비율(z)이 높아지면 통화승수는 작아진다.

⑪ 통화정책 수단

구분	내용
공개시장조작	한국은행은 공개시장조작을 통해 금융기관 간 일시적인 자금 과부족을 조정하는 콜시장의 초단기금리 (콜금리)가 '한국은행 기준금리' 수준에서 크게 벗어나지 않도록 유도하고 있다. 이와 함께 한국은행은 금융 불안 시 공개시장조작을 활용하여 시중에 유동성을 확대 공급하는 등 금융시장 안정을 도모하는 기능도 수행한다. 한국은행의 공개시장조작은 증권매매, 통화안정증권 발행·환매, 통화안정계정 예수 등 세 가지 대표적인 형태로 이루어진다.
지급준비제도	일반 은행은 예금자의 인출 요구에 언제나 응할 수 있도록 예금의 일정 비율을 지급 준비금으로 한국은행에 예치하여 보유하도록 되어 있다. 지급준비율정책은 지급 준비금의 비율을 인상 또는 인하하여 통화량을 조절하는 정책이다. 시중에 돈의 양이 많을 때에는 지급 준비율을 인상시켜 은행의 대출 여유자금을 감소시키고, 적을 때에는 지급준비율을 인하함으로써 은행의 대출 여유자금을 증가시켜 통화량을 증가시킨다.
여·수신정책	한국은행이 금융 기관을 대상으로 예금 수신 및 대출을 통해 자금의 수급을 조절하는 정책을 말한다. 통화 정책의 운용 목표로 단기 시장 금리를 채택하면서 안정적인 목표 관리를 위해 여유 자금을 흡수하기 위한 수단으로 예금 제도를 운영하고 있다는 점에서 대출 정책보다는 여·수신 정책으로 사용되고 있다. 즉, 금융 기관으로부터 예금을 받거나 금융 기관에 대출을 해 줌으로써 여유 자금을 조절하는 것이다.

> **Q 실전문제 _05** SH공사 기출변형
> 공개시장조작을 통한 중앙은행의 국채매입이 본원통화와 통화량에 미치는 영향에 대한 설명으로 옳은 것은?
> ① 본원통화는 감소하고 통화량은 증가한다.
> ② 본원통화는 증가하고 통화량은 감소한다.
> ③ 본원통화는 감소하고 통화량은 불변이다.
> ④ 본원통화와 통화량 모두 감소한다.
> ⑤ 본원통화와 통화량 모두 증가한다.
>
> ✓ 공개시장조작이란 중앙은행이 공개시장에 참여해 국공채나 통화안정증권 등의 매매를 통해 시중의 통화량이나 금리 수준에 영향을 미치는 통화정책 수단을 말한다. 중앙은행이 국채를 매입하면 본원통화가 증가하고 신용창조과정을 통해 통화량이 증가하게 된다.
>
> **답** ⑤

✓ **깁슨의 역설(Gibson's paradox)**

Gibson이 실증분석을 통하여 발견한 현상으로 '통화량이 증가하면 물가가 상승하고, 물가가 상승하면 이자율이 상승하는 현상'을 말한다.

✓ **채권가격**

이자율과 채권가격은 역의 관계이다. 즉, 채권가격이 높다면 채권수익률은 낮을 수밖에 없다.

채권수익률은 채권투자에서 만기까지 얻게 되는 현금흐름의 현재가치와 채권의 시장가격을 일치시켜주는 할인율이다. 여기에서 투자자가 얻는 현금흐름이란 만기까지의 일정 기간마다 받는 이자수입과 만기 시점에 받는 원금을 의미하며, 현재가치라 함은 투자에서 발생하는 미래의 소득을 적정한 할인율로 할인하여 현재시점의 가치로 환산한 것을 말한다.

⑫ IS곡선

생산물시장의 균형(총수요=총공급, 주입=누출)을 나타내는 이자율과 국민소득의 조합

① **IS곡선의 기울기**
- 투자의 이자율탄력성이 클수록 IS곡선이 완만하다.
- 경기가 침체하면 IS곡선이 가파르고, 경기가 상승하면 IS곡선이 완만하다.
- 한계소비성향, 유발투자계수가 크고 비례세율, 한계수입성향이 작을수록 완만하다.

② **생산물시장의 균형과 불균형** : IS곡선상의 점들은 모두 생산물시장의 균형이 이루어지는 점들이고, IS곡선보다 상방에서는 생산물시장 공급초과, 밑에서는 수요초과가 발생한다.

③ IS곡선의 이동
  ㉠ 좌측 이동 : 저축, 조세, 수입의 증가
  ㉡ 우측 이동 : 소비, 투자, 정부지출, 순수출의 증가

⑬ LM곡선

화폐(금융)시장의 균형(화폐수요와 화폐공급이 일치)을 나타내는 이자율과 국민소득의 조합

① **LM곡선의 기울기**(대개 우상향)
  ㉠ 화폐수요의 이자율탄력도가 클수록 LM곡선이 완만하다.
  ㉡ 경기가 침체하면 LM곡선이 완만하고 경기가 상승하면 LM곡선이 가파르다.
  ㉢ 유동성함정에서는 LM곡선이 수평이다.

② **화폐(금융)시장의 균형과 불균형** : LM곡선상의 점들은 모두 화폐(금융)시장의 균형이 이루어지는 점들이고, LM곡선 상방에서는 공급초과, 하방에서는 수요초과가 발생한다.

③ **LM곡선의 이동** : 통화량이 증가하면 LM곡선은 우측으로, 화폐수요가 증가하거나 물가상승으로 인한 실질통화량이 감소하면 좌측으로 이동한다.

✔ **확대적인 재정정책**
  ㉠ 확대재정정책 실시 → 정부지출 증가 → IS곡선 우측 이동 → 균형국민소득 증가 → 이자율 상승
  ㉡ 재정정책 경우에는 이자율이 상승함에 따라 민간투자가 감소하는 구축효과가 발생한다.
  • IS곡선이 수직에 가까울수록(투자의 이자율탄력성이 작을수록) 재정정책의 효과는 커진다.
  • LM곡선이 수평에 가까울수록(화폐수요의 이자율탄력성이 클수록) 재정정책의 효과는 커진다.

✔ **확대적인 금융정책**
  ㉠ 확대금융정책 실시 → 통화량 증가 → LM곡선 하방(우측)이동 → 이자율이 하락
  ㉡ 이자율이 하락하면 민간투자증가로 유효수요가 증가하므로 국민소득이 증가한다.
  ㉢ 금융정책의 경우는 이자율이 하락하므로 구축효과가 발생하지 않는다.

✔ **구축효과(crowding-out effect)**
  정부의 재정지출 증대가 생산의 증대를 가져오지 않고, 민간부문의 지출을 감소시키기 때문에 GNP의 수준에는 영향을 미치지 못한다는 것이다.
  ㉠ 완전 구축효과 : 고전학파 모형에서 정부 지출의 증가가 이자율 상승을 초래하고, 이자율 상승에 따라 민간 부문의 소비나 투자가 위축되어 정부 지출의 증가를 완전히 상쇄시키는 현상. 고전학파 모형에서는 확대재정정책은 국민소득에 아무런 영향도 미치지 못한다는 것으로 총수요관리정책은 효과가 없다고 주장한다.

ⓒ **불완전한 구축효과** : 케인즈 학파 모형에서는 정부지출의 증가가 이자율 상승과 투자를 감소시키기는 하지만, 민간투자의 감소효과가 정부지출의 증가를 완전히 상쇄시키지는 못하는 현상. 부분 구축효과라고도 한다. 케인즈 학파 모형에서는 확대재정정책은 국민소득을 증가시킨다는 의미에서 총수요관리정책은 효과가 있다고 본다.

14 재정정책과 금융정책의 시차

① 정책당국이 문제의 심각성을 인식한 후 확대재정정책을 실시하려면 관료조직의 승인절차를 거쳐야 하므로 실행시차가 비교적 길다. 반면에 확대금융정책은 공개시장조작이 매우 신속하게 수행되므로 비교적 짧다.

② 확대재정정책을 실시하면 즉각적으로 생산과 고용증대효과가 발생하므로 외부시차가 비교적 짧다.
반면에 확대금융정책을 실시하면 이자율은 즉각적으로 하락하지만 투자가 증가하기까지 비교적 오랜 시간이 소요되므로 외부시차가 비교적 길다.

✔ **총수요관리정책**

㉠ 고전학파 확대시행정책
- 확대재정정책을 실시하면 구축효과가 승수효과를 완전 상쇄한다.
- 확대금융정책을 실시하면 물가상승으로 인하여 확대효과가 완전 상쇄된다.

㉡ 케인즈 확대재정정책(승수효과가 발생)
- 구축효과가 작으므로 확대효과가 크다.
- 극단적인 경우(IS가 수직, 또는 LM이 수평)에는 구축효과가 전혀 발생하지 않는다.

✔ **리카르도 등가(대등)정리(=공채 중립성 정리)**

한 나라의 경제주체들이 모두 합리적이기에, 재원조달의 방식(조세 감면, 공채 발행 등) 변경에 대해서 모두를 현재 혹은 미래의 조세부담으로 인식한다는 것이다. 그래서 소비나 이자율이나 국민소득과 같은 실질변수가 변화하지 않는다는 것이다.

> **Q 실전문제 _ 06** 전력거래소 기출유형
>
> 리카도의 대등정리(Ricardian equivalence theorem)에 대한 설명으로 가장 옳지 않은 것은?
>
> ① 정부지출의 규모가 동일하게 유지되면서 조세감면이 이루어지면 합리적 경제주체들은 가처분소득의 증가분을 모두 저축하여 미래에 납부할 조세의 증가를 대비한다는 이론이다.
> ② 리카도 대등정리가 성립하기 위해서는 저축과 차입이 자유롭고 저축이자율과 차입이자율이 동일하다는 가정이 충족되어야 한다.
> ③ 정부지출의 재원조달 방식이 조세든 국채든 상관없이 경제에 미치는 영향에 아무런 차이가 없다는 이론이다.
> ④ 리카도의 대등정리에 따르면 재정적자는 장기뿐만 아니라 단기에서조차 아무런 경기팽창 효과를 내지 못한다.
> ⑤ 현실적으로 대부분의 소비자들이 유동성제약(liquidity constraint)에 직면하기 때문에 리카도의 대등정리는 현실 설명력이 매우 큰 이론으로 평가된다.
>
> ✓ 리카도대등정리는 합리적 기대를 기반으로 차입과 저축이 자유로운 완전한 자본시장을 기반으로 한다. 따라서 유동성 제약에 직면한 경우에는 리카도대등정리는 설득력이 약해진다.
>
> 답 ⑤

✓ 피구효과(Pigou effect)

물가하락으로 인해 자산의 실질가치가 증가한 것으로 느껴서 소비를 늘리는 현상

㉠ 피구효과 발생과정 : 경기침체 → 물가하락 → 실질소득증가 → 소비증가 → 경기회복 → 실업구제

㉡ 비판
- 경기가 하락하더라도 물가는 하방경직적이므로 실질소득이 증가하지 않는다.
- 물가가 하락하면 당분간 소비를 보류하고 물가가 더욱 하락하기를 기다린다.
- 물가가 하락하면 소득의 실질가치뿐만 아니라 부채의 실질가치도 늘어나므로 채무자는 소비를 줄인다. 그 결과 사회 전체적으로 소비가 반드시 늘어난다는 보장이 없다.

15 국민경제의 균형

① **국민경제의 균형** : 총수요=총공급
- 균형 물가수준 : 총수요와 총공급이 일치할 때의 물가수준
- 균형 국내총생산 : 총수요와 총공급이 일치할 때의 국내총생산
  총수요 = 소비 + 투자 + 정부지출 + 순수출(수출 − 수입)
- 한 나라의 경제주체들이 일정기간 동안 소비와 투자 목적으로 구입하고자 하는 재화와 서비스의 총합

② **총수요(AD)곡선** : 다른 조건이 일정할 때 각각의 물가수준에서 국내 총생산물에 더해 가계, 기업, 정부, 해외부문 등 모든 경제주체들의 수요량을 나타내는 곡선
- AD곡선의 형태는 IS곡선과 유사하고, LM곡선과는 반대

③ **총공급(AS)곡선** : 각각의 물가수준에서 기업 전체가 생산하는 재화의 공급량을 나타내는 곡선
- 형태 : 물가가 상승할 때 고용량이 증가하므로 총공급곡선은 우상향의 형태로 도출
- 이동 : 생산요소부존량의 변화, 기술수준변화, 인구증가, 자본축적 등이 이루어지면 우측으로 이동

> **Q 실전문제 _07** 수자원공사 기출변형
>
> 총공급(AS)곡선이 단기에 우상향하는 이유가 아닌 것은?
>
> ① 물가의 경직성 ② 임금의 경직성
> ③ 합리적 기대 ④ 노동공급자의 화폐환상
>
> ✔ 단기 총공급곡선이 우상향하는 이유를 설명하는 3가지 이론
>   ㉠ 임금경직성 이론 : 명목임금의 하방경직성이 존재한다. 단기적으로 임금하락을 용인하지 않고, 임금계약은 일정 기간을 주기로 책정하기 때문이다. 따라서 물가하락으로 실질임금은 오히려 상승하였더라도, 명목임금이 하락하지 못하여 노동의 초과공급(실업)이 발생할 수 있다.
>   ㉡ 가격경직성 이론 : 가격 조정에 따른 비용(메뉴비용)이 존재한다.
>   ㉢ 착각이론(노동자 오인 모형) : 노동자들이 화폐환상을 가지고 있다. 노동자들은 물가에 대한 정보를 수집하기 어려워 실제물가가 변해도 명목임금의 변화를 실질임금의 변화로 착각하는 경향이 있다는 것이다.
>
> ③

16 경기 변동

① **경기** : 국민경제의 총체적인 활동 수준

② **경기 변동** : 장기 추세를 중심으로 경기가 확장과 수축을 거듭하여 변화하는 현상으로 불규칙적으로 나타남.
경기변동의 파급 경로 : 생산→고용→소득→소비

✔ 균형경기변동이론
새고전학파는 외부충격에 대한 경제주체들의 최적화행동의 결과로 인식
- 화폐적 균형경기변동이론(MBC)의 경기변동 원인 : 예상치 못한 통화량 변화(화폐적 충격)→물가인식 오류
- 실물적 균형경기변동이론(RBC)의 경기변동 원인 : 생산성 충격, 노동시장 규모 변화, 민간소비(저축) 변화, 신경영기법 등

> **Q 실전문제 _ 08** 예금보험공사 기출유형
>
> 실물적 경기변동(RBC)이론의 내용으로 옳지 않은 것은?
> ① 경기변동은 주로 생산함수에 주어지는 충격에 기인한다.
> ② 실물적 경기변동이론에 따르면 경기후퇴는 기술의 퇴보에 의해 설명할 수 있다.
> ③ 예상된 화폐공급량 변화는 상대가격의 변화를 유발하지 못하므로 실물경제에 영향을 미치지 않는다.
> ④ 기술진보와 같은 실물적 충격에 의해 야기된 실업과 같은 불균형상태가 균형상태로 수렴하는 과정에서 경기변동이 발생하게 된다.
> ⑤ 노동의 기간 간 대체란 노동자들이 상대적으로 실질임금이 높은 기간에는 노동공급을 증가시키고, 실질임금이 낮은 기간에는 노동공급을 줄이는 것을 말한다.
>
> ✔ 실물적 경기변동이론에서는 경기 변동을 실물적 충격이 발생하는 경우 외부충격에 대한 경제주체들의 최적화행위의 결과로 인해 균형 자체가 변하는 현상이라고 본다.
>
> ④

✔ 불균형 경기변동이론
새케인즈학파는 경기변동은 자연산출량 수준으로부터 이탈한 불균형상태라고 보고, 외부충격 시 가격변수의 비신축성으로 경기변동이 발생한다고 인식(가격의 경직성 ⇒ 경기변동의 지속성)

17 물가상승에 대한 기대가설

① **적응적 기대가설**
- 통화론자 : 확대정책은 단기효과를 얻지만 장기효과는 사라지고 물가상승만 부추긴다.
- 케인즈학파 : 단기적 확대효과를 얻기 위해서 확대정책을 실시해야 한다.

② **합리적 기대가설과 정책무력성의 명제**
- 물가상승에 대하여 합리적 기대가 형성되면 단기적 확대효과도 발생하지 않는다. 새고전학파는 이를 정책무력성의 명제로 주장했다.
- 새케인즈학파는 합리적 기대가설은 수용하지만 정책무력성 명제는 수용하지 않는다. 왜냐하면 정보가 완전하지 않고, 가격이 경직적이기 때문이다.
- 새케인즈학파는 총수요관리정책을 실시해서 생산과 고용을 올릴 것을 주장했다.

18 재정정책에 관한 학파별 효과

	고전학파	통화주의학파	케인즈학파	단순 케인즈모형 (유동성 함정)
투자의 이자율 탄력성	매우 크다	크다(탄력적)	작다(비탄력적)	0
IS곡선 기울기 (형태)	매우 작다 (매우 완만)	작다(완만)	크다(급경사)	∞(수직선)
화폐수요의 이자율 탄력성	0	작다(비탄력적)	크다(탄력적)	(유동성 함정) ∞
LM곡선 기울기 (형태)	∞(수직선)	크다(급경사)	작다(완만)	0(수평선)
IS-LM 균형 (재정정책)				
재정정책	효과 없음 (100% 구축효과)	효과 미약	효과적	매우 효과적 (구축효과 0)
금융정책	효과 없음	효과적	효과 미약	효과 없음

✓ 재정의 자동안정화장치(built-in stabilizer)

경기가 호황이 되면 자동적으로 정부수입이 증가하여 지나치게 경기가 과열되는 것을 방지하고, 경기가 불황이 되면 자동적으로 정부수입이 감소하여 경제가 지나치게 불황에 빠지는 것을 방지하는 장치
예 사회보장제도, 누진세제도, 실업보험 등
모두 총수요조절장치일 뿐 총공급 측면은 전혀 고려하지 않고 있다.

✓ 래퍼곡선(Laffer curve)

래퍼(A. Laffer)에 의하면 조세수입이 극대화되는 t_0보다 세율이 높으면(저축과 투자 및 근로의욕이 낮아져서) 조세수입이 감소한다. 세율이 t_0 이상인 영역은 금지영역(prohibited zone)이며 이 상황에서는 세율을 낮출수록 생산과 조세수입이 오른다. 이를 선으로 나타낸 것을 래퍼곡선이라 한다.

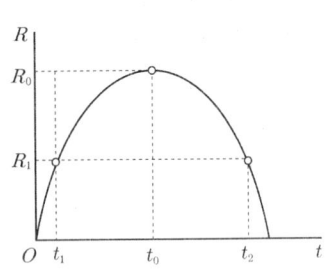

19 인플레이션 : 일반 물가수준이 상승하는 현상

㉠ 수요견인 인플레이션과 비용인상 인플레이션
  • 수요견인 인플레이션 : 총수요가 초과하여 발생하는 인플레이션

구분	내용
고전학파와 통화주의학파의 견해	• 원인 : 통화량증가→물가상승 • 대책 : 통화량안정→물가안정
케인즈학파의 견해	• 원인 : 총수요증가→물가상승 • 대책 : 긴축정책→총수요감소→물가안정

  • 비용인상 인플레이션 : 생산비용이 증가하여 발생하는 인플레이션

구분	내용
케인즈학파의 견해	• 원인 : 요소가격 상승→물가상승 • 대책 : 요소가격 안정(소득정책)→물가안정
통화주의학파의 견해	통화량 증가 없는 인플레이션은 불가능
공급중시경제학	세율인상→생산비용증가→물가상승

  • 스태그플레이션은 물가는 가파르게 상승하는 반면 경기는 둔화되는 현상을 말하며, 인플레이션은 물가는 빠르게 오르면서 상대적으로 화폐가치가 하락하는 현상
  • 에그플레이션(agflation)은 농업(agriculture)과 인플레이션(inflation)의 합성어로, 농산물 가격 급등으로 그와 연관된 상품의 가격이 상승하는 현상

⑳ 실업(Unemployment)

노동할 의욕과 능력을 가진 자가 자기의 능력에 상응한 노동의 기회를 얻지 못하고 있는 상태
한 나라의 인구에서 일할 능력과 의사를 가진 대중을 '경제활동인구(Economically Active Population)'이라 하며, 우리나라는 15세에서 64세 인구 중에서 일할 의지 없는 주부, 학생, 군인, 환자 등을 제외한 민간인을 경제활동인구로 파악한다.

- 경제활동 참가율 = (경제활동인구/생산가능연령인구)×100
- 실업률 = (실업자/경제활동인구)×100

Q 실전문제 _09　　　　　　　　　　　　　　　　　　　　　　　　　수자원공사 기출유형

S대학 경제학부에서 2018년도 졸업생 100명을 대상으로 2019년 3월 현재 취업 현황을 조사했다. 조사 결과, 40명은 취업했으며 20명은 대학원에 등록하여 재학 중이었다. 다른 일은 하지 않고 취업준비와 진학준비를 하고 있는 졸업생은 각각 20명과 10명이었다. 나머지 10명은 실업자로 분류되었다. S대학 경제학부 2018년도 졸업생 100명이 모두 생산가능인구에 포함될 때, 이들의 실업률, 고용률, 경제활동참가율은?

	실업률	고용률	경제활동참가율
①	20%	30%	40%
②	20%	30%	50%
③	20%	40%	40%
④	20%	40%	50%

✓ 1) 2018년도 졸업생 100명이 모두 생산가능인구에 포함된다고 했으므로 생산가능인구는 100명이다.
　2) 취업자 수는 40명이고, 실업자 수는 10명(실업자로 분류한 10명)이다.
　3) 경제활동인구는 취업자 수와 실업자 수의 합이므로 50명이다.
　4) 대학원에 등록하여 재학 중인 20명은 비경제 활동에 포함되고, 다른 일을 하지 않고 취업 준비와 진학준비를 하고 있는 20명과 10명은 비경제활동인구에 포함되므로, 비경제활동인구의 총합은 50명이다.
　5) 실업률=실업자 수/경제활동인구×100=10/50×100=20%
　　 고용률=취업자 수/생산가능인구×100=40/100×100=40%
　　 경제활동참가율=경제활동인구/생산가능인구×100=50/100×100=50%

답 ④

✔ 실업의 종류

실업은 취업할 능력은 있지만 임금과 근로 조건이 맞지 않기 때문에 취업할 의사가 없는 자발적 실업(Voluntary Unemployment)과 취업할 의사와 의지는 있지만 취업을 하지 못한 비자발적 실업(Unvoluntary Unemployment) 두 가지로 구분

- ㉠ 자발적 실업 : 일할 능력은 있지만 임금 및 근로 조건이 자신의 욕구와 맞지 않아 일할 의사가 없는 상태
  - 탐색적 실업 : 현재도 일을 할 수 있는 일자리가 있기는 하나 보다 나은 일자리를 위해 당분간 자발적 실업상태에 있는 것
  - 마찰적 실업 : 새로운 일자리를 탐색하거나 이직을 하는 과정에서 일시적으로 발생하는 실업을 의미
- ㉡ 비자발적 실업 : 일할 능력과 의사가 있지만 어떠한 환경적인 조건에 의해 일자리를 얻지 못한 상태
  - 경기적 실업 : 경기가 하강하면서 발생하는 실업으로 1930년대 세계 대공황이나 1997년 우리나라 외환위기 당시의 명예 퇴직자들과 같이 주로 경제가 침체기에 접어들면서 발생
  - 계절적 실업 : 재화의 생산이나 수요가 계절에 따라 변화를 가져올 때 발생하는 실업으로 농촌이나 어촌 등에서 농한기에 일시적으로 실업자가 되는 현상
  - 기술적 실업 : 기술의 진보에 따라 산업 구조가 변화하면서 발생하는 실업을 말한다. 보통 노동이 점차 기계로 대체되면서 기계가 노동을 대체하면서 나타난다.
  - 구조적 실업 : 산업구조의 변화와 함께 나타나는 실업으로 노동수요의 구조가 바뀜으로써 나타나는 실업
    예 급속한 스마트폰 보급으로 유선전화기와 같은 제품의 수요가 감소하여 유선전화기 제조가 사양화에 접어들면 그와 관련한 노동자들의 일자리가 사라지게 되는 것

21 실업이론

① **고전학파**
  - 명목임금이 완전 신축적 → 노동의 수요와 공급이 모두 실질임금의 함수
  - 비자발적 실업은 제도적인 요인(예 노동조합, 최저임금제, 실업수당)

② **새케인즈학파** : 임금경직성을 미시경제적 기초에 입각해 설명
  - 유효수요 감소(경기침체) → 물가 하락 → 노동수요 감소(좌측 이동)
  - 유효수요 증대인 확대재정정책 실시가 중요

③ **통화주의와 새고전학파**
  - 실업은 직업탐색 과정에서 발생하는 자발적 실업이 대부분
  - 실업을 줄이기 위한 확대재정정책에 부정적 → 일시적 효과만 있고, 장기에는 인플레이션만 상승

④ **필립스 곡선**
영국의 경제학자 필립스가 명목임금상승률과 실업률 사이의 관계를 실제 자료에서 발견하며 등장한 것으로 전통적인 인플레이션은 물가상승과 실업의 감소를 초래하는데 필립스곡선은 바로 이러한 '물가상승률과 실업률 사이의 음(-)의 상관관계'를 나타낸다. 필립스곡선은 우하향하므로 실업률을 낮추면 인플레이션율이 상승하고 인플레이션을 낮추기 위해서는 실업률의 증가를 감수해야 한다. 이것은 완전고용과 물가안정을 동시에 달성할 수 없음을 나타내며 필립스곡선은 이러한 모순을 밝힘으로써 정책분석에 크게 기여하였다.

- 필립스곡선이 수직으로 나타나는 경우
- 자연실업률가설에 의하면 장기필립스곡선은 자연실업률 수준에서 수직이다.
- 비용인상 인플레이션이 발생하면 생산은 정체하고 물가가 오르는 스태그플레이션이 발생하므로 필립스곡선이 수직이다.

⑤ **오쿤의 법칙(Okun's Law)**
실업률과 잠재적 GNP에 대한 현실의 GNP비율 사이에 존재하는 관계이다. 오쿤은 실업률이 약 1% 늘어나면 미국에서는 산출량이 약 2.5% 감소한다는 사실을 밝혀냈다. 즉, 오쿤의 법칙이란 GDP갭과 실업률과의 경험적인 법칙으로 다음과 같이 표현된다.

$$\text{GDP gap} = \alpha(U - U_N)$$

오쿤이 실제로 측정한 바에 의하면 미국에서 $U_N = 4\%$, $\alpha = 2.5$로 측정되었다.

✔ **경기종합지수 구성지표**
경기변동의 국면·전환점과 속도·진폭을 측정할 수 있도록 고안된 경기지표의 일종으로, 국민경제의 각 부문을 대표하고 경기 대응성이 양호한 경제지표들을 선정한 후 이를 가공·종합하여 작성한다.
- ㉠ 선행종합지수 : 투자관련 건설수주지표나 재고순환, 금융 등의 지표처럼 실제 경기순환에 앞서 변동하는 개별지표를 가공·종합하여 만든 지수로 향후 경기변동의 단기 예측에 이용된다.
- ㉡ 동행종합지수 : 공급측면의 광공업생산지수, 취업자수 등과 수요측면의 소매판매액지수 등과 같이 실제 경기순환과 함께 변동하는 개별지표를 가공·종합하여 만든 지수로 현재 경기상황의 판단에 이용된다.
- ㉢ 후행종합지수 : 재고, 소비지출 등 실제 경기순환에 후행하여 변동하는 개별지표를 가공·종합하여 만든 지표로 현재 경기의 사후 확인에 이용된다.

✔ **경기변동주기**

구분	주기	발생원인	비고
키친 파동	5년	재고투자	소순환, 단기 파동
쥬글라 파동	9~10년	설비투자	중기 파동
쿠즈네츠 파동	20~25년	경제성장률 변화	건축투자
콘트라티에프 파동	40~60년	기술혁신, 전쟁	장기파동

22 경제성장이론

① **해로드-도마**(H-D)**모형**

기본 방정식은 $\frac{s}{v}=n$(s : 저축률, v : 자본계수, n : 인구증가율),

기술진보가 있을 때의 기본 방정식은 $\frac{s}{v}=n+g$[g : 기술진보율(노동생산성증가율)],

노동의 완전고용조건인 자연성장률(G_n)의 기본 방정식은 '경제성장률=인구증가율=n'이므로 $G_n=n$, 자본의 완전고용조건인 적정성장률(G_w)의 기본 방정식은 '경제성장률=자본증가율=$\frac{s}{v}$'이므로 $G_w=\frac{s}{v}$

② **솔로우 모형**(외생적 성장이론)

생산되는 요소대체가 가능한 1차동차 생산함수를 가정하고 있으며, 생산되는 재화의 종류는 1가지만 있다고 가정한다. 기본방정식은 $dk=s \cdot f(k)-nk$이다.

Y=AK(K, L) → $\frac{Y}{L}=f(\frac{K}{L}, 1)$→$y=f(k)$

- 균제상태(steady state)
- -1인당 자본량이 더 이상 변하지 않는 상태(=정상상태)
- -자본의 실제 투자액 = 필요 투자액 일치
- -1인당 자본량과 1인당 생산량의 일정 유지
- -인구는 매년 n의 비율로 증가→경제 전체의 총생산량은 n의 비율로 증가
    → 경제성장률 = 인구증가율 = 자본증가율
- -황금률 의미 : 1인당 소비의 크기가 노동소득과 일치한다. 따라서 자본소득은 모두 투자(저축)된다.
- -경제성장의 요인을 기술진보로 설명하나 기술진보 요인을 모형 내에 반영을 못하고 있다.

> **Q 실전문제 _ 10**   도로공사 기출유형
>
> 솔로우의 경제성장모형에 대한 설명으로 가장 옳지 않은 것은?
> ① 균제상태에서 자본량과 국민소득은 같은 속도로 증가한다.
> ② 한계생산이 체감하는 생산함수와 외생적인 기술진보를 가정한다.
> ③ 인구증가율이 낮아지면 균제상태에서 일인당 국민소득은 높아진다.
> ④ 기술수준이 높을수록 균제상태에서 일인당 국민소득의 증가율이 높다.
> ⑤ 균제상태(steady state)에서 인구증가율의 변화는 1인당 경제성장률에 영향을 미치지 않는다.
>
> ✔ 균제상태(steady state)란 동태적 균형 상태를 말하는 것으로 경제성장 과정에서 자본과 노동이 완전고용 되면서 성장하는 경로를 말한다. 기술수준이 높을수록, 즉 기술진보가 발생하면 1인당 국민소득의 수준은 이전에 비해 높아지나 증가율이 반드시 높은 것은 아니다. 미국과 같은 선진국은 기술수준이 중국과 같은 개발도상국보다 높다. 1인당 국민소득수준은 미국이 중국보다 높으나 그 증가율은 개발도상국인 중국이 미국에 비해 높다.
>
> **답** ④

③ **내생적 성장이론**(신고전학파)

내생적 성장이론에서는 다양한 요인을 도입하여 규모에 대한 수익체증과 그에 따른 지속적인 성장요인을 규명한다. 내생적 성장이론에서는 실물자본 이외에 인적자본(human capital), 지식자본(knowledge capital)을 포함시켜 분석하기도 하고, 축적된 실물자본의 외부성(externality)을 갖는 것으로 가정하기도 한다.

✔ **스왑(Swap) : 서로 다른 통화 또는 채권 및 채무를 교환하는 거래**
  ㉠ 금리·통화 스왑 : 1년 이상 장기외환시장에서 동일한 통화에 대해 원금교환 없이 서로 금리가 다른 이자채권에 대해 상호 교환하는 금리 스왑, 금리는 같지만 결제통화가 다른 당사자 간의 교환거래가 이뤄지는 통화 스왑으로 분류된다.
  ㉡ 외환 스왑 : 1년 이하 단기외환시장에서 외국통화의 현물과 동일한 가격의 선물을 교환 약정하는 거래로, 이러한 형태의 스왑 거래는 수출입 기업이 외국환결제은행과 예약한 외환에 대한 결제기간을 연장할 경우에 주로 이용된다. (예) A가 B에 대하여 10만 달러의 현물환을 매도함과 동시에 B로부터 같은 금액의 선물환을 매수하는 것과 같은 경우

✔ **옵션 (option)**

옵션거래는 주식, 채권, 주가지수 등 특정 자산을 장래의 일정 시점에 미리 정한 가격으로 살 수 있는 권리와 팔 수 있는 권리를 매매하는 거래
시장에서 당일 형성된 가격으로 물건을 사고파는 현물거래나 미래의 가격을 매매하는 선물거래와는 달리 사고팔 수 있는 권리를 거래하는 것이 옵션거래의 특징이다.

㉠ 콜옵션(call option)
- 옵션거래에서 특정한 기초자산을 만기일이나 만기일 이전에 미리 정한 행사가격으로 살 수 있는 권리
- 콜옵션을 매입한 사람은 옵션의 만기 내에 약정한 가격(행사가격)으로 해당 기초자산을 구매할 수 있는 권리를 갖게 되고, 콜옵션을 매도한 사람은 매입자에게 기초자산을 인도해야 할 의무를 갖는다.

㉡ 풋옵션(put option)
- 옵션거래에서 특정한 기초자산을 장래의 특정 시기에 미리 정한 가격으로 팔 수 있는 권리를 매매하는 계약
- 매수인의 입장에서 풋옵션은 주식 가격이 하락하면 무한정의 이익을 얻을 수 있고, 주식 가격이 상승하더라도 프리미엄만 포기하면 되므로 손해는 한정된다. 반대로 풋옵션 매도인의 입장에서는 주식 가격이 상승하면 이익을 얻되 매수인이 포기하는 프리미엄의 금액으로 그 이익이 한정되지만, 주식 가격이 하락하면 무한정의 손해를 본다.

㉢ 기초자산가격과 권리행사가격의 관계에 따라 ITM옵션, ATM옵션, OTM옵션으로 분류
- ITM(내가격)옵션 : 권리행사를 하면 매수자에게 이익이 발생하는 종목. 따라서 콜옵션의 경우에는 '기초자산가격 > 권리행사가격', 풋옵션의 경우에는 '권리행사가격 > 기초자산가격'인 종목이다.
- ATM(등가격)옵션 : 권리행사가격과 기초자산가격이 같은 종목
- OTM(외가격)옵션 : 권리행사를 하면 매수자에게 손실이 발생하는 종목. 따라서 콜옵션의 경우에는 '기초자산가격 < 권리행사가격', 풋옵션의 경우에는 '권리행사가격 < 기초자산가격'인 종목이다.

CHAPTER 01 국민소득결정이론

1 국민 경제 지표에 대한 설명으로 적절하지 못한 것은?

① 국내 총생산이란 한 나라의 국경 안에서 생산된 모든 최종 재화와 서비스의 합계뿐 아니라, 우리나라 국민이 해외에서 벌어들인 수입까지 포함된다.

② 경제성장률이란 일정기간 동안 각 경제활동부문이 만들어낸 부가가치가 전년에 비하여 얼마나 증가하였는가를 보기 위한 지표로서 한 나라의 경제가 이룩한 경제의 성과를 측정하는 중요한 척도로서 국민소득을 통해 가늠해 볼 수 있다.

③ 국내 총생산은 한 나라의 생산, 고용, 소비 등의 변화와 관련된 경제 활동 수준을 총괄적으로 나타내 주는 유용한 지표이기는 하지만, 측정상의 문제점으로 인해 경제적 성과나 국민들의 복지 수준을 정확히 반영하지 못한다는 한계를 가진다.

④ GDP 디플레이터란 명목 GDP를 실질 GDP로 환산하기 위해서는 물가 상승분만큼을 공제해야 하는데 이때 쓰이는 물가 지수의 일종이다.

ANSWER | 1.①

1 ① 국민 경제의 전체적인 활동 과정에서 나타나는 생산, 고용, 물가 수준 등을 알아보기 위해서는 한 나라 안에서 생산되는 상품의 총량이나 전체 상품의 가격들을 대표할 수 있는 수치를 사용해야 한다. 이렇게 국민 경제 전체의 활동을 총량화한 수치를 국민 경제 지표라고 한다. 국민 경제 지표에는 국내 총생산, 경제 성장률, 실업률, 물가 지수 등이 있다. 국내총생산이란 '가계, 기업, 정부'라는 경제주체가 한 나라에서 생산해 낸 것을 돈으로 계산해서 합한 것을 말한다. 국내 총생산(GDP)은 일정 기간(통상 1년) 동안 한 나라의 국경 안에서 생산된 모든 최종 재화와 서비스의 합계만을 가지고 계산하기 때문에, 우리나라 국민이 해외에서 벌어들인 수입은 포함되지 않는다.

2 다음 중 내용이 잘못된 것은?

① 통상 1년 동안에 한 나라 국민이 벌어들인 소득을 합한 것을 국민 총소득(GNI)이라 부른다.
② 국내총생산은 한 나라의 영토 안에서 생산한 최종재의 가치를 뜻하는 데 비해 국민총소득은 그 나라 국민이 벌어들인 소득의 합계를 나타낸다.
③ 경제성장률 중심지표가 GDP에서 GNP로 변화하고 있다.
④ 국내 총생산에는 한 나라 안에서 생산된 것이면, 내국인에 의해서 생산된 것이건 외국인에 의해 생산된 것이건 모두 포함된다.

3 미국 뉴욕 소재 해외 회계법인에 취직되어 있던 한국인 김 씨는 회사의 인력감축계획에 따라 실직하고 귀국하였다. 김 씨의 실직 귀국이 두 나라의 국민소득에 미치는 영향은?

① 한국과 미국의 GDP 모두 감소
② 한국과 미국의 GNI 모두 감소
③ 한국 GDP와 미국 GNI 감소
④ 한국 GNI와 미국 GDP 감소

ANSWER | 2.③ 3.④

2 ③ 과거에는 거시적 경제분석의 초점이 소득측면에 있었기 때문에 GNP(국민 총생산)를 경제성장의 중심지표로 삼았지만, 1970년대 이후 세계적으로 경제의 국제화가 급격히 진전되면서, 노동이나 자본의 국가 간 이동이 확대됨에 따라 소득지표에 가까운 GNP기준 성장률이 국내경기 및 고용사정 등을 제대로 반영하지 못하게 되어 각 국은 경제성장의 중심지표를 GDP(국내 총생산)로 바꾸기 시작했고, 우리나라도 이런 국제추세에 발맞추어 1995년부터 중심지표를 GDP로 변경하여 발표하고 있다.
참고로 국내 총생산(GDP)이 한 나라의 총생산 규모를 나타내는 지표인 데 비해 한 나라 국민들의 총소득을 나타낼 때는 국민 총소득(GNI)을 사용한다.

3 ④ 국민소득이란 한 나라의 생산물의 흐름의 가치를 어느 일정기간을 두고 집계한 것들을 의미한다. 그 가운데 국내총생산(GDP ; Gross Domestic Product)은 '가계, 기업, 정부'라는 경제주체가 한 나라에서 생산해 낸 것을 돈으로 계산해서 합한 것을 말하며, 국민총소득(GNI ; Gross National Income)이란 1년 동안에 한 나라 국민이 벌어들인 소득을 합한 것을 가리킨다.
국내총생산은 한 나라의 '영토'를 기준으로 그 안에서 생산한 최종재의 가치를 뜻하는 데 비해 국민총소득은 그 나라 '국민'이 벌어들인 소득의 합계를 나타낸다는 데 차이가 있다. 즉 국내총생산은 나라 안에서 생산된 것이라면 생산의 주체가 누구이든 관계없이 모두 포함시켜 계산하지만 국민총소득은 누구의 소득인지, 즉 생산주체의 국적을 기준으로 하여 계산한다는 차이점이 있다.
GDP는 속지주의가 적용되므로 미국에서 벌어들인 소득은 한국의 GDP에 합산되지 않고 미국 GDP에 합산된다. GNI는 속인주의가 적용되므로 한국인 김 씨가 실직하게 되면 한국의 GNI가 감소된다.

4 한국에 투자하는 미국의 기업이 철수하면서 미국인과 한국인 노동자를 동시에 해고했을 경우 미국과 한국의 국민소득에 생길 변화에 대한 설명으로 옳은 것은?

① 양국의 GDP가 동시에 감소한다.
② 양국의 GNP가 동시에 감소한다.
③ 한국의 GNP만 감소한다.
④ 미국의 GDP만 감소한다.

5 다음 중 GDP에 포함되지 않는 것은?

① 건설업체 직원이 부업으로 건설하여 자가소비한 가옥
② 건설업체 직원이 경작하여 자가소비한 농산물
③ 농가에서 생산하여 자가소비한 농산물
④ 농가에서 생산하여 판매한 농산물

ANSWER | 4.② 5.②

4 ① 미국의 GDP에는 변화가 없다.
③ 양국의 GNP가 모두 감소한다.
④ 한국의 GDP는 감소하나 미국의 GDP는 변화하지 않는다.
※ GNP와 GDP

구분	내용
GNP(Gross National Product)	한 국가의 국민들이 일정기간 동안 생산한 재화와 용역의 시장 가치
GDP(Gross Domestic Product)	한 국가의 영토 내에서 일정기간 동안 생산된 재화와 용역의 시장 가치

5 ② 건설업체 직원이 비직업적으로 농산물을 생산하여 자가소비하면 이는 GDP에 가산하지 않는다.
※ 국내총생산(GDP ; Gross Domestic Product)
GDP는 일정기간 동안 한 나라 국경 내에서 생산된 최종생산물의 가치로 정의된다. GDP는 일정기간 동안이므로 유량개념이 포함되며 영토를 기점으로 한 속지주의 개념이 포함된다. 따라서 국경 내에서의 생산이라면 생산의 주체가 자국인인지 외국인인지는 고려하지 않는다.
㉠ GDP는 최종생산물에 대한 가치이므로 중간생산물은 GDP집계에 포함되지 않는다.
㉡ 주부의 가사업무는 GDP에서 제외되나 가사도우미의 가사업무는 GDP에 포함된다.
㉢ 주택을 새로 건설한 것은 GDP에 포함되나 기존의 주택을 제3자에게 판매한 것은 GDP에 포함하지 않는다.

6 다음의 경제활동 중 특정 연도의 *GDP*계산에 포함되는 것은?

> ㉠ 어떤 회사원의 주택복권당첨
> ㉡ 국내 자동차회사의 공장신설
> ㉢ 학생의 교과서구입
> ㉣ 증권투자자의 특정회사 주식매입
> ㉤ 국내진출 외국기업의 제품생산
> ㉥ 외국진출 국내기업의 주택건설
> ㉦ 상인들의 밀수품거래
> ㉧ 그 해 생산되었으나, 판매되지 않은 컴퓨터 가치

① ㉠, ㉡, ㉤, ㉧
② ㉡, ㉢, ㉣, ㉤
③ ㉡, ㉢, ㉤, ㉧
④ ㉡, ㉢, ㉥, ㉦

ANSWER | 6.③

6 국내총생산(GDP)
일정 기간 동안에 국내에서 생산된 최종생산물의 시장가치를 의미한다. 경제활동 중 특정 연도의 GDP계산에 포함되는 것은 투자, 생산, 소비 등이 있다.

구분	항목
GDP 포함	• 국방, 치안, 도로, 하천, 댐과 같은 정부의 생산 • 자가소비농산물 • 가정부의 가사노동 • 귀속임대료 • 금융기관의 서비스
GDP 불포함	• 국·공채이자 • 가정주부의 가사노동 • 여가의 가치 • 상속·증여·기부(이전성 거래) • 밀수·도박(지하경제활동) • 주식 및 부동산가격변동에 따른 자본이득 • 정부의 이전지출 • 금융자산소득

7 다음 중 국내총생산(GDP)에 관한 내용으로 옳지 않은 것은?

① GDP에는 가시적인 물건(음식, 의복, 자동차 등)은 물론 보이지 않는 서비스(이발, 청소, 의사의 진료 등)도 포함된다.
② GDP에는 그 해에 생산된 재화와 서비스만 포함되어 과거에 생산된 물건의 거래는 포함되지 않는다.
③ GDP는 한 경제에서 생산되어 시장에서 판매된 모든 품목(합법 또는 불법적으로 생산된)을 포함하는 포괄적인 지표이다.
④ 그 해에 생산된 중간재가 생산된 해에 사용되지 않고 장래의 판매나 생산을 위해 보관되는 경우에는 최종재로 간주되어 GDP에 포함된다.

8 금호는 타이어 4개를 생산하여 20만 원에 판매하였고 LG는 카스테레오 1대를 생산하여 30만 원에 판매하였다. 현대자동차는 이들을 구입하여 자동차를 생산한 다음 1,000만 원에 판매하였고 이 중 100만 원은 임금으로 지급하였다면 GNP로 계산되는 금액은?

① 850만 원 ② 950만 원
③ 1,000만 원 ④ 1,050만 원

9 물가지수에 대한 설명으로 옳지 않은 것은?

한국농어촌공사 기출유형

① 소비자물가지수는 기준연도 거래량을 기준으로 하는 라스파이레스 지수이다.
② 소비자물가지수는 가중치가 고정되어 물가상승을 과대평가한다.
③ GDP 디플레이터(deflator)는 어떤 한해 명목GDP를 실질GDP로 나누어 얻은 값에 100을 곱하여 구한다.
④ 소비자물가지수 대표품목은 가계의 소비지출대상인 모든 재화와 서비스로서 수입품 가격과 주택구입비는 포함되나 원자재, 자본재, 주택임대료는 제외된다.

ANSWER | 7.③ 8.③ 9.④

7 ③ 불법적인 거래는 공식적인 통계로 집계되지 않기 때문에 지하경제부문에서 생산된 것은 GDP 집계에 포함되지 않는다.

8 ③ 국민총생산은 일정 기간 동안에 한 나라 경제가 생산한 모든 최종생산물의 총시장가치를 말한다. 그러므로 중간생산물인 타이어의 가격과 카스테레오의 가격은 고려할 필요가 없다. 그리고 임금은 분배국민소득에서 측정되는 개념에 해당된다. 따라서 GNP는 최종생산물의 총시장가치인 1,000만 원이 된다.

9 가계의 소비지출대상인 모든 재화와 서비스로서 수입품 가격과 주택임대료(전월세)는 포함되나 원자재, 자본재, 주택구입비는 제외된다.

10 다음 내용 중 옳은 것은?

① 경기변동에 따라 잠재 GNP도 민감하게 변동한다.
② 잠재 GNP와 실제 GNP를 비교하여 경기의 과열 또는 침체 여부를 판단할 수 있다.
③ 총수요진작정책을 통해서 단기적으로 잠재 GNP를 확충시킬 수 있다.
④ 잠재 GNP는 한 경제가 보유하고 있는 자본, 노동 등 생산요소를 하나도 빠짐없이 이용하였을 때 생산할 수 있는 최대의 생산량이다.

11 삼면등가의 원칙이란?

① 분배국민소득＝가처분소득＝지출국민소득
② 순국민소득＝분배국민소득＝가처분소득
③ 생산국민소득＝분배국민소득＝가처분소득
④ 생산국민소득＝분배국민소득＝지출국민소득

ANSWER | 10.② 11.④

10 ② GDP갭이 (−)이면 경기가 과열임을 나타내고, (+)이면 경기가 침체상태임을 의미한다. 따라서 잠재GDP와 실제 GDP를 비교해 봄으로써 경기상태를 판단할 수 있다. 잠재GDP는 모든 생산요소들을 정상적으로 고용하였을 때의 생산량으로, 경제가 보유한 생산요소의 양과 기술수준 등 공급측 요인에 의하여 결정된다. 따라서 잠재GDP는 경기변동과 관계없이 매우 안정적인 추세를 보이며, 총수요관리정책을 통해서 변화시킬 수 있는 것이 아니다.
① 경기변동에 따라 실질 GNP가 민감하게 변동한다. 잠재 GNP는 경제성장이 일어날 때 변동한다.
③ 총수요진작정책을 통해서는 실질 GNP를 확충시킬 수 있다. 잠재 GNP를 확충시키려면 총공급정책을 활용해야 한다.
④ '하나도 빠짐없이 이용'이 아닌 효율적으로 이용했을 때의 최대 생산량이다.

11 ④ 삼면등가의 원칙이란 국민소득은 생산측면, 분배측면, 지출측면 중 어느 측면에서 측정하더라도 값이 동일해야 한다는 것을 말한다.

12 다음 중 GDP에 대한 설명으로 옳은 것은?

① 기준연도의 경우 명목 GDP와 실질 GDP는 동일한 값이다.
② 잠재 GDP와 실제 GDP의 차이는 명목 GDP이다.
③ 잠재 GDP와 실제 GDP의 차이는 실질 GDP이다.
④ 실제 GDP와 명목 GDP로 나눈 값이 소비자물가지수이다.

13 다음과 같이 X재와 Y재의 두 가지 재화만 생산하는 국민경제에서 비교연도의 GDP는 기준연도에 비하여 어떻게 변하였는가?

한국수력원자력 기출변형

재화	기준연도		비교연도	
	수량	시장가격	수량	시장가격
X	3	20	5	20
Y	4	25	3	20

① 10% 상승
② 10% 하락
③ 20% 하락
④ 변동없음

ANSWER | 12.① 13.④

12 ① 국내총생산(GDP)은 자국민에 귀속되든 외국인에 귀속되든지에 관계없이 한 나라의 국경 안에서 내국인과 외국인에 의하여 생산된 모든 재화와 용역의 가치를 말한다. 즉, GDP는 한 나라 안에 실제로 있는 생산요소에 의해 생산된 최종생산물만을 의미한다. 명목 GDP는 t년도의 생산물을 t년도 가격으로 평가한 것을 말한다. 그리고 실질 GDP는 t년도 생산물을 기준연도의 가격(P_0)으로 평가한 것이다. 이를 다음과 같이 나타낼 수 있다.
  ⊙ 명목 $GDP = P_1 \times Q_1$
  ⓒ 실질 $GDP = P_0 \times Q_1$
기준연도에는 $P_1 = P_0$이므로 명목 GDP와 실질 GDP가 동일하다. 그리고 잠재 GDP에서 실질 GDP를 차감한 것을 GDP 갭이라고 한다. 만일 경기가 호황이면 실제 GDP는 잠재 GDP를 초과할 수도 있다.

13 ④ GDP디플레이터 $= \dfrac{\text{비교연도의 } GDP}{\text{기준연도의 } GDP} \times 100 = \dfrac{(5 \times 20) + (3 \times 20)}{(3 \times 20) + (4 \times 25)} \times 100 = 100$이므로 변동이 없다.

14 국내총생산이 국내경제활동수준을 나타내는 지표로서 국민총생산보다 더 유용하게 사용되고 있다. 국내총생산과 관련된 다음 기술 중 옳은 것은?

> ㉠ 국내총생산은 일정 기간 동안 국내에서 생산된 산업별 부가가치생산액에 감가상각을 합한 것이다.
> ㉡ 국내총생산은 국민총생산에다 대외순수취요소소득을 합한 것이다.
> ㉢ 국내총생산은 일정 기간 동안 국내에서 생산된 최종생산물의 합계액을 말한다.

① ㉠, ㉡
② ㉠, ㉢
③ ㉡, ㉢
④ ㉠, ㉡, ㉢

15 실제 국민복지가 GNP보다 작아지게 하는 데 영향을 미치는 것은?

① 농부가 생산하여 자가소비한 채소
② 산림녹화
③ 공교육비
④ 환경파괴가 심한 간척사업

16 승수효과분석의 문제점이 아닌 것은?

① 완전고용을 전제로 한다.
② 부분균형분석이다.
③ 효과가 즉각적이다.
④ 지속적인 투자를 전제로 한다.

ANSWER | 14.② 15.④ 16.①

14 ② 국내총생산은 생산이 이루어진 지역을 기준으로 하므로 속지주의 개념이며, 국민총생산에서 대외순수취요소소득을 차감한 금액으로 나타난다.
$GDP = GNP -$ 해외로부터 수취하는 요소소득 + 해외로 지불하는 요소소득
따라서 해외지불요소소득이 해외수취요소소득보다 크면 GNP가 GDP보다 작게 된다.

15 ④ GNP는 공해·환경파괴·교통체증 등 정신적·물질적 대가를 지불하고 얻어지는 물질적 생산은 계상하고 있으나, 외부경제로 인한 효용의 감소는 공제하지 않고 있다. 외부불경제를 감안하지 않는 GNP는 만족할 만한 복지지표라 할 수 없다.

16 ① 완전고용상태에서는 생산이 증가할 수 없으므로 승수효과가 발생하지 않는다.

17 케인즈 단순모형에서 모든 사람들이 저축을 증가시킬 경우 다음 중 옳지 않은 것은?

한국수력원자력 기출변형

① 실업이 증가한다.
② 일시적으로 의도하지 않은 재고가 발생한다.
③ 균형국민소득이 감소한다.
④ 사후적으로 보면 저축이 감소하고 저축률도 낮아진다.

18 절약의 역설(paradox of thrift)'에 의하면 저축이 증가할수록 소득이 감소한다. 그러나 우리나라에서는 저축을 미덕으로 생각할 뿐 아니라 정부는 성장을 높이기 위해 저축을 열심히 해야 한다고 국민적 저축캠페인을 전개하고 있다. 절약의 역설에 대한 다음 설명 중 옳은 것은?

한국수력원자력 기출변형

① 일본의 잃어버린 10년의 경제상황에 적용할 수 있다.
② '절약의 역설'은 케인즈가 설정한 가설하에서만 성립한다.
③ '절약의 역설'은 미국과 같이 경제 내에서 해외부문이 국민경제에서 차지하는 비중이 아주 작은 나라에서는 성립하지만, 우리 경제와 같이 해외부문이 국민경제에서 차지하는 비중이 클 경우에는 성립하지 않는다.
④ '절약의 역설'은 개인들이 저축을 많이 할수록 국가 전체의 저축도 증가한다는 것을 설명한다.

ANSWER | 17.④ 18.①

17 ④ 케인즈 단순모형에서 모든 사람들이 저축을 증가시키면 소비감소로 인해 의도하지 않은 재고가 발생한다. 의도하지 않은 재고가 발생하면 기업들은 생산량을 줄이게 되므로 사후적으로 보면 국민소득은 감소하고, 실제 저축액은 증가하지 않거나 오히려 감소한다(절약의 역설). 그리고 국민소득이 감소하면 실업은 증가한다. 한편 실제 저축액(S)은 불변이거나 혹은 감소하지만 국민소득(Y)의 감소폭이 더 크기 때문에 저축률 $\left(\dfrac{S}{Y}\right)$ 은 오히려 이전보다 높아진다.

※ 케인즈 단순모형 가정
  ㉠ 경제에 잉여생산능력이 존재한다.
  ㉡ 충분한 잉여생산능력을 보유하고 있으므로 수요가 증가하더라도 물가는 고정되어 있다고 가정한다.
  ㉢ 소비는 소득의 함수이며, 한계소비성향은 0과 1 사이이다.
  ㉣ 기업의 투자지출, 정부지출, 순수출이 모두 외생적으로 주어진다.

18 ① 절약의 역설(paradox of thrift)이란 케인즈는 사람들이 저축을 더 많이 하면 할수록 국가 전체로서는 반드시 저축이 증가하지는 않는다고 지적하였다. 즉, 가계가 미래소득을 증가시키는 방법은 장래소비를 더욱 증대시키기 위하여 현재소비의 일부를 저축하는 것이다. 가계가 저축하는 가장 근본적인 동기는 생산자원을 더 많이 축적시켜 미래소득을 증대시키려는 것이다. 개별가계의 입장에서는 저축이 효용극대화의 목표를 달성시키는 데 효과적인 방법이다. 그렇지만 저축의 증가는 현재소비의 감소에서 나오기 때문에 저축의 증가는 가계의 지출을 같은 크기만큼 감소시킨다. 기업의 투자지출은 가계의 저축결정과 독립적으로 결정되므로 당기에 저축의 증가는 투자수준에 영향을 미치지 못한다. 따라서 경제에서 저축된 양은 기업들이 투자하려는 양보다 더 크며, 초과저축이 발생하게 된다. 따라서 총수요가 감소하고 이에 상응하는 총공급이 감소하여 고용과 가계의 소득이 낮아진다.

19 균형국민소득이 달성되었다. 다음 중 성립하지 않는 것은?

① 재고변화가 0이다.
② 실질화폐에 대한 수요와 공급이 같다.
③ 총수요곡선과 총공급곡선이 서로 만난다.
④ 균형재정이 달성되었다.

20 국민소득결정이론에 대한 다음 설명 중 옳지 않은 것은?

① 모든 국민소득수준에서 실현된 투자와 저축은 항상 일치한다.
② 가계가 계획하는 저축이 기업이 계획하는 투자보다 클 때 국민소득은 감소한다.
③ 실현된 저축과 실현된 투자의 차이가 재고변동이다.
④ 가계가 계획하는 저축과 기업이 계획하는 투자가 일치할 때 국민소득의 균형이 달성된다.

21 C=400+0.8YD, YD=Y-T, I=100, G=200, T=200일 때 균형국민소득은? (단, C:소비, T:조세, I:투자, G:정부지출)

① 2,000
② 2,200
③ 2,700
④ 3,000

ANSWER | 19.④ 20.③ 21.③

19 ④ 균형국민소득수준은 누출[저축(S)+조세수입(T)+수입(M)]과 주입[투자(I)+정부소비지출(G)+수출(X)]이 같다. 따라서 재고 변화는 발생하지 않는다. 그리고 실질화폐에 대한 수요와 공급이 같다. 그러나 반드시 균형재정[정부소비지출(G)=조세수입(T)]이 달성되는 것은 아니다.

※ 누출과 주입

구분	내용
주입	주입이란 경제순환의 외부로부터 유입되어 새로운 소득을 창출하는 지출을 말한다. 주입의 예로는 투자, 정부소비지출, 수출을 들 수 있으며 주입이 증가하면 경제전체 생산물수요가 증가하므로 생산량(국민소득)이 증가한다.
누출	누출이란 경제순환에서 유출되는 부분으로 소득의 처분과정에서 그 크기가 결정된다. 누출의 예로는 저축, 조세, 수입이 있으며 누출이 증가하면 경제전체 생산물수요가 감소하므로 생산량(국민소득)이 감소한다.

20 ③ 실현된 저축과 실현된 투자는 (재고투자의 변동을 통하여) 항상 균형을 이루므로 차이가 없다.
① 생산물시장이 균형을 이루지 못하면 재고투자가 변동하여 (사후적으로) 실현된 투자와 저축이 일치한다.
② 저축이 투자보다 크다는 말은 (생산물시장의) 수요가 부족하다는 말과 같다. 이 경우 생산과 소득은 감소한다.
④ 균형국민소득에서 계획한 저축과 투자가 일치한다.

21 ③ 정부를 포함한 3부문경제에서 균형국민소득은 Y=C+I+G에서 성립한다.
Y=400+0.8(Y-200)+100+200=540+0.8Y
0.2Y=540
Y=2,700

22 $C = 500 + 0.6 Y_D$, $Y_D = Y - T$, $I = 50$, $G = 250$, $T = 100$일 때 균형국민소득은?

① 1,600
② 1,750
③ 1,850
④ 1,900

23 다음 중 4부문경제에서 균형국민소득이 달성되기 위한 조건은?

① 저축=투자+(정부지출−조세수입)−(수출−수입)
② 저축=투자+(정부지출−조세수입)+(수출−수입)
③ 저축=투자+(정부지출−조세수입)+(수입−수출)
④ 저축=투자+(조세수입−정부지출)+(수출−수입)

24 소국개방경제의 균형조건으로 옳지 않은 것은?

① 조세=정부지출
② 해외저축=수출−수입
③ 저축=투자+수출−수입
④ 소득=소비+투자+수출−수입

✓ ANSWER | 22.③ 23.② 24.②

22 ③ 균형국민소득은 $Y = C + I + G$에서 성립한다.
$Y = 500 + 0.6(Y - 100) + 50 + 250 = 740 + 0.6Y$
$0.4Y = 740$, ∴ $Y = 1,850$

23 ② 균형국민소득은 '투자+정부지출+수출=저축+조세+수입'이 성립하는 수준에서 결정된다.

24 ② 소국개방경제란 경제의 규모가 비교적 작기 때문에 국내시장의 변화가 국제시장에 별다른 영향을 미치지 못하는 것을 뜻한다. 해외저축은 외국에서 빌려온 자금으로 '순수입(=수입−수출)'과 같다.

25 다음 중 디플레이션 갭이 존재하는 경우에 대한 설명으로 옳지 않은 것은?

① 완전고용수준에서 계획된 투자가 계획된 저축보다 크다.
② 디플레이션 갭을 없애기 위해서는 정부지출을 증가시키거나 조세를 감소시켜야 한다.
③ 완전고용수준에서 총수요가 완전고용국민소득보다 작다.
④ 균형국민소득이 완전고용국민소득보다 작다.

26 어떤 폐쇄경제의 기초소비는 100, 투자는 40, 정부지출은 100이다. 또 이 경제의 가처분소득에 대한 한계소비성향은 0.8, 한계조세율은 0.5이고 세금은 모두 비례소득세이며 이 경제의 완전고용국민소득은 500이다. 이 경제의 인플레이션 갭 혹은 디플레이션 갭은 얼마인가?

인천국제공항공사 기출변형

① 디플레이션 갭 40　　② 인플레이션 갭 40
③ 디플레이션 갭 60　　④ 인플레이션 갭 60

ANSWER | 25.① 26.③

25 ① 디플레이션 갭이란 완전고용국민소득을 달성하기 위하여 증가시켜야 하는 총수요(총지출)의 크기를 의미한다. 반면 인플레이션 갭이란 완전고용국민소득을 초과하는 총수요(총지출)의 크기를 의미한다. 디플레이션 갭이 존재하는 경우는 총수요가 총공급에 미달하는 경우이다. 'C(소비)+I(투자)<C(소비)+S(저축)'이므로 'I(투자)<S(저축)'인 관계가 된다.

26 ③ Y(국민소득) $= C$(소비) $+ I$(투자) $+ G$(정부지출)
$\qquad\qquad\qquad = 100 + 0.8(Y - 0.5Y) + 40 + 100$
$\qquad\therefore Y = 400$

균형국민소득(Y) = 400과 완전고용국민소득 = 500 사이에 현재 100만큼의 GNP갭이 발생하였다. 그리고 정부지출승수를 구해보면 다음과 같다.

$$\text{정부지출승수} = \frac{dY}{dG} = \frac{1}{1-c(1-t)} = \frac{1}{1-0.8(1-0.5)} = \frac{5}{3}$$

따라서 산출량을 100만큼 증가시키기 위해서는 정부지출을 60만큼 증가시켜야 한다. 그러므로 현재는 60만큼의 디플레이션 갭이 존재하고 있다.

※ 디플레이션 갭(deflation gap)
　완전고용국민소득보다 낮은 균형소득 아래서 완전고용국민소득의 달성에 필요한 총수요(유효수요)의 부족분이다. 따라서 디플레이션 갭만큼 총수요를 증가시키면 완전고용이 달성된다.

27 폐쇄경제하에서 정부부문은 존재하지 않으며, 소비함수가 $C = 100 + 0.75Y$이고 독립투자가 100이라고 하자. 완전고용수준의 국민소득이 900이라면 디플레이션 갭은?

① 25
② 50
③ 100
④ 125

28 민간부문으로만 구성된 거시경제의 단순모형에서 소비지출은 $C = 10 + 0.8Y$, 투자지출은 $I = 20$으로 주어졌다고 한다. 균형국민소득과 투자승수를 올바르게 짝지은 것은?

① 120, 0.2
② 120, 0.8
③ 120, 5
④ 150, 5

ANSWER | 27.① 28.④

27 ① 우선 균형국민소득을 구해보면 다음과 같다.
$Y = C + I = 100 + 0.75Y + 100 \rightarrow 0.25Y = 200$
$\therefore Y = 800$
따라서 완전고용국민소득이 900이므로 갭은 100이 된다. 그리고 투자승수는 다음과 같다. $(c = MPC = 0.75)$

투자승수 $= \dfrac{dY}{dI} = \dfrac{1}{1-c} = \dfrac{1}{0.25} = 4$

그러므로 25만큼의 독립지출이 증가하면 국민소득이 100만큼 증가하여 GNP 갭이 해소될 것이다.

28 ④ 주어진 조건에 의해 균형국민소득을 구해보면 다음과 같다.
$Y = C + I = (10 + 0.8Y) + 20$
$\therefore Y = 150$
투자승수를 구해보면 다음과 같다.

투자승수 $= \dfrac{dY}{dI} = \dfrac{1}{1-MPC} = \dfrac{1}{1-0.8} = 5$

여기서 MPC는 소비함수의 기울기이다. 그러므로 투자승수는 5이다.

29 다음은 어떤 국가의 국민소득결정모형으로 국민소득이 10% 증가하기 위해서는 정부지출을 얼마만큼 증가시켜야 하는가?

> - $Y = C + I + G$
> - $I = 200$
> - $T = G = 200$
> - $C = 160 + 0.8 Y^d$ (Y^d: 가처분소득)

① 40
② 60
③ 80
④ 100

30 가계와 기업만이 존재하는 단순모형에서 소득(Y), 소비(C) 그리고 투자(I) 등은 다음과 같은 관계에 있다고 하자. 이때 투자승수의 크기는?

> $C = 10 + 0.8Y$, $I = 20$

① 1.2
② 2.5
③ 5
④ 10

ANSWER | 29.① 30.③

29 ① 문제에 접근하기 위해서는 우선 균형국민소득을 구해야 한다. 그리고 소비에 있어서 한계소비성향과 기초소비와 조세를 반영해 구해보면 다음과 같다.
$Y = C + I + G = C_0 + c(Y - T) + I + G$
$(1 - c)Y = C_0 - cT + I + G$
$Y = \frac{1}{1-c}(C_0 - cT + I + G)$ 여기에 위의 조건을 대입해보면
$Y = \frac{1}{1-0.8}(160 - 160 + 200 + 200) = 2,000$이 된다.
그리고 정부지출승수를 구하기 위해서는 위의 식을 G에 대해 미분하면 구할 수 있다.
정부지출승수 $= \frac{dY}{dG} = \frac{1}{1-c} = 5$가 된다.
정부지출승수가 5이므로 국민소득이 10%인 200만큼 증가하기 위해서는 정부지출이 40만큼 증가해야 한다.

30 ③ 소비함수 $C = 10 + 0.8Y$에서 $MPC = 0.8$이다. 따라서 투자승수 $= \frac{1}{1-MPC}$이므로 투자승수는 5이다.

31 다음 중 투자승수는 어떤 경우에 커지는가?

① 비례세율의 증가
② 한계수입성향의 감소
③ 한계소비성향의 감소
④ 한계저축성향의 증가

32 한계저축성향이 0.2이고 소득세율이 0.25일 때 독립투자가 100만큼 증가한다면 저축의 변화는?

한국수력원자력 기출변형

① 25
② 50
③ 100
④ 250

ANSWER | 31.② 32.②

31 투자승수는 $\dfrac{1}{1-c(1-t)+m}$ 이므로 c(한계소비성향)가 클수록, t(비례세율), m(한계수입성향)이 작을수록 승수가 커진다.
① 비례세율의 증가-승수감소
② 한계수입성향의 감소-승수증가
③ 한계소비성향의 감소-승수감소
④ 한계저축성향의 증가-한계소비성향이 작아지므로 승수감소
따라서 정답은 ②번이 된다.

32 ② 투자에 따른 저축의 변화를 알기 위해서는 우선 투자승수를 알아야 한다.
투자승수 = $\dfrac{dY}{dI} = \dfrac{1}{1-c(1-t)} = \dfrac{1}{1-0.8(1-0.25)} = 2.5$이므로 투자가 100만큼 증가하면 국민소득은 250만큼 증가하게 된다. 따라서 저축의 변화는 $\Delta S = s \times \Delta Y = 0.2 \times 250 = 50$이 된다.

33 한계저축성향이 증가하면 균형예산승수는 어떻게 변화하는가?

① 한계저축성향이 증가할 때 균형예산승수가 감소한다.
② 한계저축성향의 변화가 한계소비성향에 영향을 미칠 때 변할 수 있다.
③ 한계저축성향이 증가할 때 균형예산승수가 증가한다.
④ 변함이 없다.

34 가처분소득이 4,000 소비가 3,500 정부구매가 1,000 조세수입은 800인 경우 총저축(national savings)은 얼마인가?

① 300
② 500
③ 700
④ 1,000

35 A 국가의 실질국내총생산(GDP)은 1,000단위라고 하자. 이 나라의 경제주체들의 민간소비는 200단위이며, 투자는 150, 정부지출은 400이라 할 때 이 나라의 순수출은 몇 단위라 할 수 있는가?

① 150
② 200
③ 250
④ 300

ANSWER | 33.④ 34.① 35.③

33 ④ 균형예산승수란 $\dfrac{dY}{dG} + \dfrac{dY}{dT} = Y$를 의미한다.

이 때 $\dfrac{dY}{dG} = \dfrac{1}{1-c}$이고 $\dfrac{dY}{dT} = \dfrac{-c}{1-c}$이므로 한계소비성향 혹은 한계저축성향의 값이 임의의 값이 되더라도 양자의 합은 항상 1이 된다. 따라서 한계저축성향이 증가하더라도 균형예산승수는 변화하지 않는다.

34 ① 총저축＝민간저축＋정부저축＝ $S + (T - G) = (4,000 - 3,500) + (800 - 1,000) = 300$

35 Y=C+I+G+(X-M)
(X-M)=Y-(C+I+G)
1000-(200+150+400)=250

36 다음 케인즈의 국민소득 결정 모형에서 소비 $C=0.7Y$이며, 투자 $I=80$이다. 이때 정부지출이 10에서 20으로 증가할 시에, 균형국민소득의 증가분을 구하면? (단, C는 소비, Y는 국민소득, I는 투자)

① 1
② $\frac{100}{3}$
③ 17
④ $\frac{100}{7}$

37 다음 표는 甲국이 소비하는 X재와 Y재의 구입량과 가격을 나타낸다. 물가지수가 라스파이레스 지수(Laspeyres index)인 경우, 2018년과 2019년 사이의 물가상승률은? (단, 기준연도는 2018년이다)

SH공사 기출유형

구분	X재		Y재	
	가격	구입량	가격(원)	구입량
2018년	1만 원	100,000	3만 원	50,000
2019년	3만 원	120,000	6만 원	60,000

① 110%
② 140%
③ 180%
④ 200%

ANSWER | 36.② 37.②

36 정부지출승수는 $dY=\frac{1}{1-c}dG$이기 때문에, 조건에 대입하게 되면, $dY=\frac{1}{1-c}dG=\frac{1}{1-0.7}10=\frac{10}{0.3}=\frac{100}{3}$이 된다.

37 라스파이레스 지수는 기준연도 수량을 가중치로 사용한다.

CPI(물가지수)=라스파이레스지수=$\frac{\sum P_t \cdot Q_0}{\sum P_0 \cdot Q_0} \times 100$

2018년은 기준연도이므로 라스파이레스 지수로 나타낸 물가지수는 100이다.

라스파이레스 물가지수=$\frac{(30,000 \times 100,000)+(60,000 \times 50,000)}{(10,000 \times 100,000)+(30,000 \times 50,000)} \times 100 = \frac{60}{25} \times 100 = 240$

2019년 물가상승률=$\frac{2019년 물가수준 - 2018년 물가수준}{2018년 물가수준} \times 100\% = \frac{240-100}{100} \times 100\% = 140\%$

소비함수와 투자함수

1 다음 중 케인즈의 소비이론에 대한 설명으로 옳은 것은?

① 소득수준에 관계없이 평균소비성향은 일정하다.
② 소비는 이자율의 영향을 받는다.
③ 어떤 기간 동안의 소비는 그 기간 동안의 소득수준에만 의존한다.
④ 현재의 소비는 과거의 소비습관의 영향을 받는다.

2 다음 중 케인즈의 소비함수에 대한 내용으로 옳지 않은 것은?

① 현재의 가처분소득에 가장 크게 의존한다.
② 평균소비성향은 소득이 증가함에 따라 감소한다.
③ 평균소비성향이 한계소비성향보다 작다.
④ 가처분소득이 증가하면 소비는 소득의 증가분보다 적게 증가한다.

ANSWER | 1.③ 2.③

1 ③ 케인즈는 '소비는 그 기간의 절대적인 소득에 의존한다'고 보기 때문에 케인즈의 소비함수이론을 절대소득가설이라고 한다. 케인즈의 소비함수는 소비축을 통과하는 우상향의 형태이므로 소득이 증가하면 평균소비성향은 점점 낮아진다.
  ※ 케인즈의 절대소득가설
    ㉠ 가정

구분	내용
소비의 독립성	특정 개인의 소비는 자신의 소득에 의해서만 결정되며, 타인의 소비행위와는 독립적이다.
소비의 가역성	소비지출이 소득수준에 따라 자유롭게 변화한다.

  ㉡ 내용
    • 소비함수 : $C=C_0+C_Y$
    • 한계소비성향은 0과 1 사이 : 소득이 증가하면 소비도 증가하나 증가된 소득의 일부만 소비된다.
    • 소비함수가 소비축을 통과하므로 소득이 증가할수록 소비함수에서 원점으로 연결한 직선의 기울기로 측정되는 평균소비성향이 감소한다(APC>MPC).

2 ③ 케인즈의 소비함수는 소비축을 통과하는 우상향의 직선이므로 소비함수의 기울기(한계소비성향)보다 소비함수에 원점으로 연결한 직선의 기울기(평균소비성향)가 더 크다.

3 한계소비성향(MPC)에 대한 설명으로 옳지 않은 것은?

① 소득증가분에 대한 소비증가분의 비율을 말한다.
② 장기소비성향에 대한 쿠츠네츠의 분석에 의하면 APC가 MPC보다 크다.
③ 케인즈는 MPC가 일정하다고 가정하고 유효수요이론을 전개하였다.
④ 소득이 변동함에 따라 소비가 얼마만큼 변동하는가를 나타낸다.

4 프리드만의 항상소득가설에 대한 설명 중 옳지 않은 것은?

한국수력원자력 기출변형

① 소득은 항상소득과 임시소득으로 구성된다.
② 소비는 항상소득에 비례한다.
③ 일시적인 소득세율의 인하는 소비증가를 초래한다.
④ 호황기에는 임시소득만 증가한다.

ANSWER | 3.② 4.③

3 ② 장기소비성향에 대한 쿠츠네츠의 분석에 의하면 APC는 일정하며, APC=MPC이다. APC가 일정한 값이 된다는 것은 장기소비함수의 임의의 점에서 원점으로 직선을 그었을 때 그 기울기가 일정함을 의미한다. 따라서 장기소비함수는 원점을 통과하는 직선이고 APC=MPC가 성립한다.
※ 쿠츠네츠의 실증분석
　㉠ 실증분석결과

구분	내용
횡단면분석	소득수준이 높을수록 APC가 감소한다.
단기시계열분석	호황기에는 APC가 낮고, 불황기에는 APC가 높다.
장기시계열분석	장기에는 APC가 일정하다.

　㉡ 의미
　　• 단기에 있어서 APC>MPC라는 것은 단기소비함수가 소비축을 통과하는 직선의 형태임을 의미한다.
　　• 장기에는 APC=MPC이므로 장기소비함수는 원점을 통과하는 직선의 형태이다.
　　• 소득이 증가함에 따라 단기소비함수가 상방으로 이동한다.

4 ③ 프리드만의 항상소득가설(영구소득가설)에 의하면 소비는 장기적으로 항상소득에 의해서 결정되므로, 일시적인 소득세율의 인하는 임시소득을 늘릴 뿐 항상소득에는 아무런 영향을 주지 못한다. 따라서 소비증가를 초래하지 못한다.

5 항상소득가설은 미래소득에 대한 예측을 기반으로 현재의 소비형태를 결정한다는 이론이다. 다음 설명 중 옳지 않은 것은?

① 항상소득가설이 타당성을 갖는다면 케인즈의 절대소득가설의 경우에 비해 정부의 조세정책이 지출정책의 효과가 작아진다.
② 항상소득을 결정하는 중요요인 중의 하나는 미래에 대한 예측이므로 주식가격의 변화, 수출 또는 소득의 변화가 사람들의 예측에 중요한 영향을 줄 경우 심각한 경기변동을 야기시킬 수도 있다.
③ 1980년대 후반 소비의 급작스런 증가는 노사분규로 인한 임금상승이 노조의 강화에 의해 뒷받침되는 항상소득의 증가로 인식되었기 때문이기도 하다.
④ 미래지향적인 소비이론에 따르면 지속적인 명목통화량의 증가는 자산의 항구적 증가로 인식되어 소비증가효과가 크게 나타난다.

6 프리드만의 항상소득가설에 대한 설명으로 옳지 않은 것은?

① 임시소비와 임시소득 사이에는 일정한 상관관계가 있다.
② 항상소비와 항상소득 사이에는 일정한 상관관계가 있다.
③ 항상소비와 임시소비 사이에는 아무런 상관관계가 없다.
④ 항상소득과 임시소득 사이에는 아무런 상관관계가 없다.

ANSWER | 5.④ 6.①

5 ④ 지속적인 소득변화는 소비를 크게 변화시키지만 일시적인 소득변화는 소비에 별 영향을 주지 않는다는 주장을 항상소득가설이라고 부른다. 이 가설은 국민소득의 변화와 국민저축의 변화에 대해 중요한 시사점을 준다. 그리고 항상소득가설에 따르면 임시소득이 증가하더라도 소비는 크게 변화하지 않는다. 따라서 임시소득의 평균소비성향은 항상소득에 대한 소비성향보다 낮다. 그리고 미래지향적인 소비함수이론인 항상소득가설이나 라이프사이클가설에 따르면 명목통화량이 증가하더라도 실질자산의 크기는 불변이므로 소비는 거의 증가하지 않는다.

6 ① 임시소비와 임시소득 간의 상호독립성을 가정하고 있다.
※ 프리드만(Friedman)의 항상소득가설
㉠ 항상소득과 임시소득

구분	내용
항상소득(Y_p)	정상적인 소득흐름으로 볼 때 확실하게 기대할 수 있는 장기적인 기대소득으로 어떤 개인이 자신의 인적 자산과 금융자산에서 매기마다 발생하리라고 예상하는 평균수입을 의미한다. 일반적으로 현재 및 과거의 소득을 가중평균하여 구한다(적응적 기대).
임시소득(Y_t)	비정상적인 소득으로 예측 불가능한 일시적인 소득이다. 단기적으로는 (+) 혹은 (−)이나 장기적으로는 평균이 0이다.

㉡ 소비의 결정요인: 실제소비는 주로 항상소득(Y_p)에 의하여 결정되며, 임시소득(Y_t)은 소비에 별로 영향을 미치지 않는다. 그러므로 임시소득의 변화는 저축에 큰 영향을 미친다.

7 절대소득가설, 라이프사이클가설, 항상소득가설, 상대소득가설 중 이론의 전제나 문제의식 그리고 결론의 측면에서 볼 때 서로 가장 유사한 두 개의 가설은?

① 라이프사이클가설과 항상소득가설
② 항상소득가설과 상대소득가설
③ 절대소득가설과 상대소득가설
④ 절대소득가설과 라이프사이클가설

8 절대소득가설의 장기소비곡선과 단기소비곡선에 대한 설명으로 옳은 것은?

① 단기소비곡선에서 평균소비성향은 일정하다.
② 단기소비곡선에서 한계소비성향은 평균소비성향보다 크다.
③ 장기소비곡선에서 한계소비성향은 감소한다.
④ 장기소비곡선에서 평균소비성향과 한계소비성향은 같다.

9 다음은 항상소득이론(permanent income theory)과 관련된 설명이다. 옳은 것을 모두 모아 놓은 것은?

> ㉠ 임시소득과 임시소비와는 관계가 없다.
> ㉡ 단기에서 MPC(한계소비성향)가 APC보다 크다.
> ㉢ 장기적으로 APC(평균소비성향)는 일정하다.
> ㉣ 항상소득이론은 사람들은 소비를 일정하게 유지하고 싶어 한다는 것을 전제로 한다.

① ㉠, ㉡, ㉢
② ㉠, ㉡, ㉣
③ ㉠, ㉢, ㉣
④ ㉡, ㉢, ㉣

ANSWER | 7.① 8.④ 9.③

7 ① 라이프사이클가설과 항상소득가설에서 개인들은 모두 미래의 장기적인 소득을 예상하여 소비를 일정한 수준에서 유지한다. 따라서 현재소득이 변해도 소비는 별로 변하지 않는다.

8 ① 단기 소비곡선에서 소득이 증가함에 따라 평균소비성향은 점점 감소한다.
② 단기 소비곡선에서 평균소비성향이 한계소비성향보다 크다.
③ 장기 소비곡선에서 한계소비성향은 일정하다.

9 ㉡ 항상소득이론에 의하면 단기소비함수는 소비축을 통과하고, 장기소비함수는 원점을 통과하는 직선이다. 그러므로 단기에는 APC>MPC이고, 장기에는 APC=MPC가 성립한다.

10 다음 중 소비함수에 대한 설명으로 옳지 않은 것은?

① 상대소득가설에 따르면 소비의 비가역성 때문에 톱니효과가 생긴다.
② 항상소득가설에 따르면 사람들의 임시소득에 대한 소비성향은 항상소득에 대한 소비성향보다 높다.
③ 항상소득가설에 따르면 저소득층보다 고소득층의 경우에 평균소비성향이 낮다.
④ 평생소득가설에 따르면 세율의 일시적인 변동 혹은 정부지출의 일시적인 변동은 소비에 별다른 영향을 주지 못한다.

11 다음 중 케인즈의 절대소득가설에 대한 설명으로 옳지 않은 것은?

① 한계소비성향은 0보다 크고 1보다 작다.
② 일시적으로 소득이 증가하면 소비는 증가한다.
③ 소비의 독립성을 전제로 한다.
④ 불황기보다 호황기의 평균소비성향이 크다.

12 생애주기가설(lifecycle hypothesis)에 대한 다음 설명 중 옳지 않은 것은?

① 영구적 소득증가의 한계소비성향이 일시적 소득증가의 한계소비성향보다 더 크다.
② 시계열상 단기적으로 평균소비성향이 감소한다.
③ 횡단면상 중년층의 소득은 프리드만의 항상소득에 대응된다.
④ 횡단면상 고소득층으로 갈수록 평균소비성향이 감소한다.

ANSWER | 10.② 11.④ 12.③

10 ② 항상소득가설에 따르면 임시소득이 증가하더라도 소비는 크게 변화하지 않는다. 따라서 임시 소득의 평균소비성향은 항상소득에 대한 소비성향보다 낮다.

11 ④ 평균소비성향은 소비함수에서 원점으로 연결한 직선의 기울기로 측정된다. 절대소득가설에 따르면 소비함수는 소비축을 통과하므로 불황일 때는 APC가 높아지고, 호황일 때는 APC가 낮아진다.

12 ③ 횡단면상 나타나는 중년층의 소득은 프리드먼의 항상소득보다 그 크기가 감소한다.

13 단기소비성향과 장기소비성향에 대한 분석이 옳지 않은 것은?

① 단기적으로는 평균소비성향이 한계소비성향보다 크다.
② 단기적으로는 평균소비성향이 1보다 클 수 있다.
③ 단기적으로는 한계소비성향이 1보다 클 수 있다.
④ 장기적으로는 평균소비성향과 한계소비성향이 같다.

14 한계소비성향이 0과 1 사이에 있는 어떤 사람이 복권에 당첨되어 상금으로 50만 원을 받았을 때 복권에 당첨되기 전과 비교하여 이 사람의 소비지출은?

① 절대소득가설하에서는 50만 원보다 적게 증가하나, 항상소득가설하에서는 거의 증가하지 않는다.
② 절대소득가설에서는 전혀 증가하지 않으나, 항상소득가설하에서는 50만 원만큼 증가한다.
③ 절대소득가설하에서 항상소득가설하에서도 50만 원만큼 증가한다.
④ 절대소득가설하에서도 항상소득가설하에서도 전혀 변화가 없다.

ANSWER | 13.③ 14.①

13　③ 단기적으로는 평균소비성향이 1보다 클 수 있다. 그러나 한계소비성향은 1보다 작다.

14　① 절대소득가설은 소득의 절대적인 크기만이 소비에 영향을 미친다는 의미로 케인즈가 주장하였다.
　　※ 절대소득가설에 의한 소비함수의 특징
　　　㉠ 소득이 증가하면 소비지출도 증가하지만 소비의 증가는 소득의 증가보다 작다. $0 < MPC < 1$이다. 즉, 소득이 증가하면 소비와 함께 저축도 증가한다는 것이다. 소득증가분의 일부는 소비의 증가로, 그리고 나머지는 저축의 증가로 처분된다.
　　　㉡ 소득이 증가하면 소득 중에서 소비가 차지하는 비율, 즉 APC가 감소한다.
　　　㉢ 소득이 증가하면서 한계소비성향은 감소한다. 즉, 소비함수가 원점에 대하여 오목한 형태로 나타난다. 따라서 절대소득가설하에서 상금 50만 원으로 인한 소득증가는 소비를 증가시킨다. 그러나 한계소비성향이 1보다 작으므로 50만 원보다는 적게 증가한다. 반면 항상소득가설에서 50만 원의 상금은 임시소득의 증가이므로 소비는 이에 거의 영향을 받지 않는다.

15 재정정책이 단기적으로 큰 효과를 가지려면?

① 평생소득가설이 옳아야 한다.
② 구축효과가 100%이어야 한다.
③ 항상소득가설이 옳아야 한다.
④ 가계소비지출이 가처분소득의 일시적 변화에 민감해야 한다.

16 소비함수와 관련된 다음 설명 중 옳지 않은 것은?

① 케인즈의 소비함수에 따르면 일시적인 세율인하는 소비에 큰 영향을 미친다.
② 생애주기가설에 따르면 장년층의 평균소비성향은 노년층보다 높다.
③ 항상소득가설에 따르면 당첨금이 1,000만 원인 복권에 당첨되면 저축률이 높아진다.
④ 상대소득가설에 따르면 전시효과는 소비의 상호의존성 때문에 나타나는 현상이다.

17 소비자들이 미래소득까지를 고려해서 미래전망적(forward-looking)으로 소비지출행위를 한다고 가정하는 소비함수이론으로 옳은 것은?

| ㉠ 평생소득가설 | ㉡ 상대소득가설 |
| ㉢ 항상소득가설 | ㉣ 절대소득가설 |

① ㉠, ㉡
② ㉠, ㉢
③ ㉡, ㉢
④ ㉡, ㉣

ANSWER | 15.④ 16.② 17.②

15 ④ 재정정책이 단기적으로 큰 효과를 나타내기 위해서는 가계의 소비가 일시적인 가처분소득의 변화에 민감해야 한다. 이는 일시적인 조세감면으로 가처분소득이 증가하더라도 소비가 별로 변하지 않는다면 유효수요는 별로 증가하지 않을 것이다.

16 ② 장년층은 소득 중에서 많은 부분을 저축하기 때문에 저축률이 높지만, 노년층은 소득에 비해 소비를 많이 하기 때문에 저축률이 낮다. 그러므로 장년층의 평균소비성향은 노년층의 평균소비성향보다 낮다.

17 ② 평생소득가설과 항상소득가설은 각 개인들이 장기적으로 기대되는 평균소득을 기초로 소비행위를 하게 된다고 본다. 반면, 절대소득가설에서는 현재의 소득수준이 소비를 결정한다고 본다. 그리고 상대소득가설에서는 현재의 소득과 과거의 최고소득수준이 소비를 결정한다. 따라서 정답은 평생소득가설과 항상소득가설인 ②가 정답이다.

18 다음 중 투자사업의 내부수익률의 개념과 가장 가까운 것은?

① 자본의 한계생산력
② 명목이자율에서 기대인플레이션을 차감한 값
③ 채권시장에서 형성된 1기간 보유수익률
④ 투자사업의 순편익의 현재가치 합계를 0으로 만드는 할인율

19 다음 중 케인즈이론에서 투자의 결정요인은?

① 유동성선호와 이자율이다.
② 한계소비성향과 유동성선호이다.
③ 투자의 한계효율과 유동성선호이다.
④ 이자율과 투자의 한계효율이다.

ANSWER | 18.④ 19.④

18 ④ 내부수익률(internal rate of return)이란 투자의 순현재가치가 0이 되게 하는 할인율을 의미한다. 즉, 투자비용과 투자로부터 얻는 수입의 현재가치가 같아지도록 만드는 할인율을 의미한다. 내부수익률은 일종의 투자의 순수익률에 해당한다. 내부수익률을 계산한 후 기준이 되는 이자율과 이를 비교해서 투자의 내부수익률이 기준이자율보다 높으면 투자를 행하도록 결정하는 것이 내부수익률법이다. 여기서 기준이자율은 어느 투자이건 적어도 그 이상의 수익률은 보장해야 한다는 일종의 최저수익률이다.

19 ④ 케인즈의 내부수익률법에 따르면 투자를 결정함에 있어서 이자율과 투자비용과 기대수입의 현재가치를 동일하게 하는 할인율인 내부수익률(투자의 한계효율)을 비교하여 투자를 결정한다. 즉, 이자율이 내부수익률보다 낮으면 투자가 이루어지고, 반대로 이자율이 내부수익률보다 높은 경우에는 투자가 이루어지지 않는다.

※ 케인즈의 내부수익률법
  ㉠ 개념: 내부수익률법이란 내부수익률(투자의 한계효율)과 이자율을 비교하여 투자를 결정한다는 케인즈의 투자결정이론이다.
  ㉡ 투자의 한계효율
    • 투자비용과 투자로부터 얻게 되는 수입의 현재가치가 같아지는 할인율로 다음의 식을 만족하는 m값을 의미한다.
    $$C = PV = \frac{R_1}{1+m} + \frac{R_2}{(1+m)^2} + \cdots + \frac{R_n}{(1+m)^n}$$
    • 투자비용 C는 객관적으로 주어진 값이므로 투자의 한계효율(m)의 크기는 예상수입(R_1, R_2, …, R_n)에 의존한다.
    • 예상수입의 크기는 기업가의 장래에 대한 기대에 의존하므로 m값은 기업가의 예상에 의하여 결정된다.
  ㉢ 투자결정의 원리

구분	내용
m>r ↔ NPV>0	투자증가
m<r ↔ NPV<0	투자감소
m=r ↔ NPV=0	투자중단

20 케인즈(Keynes)에 의한 자본의 한계효율(MEC)에 대한 정의로 옳은 것은?

① 절대적인 예상소득과 자본재의 구입가격을 동일하게 만드는 할인율
② 예상소득의 현재가치를 자본재가격과 동일하게 만드는 할인율
③ 예상소득을 시장이자율로 할인한 값과 자본재 구입가격의 비율
④ 자본재의 구입가격을 시장이자율로 할인한 값

21 다음 중 투자와 관련된 설명으로 옳지 않은 것은?

① 투자세액공제는 기업의 투자를 촉진시키는 효과를 가져온다.
② 재고의 변화는 자본스톡에는 영향을 주지 못하기 때문에 투자로 간주되지 않는다.
③ 투자는 변동성이 심하여 경기변동을 초래하는 중요한 요인으로 간주된다.
④ 토빈(Tobin)의 q값이 1보다 크다면 기업은 투자를 늘려 자본스톡을 증가시키는 것이 유리하다.

ANSWER | 20.② 21.②

20 ② 자본의 한계효율(Marginal Efficiency of Capital)은 자본재 가격과 그 자본재를 구입하였을 때 얻을 수 있는 수입의 현재가치가 같아지는 할인율을 말한다. 예를 들어, 기계구입가격이 100만 원이고, 그 기계를 구입하였을 때 미래에 얻을 수 있는 수입의 현재가치가 100만 원이 되도록 만들어주는 할인율이 7%라면 자본의 한계효율은 7%가 된다.

21 ② 국내총투자는 고정투자(국내총자본형성)와 재고투자의 합으로 정의되므로 재고증가분도 투자로 간주된다. 재고증가가 투자에 포함되기는 하지만 경제 전체의 자본스톡의 크기에는 영향을 미치지 않는다.

22 다른 모든 조건이 일정할 때 다음 중 토빈(Tobin)의 q를 증가시키는 요인은?

한국전력공사 기출변형

① 법인세율의 인상
② 주가상승
③ 자본재의 대체비용 상승
④ 통화공급의 감소

23 소비의 증가에 따른 자본재의 급격한 증가를 설명하는 이론은?

① 투자승수이론
② 가속도이론
③ 소비함수론
④ 한계효용이론

ANSWER | 22.② 23.②

22 ② 토빈의 q는 주식시장에서 평가된 기업의 시장가치를 실물자본의 대체비용으로 나눈 값이다. 따라서 주가가 상승하면 q값은 커지고 자본재의 대체비용이 커지면 q값은 하락한다.

※ 토빈의 q(Tobin's q)
　㉠ 개념: 주식시장에서 평가된 기업의 시장가치를 기업 실물자본의 대체비용(순자산가치)으로 나눈 것을 의미하며, 설비투자의 동향을 설명하거나 기업의 가치평가에 이용된다.
　㉡ q 값의 정의
$$q = \frac{\text{주식시장에서 평가된 기업의 시장가치}}{\text{기업의 실물자본 대체비용}}$$
　㉢ 투자결정

구분	내용
q>1	(주식시장에서 평가된 기업의 시장가치)>(기업의 실물자본의 대체비용) → 투자증가
q=1	(주식시장에서 평가된 기업의 시장가치)=(기업의 실물자본의 대체비용) → 투자불변
q<1	(주식시장에서 평가된 기업의 시장가치)<(기업의 실물자본의 대체비용) → 투자감소

23 ② 소득변화 혹은 소비변화에 따라서 투자가 유발되는 것을 가속도이론이라고 한다.

24 다음 중 토빈의 q에 대한 내용으로 옳은 것은?

① 기업의 실제 자산가치에 대한 시장에서 평가된 주식총가액의 비율을 말한다.
② 투자지출에 대한 이윤의 비율을 말한다.
③ 기업이 추가적인 이윤을 이용해서 행하는 추가적인 투자를 말한다.
④ 명목이자율에 대한 실질이자율의 비율을 말한다.

25 내구연수가 1년인 자본재의 공급가격이 5,000만 원이고 예상수익이 6,000만 원이라면 투자의 한계효율(MEI)은?

① 2%
② 10%
③ 20%
④ 50%

26 가속도원리에 대한 설명으로 옳은 것은?

① 국민소득은 저축률과 관련이 있다.
② 투자는 국민소득의 변화와 관련이 있다.
③ 저축률은 투자수준과 관련이 있다.
④ 투자는 국민소득의 수준과 관련이 있다.

✅ ANSWER | 24.① 25.③ 26.②

---

24 ① 토빈의 q는 $\dfrac{\text{주식시장에서 평가된 기업의 시장가치}}{\text{기업의 실물자본 대체비용}}$ 로 나타낸다.

25 ③ 투자의 한계효율은 투자비용(자본재가격)과 투자로부터 얻은 예상수입의 현재가치와 같아지는 할인율을 말한다.

  투자의 한계효율 $= \dfrac{6000\text{만원} - 5000\text{만원}}{5000\text{만원}} \times 100\% = 20\%$ 이다.

  ※ 투자의 한계효율(MEI)곡선

  ㉠ MEI곡선의 도출: 다수의 투자안이 존재하면 각 투자안에 대하여 투자의 한계효율계산이 가능하다. 투자의 한계효율이 가장 큰 투자안부터 나열하면 우하향의 MEI곡선이 도출된다.
  ㉡ 투자의 결정
   • m > r이면 투자가 이루어지므로 이자율이 r_0이면 투자의 크기는 I_0이다.
   • 이자율이 r_1으로 상승하면 투자는 I_1으로 감소한다. 즉, 투자는 이자율의 감소함수이다.
  ㉢ MEI곡선의 이동: 기업가의 경기전망기대가 낙관적, 투자 비용감소, 기술진보 → MEI상승 → MEI곡선 상방이동

26 ② 소득 혹은 소비변화에 따라 투자가 이루어지는 것을 설명하는 이론이 가속도원리이다.

27 절대소득가설, 라이프사이클가설, 항상소득가설, 상대소득가설 중 이론의 전제, 문제의식, 결론의 측면을 고려해 볼 때 서로 가장 유사한 두 개의 가설은?

① 절대소득가설과 항상소득가설
② 항상소득가설과 상대소득가설
③ 절대소득가설과 상대소득가설
④ 라이프사이클가설과 항상소득가설

28 다음 중 현재 및 미래의 두 기간에 걸쳐 소비하는 갑의 현재 소득은 1,000, 미래소득 300, 현재 부(wealth) 200이다. 이자율이 2%로 일정할 때, 갑의 현재 소비가 800이라면 최대가능 미래 소비는 얼마인가?

① 708
② 715
③ 745
④ 810

ANSWER | 27.④ 28.①

27 라이프사이클가설(=평생소득가설)과 항상소득가설에서 개인들은 모두 미래의 장기적인 소득을 예상하여 소비를 일정한 수준에서 유지한다. 따라서 현재소득이 변해도 소비는 별로 변하지 않는다.

28 문제에서 주어진 조건을 기반으로 최대가능 미래 소비를 구하면 다음과 같다.

소비자 갑의 예산제약식 $C_1 + \dfrac{C_2}{1+r} = Y_1 + W + \dfrac{Y_2}{1+r}$ 에 조건을 대입하면,

$800 + \dfrac{C_2}{1+0.02} = 1,000 + 200 + \dfrac{300}{1+0.02}$ 로부터 $C_2 = 708$이 된다.

CHAPTER 03 화폐금융론

1 현재 통화의 지표로 사용되지 않는 것은?

① M1
② M2
③ Lf
④ M3

ANSWER | 1.④

1 시중에 유통되고 있는 화폐의 양을 통화량(Money Supply)이라 하며 시중 통화량의 크기와 변동을 측정하기 위한 도구가 바로 통화지표이다. 통화지표는 통화의 성질에 따라 구성된 각각의 통화량의 크기를 나타낸 지표로 통화량의 크기와 변동을 파악하는 기준이 된다. 2006년 국제통화기금(IMF)의 권고와 돈의 흐름에 대한 보다 현실적인 지표가 필요하여 한국은행이 새로운 통화지표를 발표하였다. 기존의 M1(협의의 통화), M2(광의의 통화)는 그대로 두고, M3(총유동성)을 개편하여 Lf(금융기관유동성)로 만들고 L(광의유동성)을 새로 포함시켰다.

※ 통화지표

구분	내용
M1(협의의 통화)	M1은 가장 일반적인 지불수단인 민간보유 현금과 은행의 요구불예금(예금주의 요구가 있을 때 언제든지 지급할 수 있는 예금)의 합계를 가리킨다. 즉, M1은 현재 가지고 있는 현금처럼 지급을 요구하면 바로 빼 쓸 수 있는 요구불예금, 수시 입출식 저축성예금 등의 양을 의미하는 것이다.
M2(총통화)	M2는 M1에 저축성예금과 거주자외화예금을 합계한 것을 말한다. 여기서 저축성예금이란 이자율은 높으나 약정기간이 경과해야 현금 인출이 가능한 예금을 말하며, 거주자외화예금은 우리나라 사람이 가진 외화를 예금한 것을 의미한다. M2는 시중 유동성을 가장 잘 파악할 수 있는 지표로 활용된다.
Lf(금융기관유동성)	과거 M3라고 불렸던 것으로 M2에 만기 2년 이상 장기 금융상품과 생명보험 계약준비금, 증권금융 예수금을 더했다. M2에 비해 만기가 길어 저축의 성격도 강하지만 필요하면 쉽게 현금화할 수 있다는 공통점이 있다.
L(광의유동성)	가장 넓은 의미의 지표로 정부와 기업이 발행한 각종 채권과 어음 등이 총망라된다. 금융기관이 공급하는 유동성만을 포괄하고 있는 Lf를 포함한 한 나라 경제가 보유하고 있는 전체 유동성의 크기를 재는 지표다.

2 다음 중 법정지급준비율 하락의 효과로 옳은 것은?

① 통화공급의 감소, 은행의 대출감소
② 통화공급의 감소, 은행의 대출증가
③ 통화공급의 증가, 은행의 대출감소
④ 통화공급의 증가, 은행의 대출증가

3 본원통화에 증감에 직접적인 영향을 주는 요인이 아닌 것은?

① 정부의 국고금 수입
② 중앙은행의 국공채 매도
③ 기업의 신규투자
④ 중앙은행에 의한 금융기관 대출

ANSWER | 2.④ 3.③

2 ④ 어떤 은행에 대한 예금액이 1,000원이고 법정지급준비율이 20%라면 이 은행은 최소한 200원의 지급준비금을 보유해야 한다(필요지급준비금이 200원). 그러나 법정지급준비율이 10%로 하락하면 은행은 추가로 100원을 대출할 수 있게 되므로 대출여력이 커지게 된다. 따라서 법정지급준비율이 하락하면 은행의 대출은 증가하게 되고, 은행의 대출이 증가하면 통화량이 증가한다. 즉 '법정지급준비율↓ → 필요지급준비금↓ → 대출여력↑ → 대출↑ → 통화량↑'가 나타난다.

3 ③ 중앙은행이 정부 혹은 은행에 자금을 대출해주면 본원통화가 증가한다. 정부의 국고금수입은 국고에 들어가는데, 국고가 바로 중앙은행 금고를 의미한다(정부자금은 모두 중앙은행이 관리). 따라서 국고수입이 증가하면 본원통화가 감소한다. 중앙은행이 보유중인 국공채를 매도할 경우에는 자금이 중앙은행 금고로 들어가므로 본원통화가 감소한다. 기업의 신규투자는 본원통화와는 무관하다.

※ **본원통화**(High-Powered Money, Money Base)
  ㉠ 개념 : 중앙은행인 한국은행이 지폐와 동전 등 화폐발행의 독점적 권한을 통해 공급한 통화를 말한다. 한국은행이 예금은행에 대해 대출을 하거나 외환을 매입하거나, 또는 정부가 중앙은행에 보유하고 있는 정부예금을 인출할 경우 본원통화가 공급된다. 본원통화를 조절하면 시중통화량이 조절되기 때문에 통화관리수단으로 이용되고 있다.
  ㉡ 본원통화 구성 : 현금통화+지급준비금=현금통화+(시재금+지준예치금)=(현금통화+시재금)+지준예치금=화폐발행액+지준예치금

4 통화금융기관으로 짝지어진 것은?

> ⊙ 중앙은행
> ⓒ 우체국예금
> ⓜ 신용협동조합
> ⓒ 일반은행
> ⓔ 특수은행

① ⊙, ⓒ
② ⓒ, ⓔ
③ ⊙, ⓒ, ⓔ
④ ⊙, ⓒ, ⓒ, ⓔ, ⓜ

5 다음 중 통화량이 가장 크게 증가하는 경우는?

① 법정지준율을 낮출 때
② 정부가 채권을 시중은행에 매각할 때
③ 정부가 채권을 시중은행으로부터 매입할 때
④ 개인이 은행으로부터 요구불예금을 인출할 때

ANSWER | 4.③ 5.①

4 ③ 금융기관은 중앙은행(한국은행)과 일반은행 및 특수은행 등 통화금융기관과 투자금융회사, 종합금융회사, 상호저축은행, 신용협동기구, 투자신탁회사, 증권회사, 보험회사, 우체국 등 비통화 금융기관으로 구성되어 있다.

  ※ 통화금융기관과 비통화금융기관
  국제통화기금(IMF)은 국제적인 비교를 용이하게 하기 위해 금융기관을 통화창출기능의 유무에 따라 통화금융기관과 비통화금융기관으로 분류하고 있다.

구분	내용
통화금융기관	통화금융기관은 우리나라에서 유일하게 발권업무를 담당하는 한국은행과 수신 및 여신업무를 통하여 예금통화를 창출하는 예금은행으로 구분하고 있다. 또한, 예금은행은 일반예금은행의 전문성과 재원문제 등으로 인하여 특정부문에 자금을 원활한 자금조달을 위해 설립한 특수은행과 일반은행(상업은행)으로 구성되어 있다.
비통화금융기관	통화창출이 아닌 주로 자금의 이전과 중개를 담당하는 기관으로 업무의 특성에 따라 개발기관, 투자기관, 저축기관, 보험기관으로 나누어지며 투자금융회사, 종합금융회사, 상호저축은행, 신용협동기구, 투자신탁회사, 증권회사, 보험회사, 우체국 등이 있다.

5 ① 법정지준율인하는 전국적으로 확대금융의 효과를 가지므로 그 효과가 매우 크다.

6 정부가 1온스의 금화와 1온스의 은화의 교환비율을 1 : 8로 고정하였다. 또한 시장에서도 금 1온스는 은 8온스와 동일한 가치를 지니고 있다. 이때 금광이 발견되어 금의 공급량이 늘었고 시장에서는 금 1온스가 은 5온스와 동일한 가치를 갖게 되었다. 이런 상황에서 금화와 은화에 나타나는 변화로 옳은 것은? (단, 이는 '악화가 양화를 구축한다'는 그레샴의 법칙과 관련한 문제이다)

① 은화가 양화로 되며 시중에서 소멸한다.
② 은화가 악화로 되면서 시중에서 소멸한다.
③ 금화가 양화로 되면서 시중에서 소멸한다.
④ 금화가 악화로 되면서 시중에서 소멸한다.

7 금융의 기능으로 보기 어려운 것은?

① 여유 자금을 자금이 부족한 부문으로 전달하는 중개 기능을 한다.
② 금융 자산을 손쉽게 현금화할 수 있도록 유동성을 높여 주는 역할을 한다.
③ 신용 창출 기능을 수행한다.
④ 금융은 투기 목적으로 이루어지기 때문에 경제 발전을 저해하는 요소로 꼽힌다.

ANSWER | 6.① 7.④

6 ① 악화가 양화를 쫓아낸다는 것은 명목가치에 비해 실질가치가 낮은 악화만 공급되고 좋은 양화는 사람들이 보유하려 하므로 시중에 나오지 않는다는 것이다. 따라서 금화와 은화의 교환비율이 1 : 8이다가 금광의 발견으로 금 1온스가 은 5온스와 같은 가치가 된 것은 금화의 실질가치 하락을 의미한다. 이때 은화는 금화의 8분의 1의 가치를 지니지만 은 1온스는 금의 5분의 1의 가치를 지니므로 은화를 녹여 은으로 만들면 은화의 거래보다 높은 가치를 갖게 된다. 따라서 시중에 금화만이 유통되고 은화는 소멸된다.

7 ④ 금융 기관은 적은 자본을 모아 대자본을 형성하여 산업 자금을 공급함으로써 경제 발전에 기여한다. 신용 창출이란 본원 통화를 기반으로 하여 예금 은행이 창출하는 통화를 말한다.
※ 금융의 기능
㉠ 여유 자금을 자금이 부족한 부문으로 전달하는 중개 기능을 한다.
㉡ 금융 자산의 가격을 결정하는 기능을 한다.
㉢ 신용 창출 기능을 수행한다.
㉣ 다양한 금융 상품과 금융 거래 기회를 통해 투자자들의 위험 관리를 도와준다.

8 다음이 가리키는 것은?

> 금융 기관 간에 자금 과부족을 조정하기 위하여 초단기(1일 이상 90일 이내)로 자금을 거래하는 시장

① 콜 시장
② 사채 시장
③ 증권 시장
④ 한국거래소

9 중앙은행의 최종대부자(The lender of last resort) 기능에 대한 다음 설명 중 거리가 먼 것은?

① 최종대부자 기능은 대규모 금융사고 등으로 시중에 유동성이 부족할 때 금융회사와 금융시장에 돈을 공급해 주는 것을 말한다.
② 최종대부자 기능은 유동성 위기가 금융시스템 전체로 퍼지는 것을 방지한다.
③ 중앙은행이 시중에 충분한 자금을 공급함으로써 위기 시 사람들의 심리적 안정 및 전체 금융시장의 안정을 도모하는 역할을 한다.
④ 최종대부자 기능은 국제결제은행(BIS) 자기자본비율 규제와 같이 사전적 위기방지 기능에 해당된다.

10 다음과 같은 조치의 시행에서 발생할 수 있는 통화량에 미치는 효과가 다른 하나는?

① 한국은행의 기준금리 인하
② 기술보증기금과 신용보증기금의 보증한도 감액결정
③ 금융위원회의 은행들의 국제결제은행 자기자본비율 권고치 인상
④ 저축은행 등에서 자금을 빌려 대출을 영위하는 대부업체들의 조달금리 상승

✓ ANSWER | 8.① 9.④ 10.①

8 ① 시중의 통화량이 증가한다.
②③④의 경우 시중의 통화량이 감소한다.

9 ④ 최종대부자 기능이란 금융위기가 예상되거나 발생한 경우 금융위기를 예방하고 확산을 방지하기 위해 중앙은행이 금융시장에 일시적으로 유동성을 공급하는 사후적 위기해결 기능을 말한다.

10 ② 최종대부자(Lender of Last Resort)란 금융위기가 발생하여 개별 금융기관 또는 전체 금융시장에 돈 부족 사태가 나타날 때 위기 극복을 위하여 돈을 공급해 줄 수 있는 마지막 보루를 뜻한다. 이는 현실적으로 화폐의 독점적 발행권과 무제한 공급능력을 가지고 있는 중앙은행만이 할 수 있다.

11 금융시스템에 대한 설명으로 옳지 못한 것은?

① 금융시스템은 각종 경제활동의 거래결과를 완결해주는 기능인 청산 및 지급결제기능을 수행한다.
② 금융시장은 개인을 통해 자금중개가 이루어지는 대출시장, 장단기 금융상품이 거래되는 전통적 의미의 금융시장, 외환시장, 파생금융상품시장으로 구성된다.
③ 최근에는 금융공학과 정보통신기술의 발전 등으로 파생금융상품의 종류가 더욱 다양화, 국제화되고 있으며 그 거래규모도 더욱 증대되는 추세이다.
④ 중앙은행의 금리정책은 금융시장에서 공개시장조작 등을 통해 실행되며 정책의 효과는 금융시스템을 거쳐 실물경제로 파급된다.

ANSWER | 11.②

11 ② 금융시장은 금융기관을 통해 자금중개가 이루어지는 대출시장, 장단기 금융상품이 거래되는 전통적 의미의 금융시장, 외환시장, 파생금융상품시장으로 구성되어 있다.
대출시장은 은행, 상호저축은행, 상호금융, 신용협동조합 등과 같은 예금취급 금융기관을 통해 다수의 예금자로부터 자금이 조달되어 최종 자금수요자에게 공급되는 시장을 말한다. 또한 신용카드회사와 같은 여신전문금융회사가 제공하는 현금서비스나 판매신용도 대출시장에 포함된다. 대출시장은 차주에 따라 기업대출시장과 가계대출시장으로 구분할 수 있다.
전통적 금융시장은 거래되는 금융자산의 만기에 따라 자금시장과 자본시장으로 구분된다. 자금시장은 단기금융시장이라고도 하는데 콜시장, 한국은행 환매조건부증권매매시장, 환매조건부증권매매시장, 양도성예금증서시장, 기업어음시장 등이 자금시장에 해당된다. 자본시장은 장기금융시장이라고도 하며 주식시장과 국채, 회사채, 금융채 등이 거래되는 채권시장 그리고 통화안정증권시장 등이 여기에 속한다.
외환시장은 외환의 수요와 공급에 따라 외화자산이 거래되는 시장으로 우리나라에서는 교역규모 확대, 외환자유화 및 자본시장 개방, 자유변동환율제 도입 등에 힘입어 주로 원화와 달러화를 중심으로 이종통화 간의 거래가 활발히 이루어지고 있다. 한편 외환시장은 전형적인 점두시장의 하나로서 거래 당사자에 따라 외국환은행 간 외환매매가 이루어지는 은행 간 시장과 은행과 비은행 고객 간에 거래가 이루어지는 대고객시장으로 구분된다. 은행 간 시장은 금융기관, 외국환중개기관, 한국은행 등의 참여하에 대량의 외환거래가 이루어지고 기준환율이 결정되는 도매시장으로서 일반적으로 외환시장이라 할 때는 은행 간 시장을 말한다.
파생금융상품시장은 전통 금융상품 및 외환의 가격변동위험과 신용위험 등 위험을 관리하기 위해 고안된 파생금융상품이 거래되는 시장이다. 우리나라의 경우 외환파생상품 위주로 발전되어 왔으나 1990년대 중반 이후에는 주가지수 선물 및 옵션, 채권선물 등이 도입되면서 거래수단이 다양화되고 거래규모도 크게 확대되고 있다.

12 금융기관이 영업과정에서 예기치 못한 손실을 입는 경우에도 정부나 중앙은행의 자금지원 없이 스스로 손실을 감당할 수 있을 만큼의 최소 자본을 사전에 쌓아 두도록 하는 제도는?

① 지급여력제도
② 유동성
③ 자기자본규제제도
④ RBC 제도

13 일반 은행이 예금자의 인출 요구에 언제나 응할 수 있도록 예금의 일정 비율을 중앙은행에 예치하는 것을 무엇이라 하는가?

① 지급준비금
② 예치금
③ 손실보전금
④ 미납금

ANSWER | 12.③ 13.①

12 ③ 금융기관은 영업을 하는 과정에서 다양한 위험에 노출되어 있으며 이를 적절하게 관리하지 못하는 경우 도산할 수도 있다. 예를 들어 은행은 대출한 자금을 만기에 완전히 상환받지 못할 수 있는 위험, 즉 신용위험에 노출되어 있다. 이외에도 은행은 보유하고 있는 채권이나 주식의 가격 하락, 직원의 자금 횡령 등 다양한 종류의 위험에 노출되어 있다. 따라서 은행이 도산하지 않고 영업을 지속할 수 있으려면 위험이 현실화되어 손실로 나타난 경우에도 이를 충당할 수 있을 만큼의 자본을 보유할 필요가 있는데 이를 제도화한 것이 자기자본규제제도이다. 즉 자기자본규제제도는 금융기관이 영업과정에서 예기치 못한 손실을 입는 경우에도 정부나 중앙은행의 자금지원 없이 스스로 손실을 감당할 수 있을 만큼의 최소 자본을 사전에 쌓아 두도록 하는 제도이다.
바젤은행감독위원회는 2010년 12월 금융위기의 교훈을 바탕으로 은행부문의 복원력 제고를 위해 현행 자본규제체계를 크게 강화한 '바젤Ⅲ 규정기준서'를 발표하였다. 이 기준서의 주요 내용은 규제자본의 질(質)과 양(量)을 강화하고 레버리지비율 규제를 신설하는 등 글로벌 규제자본체계를 강화하고 글로벌 유동성 기준을 새로 도입하는 것이다.
④ RBC제도는 보험권역에 적용되는 자기자본 규제제도를 말한다. 보험회사가 예상치 못한 손실발생 때에도 보험계약자에 대한 보험금 지급의무를 이행할 수 있도록 책임준비금 외에 추가로 순자산을 보유하도록 하는 제도다.

13 ① 은행은 예금 중 일부를 지급 준비금으로 한국은행에 예치해 두었다가 필요할 때 찾고, 한국은행으로부터 대출을 받기도 한다. 한국은행은 금융 기관이 일시적으로 자금이 부족하여 예금자의 예금 인출 요구에 응하지 못할 경우에는 긴급 자금을 지원한다.

14 중앙은행이 정부증권을 예금은행에 매각하는 경우 생기는 변화는?

① 예금은행의 요구불예금은 불변이나, 지급준비금은 증가한다.
② 예금은행의 요구불예금과 지급준비금이 모두 감소한다.
③ 예금은행이 요구불예금과 지급준비금이 모두 불변이다.
④ 예금은행의 요구불예금은 불변이나, 지급준비금은 감소한다.

15 다음 중 화폐의 기능이 아닌 것은?

① 교환의 매개
② 신용평가
③ 가치저장
④ 회계의 단위

ANSWER | 14.④ 15.②

14 ④ 만약 예금은행이 1,000억 원의 지급준비금을 보유하고 있다고 할 때 예금은행이 중앙은행으로부터 40억 원의 공채를 매입하면 지급준비금은 60억 원으로 감소한다. 그러나 예금자가 요구불예금을 인출하지 않았으므로 요구불예금액은 불변이다.

15 ② 화폐의 기능에는 교환의 매개, 가치저장, 회계의 단위, 지불수단이 있다.

※ 화폐의 기능

구분	내용
교환수단 기능	화폐의 가장 근원적인 기능으로 물물교환의 불편함을 없애고 보다 쉽게 물건을 교환할 수 있도록 하는 기능을 말한다. 원시사회에서는 직접적인 물물거래를 통해 거래를 하는 불편함을 가지고 있었지만 화폐를 이용하면서 거래의 편리함이 나타났다.
지불수단 기능	원하는 물건의 값을 치르는 지불기능과 거래로 인하여 발생한 채무를 결제할 수 있는 기능을 가지고 있다.
보관수단 기능	화폐는 언제든지 교환 가능한 수단이기 때문에 부를 축적하는 기능을 가지고 있다.
가치척도 기능	화폐는 어떤 물건의 가치를 판단할 수 있는 기능을 한다.

16 화폐의 발달 순서로 올바른 것은?

① 상품화폐 → 지폐 → 신용화폐 → 금속화폐 → 전자화폐
② 상품화폐 → 지폐 → 금속화폐 → 신용화폐 → 전자화폐
③ 금속화폐 → 상품화폐 → 지폐 → 신용화폐 → 전자화폐
④ 상품화폐 → 금속화폐 → 지폐 → 신용화폐 → 전자화폐

17 다음 관계식의 설명이 잘못된 것은?

> MV=PT
> (M : 통화량, V : 유통속도, P : 물가수준, T : 거래량)

① 화폐시장의 균형을 나타낸다.
② 통화량의 변화는 물가변화의 원인이 된다.
③ 고전적 이분성이 성립한다.
④ 스톡개념으로 표현된 것이다.

ANSWER | 16.④ 17.④

16 ④ 화폐는 시대에 따라 여러 가지 재료와 모양으로 사용되어 왔으며 시대에 흐름에 따라 상품화폐 → 금속화폐 → 지폐 → 신용화폐 → 전자화폐로 발전해 왔다.

※ 화폐의 종류

구분	내용
상품화폐	실물화폐로도 불리며 원시사회에서 물물교환 시 발생하는 불편을 줄이기 위해 조개, 곡물, 무기, 소금 등 사람들이면 누구나 수용가능한 물품을 이용하였다.
금속화폐	금·은으로 주조된 화폐로 상품화폐보다 휴대성과 보관이 용이하나 만들 수 있는 금과 은의 양이 부족하기 때문에 지폐가 출현하게 되었다.
지폐	금속화폐의 단점인 휴대성과 마모성을 보완한 화폐이다. 지폐는 국가가 신용을 보장한다.
신용화폐	은행에서 돈을 대신하여 쓸 수 있도록 발행한 수표, 어음, 예금화폐 등으로 은행화폐로도 불린다.
전자화폐	정보통신사업의 발달로 등장한 것으로 기존의 현금의 성질을 전자적인 정보로 변형시킨 새로운 형태의 화폐이다.

17 ④ MV=PT의 우변(PT)은 일정 기간 동안에 상품의 총거래액을 나타내고 좌변(MV)은 같은 기간 동안에 총지출액을 나타낸다. 즉, 교환방정식은 유량(flow) 개념으로 표현된 것이다.

18 고전학파의 화폐수량설에 따르면 화폐공급이 2배로 증가할 경우 나타나는 현상으로 옳은 것은?

한국수력원자력 기출변형

① 화폐소득이 2배로 증가한다.
② 화폐소득이 50% 하락한다.
③ 실질소득이 2배로 증가한다.
④ 화폐의 유통속도는 50% 감소한다.

19 실질국민소득이 500, 통화량이 600, 물가수준이 2일 때의 통화의 유통속도는?

① $\dfrac{3}{5}$
② $\dfrac{5}{6}$
③ $\dfrac{4}{3}$
④ $\dfrac{5}{3}$

ANSWER | 18.① 19.④

18 ① 화폐공급이 2배가 되면 물가도 2배로 올라서 화폐소득이 2배로 증가한다(실질소득은 불변).

※ 고전학파의 화폐수량설

㉠ 교환방정식: 일정 기간 동안의 총거래액(PT)과 일정 기간 동안의 총지출액(MV)은 항상 일치한다. 따라서 교환방정식은 항등식이다.

$$MV = PT$$

㉡ 일반적인 교환방정식: 거래량(T)은 국민소득(Y)에 비례하므로 원래의 교환방정식의 T를 Y로 대체하면 다음과 같이 나타낼 수 있다.

$$MV = PY$$

㉢ 물가이론: 교환방정식에서 Y와 V(화폐유통속도)가 일정하므로 M(통화량)이 증가하면 P(물가 수준)가 정비례하여 상승한다.

19 ④ 교환방정식 $MV = PY$에 주어진 조건을 대입해보면 $MV = PY \rightarrow V = \dfrac{PY}{M} = \dfrac{2 \times 500}{600} = \dfrac{5}{3}$이 된다.

20 케인즈 경제학에서 상정하는 전형적인 화폐수요함수에 대한 설명으로 옳지 않은 것은?

① 실질소득이 커지면 실질화폐에 대한 수요도 커진다.
② 인플레이션율이 높아지면 실질화폐에 대한 수요는 작아진다.
③ 실질화폐에 대한 수요는 실질소득과 실질이자율의 함수라고 본다.
④ 화폐수요에서 보다 중요한 것은 명목화폐에 대한 수요가 아니라 실질화폐에 대한 수요이다.

21 다음 중 프리드만(Friedman)의 화폐수요함수에 대한 설명으로 옳지 않은 것은?

① 화폐수요는 이자율의 감소함수이다.
② 화폐수요는 소득의 증가함수이다.
③ 화폐수요의 결정요인으로 이자율에 역점을 둔다.
④ 화폐의 유통속도는 상수는 아니지만 매우 안정적이다.

22 다음 중 프리드만의 신화폐수량설에 관한 설명으로 옳은 것은?

① 소득유통속도는 상수이다.
② 실질화폐수요에 대한 실질소득탄력성은 1이다.
③ 거래유통속도와 소득유통속도는 불안정적이다.
④ 실질화폐수요는 이자율에 대하여 탄력적이다.

ANSWER | 20.③ 21.③ 22.②

20 ③ 케인즈학파는 실질화폐에 대한 수요의 크기를 실질소득과 명목이자율의 함수로 본다.

21 ③ 케인즈는 화폐수요에 있어서의 이자율의 영향을 매우 중시하나, 프리드만은 실질화폐수요는 거의 실질소득에 의해서 결정된다고 본다.

22 ② 프리드만의 화폐수요함수는 실질화폐수요=f(항상소득, 이자율)이다. 신화폐수량설에 의하면 항상소득이 1% 늘어나면 실질화폐수요가 1% 늘어난다. 따라서 화폐수요의 실질소득탄력성은 1이다.

23 한 나라의 화폐 액면가를 가치변동 없이 동일한 비율의 낮은 숫자로 끌어내리거나, 아예 통화 단위와 호칭을 변경하는 조치를 나타내는 용어는?

① 리디노미네이션
② 인플레이션
③ 스태그플레이션
④ 인스타제이션

24 금리에 대한 내용으로 틀린 것은?

① 금리는 물가 변동을 고려하느냐 안 하느냐에 따라 실질금리와 명목금리로 구분한다.
② 금리는 계산하는 방법에 따라 단리와 복리로 나뉜다.
③ 실질금리는 물가상승에 따른 구매력의 변화를 감안하지 않은 금리이며 명목금리는 실질금리에서 물가상승률을 뺀 금리이다.
④ 금융기관 사이에 단기 자금거래가 주로 이루어지는 콜시장에서 형성되는 금리를 콜금리라 한다.

ANSWER | 23.① 24.③

23 ① 정답은 리디노미네이션이다. 우리나라에서는 1950년대 이후 지금까지 2회 리디노미네이션이 실행된 경험이 있다.
  ※ 리디노미네이션(Redenomination)
    리디노미네이션은 화폐단위를 변경하는 것으로 통용되는 모든 지폐와 동전의 액면을 1,000 대 1 또는 100 대 1 등과 같이 동일한 비율의 낮은 숫자로 변경하는 것을 뜻한다. 리디노미네이션을 단행할 경우 실질적인 의미에서 가치가 변동하거나 자산 규모가 줄어드는 것은 아니므로 리디노미네이션은 돈의 여러 가지 기능 중에서 가치척도 기능인 표시 단위를 변경하는 정책이라고 할 수 있다. 한편 리디노미네이션을 할 때 화폐의 호칭을 바꾸지 않으면 경제생활에 혼란이 일어날 수 있기 때문에 보통 화폐의 호칭도 함께 변경을 한다.

24 ③ 명목금리는 물가상승에 따른 구매력의 변화를 감안하지 않은 금리이며 실질금리는 명목금리에서 물가상승률을 뺀 금리이다.

25 케인즈의 '유동성함정'에서의 금융확대정책에 대해 옳은 것은?

한국수력원자력 기출변형

① 침체된 경제를 회복시킨다.
② 인플레이션 압력을 급속히 치유한다.
③ 개인의 화폐보유에 대하여만 영향을 미친다.
④ 이자율을 낮추고 투자를 증가시킨다.

26 다음 중 자산의 유동성(liquidity)을 가장 잘 설명하고 있는 것은?

① 자산가격의 변동성
② 자산의 현금화 용이성
③ 자산가격의 예측가능성
④ 자산취득의 용이성

27 다음 중 이자율이 오를 가능성이 가장 큰 경우는?

공무원연금공단 기출변형

① 화폐의 초과공급이 있을 때
② 정부지출이 감소할 때
③ 외환이 유출될 때
④ 중앙은행이 통안증권을 매입할 때

ANSWER | 25.③ 26.② 27.③

25 ③ 제시된 그림에서 유동성함정구간에서는 통화량의 증가($M' \rightarrow M''$)가 이자율을 낮출 수 없으므로 기업의 투자를 자극할 수 없게 되어 금융확대정책은 무의미해진다. 이때의 금융확대정책은 개인이 앞으로 이자율이 상승하리라는 예상을 하기 때문에 개인의 화폐보유량만 증가시킨다.

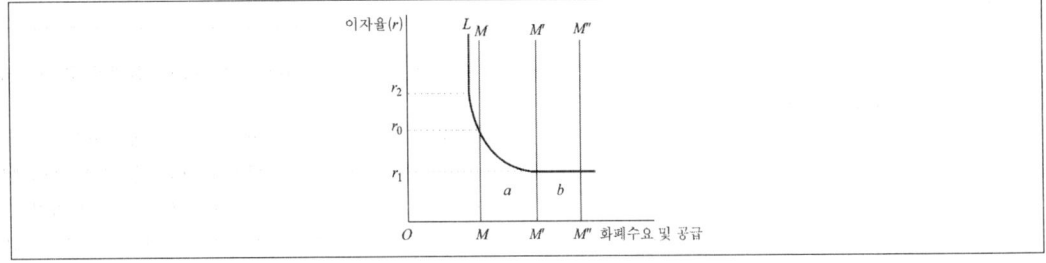

26 ② 자산의 유동성이란 현금화가 얼마나 용이한가의 정도를 의미한다.

27 ③ '외환 유출→외환부족분을 보충하고자 중앙은행 외환 매각→시장 통화량 감소→이자율 상승'으로 이어진다.

28 다음 중 통화량 감소의 원인이 될 수 없는 것은?

① 재할인율의 인상
② 고정환율제도하에서 국제수지의 적자
③ 은행의 중앙은행보유 정부채권 매입
④ 자유변동환율제도하에서 환율의 상승

29 다음의 내용 중 틀린 것은?

① 한국은행은 경기 과열 시에는 기준 금리를 인상시키고, 경기 침체 시에는 기준 금리를 인하하여 경기를 회복시킨다.
② 한국은행이 통화량을 조절하기 위해 금융 기관 또는 일반인을 대상으로 발행하는 증권을 집합투자증권이라 한다.
③ 한국은행은 통화 신용 정책의 여러 수단을 통해 물가 안정을 추구하고 있는데, 이는 주로 통화량의 조절이나 금리 조절을 통해 이루어진다.
④ 여·수신정책은 일반은행이 기업과 개인에게 자금을 대출해 주거나 예금을 받는 것과 마찬가지로 중앙은행이 금융기관에 부족한 자금을 대출해 주거나 여유자금을 예치할 수 있게 하는 정책이다.

30 중앙은행이 취할 수 있는 다음 여러 가지 통화정책의 조합 중에서 가장 긴축성이 강한 것은?

① 공개시장매출, 지급준비율 인상, 재할인율 인상
② 공개시장매출, 지급준비율 인상, 재할인율 인상
③ 공개시장매입, 지급준비율 인상, 재할인율 인상
④ 공개시장매입, 지급준비율 인하, 재할인율 인하

ANSWER | 28.④ 29.② 30.①

28 ④ 환율이 상승(평가절하)하면 수출이 증가하므로 일반적으로 통화량이 증가한다.

29 ② 한국은행이 통화량을 조절하기 위해 금융 기관 또는 일반인을 대상으로 발행하는 증권을 통화안정증권이라 한다. 한국은행은 법률과 금융통화위원회가 정하는 바에 의하여 통화안정증권을 공개시장에서 발행할 수 있으며, 통화안정증권을 환매하거나 만기일 전에 액면금액으로 추첨상환할 수 있다. 통화안정증권의 이율·만기일 및 상환조건에 관한 사항은 금융통화위원회가 정한다. 참고로 통화안정증권의 발행권은 한국은행만이 가진다.

30 ① 긴축적인 통화정책을 하는 방법에는 공개시장에서의 국공채 매각, 지급준비율 인상, 재할인율 인상이 있다. 이 3가지 수단이 동시에 실시될 때 긴축성이 가장 클 것이라 예상할 수 있다.

31 다음 중 이자율과 물가가 같은 방향으로 움직이는 관계를 나타내는 것은?

① Walras' law
② Gibson's paradox
③ Keynes' effect
④ Leontief paradox

32 다음 중 한국은행에 의한 본원통화의 공급경로에 해당되지 않는 것은?

① 대정부 순신용
② 대정부대행기관 순신용
③ 예금은행을 통한 신용창조
④ 순해외자산의 증가

33 한국은행에서 수행하는 통화정책 수단이 아닌 것은?

① 공개시장조작
② 지급준비제도
③ 여·수신제도
④ 정부 규제 최소화

34 중앙은행이 실시하는 다음 정책 가운데, 시중의 통화량을 늘리는 것은?

① 재할인율을 인상한다.
② 보유외환을 외환시장에서 매각한다.
③ 민간은행에 대한 여신을 줄인다.
④ 민간은행의 법정지급준비율을 인하한다.

ANSWER | 31.② 32.③ 33.④ 34.④

31 ② 깁슨(Gibson)은 실증분석을 통하여 통화량이 증가하면 물가가 상승하고, 물가가 상승하면 이자율이 상승하는 현상을 발견하였다. 이와 같이 통화량이 증가할 때 이자율이 상승하는 것을 '깁슨의 역설(Gibson's paradox)'이라고 한다.

32 ③ 예금은행의 신용창조를 통해서 공급되는 것은 본원통화가 아니라 예금통화이다.

33 ④ 한국은행의 통화 신용 정책은 중앙은행이 물가 안정을 목적으로 통화량과 신용 공급량을 조절하거나, 금융 기관의 대출과 금리를 직접 규제하는 활동이다. 최근의 통화 신용 정책은 대출 정책, 공개 시장 조작, 지급 준비율 정책 등 양적 통화 정책에 중점을 두고 있다.

34 ①②③ 통화량을 감소시키는 요인이다.

35 통화량의 본원통화에 대한 비율을 통화승수라 한다. 통화승수에 대한 내용으로 옳은 것은?

한국수력원자력 기출변형

① 통화승수가 1보다 큰 것은 예금은행의 신용창조 때문이다.
② 지급준비율이 100%일 때는 통화승수가 1보다 작다.
③ 현금 / 통화량이 높을수록 통화승수는 커진다.
④ 예금은행이 초과지급준비금을 많이 보유할수록 통화승수는 커진다.

ANSWER | 35.①

35

① 통화승수 $m = \dfrac{1}{c+z(1-c)}$ 로 나타낼 수 있는데, 지급준비율이 100%라면 현금통화비율(c)은 0이고, z=1이므로 통화승수는 'm=1'이 된다. 보통의 경우에는 통화승수가 1보다 큰데, 그 이유는 은행의 신용창조가 이루어지기 때문이다. 본원통화는 통화승수에는 영향을 미치지 않는다. 현금통화비율(c)이 높아지거나 지급준비율(z)이 높아지면 통화승수는 작아진다.

※ 통화승수

㉠ 개념: 통화승수란 본원통화 1단위가 이의 몇 배에 달하는 통화를 창출하였는가를 나타내는 지표로 통화량을 본원통화로 나누어 산출한다. 예를 들어, 본원통화가 10조 원이고, 통화량이 30조 원이라면 통화승수는 3으로 계산한다.

$$m = \frac{M}{H} \text{(M : 통화량, H : 본원통화)}$$

㉡ 현금통화비율 $\left(c = \dfrac{C}{M}\right)$ 이 주어져 있을 때 통화승수

- 통화승수 : $m = \dfrac{1}{c+z(1-c)}$
- 통화공급방정식 : $M^s = \dfrac{1}{c+z(1-c)} \times H$

㉢ 현금-예금비율 $\left(k = \dfrac{C}{D}\right)$ 이 주어져 있을 때 통화승수

- 통화승수 : $m = \dfrac{M}{H} = \dfrac{K+1}{K+2}$
- 통화공급방정식 : $M^s = \dfrac{(K+1)}{(K+2)} \times H$

36 한국은행에서 하는 통화정책 수단에 대한 내용으로 잘못된 것은?

① 공개시장조작이란 한국은행이 금융시장에서 금융기관을 상대로 국채 등 증권을 사고팔아 시중에 유통되는 화폐의 양이나 금리 수준에 영향을 미치는 가장 대표적인 통화정책 수단이다.
② 여수신제도는 중앙은행이 개별 금융기관을 상대로 대출을 해 주거나 예금을 받는 통화정책수단이다.
③ 지급준비제도란 금융기관으로 하여금 지급준비금 적립대상 채무의 일정비율에 해당하는 금액을 일반은행에 지급준비금으로 예치하도록 의무화하는 제도이다.
④ 중앙은행은 지급준비율을 조정하여 금융기관의 자금사정을 변화시킴으로써 시중 유동성을 조절하고 금융안정을 도모할 수 있다.

ANSWER | 36.③

36 ③ 지급준비제도란 금융기관으로 하여금 지급준비금 적립대상 채무의 일정비율(지급준비율)에 해당하는 금액을 중앙은행에 지급준비금으로 예치하도록 의무화하는 제도이다.
※ 통화정책 수단

구분	내용
공개시장조작	한국은행은 공개시장조작을 통해 금융기관 간 일시적인 자금 과부족을 조정하는 콜시장의 초단기 금리(콜금리)가 '한국은행 기준금리' 수준에서 크게 벗어나지 않도록 유도하고 있다. 이와 함께 한국은행은 금융불안 시 공개시장조작을 활용하여 시중에 유동성을 확대 공급하는 등 금융시장 안정을 도모하는 기능도 수행한다. 한국은행의 공개시장조작은 증권매매, 통화안정증권 발행·환매, 통화안정계정 예수 등 세 가지 대표적인 형태로 이루어진다.
지급준비제도	일반 은행은 예금자의 인출 요구에 언제나 응할 수 있도록 예금의 일정 비율을 지급 준비금으로 한국은행에 예치하여 보유하도록 되어 있다. 지급 준비율 정책은 지급 준비금의 비율을 인상 또는 인하하여 통화량을 조절하는 정책이다. 즉, 시중에 돈의 양이 많을 때에는 지급 준비율을 인상시켜 은행의 대출 여유 자금을 감소시키고, 적을 때에는 지급준비율을 인하함으로써 은행의 대출 여유 자금을 증가시켜 통화량을 증가시킨다.
여·수신정책	한국은행이 금융 기관을 대상으로 예금 수신 및 대출을 통해 자금의 수급을 조절하는 정책을 말한다. 통화 정책의 운용 목표로 단기 시장 금리를 채택하면서 안정적인 목표 관리를 위해 여유 자금을 흡수하기 위한 수단으로 예금 제도를 운영하고 있다는 점에서 대출 정책보다는 여·수신 정책으로 사용되고 있다. 즉, 금융 기관으로부터 예금을 받거나 금융 기관에 대출을 해 줌으로써 여유 자금을 조절하는 것이다.

37 보몰-토빈(Baumol-Tobin)의 거래적 화폐수요이론에 대한 설명으로 옳지 않은 것은?

① 거래적 화폐수요는 이자율의 감소함수이다.
② 거래적 화폐수요는 소득의 증가함수이다.
③ 화폐수요에 있어서 규모의 불경제가 존재한다.
④ 거래적 화폐수요의 소득탄력성은 1/2이다.

38 다음 중 빈칸에 들어갈 알맞은 용어는?

> (㉮)은 화폐 수량설에서 화폐 유통 속도가 일정하다는 가정을 완화하고 실질 화폐 수요가 실질 소득뿐만 아니라 (㉯)에 의해 결정된다고 보는 이론이다. 프리드먼(M. Friedman)에 의해 전개된 이론은 사람들이 명목 화폐가 아니라 실질 화폐를 수요하며, 그 수요량은 실질 소득뿐만 아니라 (㉯)에 의해서도 결정된다고 본다는 점에서 고전학파의 초기 화폐 수요 이론인 화폐 수량설과는 차이가 있다. 그러나 명목 이자율, 인플레이션율이 실질 화폐 수요에 미치는 영향이 미미하다는 점에서 (㉮)은 내용상 화폐 수량설과 유사하다.

① ㉮토빈의 q이론, ㉯내부수익률
② ㉮신화폐 수량설, ㉯물가
③ ㉮유동성 함정, ㉯이자율
④ ㉮신화폐 수량설, ㉯이자율

ANSWER | 37.③ 38.④

---

37 Baumol-Tobin의 (재고접근)거래적 화폐수요이론은 화폐보유의 총비용(이자포기비용+인출비용)을 최소화하는 수준에서 화폐수요 결정된다는 것이다.
소득의 증가함수지만 제곱근에 비례하기 때문에 소득의 증가보다 화폐수요는 적게 증가하게 된다. 따라서 규모의 불경제가 아니라 규모의 경제가 존재한다.

38 신화폐 수량설은 화폐 수량설에서 화폐 유통 속도가 일정하다는 가정을 완화하고 실질 화폐 수요가 실질 소득뿐만 아니라 이자율에 의해 결정된다고 보는 이론이다. 프리드먼(M. Friedman)에 의해 전개된 이론은 사람들이 명목 화폐가 아니라 실질 화폐를 수요하며, 그 수요량은 실질 소득뿐만 아니라 이자율에 의해서도 결정된다고 본다는 점에서 고전학파의 초기 화폐 수요 이론인 화폐 수량설과는 차이가 있다. 그러나 명목 이자율, 인플레이션율이 실질 화폐 수요에 미치는 영향이 미미하다는 점에서 신화폐 수량설은 내용상 화폐 수량설과 유사하다.

총수요·총공급 이론

1 IS곡선에 대한 다음 설명 중 옳지 않은 것은?

한국환경공단 기출변형

① 투자의 이자율탄력도가 클수록 IS곡선의 기울기는 완만해진다.
② 투자의 소득탄력도가 클수록 IS곡선의 기울기는 가팔라진다.
③ 수입이 감소하면 IS곡선은 우측으로 이동한다.
④ 한계소비성향이 높을수2록 IS곡선은 완만해진다.

ANSWER | 1.②

1 ② 이자율하락 → 투자증가 → 투자의 승수효과가 클수록 IS곡선은 완만해진다. IS곡선은 실물시장 하에서 이자율과 국민소득 사이의 관계를 나타내는 모델로서 생산물 시장에서 균형을 달성하는 소득과 이자율의 조합을 그래프로 보여준다.
   ※ IS곡선
   ㉠ 개념 : 생산물시장의 균형(총수요와 총공급이 일치, 주입과 누출이 일치)을 나타내는 이자율과 국민소득의 조합을 나타낸다.
   • 투자의 이자율탄력성이 클수록 IS곡선이 완만하다.
   • 경기가 침체하면 IS곡선이 가파르고, 경기가 상승하면 IS곡선이 완만하다.
   • 한계소비성향, 유발투자계수가 크고 비례세율, 한계수입성향이 작을수록 완만하다.
   ㉡ 생산물시장의 균형과 불균형 : IS곡선상의 점들은 모두 생산물시장의 균형이 이루어지는 점들이고, IS곡선보다 상방에서는 생산물시장 공급초과, 밑에서는 수요초과가 발생한다.
   ㉢ IS곡선의 이동

구분	내용
좌측 이동	저축, 조세, 수입의 증가
우측 이동	소비, 투자, 정부지출, 순수출의 증가

2 투자가 이자율에 대하여 완전비탄력적인 경우 다음 중 옳은 것은?

① 금융정책이 재정정책보다 더 효과적이다.
② 재량적인 금융정책을 실시하는 것이 바람직하다.
③ 재정정책과 금융정책의 상대적 유효성은 알 수 없다.
④ 재정정책이 금융정책보다 더 효과적이다.

3 다음 중 LM곡선의 설명으로 옳지 않은 것은?

① LM곡선이 수직인 것은 화폐수요의 이자율탄력도가 0이기 때문이다.
② LM곡선은 금융시장의 균형을 이루는 이자율과 소득의 조합을 연결한 선이다.
③ LM곡선이 우상향하는 것은 이자율이 오를 때 투기적 동기의 화폐수요가 감소하기 때문이다.
④ LM곡선이 우상향하는 것은 이자율이 오를 때 거래적 동기의 화폐수요가 증가하기 때문이다.

ANSWER | 2.④ 3.④

2 ④ 투자가 이자율에 대해 완전비탄력적이면 투자가 이자율에 영향을 받지 않으므로 IS곡선은 수직이 된다.

3 ④ 이자율이 오르면 투기적 동기의 화폐수요가 감소한다.
  ※ LM곡선
    ㉠ 개념 : 화폐(금융)시장의 균형(화폐수요와 화폐공급이 일치)을 나타내는 이자율과 국민소득의 조합을 나타낸다.
    ㉡ LM곡선의 기울기(대개 우상향)
      • 화폐수요의 이자율탄력도가 클수록 LM곡선이 완만하다.
      • 경기가 침체하면 LM곡선이 완만하고 경기가 상승하면 LM곡선이 가파르다.
      • 유동성함정에서는 LM곡선이 수평이다.
    ㉢ 화폐(금융)시장의 균형과 불균형 : LM곡선상의 점들은 모두 화폐(금융)시장의 균형이 이루어지는 점들이고, LM곡선 상방에서는 공급초과, 하방에서는 수요초과가 발생한다.
    ㉣ LM곡선의 이동 : 통화량이 증가하면 LM곡선은 우측으로, 화폐수요가 증가하거나 물가상승으로 인한 실질통화량이 감소하면 좌측으로 이동한다.

4 다음 중 LM곡선의 이동을 가져오지 않는 경우는?

① 물가상승
② 화폐수요의 증가
③ 화폐공급의 감소
④ 정부지출의 감소

5 다른 조건이 동일할 때 화폐공급이 증가하면 단기적으로 어떠한 현상이 일어나는가?

① IS곡선이 우측으로 이동한다.
② IS곡선이 좌측으로 이동한다.
③ LM곡선이 좌측으로 이동한다.
④ GNP가 증가하고 이자율이 하락한다.

6 IS곡선과 LM곡선이 만나는 곳에서 이루어지는 균형의 의미는?

① 생산물시장만의 균형
② 화폐시장의 균형
③ 경제의 수요 측면의 균형
④ 경제의 수요 및 공급 측면의 균형

ANSWER | 4.④ 5.④ 6.③

4 ④ 정부지출은 IS 곡선에 변화를 가져온다.

구분	내용
IS 곡선	(독립소비, 투자, 정부지출, 수출)증가→IS 우측으로 이동, (조세, 수입)증가→IS 좌측으로 이동
LM 곡선	통화량증가→LM 우측으로 이동, (물가, 화폐수요)증가→LM 좌측으로 이동

5 ④ 다른 조건이 동일할 때 화폐공급이 증가하면 LM곡선이 우측으로 이동하므로 이자율이 하락하고 산출량이 증가한다.

6 ③ IS곡선과 LM곡선의 교차점에서 생산물시장과 금융시장이 동시에 균형을 이룬다. 교차점에서의 국민소득을 균형국민소득이라 한다.

7 경제 전체의 한계저축성향이 0.25일 때, 정부지출이 10억 원 증가하면 LM곡선은?

① 25억 원만큼 우측으로 이동한다.
② 25억 원만큼 좌측으로 이동한다.
③ 50억 원만큼 우측으로 이동한다.
④ 제자리를 유지한다.

8 어떤 경제의 IS곡선과 LM곡선이 다음 그림과 같이 나타났다고 하자. 투자가 저축보다 큰 상태인 것을 나타내는 것은?

한국전력공사 기출변형

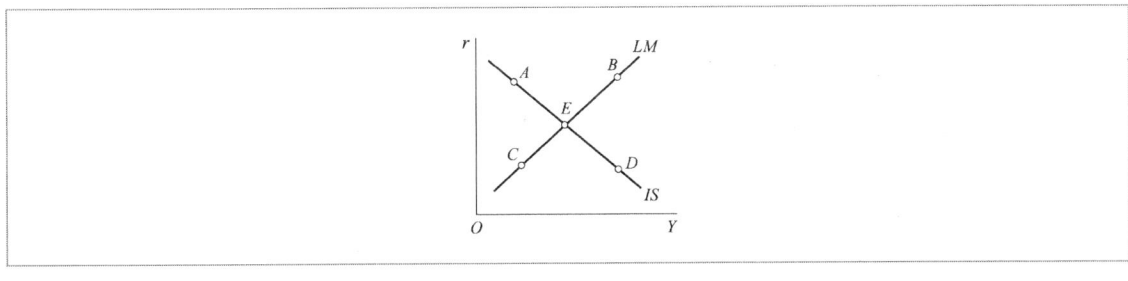

① A
② B
③ C
④ D

ANSWER | 7.④ 8.③

7 ④ 정부지출의 변화는 IS곡선의 이동요인이며, LM곡선의 이동과는 관계없다. 즉, 정부지출이 증가하더라도 LM곡선은 이동하지 않는다.

8 ③ 투자가 저축보다 크면 생산물시장의 수요초과가 발생한다. 이는 IS곡선보다 아랫부분에서 나타난다(이자율하락 → 투자증가 → 투자 > 저축 → 수요초과).

9 IS-LM분석이론에서 IS곡선의 기울기에 영향을 미치는 요인은?

① 통화량의 변동
② 정부지출의 증감
③ 독립투자의 증감
④ 한계소비성향의 증감

10 다른 조건이 일정할 때 현금통화비율이 높아진다면 다음 중 옳은 것은?

① 이자율이 상승한다.
② 본원통화가 증가한다.
③ IS곡선이 좌측으로 이동한다.
④ IS곡선이 우측으로 이동한다.

11 다음 중 케인즈의 '저축의 역설'에 대한 설명으로 바른 것은?

① 저축의 역설 이론에 따르면 저축은 미덕, 소비는 악덕이다.
② 저축의 증가는 소비지출 및 총수요의 증가로 이어지므로 국민소득이 증가한다.
③ 경제가 불황일수록 소비보다는 저축이 중요하다.
④ 사람들이 저축을 늘리려고 시도하면 결과적으로는 저축이 오히려 줄어들 수 있다.

ANSWER | 9.④ 10.① 11.④

9 ④ 한계소비성향이 클수록 IS곡선은 완만해진다.
① 통화량이 늘어나면 LM곡선이 우측으로 이동한다.
②③ 정부지출, 독립투자 등이 늘어나면 총수요가 늘어나서 IS곡선이 우측으로 이동한다.

10 ① 다른 조건이 일정할 때 현금통화비율[c = (현금통화(C)/통화량(M)]이 높아지면 통화승수(m)가 작아진다. 통화승수가 낮아지면 통화공급량이 감소하고, 이에 따라 LM곡선이 좌측으로 이동하므로 국민소득은 감소하고 이자율은 상승한다. 현금통화비율은 본원통화의 공급량과 IS곡선의 이동에 직접적인 관계가 없다.

11 ① 케인즈의 '저축의 역설'에 의하면 소비는 미덕, 저축은 악덕이다.
② 저축이 증가하면 소비가 감소하며 총수요 역시 줄어든다. 이에 따라 국민소득이 감소하는 결과를 낳으므로 저축을 '악덕'으로 볼 수 있는 것이다.
③ 저축으로 인한 총수요의 감소에 따라 발생하는 기업의 생산 축소 및 고용수준의 침체는 불황기에 더욱 심해진다.

12 다음 중 구축효과의 크기가 가장 큰 경우는?

한국수력원자력 기출변형

① 실업률이 매우 낮을 때
② 정부재정이 흑자일 때
③ 확대적인 금융정책을 실시할 때
④ 경기침체기에 있을 때

13 다음 중 정부지출증대의 결과가 아닌 것은?

① 고용증가와 물가상승
② 이자율의 상승
③ 민간투자의 증대와 국민소득의 증가
④ 소비지출과 저축의 증대

ANSWER | 12.① 13.③

12 ① 구축효과는 crowding-out effect라고도 하며, 정부의 재정지출 증대가 생산의 증대를 가져오지 못하고, 민간의 지출을 감소시킨다는 것이다. 실업률이 낮을수록 LM은 수직에 가까워진다. 이때 정부가 확대정책을 실시하면 이자율이 크게 오르고 승수효과는 구축효과로 상쇄된다.

※ **구축효과(crowding-out effect)**
정부의 재정지출 증대가 생산의 증대를 가져오지 않고, 민간부문의 지출을 감소시키기 때문에 GNP의 수준에는 영향을 미치지 못한다는 것이다.

구분	내용
완전한 구축효과	재정정책 수행 시 정부지출(G)의 증가→이자율상승→민간투자 감소→정부지출 증가를 완전히 상쇄 즉, 총수요관리정책의 효과가 없다.
불완전한 구축효과	정부지출(G) 증가→P 상승→LM 좌측 일부 이동→국민소득(Y) 감소→전체적 국민소득(Y) 증가→정부지출(G)의 증가. 이는 일부 국민소득 증가와 일부 물가 상승을 초래한다.

13 ③ 정부지출을 증가시키면 실물부문에서는 국민소득이 증가하나 화폐부문에서는 불균형이 일어난다. 이는 국민소득증가에 따른 화폐수요가 증가하여 이자율을 상승시키고 민간의 투자수요를 감소시켜 국민소득을 감소시키게 된다. 이렇듯 정부지출의 증가가 이자율상승 등을 통해 투자의 감소 등 민간부문의 지출을 반대로 감소시키는 현상을 구축효과(Crowding out effect)라 한다.

14 재정정책의 구축효과가 가장 크게 나타나는 경우는?

> ㉠ 경제가 완전고용상태에 있을 때
> ㉡ 투자의 이자율탄력성이 있을 때
> ㉢ 투자의 이자율탄력성이 0일 때
> ㉣ 경제가 공황상태에 있을 때

① ㉠, ㉡
② ㉠, ㉢
③ ㉡, ㉣
④ ㉢, ㉣

15 한 나라의 경제상황이 다음과 같이 주어져 있을 때, 국민소득을 증가시키기 위하여 가장 효과적인 정책은?

> • 한계소비성향이 매우 작다.
> • 투자의 이자율탄력성이 매우 작다.
> • 화폐수요의 소득탄력성이 매우 작다.
> • 화폐수요의 이자율탄력성이 매우 크다.

① 중앙은행 법정지급준비율의 인하
② 중앙은행 재할인율의 인상
③ 중앙은행의 채권매입
④ 정부지출의 증가

✅ ANSWER | 14.① 15.④

14 ① 구축효과는 완전고용상태에서 가장 크게 나타난다. 또한 투자가 이자율변화에 완전탄력적이면 이자율이 조금만 높아져도 투자가 크게 감소하므로 구축효과가 매우 크게 나타난다.

15 ④ 한계소비성향과 투자의 이자율탄력성이 작으면 IS곡선은 가파르게 우하향하며, 화폐수요의 소득탄력성이 작고 이자율탄력성이 크면 LM곡선은 완만하게 우상향한다. 이러한 상황에서는 확대재정정책이 국민소득증대에 가장 바람직하다.
※ 확대적인 재정정책
확대재정정책의 실시로 정부지출이 증가하면 IS곡선이 우측으로 이동하므로 균형국민소득은 증가하고 이자율은 상승한다. 재정정책의 경우에는 이자율이 상승함에 따라 민간투자가 감소하는 구축효과가 발생한다.
• IS곡선이 수직에 가까울수록(투자의 이자율탄력성이 작을수록) 재정정책의 효과는 커진다.
• LM곡선이 수평에 가까울수록(화폐수요의 이자율탄력성이 클수록) 재정정책의 효과는 커진다.

16 다음은 재정정책의 효과에 대한 설명이다. 옳은 것은?

① 화폐수요의 금리탄력성이 작을수록 재정정책의 효과가 작다.
② 금리상승으로 인한 구축효과가 클수록 재정정책의 효과가 크다.
③ 총수요곡선의 가격탄력성이 클수록 재정정책의 효과가 크다.
④ 총공급곡선의 가격탄력성이 작을수록 재정정책의 효과가 크다.

17 다음 중 확대재정정책의 구축효과란 무엇인가?

① 재정지출의 확대가 경제의 자유경쟁을 감소시키는 경향이 있는 것
② 재정정책과 금융정책이 동시에 사용될 때 효과가 상쇄되는 경향이 있다는 것
③ 재정확대와 총수요의 증가로 실업이 감소하는 것
④ 재정지출증가를 위한 자금조달이 이자율을 상승시켜 민간투자가 감소하는 것

ANSWER | 16.① 17.④

16 ① 화폐수요의 금리탄력성이 작아 LM곡선이 수직에 가까울수록 재정정책의 효율성이 작다. 가격탄력성과는 관계가 없다.

17 ④ 구축효과란 정부에서 공채발행을 통하여 확대재정정책을 실시할 경우 이자율이 상승하여 민간투자가 감소하는 효과를 의미한다. 그러므로 정부가 공채발행을 하게 되면 공채의 공급이 증가하므로 공채가격이 하락한다. 그리고 공채가격과 이자율은 역의 관계에 있으므로 공채가격이 하락하면 이자율이 상승한다. 한편 투자는 이자율의 감소함수이므로 이자율이 상승하면 민간투자가 감소하게 된다.

18 다음 중 피구효과에 대한 설명으로 옳지 않은 것은?

① 소비가 미덕이다.
② 시장의 가격기구조절은 현실적으로 타당한 주장이다.
③ 정부의 비개입주의가 타당하다.
④ 소비는 실질소득을 기준으로 결정된다.

19 경제가 완전고용수준에 미달하고 모든 물가가 신축적으로 변동할 때 피구효과(pigou effect)에 의하면?

① 물가하락은 자산보유자의 실질적인 부의 증가를 가져오기 때문에 소비가 증가한다.
② 생산원가의 하락은 투자수익의 증대를 가져와 투자지출이 증대된다.
③ 화폐의 유통속도는 물가가 하락하는 비율만큼 떨어진다.
④ 물가하락은 사람들이 앞으로 더욱 더 큰 물가하락을 예상케 하여 총소비지출을 감소시킨다.

ANSWER | 18.② 19.①

18 ② 피구효과가 발생하려면 물가가 하락해야 한다. 그러나 실제로는 경기가 침체하더라도 물가는 하락하지 않는 것이 일반적이다. 따라서 피구효과는 현실적으로 실현가능성이 희박하다.
  ※ 피구효과
    ㉠ 개념 : 경기침체로 인한 실업은 시장기능에 의해서 자율적으로 해소될 수 있다.
    ㉡ 피구효과 발생과정 : 경기침체→물가하락→실질소득증가→소비증가→경기회복→실업구제
    ㉢ 비판
      • 경기가 하락하더라도 물가는 하방경직적이므로 실질소득이 증가하지 않는다.
      • 물가가 하락하면 당분간 소비를 보류하고 물가가 더욱 하락하기를 기다린다.
      • 물가가 하락하면 소득의 실질가치뿐만 아니라 부채의 실질가치도 늘어나므로 채무자는 소비를 줄인다. 그 결과 사회 전체적으로 소비가 반드시 늘어난다는 보장이 없다.

19 ① 피구효과(pigou effect)는 금융자산의 실질가치증가가 실질 부의 증가로 연결되어 그 결과 소비지출이 증가하는 효과를 의미한다. 따라서 물가가 완전신축적인 경우에는 물가하락이 소비자들의 실질부를 증가시켜 완전고용국민소득을 달성할 수 있게 되는데, 이를 피구효과(실질잔고효과)라고 한다. 이 피구효과는 유동성함정구간에서는 반드시 확대재정정책을 실시해야 한다는 케인즈의 주장에 대한 고전학파의 반론이다.

20 불경기를 퇴치하기 위한 효과적인 재정정책과 금융정책은?

① 예산적자와 공개시장에서의 증권매각
② 예산흑자와 공개시장에서의 증권매각
③ 균형재정과 공개시장에서의 증권매입
④ 예산적자와 공개시장에서의 증권매입

21 재정정책과 금융정책의 시차에 관한 다음 설명 중 옳은 것은?

① 금융정책이 재정정책보다 조정하기는 쉽지만 시행하는 데는 더 오랜 시간이 소요된다.
② 금융정책과 재정정책이 시행된 후 경제에 영향을 미치는 데 걸리는 시간은 비슷하다.
③ 금융정책이 재정정책보다 빨리 시행할 수 있으나 경제에 영향을 미치는 데는 더 오랜 시간이 소요된다.
④ 금융정책이 재정정책보다 시행하는 데 시간이 더 걸리나 경제에 미치는 효과는 더 빨리 나타난다.

ANSWER | 20.④ 21.③

20 ④ 불황을 극복하기 위해서는 확대재정정책과 확대금융정책이 필요하다. 이를 위해서는 적자재정과 공개시장에서의 증권매입이 필요하다.

※ 확대적인 금융정책
 ㉠ 확대금융정책 실시로 통화량이 증가하면 LM곡선이 하방(우측)으로 이동하고 이에 따라 이자율이 하락한다.
 ㉡ 이자율이 하락하면 민간투자증가로 유효수요가 증가하므로 국민소득이 증가한다.
 ㉢ 금융정책의 경우는 이자율이 하락하므로 구축효과가 발생하지 않는다.

21 재정정책과 금융정책의 시차
 ㉠ 정책당국이 문제의 심각성을 인식한 후 확대재정정책을 실시하려면 관료조직의 승인절차를 거쳐야 하므로 실행시차가 비교적 길다. 반면에 확대금융정책은 공개시장조작이 매우 신속하게 수행되므로 비교적 짧다.
 ㉡ 확대재정정책을 실시하면 즉각적으로 생산과 고용증대효과가 발생하므로 외부시차가 비교적 짧다. 반면에 확대금융정책을 실시하면 이자율은 즉각적으로 하락하지만 투자가 증가하기까지 비교적 오랜 시간이 소요되므로 외부시차가 비교적 길다.
 ㉢ 정리

구분	내용
재정정책	실행시차는 길고 외부시차가 짧다.
금융정책	실행시차는 짧고 외부시차가 길다.

22 초과지출을 억제하기 위한 금융정책이 다소 비효과적으로 되는 경우는?

① 화폐수요가 매우 비탄력적인 경우
② 이자율의 변화가 증권의 시장가치를 변화시키는 경향이 있는 경우
③ 투자지출이 이자율 변화보다 신용한도의 변화에 대하여 더 반응하는 경우
④ 기업들이 투자를 내부조달에 크게 의존하는 경우

23 한계소비성향과 화폐수요의 소득탄력성이 모두 상당히 클 경우 소득수준을 늘리기 위해서는 어떤 정책을 사용하는 것이 보다 효과적인가?

① 조세감면
② 재할인율인상
③ 법정지급준비율인상
④ 중앙은행이 공개시장에서 채권매입

24 다음 중 총수요곡선이 우하향하는 이유는?

한국수력원자력 기출변형

① 물가상승이 화폐수요를 감소시키기 때문에
② 물가가 상승하면 항상 소득이 감소하기 때문에
③ 물가가 상승하면 투자의 한계효율이 감소하기 때문에
④ 물가하락이 화폐의 구매력을 증가시키기 때문에

ANSWER | 22.④ 23.④ 24.④

22 ④ 기업이 투자자금의 대부분을 외부로부터 차입하는 것이 아니라 내부유보자금을 이용하면 이자율이 상승하더라도 투자는 별로 변화하지 않으므로 긴축적인 금융정책의 효과가 매우 감소하게 된다. 반면 정부가 긴축적인 금융정책을 실시하면 이자율이 상승하므로 기업의 투자가 감소하여 총수요가 감소한다.

23 ④ 한계소비성향(MPC)이 크면 IS곡선이 완만한 형태가 된다. 만약 화폐수요의 소득탄력성이 크면 LM곡선이 급경사이므로 소득을 증가시키기 위해서는 확대금융정책을 사용하는 것이 보다 효과적이다.

24 ④ 총수요곡선이 우하향하는 것은 물가가 하락할수록 총수요가 증가함을 보여주는데, 이는 물가가 하락하면 화폐의 실질가치가 커지면서 구매력이 증가하기 때문이다.

25 다른 조건이 일정할 때 총수요곡선이 우측으로 이동하게 되는 경우는?

① 정부의 재정지출 감소
② 물가의 상승
③ 조세의 증대
④ 통화공급의 확대

26 다음 중 총수요곡선과 총공급곡선에 대한 설명으로 옳지 않은 것은?

① 총수요곡선상에서 좌상방으로 이동할수록 더 높은 이자율이 대응한다.
② 총공급곡선의 기울기가 증가할수록 독립적인 투자지출증가의 승수효과는 강화된다.
③ 원유가인상과 같은 비우호적인 공급충격은 총공급곡선을 좌측으로 이동시킨다.
④ 장기필립스곡선이 수직선이라 하더라도 단기적으로 총공급곡선이 우상향할 수 있다.

ANSWER | 25.④ 26.②

25 ④ IS곡선과 LM곡선을 우측으로 이동시키는 요인은 총수요곡선도 우측으로 이동시키는 요인이 된다.
※ IS곡선과 LM곡선의 우측이동요인

구분	내용
IS곡선 우측이동요인	정부지출증가, 독립투자증가, 조세감소
LM곡선 우측이동요인	통화량증가, 물가하락

26 ② 총공급곡선의 기울기가 클수록 투자승수효과는 작아진다. 왜냐하면 총공급곡선이 수직선에 가까워질수록 재정정책의 효과가 작아지기 때문이다.

27 다음 중 총공급곡선에 대한 설명으로 옳지 않은 것은?

① 총공급곡선은 노동시장과 생산함수로부터 도출된다.
② 명목임금의 상·하방 신축성을 전제로 한 고전학파의 총공급곡선은 명목임금이 상승하면 좌측으로 이동한다.
③ 케인즈학파의 총공급곡선에서 명목임금의 최저수준이 증가하면 산출량은 감소하고 물가는 상승한다.
④ 노동시장이 완전경쟁적이라면 실질임금은 물가변화에 영향을 받지 않기 때문에 총공급곡선은 물가와 무관하다.

28 IS-LM모형에서 정부지출증가와 통화량감소가 동시에 일어나는 경우 다음 중 확실히 알 수 있는 것은?

① 국민소득 증가
② 이자율 상승
③ 국민소득 감소
④ 이자율 하락

ANSWER | 27.② 28.②

27 총공급곡선은 노동시장을 균형시키는 노동량 및 물가와 이에 상응하는 국민소득을 나타내는 곡선이다. 고전학파의 총공급은 명목임금에 관계없이 완전고용국민소득에서 불변한다.

※ **총공급(AS) 곡선**
　㉠ 개념 : 각각의 물가수준에서 기업 전체가 생산하는 재화의 공급량을 나타내는 곡선이다.
　㉡ 형태 : 물가가 상승할 때 고용량이 증가하므로 총공급곡선은 우상향의 형태로 도출된다.
　㉢ 기울기

구분	내용
국민소득이 낮은 수준	AS곡선 완만
국민수준이 높은 수준	AS곡선 급경사
모든 요소가 완전고용	AS곡선 수직선

　㉣ 이동 : 생산요소부존량의 변화, 기술수준변화, 인구증가, 자본축적 등이 이루어지면 우측으로 이동한다.

28 ② 다음 그림에서 국내시장이 A에서 균형을 이룬다고 할 경우 정부지출이 증가하면 IS곡선이 우측으로 이동하고, 통화량이 감소하면 LM곡선이 좌측으로 이동하여 국내시장의 균형점은 B로 이동한다. 그 결과 이자율은 오른다. 그러나 국민소득의 변화 여부는 불분명하다.

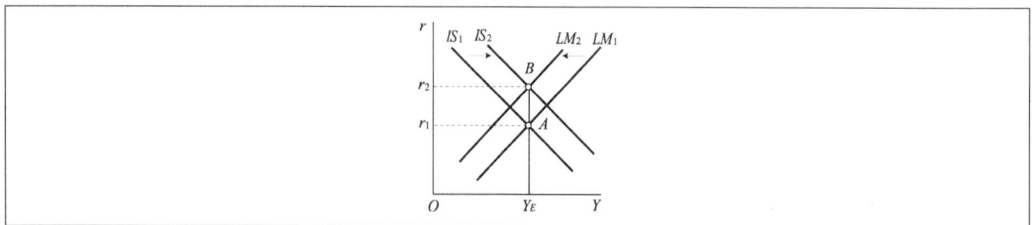

29 다음 중 표준적인 IS-LM모형에서 도출되는 총수요곡선의 이동과 기울기에 관한 설명으로 옳지 않은 것은?

한국수력원자력 기출변형

① 화폐수요의 이자율탄력성이 클수록 LM곡선의 기울기가 완만하고, 총수요곡선의 기울기도 완만하다.
② 정부지출의 증가는 IS곡선을 오른쪽으로 이동시키며, 총수요곡선도 오른쪽으로 이동시킨다.
③ 공개시장매입조작은 LM곡선을 이동시키며, 총수요곡선도 오른쪽으로 이동시킨다.
④ 투자지출의 이자율탄력성이 클수록 IS곡선의 기울기가 완만하고, 총수요곡선의 기울기도 완만하다.

30 다음 중 $IS-LM$모형에서 통화공급 증가의 효과는? (단, 이자율이 상승할 때 화폐수요와 투자는 모두 감소한다고 가정한다)

① 소비감소, 투자감소
② 소비감소, 투자증가
③ 소비증가, 투자감소
④ 소비증가, 투자증가

31 통화공급이 이자율의 증가함수라고 한다면 이자율에 영향을 받지 않는 경우에 비해 어떠한 현상이 발생하는가?

① IS곡선의 기울기가 급해진다.
② IS곡선의 기울기가 완만해진다.
③ LM곡선의 기울기가 급해진다.
④ LM곡선의 기울기가 완만해진다.

ANSWER | 29.① 30.④ 31.④

29 ① 화폐수요의 이자율탄력성이 클수록 LM곡선은 완만하고 AD곡선은 가파르다.
  ※ AD곡선의 이동과 기울기
    ㉠ IS곡선 우하향, LM곡선 우상향 → AD곡선 우하향
    ㉡ IS곡선 수직선, LM곡선 수평선 → AD곡선 수직선
    ㉢ IS곡선이 가파르고, LM곡선이 완만할수록 AD곡선은 수직선에 가깝다. 즉, 투자의 이자율 탄력도가 작고 화폐수요의 이자율탄력도가 클수록 AD곡선은 가파르다.

30 ④ $IS-LM$모형에서 통화량을 증가시키면 LM곡선이 우측이동하고 이자율이 하락하며, 투자수요를 증대시켜 국민소득이 증가하게 되고 소비도 증가한다.

31 ④ 통화공급이 이자율에 영향을 받지 않으면 LM곡선은 수직선의 형태를 띠게 되나, 통화공급이 이자율에 영향을 받으면 우상향하는 곡선이 되어 LM곡선의 기울기는 완만해진다.

32 금융실명제의 실시로 가계의 현금선호도가 높아졌다. 이 경우 한국은행이 통화공급을 변화시키지 않는다고 가정하면 이에 따른 거시경제변수들의 변화에 대한 서술로 옳은 것을 모두 고르면?

> ㉠ 이자율은 하락하고 국민소득은 감소한다.
> ㉡ 투자의 이자율탄력성이 0이라면 물가는 하락한다.
> ㉢ 노동자들의 화폐환상이 존재한다면 물가는 상승하고 실업은 증가한다.

① ㉠
② ㉠, ㉡
③ ㉠, ㉡, ㉢
④ 없다.

33 고전학파 세계에서 확대재정정책의 효과는? (단, 통화량은 불변하며 투자는 이자율에 탄력적으로 반응한다고 가정한다)

① 이자율상승, 국민소득일정, 물가일정
② 이자율상승, 국민소득일정, 물가상승
③ 이자율상승, 국민소득증가, 물가상승
④ 이자율일정, 국민소득일정, 물가상승

✓ ANSWER | 32.④ 33.①

32 ④ 금융실명제의 실시로 현금통화비율이 높아지게 되면 통화승수는 감소하게 된다. 그리고 본원통화공급이 일정한 상황에서 통화승수가 감소하면 통화량이 감소하게 된다. 따라서 문제의 한국은행의 통화정책은 통화량이 감소했을 때의 효과라고 볼 수 있다.
  ㉠ 통화량이 감소하면 LM곡선이 좌측으로 이동하므로 이자율이 상승하고 국민소득이 감소하게 된다.
  ㉡ 투자의 이자율탄력성이 0이라면 IS곡선과 AD곡선은 모두 수직선이 된다. 이 경우 LM곡선이 좌측으로 이동하더라도 총수요곡선은 움직이지 않는다. 따라서 물가는 변하지 않는다.
  ㉢ LM곡선이 좌측으로 이동하면 AD곡선도 좌측으로 이동하고 물가가 하락하게 된다. 물가가 하락하면 노동수요곡선이 좌측으로 이동하므로 고용량이 감소한다.

33 ① 고전학파의 세계에서 확대재정정책을 실시하면 이자율이 오르고 구축효과가 발생하여 확대효과를 완전상쇄한다. 그 결과 소득은 변하지 않는다. 통화량이 불변하므로 물가도 불변한다.
  ※ 총수요관리정책
    ㉠ 고전학파 확대시행정책
      • 확대재정정책을 실시하면 구축효과가 승수효과를 완전상쇄한다.
      • 확대금융정책을 실시하면 물가상승으로 인하여 확대효과가 완전상쇄된다.
    ㉡ 케인즈 확대재정정책(승수효과가 발생)
      • 구축효과가 작으므로 확대효과가 크다.
      • 극단적인 경우(IS가 수직, 또는 LM이 수평)에는 구축효과가 전혀 발생하지 않는다.

34 케인즈학파의 확대금융정책과 관련된 다음 설명 중 옳지 않은 것은?

① 화폐수요의 이자율탄력성이 작기 때문에 효과적이지 않다.
② 투자수요의 이자율탄력성이 작기 때문에 효과적이지 않다.
③ LM곡선의 기울기가 완만하기 때문에 효과적이지 않다.
④ IS곡선의 기울기가 가파르기 때문에 효과적이지 않다.

35 합리적 기대(rational expectation) 이론과 관련이 깊은 것은?

한국수력원자력 기출변형

① 예측오차가 발생하지 않는다.
② 현재의 가격이 미래에도 지속될 것으로 판단하여 예측한다.
③ 체계적 오차를 범하지 않는다.
④ 경제주체들의 행동양식이 동일하다.

ANSWER | 34.① 35.③

34 ① 케인즈학파에 의하면 화폐수요의 이자율탄력성은 매우 크다. 따라서 확대금융정책을 실시하여 이자율이 내리면 (투기적 동기의) 화폐수요가 탄력적으로 늘어나서 통화량증가분은 금융시장의 순환에서 대부분 빠져나간다. 그 결과 이자율은 소폭으로 하락하고 투자는 소폭으로 증가한다.
 ※ 케인즈학파 확대재정정책
  ㉠ 확대재정정책을 실시하면 약간의 구축효과가 발생한다.
  ㉡ 확대금융정책을 혼합하면 구축효과를 제거할 수 있다(정책혼합이 효과적이다).

35 ③ 합리적 기대론자에 의하면 경제주체는 불완전정보가 주어진 상황에서도 현재 자신에게 주어진 모든 정보를 이용하여 현재와 미래의 물가상승을 합리적으로 예측한다. 따라서 각 경제주체는 오차를 범할 수는 있으나 국민경제 전체적으로는 체계적 오차가 발생하지 않는다.
 ※ 물가상승에 대한 기대가설
  ㉠ 적응적 기대가설

구분	내용
통화론자	확대정책은 단기효과를 얻지만 장기효과는 사라지고 물가상승만 부추긴다.
케인즈학파	단기적 확대효과를 얻기 위해서 확대정책을 실시해야 한다.

  ㉡ 합리적 기대가설과 정책무력성의 명제
   • 물가상승에 대하여 합리적 기대가 형성되면 단기적 확대효과도 발생하지 않는다.
   • 새고전학파는 이를 정책무력성의 명제로 주장했다.
   • 새케인즈학파는 합리적 기대가설은 수용하지만 정책무력성명제는 수용하지 않는다. 왜냐하면 정보가 완전하지 않고, 가격이 경직적이기 때문이다.
   • 새케인즈학파는 총수요관리정책을 실시해서 생산과 고용을 올릴 것을 주장했다.

36 새고전학파의 경제학자들이 주장하는 정책무력성의 정리에 관한 설명으로 옳지 않은 것은?

① 노동자들은 합리적 기대를 통해 단기에도 물가를 평균적으로 정확하게 예상한다.
② 총수요관리를 통한 정부를 안정화정책은 효과를 거둘 수 없다.
③ 정부의 재정확대정책은 장기적으로 물가에도 영향을 주지 않는다.
④ 정부가 아무도 예상치 못한 정책을 실시할 경우에만 단기적으로 안정화정책이 효과를 거둘 수 있다.

37 물가상승에 대한 적응적 기대이론으로서 옳은 것은?

① 기대의 경험적 정확성보다는 확률적 정확성을 중시한다.
② 물가상승의 예측은 신속하고 정확하게 이루어진다.
③ 과거의 경험을 토대로 이루어진다.
④ 물가상승에 대한 인식은 즉각적으로 임금협상에 반영된다.

ANSWER | 36.③ 37.③

36 ③ 새고전학파의 경제학자들은 정부의 재정확대정책이 장기적으로 물가만 상승시킬 뿐이지 GNP(국민소득)에는 아무런 영향을 미치지 못한다고 보았다.

37 ③ 적응적 기대이론에서 노동자는 과거물가에서 형성되는 기대임금(W/Pe)에 의하여 노동공급을 정한다.
① 합리적 기대가설에 해당한다.
② 물가상승의 예측은 단기적으로 부정확하고, 장기적으로 정확하게 이루어진다.
④ 물가상승에 대한 인식은 장기적으로 임금협상에 반영된다.

38 래퍼곡선(Laffer curve)에 대한 설명으로 옳지 않은 것은?

한국수력원자력 기출변형

① 누진소득세를 반대한다.
② 정부의 비개입주의를 의미한다.
③ 공급중시경제학을 뒷받침하고 있다.
④ 동일한 세수를 거둘 수 있는 세율은 언제나 2개가 있다.

39 래퍼곡선(laffer curve)이 갖고 있는 문제점은?

① 인플레이션을 억제할 수 있는 최적조세점을 구할 수 없다.
② 완전고용을 달성할 수 있는 최적조세점을 구할 수 없다.
③ 생산 및 소득을 극대화시켜주는 최적조세점을 구할 수 없다.
④ 기술개발과 기업의 투자를 촉진시킬 수 있는 최적조세점을 구할 수 없다.

ANSWER | 38.④ 39.③

38 ④ 래퍼곡선(Laffer curve)은 미국의 경제학자 아더 B. 래퍼 교수가 주장한 세수와 세율 사이의 역설적 관계를 나타낸 곡선으로 그의 이름을 따 명명되었다. 일반적으로는 세율이 높아질수록 세수가 늘어나는 게 보통인데, 래퍼 교수에 따르면 세율이 일정 수준(최적조세율)을 넘으면 반대로 세수가 줄어드는 현상이 나타난다고 한다. 세율이 지나치게 올라가면 근로의욕의 감소 등으로 세원 자체가 줄어들기 때문이다. 그러므로 이때는 세율을 낮춤으로써 세수를 증가시킬 수 있다는 것이다. 1980년대 미국 레이건 행정부의 조세인하정책의 이론적 근거가 되었으며, 이로 인해 미국 정부의 거대한 재정적자 증가를 초래하는 결과를 가져왔다. 위의 래퍼곡선에서 t_0의 세율을 제외하고는 동일한 세수를 거둘 수 있는 세율은 두 가지가 존재한다. 즉, R_1의 세수를 확보하는 방법은 t_1의 세율을 책정하거나 t_2의 세율을 설정하면 된다. 그러나 R_0의 조세수입을 가져오는 세율은 t_0 한 가지밖에 존재하지 않는다.

※ 래퍼곡선(Laffer curve)

래퍼(A. Laffer)에 의하면 조세수입이 극대화되는 세율이 t_0일 때 세율이 이보다 높으면(저축과 투자 및 근로의욕이 낮아져서) 조세수입이 감소한다. 세율이 t_0 이상인 영역은 금지영역(prohibited zone)이며 이 상황에서는 세율을 낮출수록 생산과 조세수입이 오른다. 이를 선으로 나타낸 것을 래퍼곡선이라 한다.

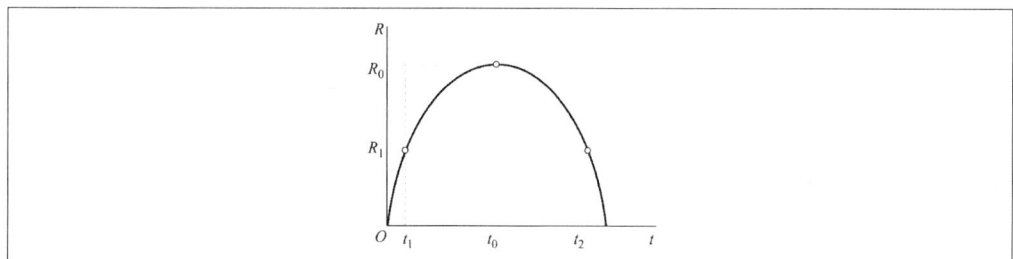

39 ③ 래퍼곡선의 극대점은 생산과 소득이 극대화되어 조세징수액이 극대에 이르는 점이다. 그러나 실제로는 이것이 이루어지는 조세율을 구하기란 매우 어려운 일이다.

40 다음 중 공급중시경제학자들의 주장과 부합하는 것은?

① 저축은 세율과 관련이 없다.
② 노동의 공급은 납세 후 명목임금수준에 의존한다.
③ 정부는 적극적인 총수요정책을 실시해야 한다.
④ 투자의 주요결정요인은 납세 후 이익률이다.

41 다음 중 경기안정화를 위한 정책수단과 관련된 내용으로 옳지 않은 것은?

① 통화정책의 효과는 투자수요의 이자율탄력성이 클수록 크다.
② 화폐의 유통속도가 이자율에 민감하게 반응하면 통화정책의 효과는 크지 않다.
③ 통화공급증가의 효과가 실제로 나타나는 시차가 클수록 준칙주의에 입각한 통화공급이 바람직하다.
④ 재정정책의 효과는 화폐수요의 이자율탄력성이 작을수록 크다.

42 케인즈학파의 자동안정화장치 및 재량적 안정화 장치가 경기순환의 정책도구로서 결점을 가지고 있다면 다음 중 무엇 때문인가?

① 금융정책을 무시하고 있다.
② 재정정책을 무시하고 있다.
③ 수요·공급측면을 모두 무시하고 있다.
④ 공급측면을 무시하고 있다.

ANSWER | 40.④ 41.④ 42.④

40 ④ 공급중시학파에 의하면 기업은 납세 후 이익률을 기준으로 투자를 결정한다.
※ 공급중시경제학
㉠ 개념: 스태그플레이션 상황하에서 확대정책을 실시했을 때 물가만 오르고 소득은 오르지 않아 총수요확대정책이 실효를 거두지 못했다. 이에 공급중시경제학파는 공급을 늘림으로써 물가를 안정시키고 생산과 고용을 확대시킬 것을 주장하였다.
㉡ 정책수단
• 세율을 낮춰서 비용부담을 줄이면 생산과 공급이 증가한다.
• 소득재분배제도를 축소, 철폐함으로써 비용부담을 줄이고 노동의욕을 높인다.

41 ④ 재정정책의 효과는 화폐수요의 이자율탄력성이 작을수록 LM곡선이 급경사가 되므로 작다.

42 ④ 재정의 자동안정화장치(built-in stabilizer)는 경기가 호황이 되면 자동적으로 정부수입이 증가하여 지나치게 경기가 과열되는 것을 방지하고 경기가 불황이 되면 자동적으로 정부수입이 감소하여 경제가 지나치게 불황에 빠지는 것을 방지하는 장치를 의미한다. 자동안정화장치의 예로는 사회보장제도, 누진세제도, 실업보험 등을 들 수 있는데 이는 모두 총수요조절장치일 뿐 총공급 측면은 전혀 고려하지 않고 있다.

43 정부의 거시경제정책 중 재량적 정책과 준칙에 따른 정책에 대한 설명으로 옳은 것은?

금융감독원 기출유형

① 준칙에 따른 정책은 소극적 경제정책의 범주에 속한다.
② 케인즈 경제학자들의 미세조정 정책은 준칙에 따른 정책보다는 재량적 정책의 성격을 띤다.
③ 매기의 통화증가율을 $k\%$로 일정하게 정하는 것은 통화 공급량이 매기 증가한다는 점에서 재량적 정책에 해당한다.
④ 동태적 비일관성(dynamic inconsistency)은 재량적 정책 때문이 아니라 준칙에 따른 정책 때문에 발생한다.

44 다음 중 IS-LM 모형의 기본 가정으로 옳은 것을 모두 고르면?

> ㉠ 투자는 이자율의 함수이다.
> ㉡ 유효수요만 있으면 언제든지 공급이 가능하다.
> ㉢ 물가는 고정되어 있다.

① ㉠
② ㉠, ㉡
③ ㉡, ㉢
④ ㉠, ㉡, ㉢

ANSWER | 43.② 44.④

43 케인즈 학파들의 미세조정 정책은 재량에 의한 정책에 속한다.
① 거시경제정책은 소극적 정책과 적극적 정책 그리고 재량과 준칙에 의한 정책으로 나눌 수 있다. 이때 준칙에 의한 정책은 적극적 정책에 속한다. 소극적 정책은 통화량의 증가율을 3%로 고정시키는 것이고, 적극적 정책은 3%를 기준으로 해서 경제여건에 따라서 약간 조정이 가능한 경우이다. '테일러 준칙'이 대표적인 적극적 준칙에 해당한다.
③ 매기 통화량을 $k\%$로 일정하게 정하는 것은 소극적인 준칙에 해당한다.
④ 최적정책의 동태적 비일관성은 처음에 입안한 최적정책이 시간이 지나면서 더 이상 최적 정책이 아니게 되어, 그 정책을 바꾸려는 유인이 존재하는 것을 말한다.

44 ㉠, ㉡, ㉢ 모두 옳다.

CHAPTER 05 **실업과 인플레이션**

1 다음 중 일반적인 필립스곡선에 나타나는 인플레이션과 실업률의 관계에 대한 설명이 옳지 않은 것은?

① 장기적으로는 인플레이션과 실업률 사이에 특별한 관계가 존재하지 않는다.
② 실업률을 낮추기 위해 확대재정정책을 시행하는 경우 인플레이션이 발생한다.
③ 단기적으로 인플레이션율과 실업률은 음(−)의 상관관계를 갖는다.
④ 기대인플레이션이 상승하여 인플레이션이 발생하는 경우에도 실업률은 하락한다.

ANSWER | 1.④

1 ④ 프리드만과 펠프스는 노동자들이 물가상승을 인식하면 기대인플레이션은 높아지고 노동자들은 이에 상응하여 명목임금의 인상을 요구하므로 실업률은 낮아지지 않는다고 주장하였다.
  ※ **필립스곡선의 반론**
    1960년대까지만 해도 경제학자들은 필립스곡선은 상당히 안정적이므로 적절한 거시정책을 통해 인플레이션을 어느 정도 감수하면 낮은 실업률의 유지가 가능하다고 판단하였다. 하지만 밀튼 프리드만과 펠프스는 마찰적 실업과 구조적 실업으로 인해 자연적으로 발생하는 자연실업률이 존재하며 이로 인해 장기적으로 실업률은 자연실업률로 회귀한다는 가설을 제기하며 인플레이션과 실업률 사이의 장기적 상충관계를 부정하였다.
    ㉠ **고전학파 이론의 기초**: 고전학파는 인플레이션의 주된 원인을 통화량 증가로 파악하였다. 또한 통화량의 증가는 모든 가격과 명목소득을 비례적으로 상승시키지만 실업률을 결정하는 요인들에는 아무런 영향을 미치지 않는다고 보았다. 프리드만과 펠프스는 이러한 고전학파의 이론에 기초하여 장기적으로는 필립스곡선이 성립하지 않음을 주장하였다.
    ㉡ **기대인플레이션**: 프리드만과 펠프스는 노동자의 의사결정 시 기준은 명목임금이 아닌 예상실질임금임을 지적하며 기대인플레이션을 이러한 예상실질임금의 결정에 중요한 요인으로 보았다. 즉, 노동자들이 물가상승을 인식하게 되면 기대인플레이션은 높아지고 노동자들은 이에 상응하여 명목임금의 인상을 요구하게 되므로 실업률은 낮아지지 않는다는 것이다.
    ㉢ **자연실업률 가설**: 사람들이 인플레이션을 정확하게 예상하지 못하는 단기에는 필립스곡선이 안정적으로 우하향하는 모습을 보이지만 사람들이 물가예상을 조정하게 되어 인플레이션율이 상승하게 되면 필립스곡선 자체가 상방으로 이동하게 된다.

2 다음 중 물가 지수에 대한 설명으로 틀린 것은?

① 생산자물가지수는 국내에서 생산하여 국내시장에 출하되는 모든 재화와 서비스요금(부가가치세를 제외한 공장도 가격)의 변동을 측정하기 위하여 작성하는 지수를 말한다.
② 소비자물가지수란 도시가계가 일상생활을 영위하기 위해 구입하는 상품가격과 서비스 요금의 변동을 종합적으로 측정하기 위해 작성하는 지수를 가리킨다.
③ 생활물가지수는 소비자들의 체감물가를 설명하기 위해 구입 빈도가 낮고 지출비중이 낮아 가격변동을 민감하게 느끼는 141개 품목으로 작성한 지수를 말한다.
④ 수출입 물가지수는 수출입상품의 가격변동이 국내물가에 미치는 영향과 수출입상품의 원가변동을 측정하는 데 이용한다.

✓ ANSWER | 2.③

2 ③ 물가지수란 물가의 동향을 파악하기 위해 일정시점의 연평균 물가를 100으로 잡고 백분율을 이용해 가격변화 추이를 수치로 나타낸 것을 말한다. 물가의 변동은 그 나라의 투자와 생산, 소비 등을 모두 반영하는 것으로 경제정책 수립에 반드시 필요한 지표이다. 우리나라에서 사용하는 물가지수는 소비자물가지수(CPI)와 생산자물가지수(PPI), GNP 디플레이터, 수출입물가지수 등이 있다.
생활물가지수는 소비자들의 체감물가를 설명하기 위해 구입 빈도가 높고 지출비중이 높아 가격변동을 민감하게 느끼는 141개 품목으로 작성한 지수를 말한다.

※ 물가지수(Price Index)

구분	내용
생산자물가지수	국내에서 생산하여 국내시장에 출하되는 모든 재화와 서비스요금(부가가치세를 제외한 공장도 가격)의 변동을 측정하기 위하여 작성하는 지수를 말한다. 매월 국내시장에 출하되는 재화와 서비스 요금의 공장도가격의 변동을 측정하여 생산자의 부담 등 측정에 활용된다.
소비자물가지수	도시가계가 일상생활을 영위하기 위해 구입하는 상품가격과 서비스 요금의 변동을 종합적으로 측정하기 위해 작성하는 지수를 가리킨다. 매월 상품가격과 서비스 요금의 변동률을 측정하여 물가상승에 따른 소비자부담, 구매력 등 측정에 활용한다.
생활물가지수	소비자들의 체감물가를 설명하기 위해 구입 빈도가 높고 지출비중이 높아 가격변동을 민감하게 느끼는 141개 품목으로 작성한 지수를 말한다.(2015년 이후)
근원물가지수	전체 소비자물가 460개 품목 중에서 계절적으로 영향 받는 농산물과 외부적 요인에 크게 영향을 받는 석유류 등을 제거하고 나머지 407개 품목을 별도로 집계한 지수를 말한다(2017년 기준). 물가변동의 장기적인 추세를 파악하기 위한 것으로 근원 인플레이션 지수라 할 수 있다.
수출입 물가지수	수출 및 수입상품의 가격변동을 측정하는 통계지표로 개별품목의 수출입액이 모집단거래액의 1/2,000 이상의 거래비중을 가지는 품목으로서 동종 산업 내 상품군의 가격 변동을 대표하면서 가급적 품질규격 등이 균일하게 유지되고 가격시계열 유지가 가능한 품목을 선정한다. 주로 수출입상품의 가격변동이 국내물가에 미치는 영향과 수출입상품의 원가변동을 측정하는 데 이용한다.

3 다음 인플레이션의 발생 배경과 그 영향에 대한 설명으로 올바르지 못한 것은?

중소기업유통센터 기출유형

① 생산비 상승으로 인한 비용인상 인플레이션의 경우 '스태그플레이션(stagflation)'이 발생할 수 있다.
② 예상 못한 인플레이션의 경우 채권자와 채무자 사이에 '소득 재분배' 효과가 발생한다.
③ 예상된 인플레이션의 경우 '메뉴비용(menu cost)'이 발생할 수 있다.
④ 예상 못한 인플레이션의 경우 은행에 가서 현금을 인출하는 횟수가 빈번해지는 '구두창 비용(shoe leather cost)'이 발생한다.

4 2007년을 기준연도로 할 때 2013년의 물가지수를 라스파이레스(L)식과 파셰(P)식으로 구하는 경우 그 값은 각각 얼마인가?

구분	2007년		2013년	
	가격	수량	가격	수량
X	100	6	150	7
Y	50	6	75	10

① $L:125,\ P:150$
② $L:150,\ P:150$
③ $L:150,\ P:180$
④ $L:180,\ P:180$

ANSWER | 3.④ 4.②

3 구두창 비용(Shoe leather cost)은 인플레이션으로 인해서 은행계좌로 받은 예금의 가치가 하락하기에 은행을 왕래하면서 구두창이 닳는 비용을 말한다. 인플레이션이 예상되면 명목이자율이 상승하므로 구두창비용은 예상된 인플레이션의 경우에 크게 발생한다.

4 ② 주어진 표를 라스파이레스식과 파셰식에 대입해 라스파레스 물가지수와 파셰 물가지수를 구해보면 다음과 같다.

• 라스파이레스 물가지수 $= \dfrac{(150\times 6)+(75\times 6)}{(100\times 6)+(50\times 6)}\times 100 = 150$

• 파셰 물가지수(PPI) $= \dfrac{(150\times 7)+(75\times 10)}{(100\times 7)+(50\times 10)}\times 100 = 150$

5 다음 중 물가를 측정하는 지표에 관한 설명으로 옳지 않은 것은?

① 소비자물가지수는 소비재를 기준으로 측정하는 반면, 생산자물가지수는 원자재나 자본재 등을 기준으로 측정한다.
② GDP디플레이터는 기준연도의 거래량을 가중치로 삼는 라스파이레스(Laspeyres)지수이다.
③ 소비자물가지수는 물가상승기에 실제 물가상승 정도를 과대평가하는 경향이 있다.
④ 소비자물가지수는 신제품의 개발과 같은 여건의 변화를 제대로 반영하지 못한다.

ANSWER | 5.②

5 ② GDP디플레이터는 비교연도의 거래량을 가중치로 하는 파셰지수이다. 소비자물가지수는 라스파이레스 방식으로 계산되는데, 라스파이레스 방식은 물가상승기에 물가변화를 과대평가하는 경향이 있다. 소비자물가지수는 구입량이 기준연도 구입량으로 고정된 것으로 보고 물가변화를 측정하므로 기준연도가 조정되기 전까지는 새로이 개발된 제품 가격은 물가지수에 반영되지 않는다.
① 소비자물가지수가 소비자의 구매력을 가늠하는 지수라면 생산자물가지수는 기업의 비용증가, 즉 생산원가와 관련이 있다. 다시 말해 소비자물가가 소비자가격이라면 생산자물가는 공장도가격이라고 볼 수 있다.

※ 물가지수의 작성방식
  ㉠ 라스파이레스방식

  $$L_P = \frac{\sum P_t \cdot Q_0}{\sum P_0 \cdot Q_0} \times 100$$

  • 기준연도의 거래량을 가중치로 사용하여 물가지수를 계산한다.
  • 소비자물가지수(CPI), 생산자물가지수(PPI) 등의 계산에 이용된다.
  • 기준연도의 상품구입량이 가중치로 고정되어 있어 구입하는 상품들이 변화하는 경우 물가의 움직임을 잘 나타내지 못할 가능성이 있다.

  ㉡ 파셰방식
  • 비교연도의 거래량을 가중치로 사용하여 물가지수를 계산한다.

  $$P_P = \frac{\sum P_t \cdot Q_t}{\sum P_0 \cdot Q_t} \times 100$$

  • GDP디플레이터 계산에 이용된다.
  • 가중치가 매년 바뀌어 현실의 물가동향을 정확히 반영할 수 있는 장점이 있으나 비교연도의 대상품목과 가중치를 매번 조사해야 하는 번거로움이 있다.

6 p, q는 각각 가격과 수량을 나타내고 o, t는 각각 기준연도와 비교연도를 나타낼 때 다음 중 라스파이레스물가지수는?

① $\dfrac{\Sigma p_0 q_0}{\Sigma p_0 q_0}$
② $\dfrac{\Sigma p_t q_t}{\Sigma p_t q_0}$
③ $\dfrac{\Sigma p_0 q_t}{\Sigma p_0 q_0}$
④ $\dfrac{\Sigma p_t q_0}{\Sigma p_0 q_0}$

7 기준연도가 2005년일 때 2005년도의 소비자물가지수가 125, 2006년도의 소비자물가지수가 150이라면 2005년과 2006년 사이의 소비자물가상승률은?

① 20%
② 25%
③ 50%
④ 125%

8 경상 GDP가 2011년에 360억 원, 2012년에 450억 원이고, 같은 기간 중 GDP디플레이터는 100에서 120로 상승하였다면 실질 GDP의 변화는?

① 약 10억 원 감소
② 약 20억 원 증가
③ 약 10억 원 증가
④ 약 15억 원 증가

ANSWER | 6.④ 7.① 8.④

6 라스파이레스물가지수는 기준시와 같은 수량의 상품을 비교시의 가격으로 구입했을 때의 지출총액을 기준시의 지출총액으로 나누어 물가의 움직임을 측정하는 것이다.

라스파이레스물가지수 $= \dfrac{\Sigma \text{기준시 상품수량} \times \text{비교시 가격}}{\Sigma \text{기준시 상품수량} \times \text{기준시 가격}} \times 100 = \dfrac{\Sigma p_t q_0}{\Sigma p_0 q_0}$

7 ① 소비자물가상승률 $= \dfrac{\text{비교연도의 소비자물가지수} - \text{기준연도의 소비자물가지수}}{\text{기준연도의 소비자물가지수}} \times 100$

$= \dfrac{150 - 125}{125} \times 100 = 20\%$

8 ④ GDP디플레이터 $= \dfrac{\text{명목 } GDP}{\text{실질 } GDP} \times 100$

실질 $GDP = \dfrac{\text{명목 } GDP}{GDP\text{디플레이터}} \times 100$

$\dfrac{450}{1.2} - \dfrac{360}{1.0} = 15$이다.

9 인플레이션에 대한 내용으로 잘못된 것은?

① 인플레이션은 물가 수준이 지속적으로 상승하는 현상으로 돈의 실제 가치가 올라간다.
② 디플레이션은 물가 수준이 지속적으로 하락하는 현상이다.
③ 스태그플레이션이란 경기가 침체하여 경제가 위축되고 실업률이 높지만, 인플레이션이 진정되지 않고 오히려 심화되는 상태를 말한다.
④ 소비자물가를 구성하는 품목 중에서 식료품이나 에너지처럼 가격이 급변동하는 품목들을 제외한 후 구한 물가상승률을 근원 인플레이션이라 부른다.

ANSWER | 9.①

9 ① 인플레이션이란 일반 물가수준이 상승하는 현상을 말한다. 인플레이션은 돈의 가치가 갑자기 폭락해 화폐의 중요한 기능인 가치저장의 기능을 상실하게 되어 사회적으로 큰 혼란을 야기한다.
   ※ 인플레이션

구분	내용
인플레이션	인플레이션이란 일반 물가수준이 상승하는 현상을 말한다. 인플레이션은 돈의 가치가 갑자기 폭락해 화폐의 중요한 기능인 가치저장의 기능을 상실하게 되어 사회적으로 큰 혼란을 야기한다. 또한 해당 국가의 통화가치 하락과 화폐 구매력의 약화현상을 가져오며, 고정소득자의 실질소득 감소와 국제수지 악화와 같은 부정적인 문제점이 나타난다. 일반적으로 인플레이션이 발생하면 건물이나 땅, 주택과 같은 실물의 가치는 상승하고 화폐 가치는 하락한다. 그래서 실물 자산을 소유하지 않은 봉급생활자들은 화폐 가치 하락되어 실질 소득이 감소하므로 인플레이션이 발생하면 빈부 격차가 심화된다.
디플레이션	물가가 지속적으로 하락하는 것을 말한다. 상품거래량에 비해 통화량이 지나치게 적어져 물가는 떨어지고 화폐가치가 올라 경제활동이 침체되는 현상이다. 즉, 인플레이션과 반대로 수요가 공급에 훨씬 미치지 못해 물가가 계속 떨어지는 상태를 말한다. 디플레이션은 광범위한 초과공급이 존재하는 상태이며 일반적으로 공급이 수요보다 많으면 물가는 내리고 기업의 수익은 감소하기 때문에 불황이 일어나게 된다. 디플레이션이 발생하면 정부에서는 경기 활성화 정책을 펴게 되는데 주로 부동산과 주식을 활성화하기 위한 정책을 발표하게 된다. 디플레이션에 접어들면 기업의 도산이 늘고, 전체적인 기업의 활동은 정체하고, 생산의 축소가 이루어진 결과 실업자가 증대하기 때문에 불황이 장기화 되어 산업기반이 붕괴될 수 있다.
스태그플레이션	실업률과 인플레이션이 상호 정(+)의 관계를 가지고 상승하는 현상을 의미한다. 1970년대 많은 국가에서 석유파동으로 인한 경제침체가 지속되자 인플레이션도 높아지고 실업률도 높은 기이한 현상이 일어났다. 이와 같이 경기가 침체(Stagnation)하여 경제가 위축되고 실업률이 높지만, 인플레이션(Inflation)이 진정되지 않고 오히려 심화되는 상태를 스태그플레이션이라 한다. 스태그플레이션이 발생하게 되면 물가와 실업률이 동시에 상승하기 때문에 억제재정정책만을 사용해서는 큰 효과를 낼 수 없어 정부에서는 억제재정정책과 더불어 임금과 이윤, 가격에 대해 특정한 지시를 하여 기업과 노동조합을 견제하는 소득정책을 동반 사용한다.

10 인플레이션이 발생할 경우 나타나는 현상이 아닌 것은?

① 메뉴 비용
② 구두창 비용
③ 화폐 가치 감소
④ 부동산 등 실물자산 가치 감소

11 다음 중 스태그플레이션(stagflation)을 해결하기 위해 바람직한 정책은?

① 조세의 증대
② 통화량의 증가
③ 국방비의 증대
④ 연구개발에 대한 투자지원

ANSWER | 10.④ 11.④

10 ④ 물가가 단기간에 빠른 속도로 지속적으로 상승하는 현상을 인플레이션이라 한다. 통화량의 증가로 화폐가치가 하락하고, 모든 상품의 물가가 전반적으로 꾸준히 오르는 경제 현상인 인플레이션은 수 퍼센트의 물가 상승률을 보이는 완만한 것에서부터 수백 퍼센트 이상의 상승률을 보이는 초인플레이션까지 종류도 다양하다.
인플레이션의 종류는 경제 전체의 공급에 비해서 경제 전체의 수요가 빠르게 증가할 때 발생하는 '수요 견인 인플레이션'과 생산 비용이 상승하여 발생하는 '비용 인상 인플레이션' 등이 있으며, 인플레이션이 지속되는 상황에서 부동산 같은 실물자산을 많이 소유한 사람이 재산을 증식하는 데 유리하다. 왜냐하면 아파트·가구 등 부동산 실물자산은 인플레이션이 발생해도 실물자산의 가치가 화폐의 가치처럼 떨어지는 것은 아니기 때문이다. 따라서 인플레이션 하에서 수익성이 높은 부동산을 매입해 월세를 통한 현금화와 인플레이션에 의한 자산가치 상승을 노리는 투자가 많아진다.
①② 인플레이션에서는 기업의 메뉴비용(Menu Cost)이나 가계의 구두창비용(Shoe Leather Cost)과 같은 사회적 비용이 발생한다. 메뉴비용이란 가격이 달라지면 기업이 변경된 가격으로 카탈로그 등을 바꾸기 위해 소요되는 비용을 가리킨다. 일반인들은 인플레이션이 예상되면 되도록 현금보유를 줄이고 예금하기 위해 은행을 자주 찾게 되는데 구두창비용이란 은행에 발걸음하는 것과 관련하여 시간이나 교통비 등이 소요되기 때문에 붙여진 용어이다.

11 ④ 스태그플레이션(stagflation)은 경기침체 시 물가가 상승하는 현상을 의미한다. 이 현상은 물가상승률과 실업률이 안정적인 역의 관계를 가지고 있다. 따라서 스태그플레이션을 해결하기 위해서는 필립스곡선을 좌하방으로 이동시켜야 한다. 그런데 필립스곡선이 좌하방으로 이동하기 위해서는 총공급곡선이 오른쪽으로 이동하여야 한다. 그러므로 연구개발에 대한 투자지원을 하게 되면 총공급곡선이 오른쪽으로 이동하게 된다.

12 다음 중 인플레이션에 대한 설명으로 옳지 않은 것은?

① 총수요가 증가하여 발생한 물가상승을 수요견인 인플레이션이라 한다.
② 1970년대의 석유파동 등과 같은 물가상승을 비용인상 인플레이션이라 한다.
③ 안정적이고 예측 가능한 인플레이션은 사회적 비용을 발생시키지 않는다.
④ 인플레이션은 상대가격을 변화시키고 자원배분을 왜곡시킨다.

13 다음 중 인플레이션 갭이 발생할 때 가장 바람직한 안정화정책은?

① 정부사업을 축소시키는 대신 이전지출을 증가시킨다.
② 정부사업을 축소하고 누진세율을 강화한다.
③ 정부사업을 축소하고 세율을 인하한다.
④ 공채발행을 통하여 정부지출증가를 부담한다.

ANSWER | 12.③ 13.②

12 ③ 인플레이션이 예측 가능하다고 하더라도 인플레이션으로 인하여 재화의 상대가격이 변하면 자원배분의 왜곡이 발생한다.

13 ② 실제 GDP가 잠재 GDP를 웃돌아 플러스 수치가 나타나는 현상을 인플레이션 갭(inflation gap)이라 한다. 인플레이션 갭이 발생하면 정부사업축소, 누진세율강화 등 긴축정책이 필요하다.

14 다음 중 디플레이션 상황에서 나타날 수 있는 현상은?

① 국제수지가 악화된다.
② 봉급생활자나 연금수혜자에게 불리한 소득재분배가 이루어진다.
③ 노동수요측면에서 화폐환상이 발생한다.
④ 자산가치를 화폐의 형태로 보유하려는 성향이 커진다.

15 다음 중 인플레이션을 억제하는 방법으로 적당한 것은?

① 환율 인상
② 수입 억제
③ 조세수입 감소
④ 재할인율 인상

ANSWER | 14.④ 15.④

14 ④ 디플레이션이 발생하면 '물가하락→화폐의 실질구매력 증가→화폐보유 성향 증가'로 이어진다.

15 ④ 재할인율인상은 통화량을 감소시키므로 인플레이션을 억제시키는 효과를 가진다.
  ① 환율인상→수출증가→총수요증가→수요견인 인플레이션 발생
  ② 수입억제→총수요증가→수요견인 인플레이션 발생
  ③ 조세수입감소→가처분소득증가→소비증가→총수요증가→수요견인 인플레이션 발생
  ※ 수요견인 인플레이션과 비용인상 인플레이션
    ㉠ 수요견인 인플레이션: 총수요가 초과하여 발생하는 인플레이션이다.

구분	내용
고전학파와 통화주의학파의 견해	• 원인: 통화량증가→물가상승 • 대책: 통화량안정→물가안정
케인즈학파의 견해	• 원인: 총수요증가→물가상승 • 대책: 긴축정책→총수요감소→물가안정

㉡ 비용인상 인플레이션: 생산비용이 증가하여 발생하는 인플레이션이다.

구분	내용
케인즈학파의 견해	• 원인: 요소가격상승→물가상승 • 대책: 요소가격안정(소득정책)→물가안정
통화주의학파의 견해	통화량증가 없는 인플레이션은 불가능
공급중시경제학파	세율인상→생산비용증가→물가상승

16 인플레이션의 사회적 비용에 대한 설명으로 옳지 않은 것은?

① 예상치 못한 인플레이션이 발생하면 채권자는 불리해지고 채무자는 유리해진다.
② 인플레이션이 발생하면 경제의 불확실성이 증대되므로 장기계약과 거래가 이루어지지 않는다.
③ 물가변화에 따라 가격을 조정하는 데 드는 메뉴비용이 발생한다.
④ 인플레이션이 발생하면 사람들은 실물자산보다는 화폐를 선호하게 된다.

17 다음 중 통화량과 인플레이션에 관한 설명으로 옳은 것은?

① 인플레이션율이 높아지면 인플레이션의 변동성은 줄어든다.
② 피셔(Fisher)가설에 따르면 인플레이션율이 상승할 경우 실질이자율도 같은 비율로 상승한다.
③ 인플레이션에 직면한 경제주체들이 현금보유를 줄이는 과정에서 거래비용이 발생한다.
④ 실질변수가 통화량의 변동과 무관하게 결정되는 것을 화폐의 유동성이라 한다.

18 다음 중 일국 경제가 인플레이션의 발생과 실업증가를 동시에 경험하게 될 것으로 생각되는 경우는?

① 총수요 불변, 총공급 감소
② 총수요 증가, 총공급 증가
③ 총수요 감소, 총공급 증가
④ 총수요 증가, 총공급 감소

ANSWER | 16.④ 17.③ 18.①

16 ④ 인플레이션이 발생하면 사람들은 화폐보다 실물자산을 선호한다. 그리고 인플레이션이 발생하면 명목이자율이 상승하므로 화폐보유의 기회비용 즉, 화폐를 보유할 때의 이자손실이 증가한다.
이자손실을 극소화하기 위해서 사람들은 거래적 동기로 보유하는 화폐도 가능하면 은행에 예금해 놓고 필요 시마다 인출하려고 할 것이다. 따라서 인플레이션이 발생하면 그렇지 않을 때보다 사람들은 금융기관을 자주 방문하게 될 것이므로 거래비용(shoe-leather cost)이 커지게 된다.

※ 메뉴비용(menu cost) 발생
물가변화에 따라 가격을 조정하려면 가격표작성비용(메뉴비용)이 발생하게 되는데 메뉴비용이 커서 가격조정이 즉각적으로 이루어지지 않는 경우에는 재화의 상대가격이 변화하고 이에 따라 자원배분의 비효율성이 초래된다.

17 ① 인플레이션이 높아지면 인플레이션 변동성의 증가를 가져온다.
② 피셔(Fisher)가설에 따르면 명목이자율은 실질이자율과 예상인플레이션의 합으로 나타낼 수 있으므로 인플레이션이 상승하면 실질이자율이 아니라 명목이자율이 상승한다.
④ 실질변수가 통화량과 무관하게 결정되는 것을 화폐의 중립성(neutrality of money)이라고 한다.

18 ① 스태그플레이션(stagflation)은 인플레이션율과 실업률이 플러스의 상관관계(positive correlation)를 지니는 것으로 인플레이션과 실업이 상존하는 스태그플레이션은 총공급의 감소에 의해 발생한다.

19 다음 중 인플레이션의 자산분배효과를 잘 나타낸 것은?

① 화폐자산의 실질가치 하락, 실물자산의 실질가치 하락
② 화폐자산의 실질가치 불변, 실물자산의 실질가치 상승
③ 화폐자산의 명목가치 하락, 실물자산의 명목가치 상승
④ 화폐자산의 명목가치 불변, 실물자산의 명목가치 상승

20 다음은 시간에 따른 실질인플레이션과 예측(기대)인플레이션의 추이를 나타내고 있다. 다음 중 t기 이후에 발생할 경제상황으로 가장 적합한 것은?

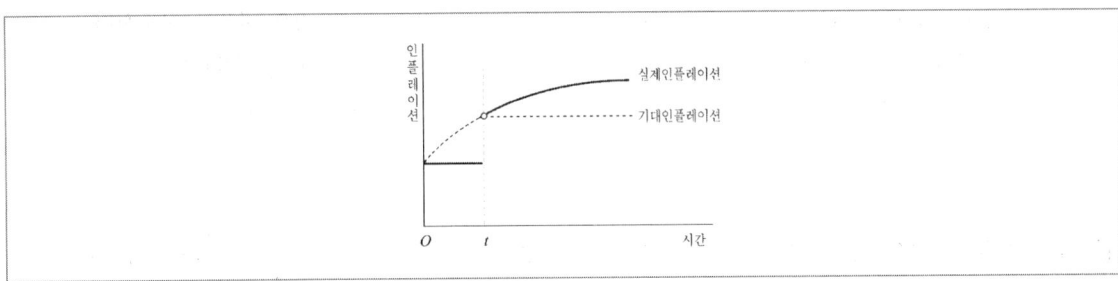

① 총공급곡선이 완전비탄력적이 된다.
② 사전적으로 투기성 경제행위가 만연된다.
③ 임금소득자들에게 유리하게 소득분배가 이루어진다.
④ 노동공급이 증가한다.

ANSWER | 19.④ 20.②

19 ④ 인플레이션이 발생하면 화폐자산의 명목가치는 불변이지만 실질가치는 하락하고, 실물자산의 명목가치는 상승하고 실질가치는 (평균적으로) 불변이다.

20 ② 제시된 그림에서 t기 이전에는 실제물가상승률보다 예상물가상승률이 더 높다. 이 시기에는 개인들이 장래물가의 상승을 예상하고 있다. 따라서 t기 이전에 소비자들은 실물자산의 구입을 증가시킬 것이다.

21 실업에 대한 내용으로 잘못된 것은?

① 실업이란 노동할 의욕과 능력을 가진 자가 자기의 능력에 상응한 노동의 기회를 얻지 못하고 있는 상태를 말한다.
② 경제활동참가율이란 17세 이상의 생산가능인구 중 경제활동에 참가하고 있는 인구, 즉 취업자와 실업자가 차지하는 비중을 말한다.
③ 고용률이란 생산가능인구 중 취업자의 비율을 말하며, 취업률이란 경제활동인구 중 취업자의 비율을 말한다.
④ 실업률이란 경제활동인구 중 실업자 비율을 말한다.

22 다음 중 연결이 잘못된 것은?

① 탐색적 실업 - 현재도 일을 할 수 있는 일자리가 있지만 보다 나은 일자리를 탐색하면서 당분간 실업상태
② 마찰적 실업 - 새로운 일자리를 탐색하거나 이직을 하는 과정에서 일시적으로 발생하는 실업
③ 구조적 실업 - 기술의 진보에 따라 자본의 유기적 구성이 고도화되면서 노동이 점차 기계로 대체되면서 나타나는 선진사회의 실업
④ 계절적 실업 - 재화의 생산이나 수요가 계절에 따라 변화를 가져올 때 발생하는 실업

ANSWER | 21.② 22.③

21 ② 경제활동참가율이란 15세 이상의 생산가능인구 중 경제활동에 참가하고 있는 인구, 즉 취업자와 실업자가 차지하는 비중을 가리킨다. 한 나라의 인구에서 일할 능력과 의사를 가진 대중을 '경제활동인구(Economically Active Population)'라 하며, 우리나라는 15세에서 64세 인구 중에서 일할 의지 없는 주부, 학생, 군인, 환자 등을 제외한 민간인을 경제활동인구로 파악한다. 경제활동인구는 '취업자'와 '실업자'로 구분하며 취업자에서 실업자 수를 빼면 실업자 수가 되고, 경제활동인구에서 실업자 수가 차지하는 비중이 실업률(Unemployment Rate)이 된다.

경제활동 참가율	(경제활동인구/생산가능연령인구)×100
실업률	(실업자/경제활동인구)×100

22 ③ 기술의 진보에 따라 자본의 유기적 구성이 고도화되면서 노동이 점차 기계로 대체되면서 나타나는 선진사회의 실업은 기술적 실업이다. 구조적 실업은 산업구조의 변화와 함께 나타나는 실업으로 노동수요의 구조가 바뀜으로써 나타나는 실업이다. 예를 들면, 스마트폰의 수요가 증가하고 유선전화기와 같은 제품의 수요가 감소하여 유선전화기 제조가 사양화에 접어들면 그와 관련한 노동자들의 일자리가 사라지게 되는 것이다.

23 다음 중 노동시장에 대한 설명으로 옳은 것은?

인천국제공항공사 기출변형

① 화폐시장, 상품시장, 노동시장의 동시균형이 이루어질 때 비자발적 실업이 발생한다.
② 현재의 실질임금수준에서 수요되는 노동의 양이 공급되는 노동의 양보다 적을 때 비자발적 실업이 발생한다.
③ 노동자들의 현재의 임금수준보다 높은 임금수준을 주어야만 노동을 할 의사를 가질 비자발적 실업이 발생한다.
④ 현재의 실질임금수준하에서 수요되는 노동의 양이 공급되는 노동의 양보다 많으면 비자발적 실업이 발생한다.

ANSWER | 23.②

23 ② 비자발적 실업은 자신의 의사와 관계없이 실업자가 되는 것으로 경기적, 구조적 실업 등이 여기에 속한다. 노동시장의 균형이 이루어지면 비자발적 실업이 존재하지 않는다.

※ 실업의 종류

㉠ 자발적 실업: 일할 능력은 있지만 임금 및 근로 조건이 자신의 욕구와 맞지 않아 일할 의사가 없는 상태를 가리킨다. 이러한 자발적인 실업은 크게 마찰적 실업과 탐색적 실업으로 구분한다.

탐색적 실업	현재도 일을 할 수 있는 일자리가 있기는 하나 보다 나은 일자리를 위해 당분간 자발적 실업상태에 있는 것을 말한다.
마찰적 실업	새로운 일자리를 탐색하거나 이직을 하는 과정에서 일시적으로 발생하는 실업을 의미한다.

㉡ 비자발적 실업: 일할 능력과 의사가 있지만 어떠한 환경적인 조건에 의해 일자리를 얻지 못한 상태를 의미한다. 일반적으로 실업을 언급할 경우 비자발적 실업을 가리킨다. 비자발적 실업은 크게 경기적 실업, 계절적 실업, 기술적 실업, 구조적 실업 등으로 구분한다.

경기적 실업	경기의 하강으로 인해 발생하는 실업으로 1930년대 세계 대공황이나 1997년 우리나라 외환위기 당시의 명예 퇴직자들과 같이 주로 경제가 침체기에 접어들면서 발생한다. 따라서 경기가 회복되면 경기적 실업은 해소되므로 정부에서는 지출을 늘려 경기를 부양하는 확대재정정책 등을 펴게 된다.
계절적 실업	재화의 생산이나 수요가 계절에 따라 변화를 가져올 때 발생하는 실업으로 농촌이나 어촌 등에서 농한기에 일시적으로 실업자가 되는 현상이다.
기술적 실업	기술의 진보에 따라 산업 구조가 변화하면서 발생하는 실업을 말한다. 보통 기계가 노동을 대체하면서 나타난다.
구조적 실업	산업구조의 변화와 함께 노동수요의 구조가 바뀜으로써 나타나는 실업이다. 예를 들어 급속한 스마트폰 보급으로 유선전화기와 같은 제품의 수요가 감소하여 유선전화기 제조가 사양화에 접어들면 그와 관련한 노동자들의 일자리가 사라지게 되는 것이 구조적 실업이라 할 수 있다.

24 다음 중에서 실업률이 높아지는 경우를 모두 고른 것은?

> ㉠ 정부가 실업보험 급여액을 인상하였다.
> ㉡ 산업구조에 커다란 변화가 초래되었다.
> ㉢ 최저임금이 인하되었다.
> ㉣ 경기가 불황에 접어들었다.
> ㉤ 정보통신 산업의 발전에 힘입어 구인현황에 대한 정보가 쉽게 알려질 수 있게 되었다.

① ㉠, ㉡, ㉣
② ㉠, ㉢, ㉣
③ ㉠, ㉣, ㉤
④ ㉡, ㉢, ㉣

25 다음 중 실업과 관련된 설명으로 옳지 않은 것은?

① 잠재실업자의 한계생산성은 0에 가깝다.
② 소비구조의 변화는 구조적 실업의 원인이 될 수 없다.
③ 구조적 실업을 해소하려면 노동자에 대한 재교육이 필요하다.
④ 마찰적 실업을 감소시키려면 노동시장의 정보부족을 해소해야 한다.

26 전체인구 중에서 15세 이상의 인구가 150만 명, 경제활동인구가 110만 명, 취업자가 98만 명이라면 실업률은?(소수 첫째자리에서 반올림)

① 9%
② 11%
③ 18%
④ 27%

ANSWER | 24.① 25.② 26.②

24　① 최저임금 하락은 기업들이 신규고용을 확대하여 실업률이 낮아질 수 있으며 정보통신 산업의 발달로 구인현황 정보가 쉽게 알려진다면 인력 수급 매칭이 쉬워져 실업률이 낮아진다.

25　② 소비구조가 변화하면 그에 맞추어 산업구조가 변화할 것이므로 소비구조의 변화는 구조적 실업의 중요한 한 원인이 될 수 있다.

26　$\text{실업률} = \frac{\text{실업자 수}}{\text{경제활동인구}} \times 100 = \frac{\text{경제활동인구} - \text{취업자수}}{\text{경제활동인구}} \times 100 = \frac{110 - 98}{110} \times 100 = \frac{120}{11} = 10.9(\%)$

27 어느 경제의 총인구가 4,000만 명, 15세 미만의 인구가 1,500만 명, 비경제활동인구가 1,000만 명 그리고 실업자가 50만 명이다. ㉠ 경제활동참가율과 ㉡ 실업률은 각각 얼마인가?

① ㉠ 60%, ㉡ 0.8%
② ㉠ 60%, ㉡ 3.3%
③ ㉠ 75%, ㉡ 2%
④ ㉠ 75%, ㉡ 3.3%

28 다음 중 비자발적 실업의 원인으로서 적당하지 않은 것은?

공무원연금공단 기출변형

① 유동성제약
② 화폐환상
③ 효율임금(efficiency wage)
④ 내부자와 외부자 간의 협상력 차이

29 다음 중 노동시장과 실업에 관한 내용으로 옳지 않은 것은?

① 최저임금제는 비숙련 노동자에게 주로 해당된다.
② 해고자, 취업대기자, 구직포기자는 실업에 포함된다.
③ 효율성임금은 노동자의 이직을 막기 위해 시장균형임금보다 높다.
④ 실제실업률과 자연실업률의 차이가 경기순환적 실업이다.

ANSWER | 27.② 28.② 29.②

27 ㉠ 경제활동참가율 = $\frac{\text{경제활동인구}}{\text{15세 이상의 인구}} \times 100$

$= \frac{2,500-1,000}{2,500} \times 100 = 60\%$

㉡ 실업률 = $\frac{\text{실업자수}}{\text{경제활동인구}} \times 100$

$= \frac{50}{1,500} \times 100 ≒ 3.3\%$

28 ② 화폐환상은 노동공급자가 명목임금을 기준으로 노동공급을 정하는 것을 말한다. 이 경우 물가가 오르면 노동수요는 늘어나는 반면, 명목임금이 불변하는 한 노동공급이 불변하므로 고용이 증가한다. 그 결과 실업은 감소한다.

29 ② 구직활동을 포기한 사람(실망노동자)은 실업자가 아니라 비경제활동인구에 포함된다.

30 노동시장에 대한 설명 중 가장 적절한 것은?

① 완전고용이란 마찰적 실업률이 '0'이 되는 상태를 말한다.
② 효율성임금이론은 임금의 하방경직성을 설명한 이론이다.
③ 자연실업률은 실업보험과 같은 제도적 요인에 의해 영향을 받지 않는다.
④ 마찰적 실업은 비자발적 실업의 성격을 갖는 반면, 구조적 실업은 자발적 실업이라는 특성을 갖는다.

31 다음 중 자연실업률에 관한 설명으로 옳은 것은?

① 인플레이션을 유발하지 않는 실업률이다.
② 명목임금 상승률을 0으로 만드는 실업률이다.
③ 인플레이션을 가속화하지 않는 실업률이다.
④ 경기변동기간을 통산하여 계산되는 평균적인 실업률이다.

32 다음 중 자연실업률을 감소시키기 위한 정책으로 가장 타당한 것은?

① 최저임금을 인상해야 한다.
② 소득분배를 더 공평하게 해야 한다.
③ 긴축적인 재정·금융정책을 실시해야 한다.
④ 노동시장의 구조적인 불완전성을 제거해야 한다.

ANSWER | 30.② 31.③ 32.④

30 ① 비자발적 실업이 존재하지 않는 상태를 완전고용이라 한다.
③ 실업보험제도가 도입되면 일반적으로 자연실업률은 높아진다.
④ 마찰적 실업은 자발적 실업에 해당하며 구조적 실업은 비자발적 실업에 해당한다.

31 ③ 자연실업률은 실직자의 수가 균형을 이루는 상태이며 인플레이션을 가속화시키지 않는 수준의 실업률을 말하며, 완전고용국민소득 수준에서의 실업률을 의미한다.

32 ④ 자연실업률의 결정요인은 노동시장의 경쟁 정도, 구직자와 구인자의 정보수집 및 탐색비용, 노동의 이동성과 이동에 소요되는 비용 등이다. 따라서 자연실업률을 줄이기 위해서는 노동시장에서의 경쟁을 촉진하며, 구조적인 불완전성을 제거하는 한편 노동의 이동성을 높이고 구직자와 구인자의 탐색비용을 낮추어야 한다. 프리드만과 펠프스의 자연실업률 이론에 따르면 실업률을 자연실업률 이하로 줄이기 위한 재정·금융정책은 결국 물가상승만 가져올 뿐이므로 재정·금융정책을 통해서는 자연실업률을 감소시킬 수 없다고 한다.

33 다음 중 실업보험제도의 효과로 타당한 것은?

① 보다 신속하게 경기를 회복시킨다.
② 경기침체기간 동안 총공급을 증가시킨다.
③ 경기침체기간 동안 총수요 감소를 억제한다.
④ 위의 모두가 해당된다.

34 일단 실업이 고수준으로 올라가고 나면 경기확장정책을 쓰더라도 다시 내려오지 않는 경향을 보이는데, 이러한 현상을 무엇이라 부르는가?

① 승수효과(multiplier effect)
② 구축효과(crowding-out effect)
③ 오쿤의 법칙(Okun's law)
④ 이력현상(hysteresis effect)

ANSWER | 33.③ 34.④

33 ③ 실업보험제(unemployment insurance)란 노동자가 취업 중에 보험에 가입하여 보험료를 납부하다가 일자리를 잃고 실업자가 되면 보험회사가 그 사람의 취업 중 받았던 급여의 일정 부분을 월정 보험금으로 지급하는 제도이다. 이때 실업자가 현재 적극적으로 새로운 직장을 찾고 있다는 것을 증명해야 보험금의 지급이 이루어진다. 실업보험은 실직자의 가처분소득증가를 통해 소비를 증가시킴으로써 경기침체기간 동안 총수요감소를 억제할 수 있다.

34 ④ 경기침체로 인하여 실업률이 높아져 일정 기간 유지된 이후에는 경기가 회복되더라도 실업률이 낮아지지 않고 계속 높은 수준을 유지하는 것을 이력현상(hysteresis)이라고 한다. 특히 이와 같은 이력현상은 1980년대 미국의 불경기와 1990년대 일본의 저성장시기에도 나타난 바 있다.
③ 오쿤의 법칙은 실업률과 경제성장률 간의 상관 관계이다. 미국의 경제학자 A.오쿤에 의해 확인되었다. 오쿤은 대략 실업률이 1% 늘어나면, 미국에서는 산출량이 약 3% 감소한다는 사실을 밝혀냈다.

35 다음 중 오쿤의 법칙(Okun's law)으로 옳은 것은?

① 실업률이 하락(상승)하면 임금상승률이 상승(하락)한다는 법칙
② 산출고가 1% 증가하면 고용량이 1% 증가한다는 법칙
③ 산출고가 1% 감소(증가)하면 실업률이 2.5% 상승(하락)한다는 법칙
④ 실업률이 1% 상승(하락)하면 산출고는 약 2.5% 감소(증가)한다는 법칙

36 다음 중 필립스곡선에 대한 설명으로 옳은 것은?

한국수력원자력 기출변형

① 장기노동계약자의 비중이 높을수록 단기필립스곡선이 가파른 기울기를 가진다.
② 예상물가상승률이 증가하면 필립스곡선이 하향 이동한다.
③ 단기필립스곡선이 장기필립스곡선보다 더 가파른 기울기를 가진다.
④ 물가연동제를 실시하는 노동계약의 비중이 클수록 단기필립스곡선은 더 가파른 기울기를 가진다.

ANSWER | 35.④ 36.④

35 ④ 오쿤의 법칙(Okun's Law)은 실업률과 잠재적 GNP에 대한 현실의 GNP비율 사이에 존재하는 관계이다. 미국의 경제학자 A. 오쿤에 의해 확인되었다. 오쿤은 대략 실업률이 1% 늘어 미국에서는 산출량이 약 2.5% 감소한다는 사실을 밝혀냈다. 즉, 오쿤의 법칙이란 GDP gap과 실업률과의 경험적인 법칙으로 다음과 같이 표현된다.
GDP gap $= \alpha(U - U_N)$
오쿤이 실제로 측정한 바에 의하면 미국에서 $U_N = 4\%$, $\alpha = 2.5$로 측정되었다. 따라서 위의 식은 다음과 같이 바꾸어 쓸 수 있다.
GDP gap $= 2.5(U - 4\%)$
따라서 실업률이 6%이면 GDP gap(산출량손실)은 5%이지만 실업률이 7%로 높아지면 GDP gap(산출량손실)은 7.5%로 증가함을 알 수 있다.

36 ④ 필립스곡선 기울기는 총공급곡선 기울기와 밀접한 관련이 있다. 총공급곡선이 급경사면 산출량이 약간 증가(실업률이 약간 하락)할 때 물가는 크게 상승하므로 필립스곡선은 급경사가 된다. 반면 총공급곡선이 매우 완만하면 산출량이 많이 증가(실업률이 크게 하락)하더라도 물가는 별로 상승하지 않기 때문에 필립스곡선도 완만하게 그려진다.
※ 필립스 곡선
영국의 경제학자 필립스가 명목임금상승률과 실업률 사이의 관계를 실제 자료에서 발견하며 등장한 것으로 전통적인 인플레이션은 물가상승과 실업의 감소를 초래하는데 필립스곡선은 바로 이러한 물가상승률과 실업률 사이의 음(−)의 상관관계를 나타낸다. 필립스곡선은 우하향하므로 실업률을 낮추면 인플레이션율이 상승하고 인플레이션을 낮추기 위해서는 실업률의 증가를 감수해야 한다. 이것은 완전고용과 물가안정을 동시에 달성할 수 없음을 나타내며 필립스곡선은 이러한 모순을 밝힘으로써 정책분석에 크게 기여하였다.

37 다음 그림과 같은 필립스곡선이 형성되는 경우는?

한국수력원자력 기출변형

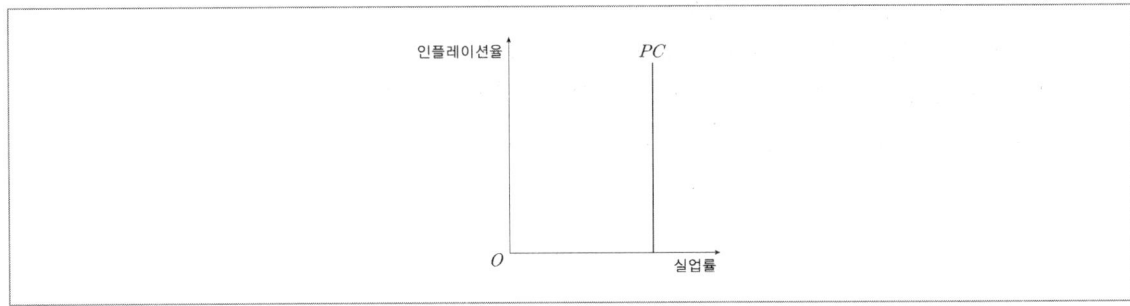

① 마찰적 실업이나 비용인상 인플레이션
② 마찰적 실업이나 수요견인 인플레이션
③ 비용인상 인플레이션이나 자연실업률
④ 스태그플레이션(stagflation)

38 실업률과 인플레이션 간의 관계에 대한 설명으로 가장 적절한 것은?

① 단기적으로는 정(+)의 상관관계를 가진다.
② 장기적으로는 부(-)의 상관관계를 가진다.
③ 양자 간의 관계는 장기적으로도 안정적으로 유지된다.
④ 장기적으로 실업률은 자연실업률 수준에 머물지만 인플레이션율은 통화량증가율에 따라 높거나 낮을 수 있다.

ANSWER | 37.③ 38.④

37 ③ 비용인상 인플레이션이나 자연실업률에서 나타난다.
※ 필립스곡선이 수직으로 나타나는 경우
㉠ 자연실업률 가설에 의하면 장기필립스곡선은 자연실업률 수준에서 수직이다.
㉡ 비용인상 인플레이션이 발생하면 생산은 정체하고 물가가 오르는 스태그플레이션이 발생하므로 필립스곡선이 수직이다.

38 ① 단기 필립스곡선은 우하향이므로 실업 및 인플레이션 간 음(-)의 상관관계가 존재하게 된다.
②③ 장기 필립스곡선은 자연실업률 수준에서 수직이므로 실업 및 인플레이션 간 상충관계가 존재하지 않게 된다.

39 다음 사례에 대한 설명으로 바르게 짝지어진 것은?

> ㉠ 남아프리카 공화국의 한 골프장에서는 희한한 장면을 종종 목격할 수 있다. 라운딩을 하는 동안 골프장 측은 물 값이 좀 더 상승한 이후에 돈을 받으려고 하고 골프장 이용객은 물 값을 선불로 내겠다고 주장하기 때문이다. 18홀 라운딩 하는 동안 물 값은 무섭게 상승하는 것이다.
> ㉡ 최근까지만 해도 전문 커피숍에서 커피를 마시기 위해 줄을 서는 것을 많이 볼 수 있었지만 요즘은 그렇지 않다. 물가가 무섭게 상승하고 있어 씀씀이를 줄이는 소비자가 증가하고 있는 것이다. 경기가 악화되자 기업은 공장 가동률을 줄이고 인재채용도 줄이고 있다.

	㉠	㉡
①	스태그플레이션	인플레이션
②	인플레이션	스태그플레이션
③	인플레이션	디플레이션
④	도덕적 해이	인플레이션

40 다음 중 비용인상 인플레이션에 대한 설명으로 옳지 않은 것은?

전력거래소 기출유형

① 비용인상 인플레이션의 원인으로 임금인상, 수입 원자재가격의 상승, 이자율 상승 등을 들 수 있다.
② 비용인상 인플레이션이 발생하면 총공급 감소로 인해 총공급곡선은 좌상방으로 이동한다.
③ 비용인상 인플레이션이 발생할 경우 기업은 경영합리화, 기술혁신을 통해 생산성을 향상시키는데, 이는 생산비용을 감소시켜 공급을 늘리고 물가를 낮추는 효과가 있다.
④ 비용인상 인플레이션은 지속적인 물가상승을 잘 설명해 준다.

✅ ANSWER | 39.② 40.④

39 ② 스태그플레이션은 물가는 가파르게 상승하는 반면 경기는 둔화되는 현상을 말하며, 인플레이션은 물가는 빠르게 오르면서 상대적으로 화폐가치가 하락하는 현상을 말한다.

40 제1차, 제2차 오일쇼크와 같은 외부의 공급충격은 지속적으로 발생하는 것이 아니므로 비용인상 요인에 의한 지속적인 물가상승 현상을 설명하는 것은 불가능하다.

41 인플레이션과 관련된 설명으로 옳지 않은 것은?

① 필립스 곡선은 실업률과 인플레이션율 사이의 관계를 보여 준다.
② 피셔효과에 따르면 인플레이션율의 상승은 실질이자율을 변화시킨다.
③ 명목임금이 하방경직적일 때, 디플레이션이 발생하면 실질임금은 상승한다.
④ 예상치 못한 인플레이션은 채권자와 채무자 사이의 소득재분배를 야기할 수 있다.

42 다음의 특성을 갖는 실업의 유형은 무엇인가?

- 경기가 침체상태에 있지 않음에도 상습적이거나 장기적으로 존재하는 실업
- 이 실업의 한 요인으로는 기술수준이 낮거나 가진 기술이 전혀 없는 노동자들이 원하는 일자리를 장기적으로 유지할 수 없기 때문이다.

① 마찰적 실업　　　　　　　② 탐색적 실업
③ 경기적 실업　　　　　　　④ 구조적 실업

ANSWER | 41.② 42.④

41 피셔효과는 '명목이자율=실질이자율+인플레이션율'로 나타내며 장기에 인플레이션율이 상승하면 명목이자율에 직접 반영되어 실질이자율에는 아무런 영향이 없게 된다.

42 ① **마찰적 실업**: 노동 시장이 완전하지 못해서 노동자가 일시적으로 노동에서 벗어나게 될 때 생기는 실업을 말한다. 마찰적 실업은 정상적인 경제 상태에서도 여러 가지 원인으로 발생한다. 노동자의 판단 착오나 생각하지 않았던 변화에 대한 적응이 늦거나, 노동 이동에 장애가 발생했을 때 생겨난다. 마찰적 실업은 노동의 수요와 공급의 조절 과정에서 생길 수 있는 실업으로 자연적인 실업이라고 할 수 있다. 마찰적 실업은 노동 시장이나 경제 구조의 변화에 따르는 정보나 교육이 부족한 것이 가장 큰 원인이라고 할 수 있다. 그래서 마찰적 실업을 줄이기 위해서는 정부나 기업이 노동이나 직업에 대한 정보를 적극적으로 제공하고, 경제 변화에 대한 내용을 직업 교육의 형태로 계속 제공해야 한다.
③ **경기적 실업**: 일할 능력과 의사가 있으면서도 일자리를 구할 수 없는 상태를 실업이라 하는데, 경기가 침체되는 것으로 인해 발생하는 실업을 경기적 실업이라 한다. 실업은 그 원인에 따라 경기적 실업, 구조적 실업, 마찰적 실업, 잠재적 실업으로 나눌 수 있다. 경기적 실업은 대공황과 같은 경기 침체 현상에서 생기며, 장기적으로 이어지는 경우가 대부분이다. 경기 변동이 다시 순환하여 호황이 되어 생산이 활성화되고 노동에 대한 수요가 늘어나면 해결된다.
④ **구조적 실업**: 경제가 성장함에 따라 산업구조·기술 등의 변화가 생기는데 이에 적절하게 대응하지 못해 발생한다. 즉, 경제 구조가 바뀌고 기술혁신 등으로 기술격차가 발생할 때 이에 적응하지 못하는 근로자에게 발생하는 실업유형이다. 경기적 실업과 비교할 때 더 오래 지속되는 속성이 있는 장기적·만성적실업으로, 해결방법은 직업 재훈련·산업구조 재편 등이 있다.

CHAPTER 06 경기변동과 경기발전, 경제성장

1 경기에 대한 설명으로 틀린 것은?

① 경기는 확장국면과 수축국면이 번갈아 되풀이되며 나타난다.
② 경기는 '호황→후퇴→불황→회복'의 과정을 반복하고, 변동은 파도의 모형처럼 나타나는데 이를 일컬어 '경기순환(Business Cycle)'이라 한다.
③ 경기변동은 지속적으로 나타난다. 경기가 후퇴 국면에 접어들면 경기는 상당기간 동안 나빠지고 반대로 호황기로 접어들면 경기가 좋아지는 형태가 상당기간 지속적으로 나타난다.
④ 경기는 후퇴기를 거쳐 정점에 이른 후, 회복기를 거쳐 저점에 다다르게 된다.

ANSWER | 1.④

1   ④ 경기는 '호황→후퇴→불황→회복'의 과정을 반복하고, 변동은 파도의 모형처럼 나타나는데 이를 일컬어 '경기순환(Business Cycle)'이라 한다. 경기는 호황기를 거쳐 정점에 이른 후, 후퇴기를 거쳐 저점에 다다르게 된다. 그리고 다시 회복기와 호황기를 지나 정점에 이르게 된다. 이러한 호황기, 후퇴기, 불황기, 회복기를 경기의 4국면이라 하고, 정점에서 저점으로 이르는 과정을 '수축기', 저점에서 정점으로 오르는 과정을 '확장기'라 한다.

※ 경기

경기란 국민경제의 총체적인 경제활동상태를 의미하는 것으로 경제활동은 생산과 물가, 이자, 수출과 같은 경제지표들이 확장되거나 수축되는 현상을 나타내는데 이러한 경제지표들이 상승하게 되면 '경기가 좋다'라고 표현하며 수축국면에 접어들 경우 '경기가 나쁘다'고 말한다. 경기가 좋아지면 금리(원금에 대한 이자의 비율)가 오르게 되는데 호경기가 되면 기업에서는 이익을 더욱더 늘리기 위해 투자를 늘리게 된다. 따라서 금융기관에서 자금을 차입을 하게 되고 시중에 자금 수요가 많아지기 때문에 은행은 자금에 대한 이용료로 볼 수 있는 금리를 올리게 된다.

구분	내용
호황기	국민소득의 증가, 재고 감소, 투자와 고용의 증가, 임금과 물가 상승
후퇴기	실질 GDP 감소, 물가와 임금의 상승 둔화
불황기	실업자 증가, 재고 증가, 투자 및 생산의 위축, 기업의 이윤 감소
회복기	수요의 점진적 증가, 실업 감소

2 다음 중 경기변동주기에 대한 내용으로 옳지 않은 것은?

① 쥬글라 주기(Juglar cycle)는 8~10년을 주기로 하며 주로 자본주의 초기단계에서 발생한다.
② 한센(A.H. Hansen)의 건축순환은 17~18년의 주기를 가진다.
③ 키친 주기(Kitchen cycle)는 30~50개월을 주기로 하며 통화량, 이자율변동 및 재고변동 등에 의하여 발생한다.
④ 콘트라티에프 주기(Kondratiev cycle)는 50~60년을 주기로 하며 기술혁신과 연관성을 가진다.

3 경기선행지수가 하락했을 경우 예측할 수 있는 현상이 아닌 것은?

① 실업률이 상승할 것이다.
② 실질산출이 감소할 것이다.
③ 수입(輸入)이 증가할 것이다.
④ 조세수입이 감소할 것이다.

4 다음 중 경기역행적(countercyclical)인 변수는?

① 이자율   ② 생산지수
③ 물가지수   ④ 실업률

ANSWER | 2.① 3.③ 4.④

2 ① 쥬글라 주기는 1862년에 발견된 경기변동주기로서 자본주의의 성숙단계에서 발생한다. 자본주의의 초기단계에서는 경기변동주기가 일관되게 나타나지 않는다.
※ 경기변동주기

구분	주기	발생원인	비고
키친 파동	40개월	재고투자	소순환, 단기파동
쥬글러 파동	9~10년	설비투자	중기파동
콘드라티에프 파동	40~60년	기술혁신, 전쟁	장기파동
건축순환	17~18년	건축투자	
쿠즈네츠 파동	20~25년	경제성장률 변화	

3 ③ 경기선행지수가 하락하면 조만간 경제활동이 위축되므로 수입이 감소한다.

4 ④ 경기가 오르면 실업률은 내려가고 경기가 내려가면 실업률은 오른다.

5 경기종합지수 구성지표 중 동행지수가 아닌 것은?

① 제조업 재고율지수
② 생산자 출하지수
③ 제조업 가동률지수
④ 산업생산지수

6 실물적 경기순환이론에 의하면 경기변동의 요인은?

① 통화량의 변동
② 총공급곡선의 이동
③ 소비수준의 변동
④ 정부지출의 변동

ANSWER | 5.① 6.②

5 ① 경기종합지수는 생산, 소비, 고용, 금융, 무역, 투자 등 경제부문별로 경기대응성이 양호한 경제지표들을 선정한 후, 이를 가공·종합하여 작성한 종합경기지표로 경기변동의 국면 및 전환점과 속도 및 진폭 측정에 주로 활용된다. 제조업 재고율지수는 경기선행지수이다.

※ 경기종합지수 구성지표

  ㉠ **선행종합지수**: 투자관련 건설수주지표나 재고순환, 금융 등의 지표처럼 실제 경기순환에 앞서 변동하는 개별지표를 가공·종합하여 만든 지수로 향후 경기변동의 단기 예측에 이용된다.
  ㉡ **동행종합지수**: 공급측면의 광공업생산지수, 취업자 수 등과 수요측면의 소매판매액지수 등과 같이 실제 경기순환과 함께 변동하는 개별지표를 가공·종합하여 만든 지수로 현재 경기상황의 판단에 이용된다.
  ㉢ **후행종합지수**: 재고, 소비지출 등 실제 경기순환에 후행하여 변동하는 개별지표를 가공·종합하여 만든 지표로 현재 경기의 사후 확인에 이용된다.

구분	종류
경기선행지수	건축허가면적, 기계수주액, 건설용 중간재 생산지수, 수출신용장 내도액, 수입승인액, 총유동성, 예금은행대출금, 제조업 재고율지수, 중간재 출하지수, 구인구직비율(고용)
경기동행지수	산업생산지수, 제조업 가동률지수, 생산자 출하지수, 도소매 판매액지수, 비내구소비재 출하지수, 수입액(무역), 시멘트 소비량, 비농가 취업자수(고용)
경기후행지수	이직자 수, 상용근로자 수, 도시가계소비지출, 소비재수입액, 생산자제품재고지수, 회사채유통수익률

6 ② 실물적 경기순환이론(Real Business Cycle theory)은 경기변동의 원인과 그 파급과정에 관해 설명함에 있어서 자본주의 경제체제 자체의 운영메커니즘 내에서 설명방법을 찾으려는 이론이다. 즉, 기술 변화와 같은 생산성충격(productivity shock), 생산요소투입량에 영향을 미치는 충격이 경기변동을 가져오는 요인이라고 본다. 실물적 경기순환이론에 의하면 생산성충격 혹은 요소시장에서의 어떤 충격이 발생하면 총공급곡선이 이동하고 경기변동이 초래된다고 보고 있다.

7 다음 중 실물경기변동론에서 주장하는 것은?

① 통화량의 변동이 경기변동의 주요 원인이다.
② 기술의 변동이 경기를 변동시킨다.
③ 가격은 경직적이다.
④ 적절한 총수요관리정책으로 경기를 안정화시킬 수 있다.

8 경제성장률이 일정 수준에서 유지되려면?

① 소비가 일정 속도로 증가해야 한다.
② 소비가 일정 금액으로 증가해야 한다.
③ 투자율이 일정하게 유지되어야 한다.
④ 투자증가액이 일정하게 유지되어야 한다.

9 경제성장이 이루어지면 생산가능곡선에 어떠한 변화가 일어나는가?

① 생산가능곡선이 상방으로 이동한다.
② 생산가능곡선이 하방으로 이동한다.
③ 생산가능곡선에는 아무런 변화가 없다.
④ 동일한 생산가능곡선상에서 점이 위로 이동한다.

ANSWER | 7.② 8.③ 9.①

7 ② 기술이나 선호의 변동(기술의 혁신적 변화, 새로운 소재나 자원의 발굴 등)이 경기를 변동시킨다는 것이 실물경기변동론의 내용이다.

8 ③ 투자율(%)이 일정하게 유지될 때 경제성장률도 일정하게 유지될 수 있다.

9 ① 경제성장이 이루어지면 동일한 양의 노동과 자본을 투입하더라도 더 많은 재화를 생산할 수 있으므로 생산가능곡선이 상방으로 이동한다.

10 다음 중 경제발전론과 경제성장론의 차이점에 관한 설명으로 옳지 않은 것은?

① 경제발전론은 총체적인 변수나 행태를 주로 다루며, 경제성장론은 경제부문 사이의 관계나 구조적인 변화에 큰 비중을 둔다.
② 경제발전론은 일반균형분석방법을, 경제성장론은 부분균형분석방법을 사용한다.
③ 경제발전론은 경제적인 요인뿐만 아니라, 사회적·문화적·제도적 요인까지도 고려한다.
④ 경제성장론은 가격기구의 역할을 중시하나, 경제발전론은 시장기구 이외의 역할도 중시한다.

11 다음 중 전방연관효과와 후방연관효과가 동시에 가장 큰 산업은?

한국수력원자력 기출변형

① 서비스산업　　　　　　　　　② 중간재 제조업
③ 최종재 제조업　　　　　　　　④ 최종재 1차산업

ANSWER | 10.① 11.②

10 ① 경제성장론에서는 주로 총체적인 변수를 분석하는 데 비하여 경제발전론에서는 주로 경제부문 사이의 관계나 구조적인 변화의 분석에 중점을 둔다.
　※ 경제성장론과 경제발전론

구분	경제성장론	경제발전론
분석대상	주로 선진국	후진국
포괄범위	경제적 요인만 분석	경제적 요인뿐만 아니라 경제 외적인 요인도 고려
분석내용	양적인 증가를 주로 분석	양적인 증가와 질적인 변화를 모두 분석
분석기준	GDP 증가율	GDP, 산업구조, 1인당 자본량, 교육수준, 국제수지 등

11 ② 전후방 연관효과는 농업보다는 공업이, 그리고 최종재보다는 중간재산업이 더 큰 것이 일반적이라 할 수 있다.
　※ 전방연관효과와 후방연관효과
　　㉠ 전방연관효과 = $\dfrac{중간수요액}{총수요액}$
　　㉡ 후방연관효과 = $\dfrac{중간투입액}{총투입액 혹은 총생산액}$

12 외자도입의 효과를 틀리게 설명한 것은?

① 국제수지에서 자본수지를 개선시킨다.
② 단기적으로 국내저축을 위축시키는 효과가 있다.
③ 자본도입과 함께 외국의 선진생산기술 및 경영기법의 이전이 이루어진다.
④ 외국자본을 도입하여 자본의 규모가 상대적으로 커지면 자본생산성이 향상된다.

13 다음 중 외국인 직접투자의 득과 실에 대한 설명으로 옳지 않은 것은?

① 외국인 직접투자는 실보다는 득이 많으므로 무조건 유치에 힘써야 한다.
② 외국기업에 의해 설립된 생산기술을 통해 고용과 소득이 창출될 수 있다.
③ 우수한 기술은 투자모국에만 남고 투자유치국에는 별로 유입되지 않을 수도 있다.
④ 외국제품이 수입되기보다는 국내에서 생산, 판매되므로 경상수지 개선효과가 있을 수 있다.

ANSWER | 12.④ 13.①

12 ④ 자본에 대해서도 수확체감의 법칙이 성립하므로 외자도입으로 국내의 자본량이 많아지면 자본의 한계생산물도 점점 감소한다. 직접투자 형태로 외국자본이 도입되는 경우에는 생산기술과 경영기법도 함께 국내로 유입되므로 외국의 생산기술과 경영기법을 습득할 수 있게 된다.

※ 외자도입

㉠ 개념과 종류: 직접투자는 외국인이 직접 국내산업에 투자하는 것을 말하고, 차입은 우리나라의 정부 혹은 민간이 외국에서 빌려오는 돈을 의미한다. 해외차입을 통해 자금을 조달하면 독자적으로 이를 활용할 수 있으나 투자가 실패할 경우 외채문제가 발생할 수 있고, 직접투자를 유치하면서 자금의 상환의무는 발생하지 않으나 투자수익이 해외로 유출되고 외국기업의 영향력이 증대되는 문제가 있다.

㉡ 긍정적인 효과
 • 투자증가로 자본스톡이 증가하고, 국민소득과 고용도 증가한다.
 • 직접투자의 형태로 외자가 도입되면 생산기술, 경영기법 등도 함께 도입되므로 국내기업의 생산성도 높아질 수 있다.
 • 도입된 외자가 도로, 항만 등의 사회간접자본 건설에 사용되면 경제 전반의 생산성 향상이 이루어진다.
 • 외자가 도입되는 시점에서는 자본수지가 개선된다.

㉢ 부정적인 효과
 • 외자를 공여한 국가에 대한 의존도가 높아진다.
 • 외자가 국내저축을 대체하여, 단기적으로 국내저축이 감소할 가능성이 있다.
 • 외채가 누적되면 원리금 상환부담이 상당히 커질 수 있다.

13 ① 외국인 직접투자는 그 형태나 종류에 따라 다양한 경제적 효과가 발생할 수 있으므로 외국자본의 국내진출을 무조건 경계하거나 아니면 무조건 유치해야 한다는 식의 획일적인 정책수립은 지양해야 한다.

14 다음 중 경제성장의 요인이 아닌 것은?

① 인구증가 ② 기술진보
③ 자본축적 ④ 환경보존

15 해로드 성장이론에서 '실제성장률＞적정성장률'일 때 나타나는 경제현상은?

① 저축은 사회적으로 미덕이다.
② 생산설비의 가동률이 떨어진다.
③ 인구과잉의 문제는 임금하락으로 해소된다.
④ 가격기구에 의한 장기적 균형이 이루어진다.

16 해로드(Harrod)에 의하면 한 나라의 자본계수가 2.5일 때 연평균 12% 정도의 적정성장률을 달성하려면 어느 정도의 저축률이 전제되어야 하는가?

① 20% 정도 ② 25% 정도
③ 30% 정도 ④ 35% 정도

ANSWER | 14.④ 15.① 16.③

14 ④ 환경보존노력을 강화하게 되면 오히려 경제성장률이 낮아지므로 경제성장의 요인이 되지 못한다.

15 ① 실제성장률이 적정성장률보다 높으면 모든 생산설비는 적정량보다 많은 수량을 생산한다. 이러한 경우에는 저축을 통한 자본축적(설비확장)이 바람직하다.

16 ③ 적정성장률 달성을 위한 저축률은 $G_w = \dfrac{s}{v}$

∴ $s = G_w \cdot v = 12\% \cdot 2.5 = 30\%$

17 Harrod의 성장모형에서 현재 균형성장이 이루어지고 있다고 하자. 자본-산출량 비율(자본계수)이 2이고, 한계소비성향이 0.7, 인구증가율이 2%인 경우에 국민경제의 성장률과 1인당 경제성장률은 각각 얼마인가?

① 8%, 10%
② 10%, 8%
③ 13%, 15%
④ 15%, 13%

18 다음 중 솔로우의 성장모형에 대한 설명으로 옳지 않은 것은?

① 생산에 있어서 노동과 자본 간 자유로운 대체성을 가진다.
② 인구증가율은 외생적으로 결정된다.
③ 다른 조건이 동일하다면 1인당 소득수준이 낮은 국가일수록 성장률이 빠르다.
④ 소비재와 자본재의 두 가지 재화가 있다.

19 다음 중 해로드-도마 성장모형과 솔로우 성장모형의 가장 핵심적인 차이점은?

① 요소 간의 대체가능성 여부
② 생산요소의 동질성 여부
③ 저축률의 가변성 여부
④ 균형성장조건

ANSWER | 17.④ 18.④ 19.①

17 ④ 해로드-도마(H-D)모형의 기본 방정식은 $\frac{s}{v} = n$ (s : 저축률, v : 자본계수, n : 인구증가율), 기술진보가 있을 때의 기본 방정식은 $\frac{s}{v} = n + g$ [g : 기술진보율(노동생산성증가율)], 노동의 완전고용조건인 자연성장률(G_n)의 기본 방정식은 '경제성장률=인구증가율=n'이므로 $G_n = n$, 자본의 완전고용조건인 적정성장률(G_w)의 기본 방정식은 경제성장률=자본증가율=$\frac{s}{v}$이므로 $G_w = \frac{s}{v}$이다. 또한 한계소비성향이 0.7%이므로 한계저축성향이 0.3이며 저축률은 30%가 된다.

㉠ 국민경제의 적정성장률 : $G_w = \frac{s}{v} = \frac{30\%}{2} = 15\%$

㉡ 1인당 경제성장률 : 현재 균형성장이 이루어지고 있으므로 기술진보가 있을 때의 기본 방정식을 이용하면, $\frac{s}{v} = n + g$, $15\% = 2\% + g$, $g = 15\% - 2\% = 13\%$

18 ④ 솔로우 모형에서는 생산되는 요소대체가 가능한 1차 동차 생산함수를 가정하고 있으며, 생산되는 재화의 종류는 1가지만 있다고 가정한다.

19 ① 전자는 요소 간 대체가 불가능한 1차 동차 생산함수, 후자는 요소 간 대체가 가능한 1차 동차 생산함수를 가정한다.

20 해로드의 성장이론에 대한 설명으로 옳지 않은 것은?

① 적정성장률보다 자연성장률이 크면 인구과잉의 후진국적인 구조적 실업이 발생한다.
② 현실성장률이 적정성장률보다 크면 자본재의 주문이 증가한다.
③ 적정성장률이 자연성장률보다 작으면 저축이 사회적으로 보아 해악이 된다.
④ 해로드모형에서 경제성장이 불안정하게 되는 이유는 자본계수와 저축률이 모두 일정하다는 가정 때문이다.

21 다음 중 내생적 성장모형에서 국가 간 1인당 GNP성장률 격차에 영향을 미치는 요인으로 보는 것은?

> ㉠ 교육수준의 차이
> ㉡ 자본축적의 차이
> ㉢ 기술수준의 차이

① ㉠, ㉡
② ㉠, ㉢
③ ㉡, ㉢
④ ㉠, ㉡, ㉢

ANSWER | 20.③ 21.①

20 ③ 적정성장률(G_w)이 자연성장률(G_n)보다 작은 경우 자본재 공급의 제약으로 실업이 발생한다. 따라서 실업을 해소하기 위해서는 자본재 공급이 증가하여야 하므로 이 경우 저축은 사회적으로 보아 미덕이 된다.
※ 해로드의 이율배반론

$G_W > G_N$ (적정성장률 > 자연성장률)	$G_W < G_N$ (적정성장률 < 자연성장률)
• 자본증가율 > 노동증가율 • 자본설비과잉 • 투자과잉 • 저축과잉 • 소비가 미덕	• 자본증가율 < 노동증가율 • 인구과잉 → 실업 • 자본설비부족 • 투자부족 • 저축부족 • 저축이 미덕

21 ① 솔로우모형은 경제성장의 요인을 규정하지 못하고 국가 간 경제성장률 격차의 발생원인을 설명할 수 없으며, 경제성장에 있어서 정부의 역할을 설명하지 못한다는 문제점이 있다. 이러한 한계를 극복하기 위하여 1980년대 중반 Romer, Lucas 등에 의하여 새로이 연구되기 시작한 것이 내생적 성장이론(endogenous growth theory)이다. 내생적 성장이론에서는 기술진보를 모형 내에 내생화시키려는 노력을 하고 있는데, 내생적 성장이론에 의하면 자본축적의 차이, 교육수준의 차이 및 정부의 조세정책 등이 국가 간의 경제성장률 격차를 발생시키는 원인으로 작용한다. 그리고 내생적 성장이론에 따르면 정부가 교육산업에 대하여 투자를 효율적으로 할 경우 인적자본축적이 가능하고 인적자본축적이 이루어지면 경제성장이 가속화될 수 있다.

22 다음 중 외생적 경제성장론에 대한 내생적 성장론자들의 비판이 아닌 것은?

① 불균형이 발생하면 시장의 조절능력에 의해서 이를 해소하고 정상상태에 이르기까지 어느 정도의 시간이 소요되는가를 알 수 없다.
② 저축률이 장기적으로 고정되어 있다는 가정은 비현실적이다.
③ 총수요관리정책을 통한 정부의 역할을 간과하고 있다.
④ 노동의 질적 차이를 고려하지 않는 것은 비현실적이다.

23 다음 중 내생적 경제성장론에 대한 설명으로 옳지 않은 것은?

① 소비자의 합리적 선택을 가정한다.
② 교육과 훈련에 대한 인적 투자를 증가시키면 기술진보가 창출될 수 있다.
③ 민간소비가 늘어나면 외부경제가 발생한다.
④ 사회후생을 극대화시키는 성장률이 어떤 내생적 요인들에 의해서 결정되는가를 규명한다.

24 다음 중 내생적 성장이론과 관련하여 가장 크게 중점을 두어야 할 정부정책 분야는?

① 균형재정의 추구
② 징세행정의 강화
③ 산업정책의 강화
④ 교육산업의 효율화를 위한 지원

ANSWER | 22.③ 23.③ 24.④

22 ③ 내생적 성장론자에 의하면 정부가 조세징수와 정부지출을 줄이면 기업의 조세부담이 줄어들어서 투자가 활성화되므로 성장이 촉진될 수 있다. 그러나 이는 정부가 직접 시장의 흐름에 개입하여 총수요관리정책을 실시하는 것을 의미하지는 않는다.

※ 내생적 성장이론
내생적 성장이론에서는 다양한 요인을 도입하여 규모에 대한 수익체증과 그에 따른 지속적인 성장요인을 규명한다. 내생적 성장이론에서는 실물자본 이외에 인적자본(human capital), 지식자본(knowledge capital)을 포함시켜 분석하기도 하고, 축적된 실물자본의 외부성(externality)을 갖는 것으로 가정하기도 한다.

23 ③ 정부의 생산성지출이 늘어나면 외부경제가 발생한다. 생산성지출이란 교육과 직업훈련 등 인적자본(human capital) 구축에 필요한 지출을 말하는데, 기업이 비용을 부담하지 않고도 노동생산성 향상의 이익을 얻으므로 외부경제가 발생한다.

24 ④ 내생적 성장이론에 따르면 정부가 교육산업에 대하여 투자를 효율적으로 할 경우 인적자본축적이 가능하고, 인적자본축적이 이루어지면 경제성장이 가속화될 수 있다.

25 경제안정화정책에 대한 설명으로 옳은 것은?

자산관리공사 기출변형

① 정책의 내부시차는 대체로 재정정책이 통화정책에 비해 짧다.
② 시간불일치(time inconsistency) 문제는 주로 준칙에 따른 정책에서 나타난다.
③ 준칙에 따른 정책은 미리 정해진 규칙에 따라 정책을 운용하므로 적극적 정책으로 평가될 수 없다.
④ 루카스 비판(Lucas critique)은 정책 변화에 따라 경제 주체의 기대가 변화할 수 있음을 강조한다.

26 신성장이론(New Growth Theory)에 대한 설명으로 옳지 않은 것은?

자산관리공사 기출변형

① 기술혁신은 우연한 과학적 발견 등에 의해 외생적으로 주어진다고 간주한다.
② 지식 공유에 따른 무임승차 문제를 완화하기 위해 지적재산권에 대한 정부의 보호가 필요하다고 강조한다.
③ 기업이 연구개발에 참여하거나 기술변화에 기여할 때 경제의 지식자본스톡이 증가한다.
④ 개별 기업이 아닌 경제 전체 수준에서 보면 지식자본의 축적을 통해 수확체증(increasing returns)이 나타날 수 있다.

ANSWER | 25.④ 26.①

25 루카스 비판은 정부의 정책에 의해서 민간의 행태가 변할 수 있고 그 결과 과거의 자료를 가지고 미래를 예측한다는 것은 한계가 있다는 점을 지적한다.
① 정부 정책에서 재정정책은 조세와 정부지출의 경우 국회의 동의를 받고 법을 개정하기 때문에 내부시차는 길지만, 정책을 실시하면 바로 총수요를 증가시킨다는 점에서 외부시차는 짧다.
② 최적정책의 동태적 비일관성은 정부의 최적 정책이 그때는 최적이지만 이후 시간이 지남에 따라서 더 이상 최적이 아니라는 것으로 준칙이 아닌 재량정책을 비판한 내용이다.
③ 준칙과 재량, 그리고 소극적인 정책과 적극적인 정책은 다른 개념으로 준칙이 항상 소극적, 재량이 적극적 정책과 부합하는 개념이 아니다. 따라서 준칙인 경우에도 소극적 정책이 될 수 있고, 적극적 정책이 될 수 있다.

26 신성장이론은 내생적 성장이론이라고도 한다. 기술과 같은 요인을 모형 내에 고려해서 경제성장에 미치는 영향을 분석한다. 기술혁신이 외생적으로 주어진다고 간주하는 것을 외생적 성장모형이라고 하고, 솔로우 모형이 대표적이다.
② 지식은 한번 생산되면 공동으로 소비할 수 있는 공유의 특성을 지니고 있기 때문에 새롭게 창출된 발명에 대하여 대가를 지불할 필요가 있다. 이에 정부는 지적재산권을 부여해 일정기간 동안 지식창출에 대한 혜택을 제공하게 된다.
③④ 기업의 연구개발과 지식자본의 축적은 내생적 성장이론의 원동력이 된다.

27 내생적 성장이론에 대한 다음의 설명 중 옳지 않은 것은?

① AK 모형에서는 자본에 대해 수확체감이 나타나지 않는다.
② AK 모형에서는 기술진보가 이루어지지 않으면 성장할 수 없다.
③ R&D 모형에 따르면 연구인력의 고용이 늘어나면 장기 경제성장률을 높일 수 있다.
④ AK 모형은 자본을 폭넓게 정의하여 물적자본 뿐만 아니라 인적자본도 자본에 포함한다.

28 리카도의 대등정리(Ricardian equivalence theorem)에 대한 설명으로 가장 옳지 않은 것은?

① 정부지출의 변화 없이 조세감면이 이루어진다면 경제주체들은 증가된 가처분소득을 모두 저축하여 미래의 조세증가를 대비한다고 주장한다.
② 리카도 대등정리가 성립하기 위해서는 저축과 차입이 자유롭고 저축이자율과 차입이자율이 동일하다는 가정이 충족되어야 한다.
③ 정부지출이 소비에 미치는 효과는 조세와 국채발행 간 차이가 없다.
④ 현실적으로 대부분의 소비자들이 유동성제약(liquidity constraint)에 직면하기 때문에 리카도의 대등정리는 현실 설명력이 매우 큰 이론으로 평가된다.

29 다음 중 솔로우 성장모델에 대한 설명으로 옳지 않은 것은?

① 생산함수는 요소대체가 가능한 2차 동차함수이다.
② 솔로우의 성장이론은 기술수준이 모형의 외부에서 결정되므로 외생적 성장이론이라고도 한다.
③ 저축은 소득의 일정비율이며 저축과 투자는 항상 일치한다고 가정한다.
④ 균제상태에 도달하기 전에는 경제성장율이 인구증가율보다 높다.

ANSWER | 27.② 28.④ 29.①

27 AK모형에서는 저축률이 성장률수준을 결정하는 중요한 요소로 작용한다. 즉 저축률을 증가시키는 정부정책이 지속적인 경제성장을 가져올 수 있는 것이다.

28 리카도대등정리는 합리적 기대를 기반으로 차입과 저축이 자유로운 완전한 자본시장을 기반으로 한다. 따라서 유동성 제약에 직면한 경우에는 리카도대등정리는 설득력이 약해진다.

29 생산함수가 규모에 대한 수익불변인 1차 동차함수이므로 K와 L을 전부 t배 하면 생산량이 t배 증가한다.

30 다음 중 경제학파들의 주장으로 가장 옳지 않은 것은?

① 통화주의자들의 신화폐수량설에 따르면 화폐의 유통속도가 고정되어 있지는 않아도 안정적이다.
② 통화주의자는 신화폐수량설, 자연실업률 가설을 들어 재량적인 경제안정화 정책을 주장한다.
③ 새고전학파에 따르면 예상치 못한 정부지출의 증가는 장기적으로 국민소득을 증가시킬 수 없다.
④ 새케인즈학파는 임금과 물가의 경직성 및 가격조정비용의 존재를 주장한다.

30 새케인즈학파는 임금과 물가의 경직성과 가격의 경직성으로 가격조정실패 모형을 주장한다.

03
국제경제

시험에 2회 이상 출제된 필수 암기노트

03 국제경제

1 절대우위론과 비교우위론

① **애덤 스미스**(Smith, A.)**의 절대우위론** : 각국이 절대적으로 생산비가 적게 드는 재화의 생산에 주력하고, 이를 자유롭게 교환하는 것이 당사국의 이익을 극대화할 수 있다는 절대 생산비설을 주장

② **리카르도**(David Ricardo)**의 비교우위론** : 비교우위란 다른 생산자에 비해 같은 상품을 더 적은 기회비용으로 생산할 수 있는 능력을 말한다. 한 재화의 기회비용은 다른 재화 기회비용의 역수이다. 즉, 어떤 재화에서 기회비용이 높다면 다른 재화에서는 낮은 기회비용을 갖는다. 즉 비교우위는 곧 기회비용의 상대적 크기를 나타낸다.

㉠ 가정
- 노동만이 유일한 생산요소이고 노동은 균질적이다.
- 생산함수는 규모의 불변함수이고 1차 동차함수이다.
- 국제 간 생산요소의 이동이 없다.

㉡ 결론
- 무역은 비교생산비의 차이에서 발생한다.
- 각국은 비교생산비가 저렴한 비교우위가 있는 상품을 수출하고 비교열위에 있는 상품을 수입한다.
- 생산특화에 의한 소비가능영역 확대를 통해 각 교역국의 사회후생을 증가시킨다.

❷ 국제무역론 주요 정리

① **헥셔-올린 정리** : 헥셔와 올린은 각국의 생산기술(생산함수)이 동일하더라도 국가 간 요소부존의 차이가 발생하면 재화의 상대 가격차이가 발생하고, 각국은 상대가격이 낮은 재화에 비교우위를 갖게 됨을 설명한다. H-O정리는 비교우위의 발생원인을 요소부존의 차이로 설명한다.

   ㉠ 가정
- 2국-2재화-2요소가 존재한다(2×2×2모형).
- 두 나라의 생산함수가 동일하다.
- 생산함수는 규모에 대한 수익불변이고, 수확체감의 법칙이 작용한다.
- 두 나라의 부존자원비율이 상이하다.
- 국가 간 생산요소이동은 불가능하다.
- 두 재화의 요소집약도가 상이하다.
- 생산물시장과 생산요소시장은 모두 완전경쟁시장이다.
- 두 나라의 수요상태가 동일하다.
- 수송비와 무역장벽이 존재하지 않는다.

   ㉡ 핵심내용
- 제1정리 - 상대적으로 풍부한 요소를 많이 투입하는 상품에 비교우위가 있다.
- 제2정리 - 자유무역이 이루어지면 비록 생산요소가 직접 이동하지 않더라도 국가 간에 생산요소의 가격이 균등화된다.

② **요소가격균등화정리** : 사무엘슨(Samuelson, P.A.)은 헥셔-올린 정리에 대한 실증적 검토 결과, 무역이 자유롭게 이루어진다면 노동과 자본 등의 생산요소가격이 국제적으로 균등화되는 경향이 있다고 하였다.

③ **레온티에프 역설**(Leontief paradox) : 헥셔-올린 정리에 따르면 각국은 상대적으로 풍부한 요소를 집약적으로 사용하여 생산하는 재화를 수출하게 된다. 그러나 레온티에프가 미국의 수출입관련 자료를 이용하여 실증분석해본 결과 자본풍부국으로 여겨지는 미국이 오히려 자본집약재를 수입하고 노동집약재를 수출하는 현상을 발견하였는데, 이를 레온티에프 역설이라고 한다.

④ **스톨퍼-사무엘슨의 정리**(Stolper-Samuelson theorem) : 2상품 2요소로 이루어진 완전경쟁 시장에서 국내의 각 생산요소가 한 쪽 상품의 가격이 상승하면 그 상품의 생산을 위해 집약적으로 이용된 생산요소의 가격이 상승하는 한편, 다른 요소 가격이 하락한다는 것이다.

⑤ **립진스키 정리**(Rybczynski's theorem) : 1차동차의 생산함수, 2개의 재화 및 2개의 생산요소를 가정할 때, 단일생산요소의 공급이 증대된다면 증대된 생산요소를 집약적으로 필요로 하는 산업의 생산은 절대적으로 증대되는 반면, 증대된 생산요소를 상대적으로 적게 사용하는 산업의 생산은 절대적으로 감소된다는 이론이다.

✔ 산업 간 무역 vs 산업 내 무역

산업 간 무역은 생산요소(노동·자본 등)의 비율의 차이로 비교우위가 생겨 국가 간 발생하는 무역이며, 산업 내 무역은 비교우위와는 관계없이 일국에 규모의 경제가 발생하여 각 상품의 차별화가 가능하여 동일 산업 내에서 무역이 발생하는 것을 말한다. 특히 산업 내 무역은 규모의 경제가 크게 작용하여 제품차별화가 심한 제조업 분야에서 발생되는데, 이는 생산규모를 늘리고 생산성이 증가하여 제품가격이 낮아져 동일한 산업 내의 시장 확대를 가져오게 된다.

> **Q 실전문제 _01** 지역난방공사 기출유형
>
> 다양한 무역이론이 주장하는 소득재배분 효과에 관한 설명들 중 가장 틀린 설명은?
> ① 리카르도의 비교우위론은 생산요소가 하나만 존재하기 때문에 소득재배분 효과를 잘 설명하지 못한다.
> ② 스톨퍼-사무엘슨 정리에서 생산물가격 변동이 소득배분의 변화를 발생시킨다고 주장한다.
> ③ 특정 요소모형에서 수출재화의 생산요소를 가진 사람들과 노동자의 소득은 증가한다.
> ④ 헥셔-올린 모형은 무역을 통해 상대적으로 풍부한 생산요소를 가진 사람들의 소득이 증가할 것이라고 주장한다.
> ⑤ 산업 내 무역이론에서 소득재배분 효과는 크지 않고 가격하락으로 인한 소비자 후생증대 효과가 나타난다.
>
> ✔ 특정요소모형(specific-factors model)이란 산업 간 이동이 가능한 생산요소(노동)와 이동이 불가능한 생산요소를 모두 포함하고 있는 모형이다. 특정요소모형에 의하면 자유무역이 이루어질 경우 수출산업에 특정된 생산요소를 가진 사람들은 무조건 이득을 보고 수입산업에 특정된 생산요소를 가진 사람들은 무조건 손해를 본다. 하지만 두 산업에 유동적으로 쓰일 수 있는 생산요소(노동)의 이득은 확실하지 않다. 노동자의 실질임금이 오를 수도 있고 떨어질 수도 있기 때문이다.
>
> 답 ③

3 오퍼곡선(상호수요곡선)

여러 가지 국제가격수준에서 그 국가가 수출하고자 하는 상품량과 수입하고자 하는 상품량의 조합을 나타내는 곡선이다. 양국의 오퍼곡선이 교차하는 점에서 교역조건과 교역량이 결정된다.

교역조건의 변화로 오퍼곡선의 이동요인

- 수입재를 더 선호하게 된 경우 : 오퍼곡선 오른쪽으로 이동
- 국민소득의 증가 : 오퍼곡선 오른쪽으로 이동
- 수입관세의 부과 : 오퍼곡선 왼쪽으로 이동

✔ 교역조건(terms of trade)

수출품 가격을 수입품 가격으로 나눈 것으로, 수출상품 1단위와 교환되는 수입상품의 양

$$\text{교역조건} = \frac{\text{수출품 가격}}{\text{수입품 가격}} \times 100$$

④ 관세와 비관세

① **관세**(tariff) : 관세선을 통과하는 상품에 대하여 부과하는 조세를 의미한다.
  ㉠ 목적
    • 관세는 자국의 산업을 보호 육성하는 데 가장 큰 목적이 있다.
    • 관세는 특정 상품의 수입이 지나치게 증가하는 것을 방지하려는 목적이 있다.
  ㉡ 관세의 경제적 효과
    • 관세는 소비감소, 자국생산증가, 재정수입증가, 국제수지개선 등의 효과가 있다.
    • 관세는 사회적 잉여가치를 감소시키는 효과도 있고, 개선시키는 효과도 있다.
  ㉢ 관세의 종류 : 반덤핑관세, 상계관세, 보복관세, 긴급관세 등
    • 최적관세율 = $\dfrac{1}{(외국의\ 수입수요의\ 가격탄력도 - 1)}$

② **비관세장벽**(non-tariff barrier)
  한 국가의 정부가 국내 생산품과 국외 생산품을 차별하여 수입을 억제하기 위해 관세를 부과하는 방법을 제외한 정책. 쿼터(수량 할당), 수입 허가절차, 수출 보조금, 정부조달 등이 이에 속한다.

✔ 국제경제통합의 유형 : 자유무역 → 관세동맹 → 공동시장 → 경제동맹 → 완전경제통합

⑤ GATT와 WTO 비교

구분	GATT	WTO
성격	국제 협정의 성격	법인격을 갖는 국제기구
분쟁해결 기구	분야별로 산재	분쟁 해결을 전담할 분쟁해결기구(DSB) 설치
관세 및 비관세장벽의 완화	• 주로 관세 인하에 주력 • 비관세장벽은 선언적 규범정립수준	• 관세 인하는 물론 특정 분야에 대한 일률적인 관세 철폐 및 하향평준화 달성 • 비관세장벽 철폐 강화
국제무역 규율범위	• 주로 공산품이 대상 • 서비스, 지적재산권, 투자조치에 대한 규범이 없음	• 공산품의 농산물에 대한 규율 강화 • 서비스, 지적재산권, 투자 조치도 규율대상에 포함
무역규범의 강화	보조금협정, 반덤핑협정 등이 있으나 보조금 정의 등이 불명확하고 반덤핑조치의 남용 및 자의적 운용 가능	• 보조금의 정의 설정 및 규율 강화 • 반덤핑조치 발동기준 및 부과절차 명료화

✓ **궁핍화성장(immiserizing growth)** : 경제성장 이후에 오히려 후생수준이 감소하는 경우를 말한다.
저개발국에서 수요가 비탄력적인 상품의 생산량을 증가시켜 수출을 증대시킬 때 교역조건이 악화되는 경우가 생긴다. 이 때 교역조건의 악화 정도가 상당히 크다면, 국민후생수준을 감소시키고 마는 결과를 초래할 수도 있다는 것으로, 바그와티(Bhagwati, J.)에 의해 주장되었다.

✓ **유치산업보호론**
국가 간 동일한 조건이 아니라는 점에서 자유무역주의에는 한계가 있으며, 이를 인정하고 공업화가 뒤떨어진 국가는 먼저 유치산업(幼稚産業)을 전개하도록 배려하여 어느 정도의 발전을 이룬 후 자유무역으로 전환하는 것이 바람직하다는 이론이다. 대표적인 학자로는 독일의 F. 리스트가 있다.

✓ **긴급수입제한조치(Safe Guards)** : 특정상품의 급격한 수입 증가로부터 국내 산업을 보호하기 위해서 수입을 제한하는 조치

6 환율 : 양국통화 간의 교환비율

① **외환의 수요와 공급**
  ㉠ 외환의 수요곡선 : 환율이 상승하면 즉 1달러에 1,000원 하던 환율이 1달러에 1,200원이 되면 원화로 표시한 외국산 제품의 가격상승으로 수입량이 감소하고 외환수요량도 감소한다. 환율이 상승하면 외환의 수요량이 감소하므로 외환수요곡선은 우하향의 형태로 도출된다.
  ㉡ 외환의 공급곡선 : 환율이 상승하면 즉 1달러에 1,000원 하던 환율이 1달러에 1,200원이 되면 달러로 표시한 수출품의 가격하락으로 수출량이 증가하므로 외환공급량이 증가한다. 환율이 상승하면 외환의 공급량이 증가하므로 외환의 공급곡선은 우상향의 형태로 도출된다.
  ㉢ 균형 환율의 결정 : 외환의 수요곡선과 공급곡선이 교차하는 점에서 균형 환율 및 외환수급량이 결정된다.

> **Q 실전문제 _ 02** 산업인력공단 기출변형
>
> 자유변동환율제도하에서는 환율은 통화의 상대가치에 영향을 미치는 다양한 요인에 의해서도 변동한다. 다음 중 환율 변동의 근거로 바르게 연결된 것은?
>
> ① 원화 가치 하락 : 외화차입금 만기 도래분의 증가
> ② 원화 가치 하락 : 해외플랜트사업 수주로 인한 달러 유입
> ③ 원화 가치 상승 : 해외 투자자에 대한 현금배당의 증가
> ④ 원화 가치 상승 : 해외 전환사채 만기분 주식 전환의 증가
>
> ✔ 외화차입금 만기 도래분이 증가하게 되면 빚을 갚기 위해 외환이 필요해진다. 외환의 수요가 공급보다 늘어나게 되는 경우로 원화 가치는 하락한다.
> ② 해외플랜트사업 수주로 인해 달러가 유입되면 달러의 수요보다 공급이 더 커지므로 원화 가치가 상승한다.
> ③ 해외 투자자에 대한 현금배당이 증가할 경우 달러가 필요하게 되어 원화 가치는 하락한다.
> ④ 해외 전환사채가 주식으로 전환되는 경우에는 달러 수급에 영향을 미치지 않는다.
>
> 답 ①

7 국제수지의 종류

구분		내용
경상수지	상품수지	상품의 수출과 수입의 차이
	서비스수지	운수, 여행, 통신, 보험, 특허권 사용료 등과 같이 서비스수지는 외국과 서비스를 거래해서 벌어들인 돈과 지급한 돈의 차이
	본원소득수지	외국과 자본, 노동 등 생산요소를 거래해서 벌어들인 돈과 지급한 돈을 기록하는 것으로 배당, 이자, 급료 및 임금이 해당
	이전소득수지	거주자와 비거주자 사이에 아무런 대가 없이 주고받은 거래의 수지 차이. 즉, 국외송금, 자선단체의 기부금과 구호물자, 정부 간의 무상 원조 등의 수입과 지급의 차이
자본수지		자산 소유권의 무상이전, 채권자에 의한 채무면제 등을 기록하는 자본이전과 브랜드네임, 상표 등 마케팅자산과 기타 양도 가능한 무형자산의 취득과 처분을 기록하는 비생산·비금융자산으로 구분
금융계정		거주자가 외국기업에 대해 혹은 비거주자가 국내기업에 대해 경영참여 등을 목적으로 하는 직접투자, 주식과 채권 거래를 나타내는 증권투자, 파생 금융상품 거래를 계상하는 파생금융상품, 기타투자 및 준비자산으로 구분
오차와 누락		

고정환율제도와 변동환율제도

구분	고정환율제도	변동환율제도
국제수지 불균형	국제수지 불균형이 조정되지 않음	환율변동을 통하여 자동적으로 조정
환위험	작다	크다(환투기 발생 가능)
해외교란요인 여부	해외교란요인이 국내로 쉽게 전파	해외교란요인이 발생하더라도 국내경제는 별 영향을 받지 않음
금융정책 자율성 여부	금융정책 자율성 상실	금융정책 자율성 유지
국제무역과 투자	환율이 안정적이므로 국제무역과 투자가 활발히 일어남	환위험이 크기 때문에 국제무역과 투자저해

8 구매력평가설과 이자율평가설

① **구매력평가설**(PPP : Purchasing Power Parity theory)

구매력평가설은 환율이 양국 통화의 구매력에 의하여 결정된다는 이론으로 스웨덴의 경제학자인 카셀(G. Casel)에 의하여 제시되었다. 구매력평가설은 국내물가와 해외물가의 변동이 균형 환율에 어떻게 반영되는지를 설명하는 이론이다. 화폐의 구매력은 물가와 반비례하므로 양국에서 물가상승률의 차이가 발생하면 양국통화의 구매력차이가 발생한다. 따라서 환율변화율은 양국의 인플레이션율의 차이와 동일하다. 구매력평가설은 일물일가의 법칙을 국제시장에 적용한 이론으로 단기적인 환율의 움직임은 잘 나타내지 못하고 있으나 장기적인 환율의 변화추세는 잘 반영하는 것으로 평가된다.

② **이자율평가설**(IRP : Interest Rate Parity)

국가 간 자본이동에 제한이 없고 거래비용이 존재하지 않을 경우 위험이 동일한 국내 금융자산과 해외 금융자산의 투자수익률은 동일해야 하며, 국내 금융자산과 해외 금융자산의 투자수익률이 동일해지는 과정에 의해 환율이 결정된다고 보는 이론이다. 양국 사이의 명목이자율의 차이와 환율기대변동률의 관계를 설명하는 이론으로 자본수지의 관점에서 환율을 바라보고 있다.

> **Q 실전문제 _ 03**   수자원공사 기출유형
>
> 환율결정 이론에 대한 다음 설명 중 옳지 않은 것은?
> ① 절대구매력평가설이 성립한다면 실질환율은 1이다.
> ② 무역장벽이 높을수록 구매력평가설의 설명력은 감소한다.
> ③ 랜덤워크가설에 따르면 t기 환율의 최선의 예측치는 (t-1)기의 환율뿐이며, 환율의 정확한 예측은 불가능하다.
> ④ 구매력평가설은 자본수지에 초점을 맞추는 반면, 이자율평가설은 경상수지에 초점을 맞추어 균형환율을 설명한다.
>
> ✓ 구매력평가설은 경상수지에 초점을 맞추는 반면, 이자율평가설은 자본수지에 초점을 맞추어 균형환율을 설명한다.
>
>   **답 ④**

③ **불태화정책**(sterilization policy) : 정부의 외환시장개입을 통해 초래되는 통화량의 변동을 공개시장조작 등을 통하여 상쇄하는 것. 반면에 중앙은행이 자국 통화량의 증가를 내버려 두는 경우를 태화 개입(unsterilized intervention)이라고 한다.

영구적불태화개입 : 과도하게 유입되는 외국자본에 상응하는 국부펀드 등을 통하여 해외자산을 사들여 통화가치의 균형을 맞추는 것으로 중국이 취하고 있는 외환정책

④ **마샬-러너의 조건**(Marshall-Lerner condition) : 환율이 상승할 때(환율 평가절하 시) 경상수지가 개선되기 위해서는 양국의 수입수요의 가격탄력성의 합이 1보다 커야 한다는 것이다. 만약 양국의 수입수요 탄력성의 합이 1보다 작을 때는 평가절하하더라도 수지는 약화되며, 반면에 이러한 수입수요탄력성의 합이 1보다 클 때의 평가절상은 수지를 악화시킨다.

⑤ **J-Curve효과** : 환율 평가절하를 실시하면 일시적으로는 경상수지가 악화되었다가 시간이 지남에 따라 개선되는 효과
　㉠ **발생원인** : 환율 평가절하가 이루어지면 수출가격이 하락하나 단기적으로는 수출물량이 별로 증가하지 않으므로 수출액이 감소(경상수지가 악화)한다.
　㉡ **양상** : 시간이 지남에 따라 수출물량이 점차 증가하므로 장기에는 경상수지가 개선된다.
　• 단기 : 평가절하 → 수출가격 하락, 수출물량 불변 → 국제수지 악화
　• 장기 : 평가절하 → 수출가격 하락, 수출물량 증가 → 국제수지 개선

⑥ **BP**(Balance of Payments) **곡선**
　㉠ BP곡선이란 국제수지 균형을 나타내는 이자율과 국민소득의 조합으로, 일반적으로 우상향의 형태를 띤다.

$$bP = X(e) - M(y,e) + CA(r) = 0$$
$$(X : 수출, \ M : 수입, \ CA : 자본수주, \ e : 환율, \ Y : 국민소득, \ r : 이자율)$$

ⓛ BP곡선의 기울기
- 외환의 국제적 이동이 가능하면 우상향한다.
- 외환의 국제적 이동이 완전탄력적이면 수평선이다.
- 외환의 국제적 이동이 완전비탄력적이면 수직선이다.
- 환율이 인상되어 수출이 증가하면 BP곡선은 우측으로 이동한다.

9 IS-LM-BP(먼델-플레밍) 모형

생산물시장, 화폐시장, 외환시장의 동시분석 모형이다. 먼델-플레밍 모형에 따르면 환율을 안정시키기 위해서는 고정환율제도를 선택해야 하지만 그 대신 통화정책의 독립성은 포기해야 한다. 고정환율제도를 선택하게 되면 중앙은행이 시행하는 통화정책이 효과가 없기 때문이다. 반면 변동환율제도를 선택하게 되면 환율의 안정을 포기하는 대신 중앙은행이 시행하는 통화정책이 효과를 가지게 된다.

> 먼델-플레밍 모델(Mundell-Fleming Model) : 자본이동이 완전한 경우
> - 고정환율제도에서 재정정책은 효과 있고, 금융정책은 효과가 없다.
> - 변동환율제도에서 재정정책은 효과 없고, 금융정책은 효과가 있다.
>   → 고정환율제도하에서는 재정정책이 효과적, 변동환율제도하에서는 금융정책이 효과적이다.

CHAPTER 01 국제무역론

1 무역에 대한 내용으로 틀린 것은?

① 무역이란 국가와 국가 간에 이루어지는 상품 및 생산 요소들의 국제적인 거래를 말한다.
② 좁은 뜻의 부역은 상품의 수출입 거래만을 의미하지만, 넓은 뜻의 무역은 국가 사이에 이루어지는 상품, 용역, 자본 거래를 포함하는 개념이다.
③ 오늘날 세계경제의 개방화가 진전되면서 국가 간의 무역규모 역시 계속 늘어나고 있다.
④ 무역은 국내 상거래에 비해 위험도가 매우 낮은 편이다.

2 다음 중 무역의 특성으로 볼 수 없는 것은?

① 관세 및 비관세 장벽 존재
② 무역 대금 결제 시 환율 변동으로 인한 환위험 존재
③ 무역에 대한 정부의 불(不)개입
④ 운송, 보험, 금융 등 여러 보조 수단을 필요

ANSWER | 1.④ 2.③

1 ④ 무역은 필연적으로 환율의 문제가 있어 국내 상거래에 비해 위험도가 매우 높은 편이다. 무역이란 국가 사이에 재화와 용역을 교환함으로써 자국의 이익을 얻고자 하는 상거래를 말한다. 넓은 의미에서 무역이란 국가 간에 이루어지는 모든 경제적 거래를 의미하는 것으로 물품 거래를 비롯해 기술 제휴와 기술 거래 계약, 해외 투자와 같은 자본 거래, 노동력과 같은 용역 거래 등이 모두 포함되는 개념이다. 보통 우리가 말하는 좁은 의미의 무역은 '물품의 수출과 수입'과 같은 유형재만의 거래를 가리킨다.

2 ③ 정부는 적극적으로 자국의 산업을 보호하기 위하여 관세 및 비관세 장벽을 만들어 무역에 개입을 하는데, 이에 따른 국제적 무역 마찰이 커짐에 따라 관세의 철폐, 세율의 연차적인 인하 등 무역의 자유화를 내용으로 체결한 무역자유협정의 필요성이 더욱 증대되고 있다.

※ 무역의 특성
㉠ 무역 거래에서는 관세 및 비관세 장벽이 존재한다.
㉡ 대부분의 국가들은 대외 무역을 관리·통제한다.
㉢ 무역 대금 결제 시 환율 변동으로 인한 환위험이 있다.
㉣ 무역은 국제통일규칙에 의해서 상거래 질서가 유지된다.
㉤ 무역은 운송, 보험, 금융 등 여러 보조 수단을 필요로 한다.

3 신용장에 대한 설명으로 틀린 것은?

① 신용장은 무역거래에 따르는 위험을 해소하기 위하여 국제기구가 수출자와 수입자 사이에 개입하여 무역거래에 수반하는 대금지불과 상품입수의 원활을 기하고자 도입된 제도이다.
② 신용장에는 신용장발행은행이 수입업자(신용장 개설의뢰인)를 대신해 일정한 조건하에 수출업자(수익자)에게 화환어음을 발행할 권한을 부여하고, 그 은행이 어음을 인수하고 대금을 지급하거나 타 은행에 어음의 인수, 지급하도록 되어 있다.
③ 국제상업회의소(ICC ; International Chamber of Commerce)가 제정하였다.
④ 현재 사용되고 있는 것은 제6차 신용장통일규칙(UCP 600)이다.

4 무역 과정에서 수많은 종류의 물건을 체계적으로 관리하기 위해서 각 제품의 성격에 따라 분류하고 그 분류된 제품에 숫자를 붙여 놓은 것으로 국제통일상품분류체계에 관한 국제협약(The International Convention on the Harmonized Commodity Description and Coding System)에 따라 수출입 물품에 부여되는 상품분류 코드는?

① QR 코드
② HS 코드
③ BNT 코드
④ PIO 코드

ANSWER | 3.① 4.②

3 ① 국제간 무역거래에는 여러 가지 위험이 따를 수 있으며 그 중 가장 대표적인 것으로 수출자 입장에서는 수출대금 회수불능의 위험, 수입자 입장에서는 상품의 적기 입수불능의 위험이 있다. 신용장이란 이와 같이 국제간 무역거래에 따르는 위험을 해소하기 위하여 공공성을 띤 은행이 수출자와 수입자 사이에 개입하여 무역거래에 수반하는 대금지불과 상품입수의 원활을 기하고자 도입된 제도로서 국제상업회의소(ICC ; International Chamber of Commerce)가 제정하였다.

※ 신용장통일규칙(UCP)
신용장통일규칙(Uniform Customs and Practice for Documentary Credits)은 신용장 업무 취급 시 준수사항 및 해석기준에 관한 국제적인 통일규칙을 말한다. 국제상업회의소가 1933년 제정하였고 현재 사용되고 있는 것은 제6차 신용장통일규칙(UCP 600)이다.

4 ② 질문은 HS 코드(Harmonized Commodity Description and Coding System Code)에 대해 묻고 있다. HS 코드는 각 상품을 숫자 코드로 분류하여 상품분류 체계를 통일함으로써 국제무역을 원활하게 하고 관세율 적용에 일관성을 유지하기 위한 것으로, 관세나 무역통계, 운송, 보험 등 다양한 목적으로 사용되고 있다. 국제협약에 따라 HS 코드는 10자리까지만 사용할 수 있으며 6자리까지는 국제 공통으로 사용하는 코드이다. 7자리부터는 각 나라에서 6단위 범위 내에서 이를 세분해 10자리까지 사용할 수 있다. 우리나라에서는 10자리까지 사용하며 이를 관세·통계통합품목분류표(HSK ; HS of Korea)라고 한다.

5 각 국가마다 관습의 차이로 말미암아 거래 당사자 사이에 혼돈과 오해로 발생하는 분쟁을 방지하고 무역을 확대하기 위하여 제정된 '무역 거래 조건의 해석에 관한 국제 규칙'을 나타내는 용어는?

① 인코텀즈(INCOTERMS)
② 외국환평형기금
③ 종합인증 우수업체(AEO)
④ K마크

6 다음 중 리카도의 비교생산비설에 의할 때 옳은 것은?

한국수력원자력 기출변형

① 생산성이 낮은 나라는 무역적자를 본다.
② 생산요소의 부존량이 무역의 방향을 결정한다.
③ 각국은 상대적으로 싸게 생산하는 재화를 수출한다.
④ 모든 상품을 싸게 생산하는 나라가 무역이익을 독점한다.

ANSWER | 5.① 6.③

5 ① 질문은 인코텀즈(INCOTERMS ; International Commercial Terms)에 관한 내용이다. 무역거래는 법률, 제도 및 관습이 서로 다른 국가 간에 이루어지므로 항상 매매계약조건을 둘러싼 분쟁의 가능성을 가지고 있다. 즉 무역거래에 있어서 계약당사자들은 흔히 거래상대방 국가의 법률과 관습을 잘 모르기 때문에 각자 동일한 정형거래조건을 사용하면서 서로 다른 해석을 한다면, 이로 인하여 당사자들 간에는 각종 오해와 분쟁이 야기될 수 있으며, 나아가 법원에 소송을 제기하는 일도 발생할 수 있다. 인코텀즈는 국제무역의 거래조건과 상관습을 통일시켜 무역거래에 있어서 계약당사자들 사이에 발생할 수 있는 무역분쟁을 예방하고 특정거래조건에 대한 서로 다른 해석으로 인한 불확실성을 제거하는 데 목적이 있다. 국제상업회의소(ICC)에서 제정하여 사용한다.

6 ③ 리카도의 비교생산비설은 각국이 상대국과 비교하여 볼 때 상대적으로 생산비가 싼(기회비용이 적은) 재화에 비교우위가 있기 때문에 이를 특화시켜 수출을 하고, 상대적으로 생산비가 비싼(기회비용이 큰) 재화는 비교우위가 없기 때문에 외국으로부터 수입을 하게 된다는 이론이다. 그리고 리카도의 비교생산비설에서는 양국에서 각 재화생산에 투입되는 노동량의 차이가 발생한다고 가정한다. 만약 양국의 생산기술이 동일하다면 투입되는 노동량의 차이는 발생하지 않을 것이다. 그러므로 두 나라에서 생산기술은 같지 않아야 한다.

7 다음은 무역의 발생 원인에 대한 이론이다. 옳은 것은?

⟨A⟩
- 영국의 애덤 스미스(Smith, Adam)가 주장
- 절대 우위에 있는 제품 생산

⟨B⟩
- 영국의 리카도(Ricardo, David)가 주장
- 비교 우위에 있는 제품 생산
- 자유 무역주의 주장

① A는 비교우위론이다.
② B는 절대우위론이다.
③ B는 국제 분업에 의한 이익을 처음으로 주장하였다.
④ B는 비교 생산비설을 주장하였다.

ANSWER | 7.④

7 ④ 각국의 비교 생산비의 차이에 따라 자국의 생산에 유리한 상품만 생산하게 됨으로써 발생하고, 이에 따라 무역이 발생하는데, 이것이 리카도(David Ricardo)의 비교 생산비설이다.
데이비드 리카도(Ricardo David)의 비교 우위론은 애덤 스미스의 절대 우위론을 한층 발전시킨 무역 이론이다. 절대 우위론에 의하면, 한 나라가 다른 나라에 비해 모든 상품의 생산에서 절대 우위를 가질 경우 무역은 이루어질 수 없다. 그러나 비교 우위론에 의하면, 모든 재화의 생산에 절대 열위를 가지고 있는 경우에도 생산비가 상대적으로 적게 드는 재화만을 전문화하여 만들면 무역 이익이 발생할 수 있다고 주장하였다.
①③ A는 애덤 스미스의 절대우위론으로 국제 분업에 의한 이익을 처음으로 주장한 사람이다.
② B는 리카도의 비교우위론이다.

※ 고전주의 무역이론

구분	내용
절대우위론 (Theory of Absolute Advantage)	영국의 경제학자 스미스(Smith, A.)는 각국이 절대적으로 생산비가 적게 드는 재화의 생산에 주력하고, 이를 자유롭게 교환하는 것이 당사국의 이익을 극대화할 수 있다는 절대 생산비설을 주장하였다.
비교우위론 (Theory of Comparative Cost)	리카도(Ricardo)가 주장한 이론으로 리카도(Ricardo)는 국가 간에 생산비의 절대적 차이가 없는 경우에도 국가마다 상대적 우위에 있는 상품 생산에 특화하여 이를 교환하는 국제적 분업이 당사국 모두에게 이익이 된다는 비교 생산비설을 주장하였다.

8 리카도의 비교생산비이론의 주요 전제가 아닌 것은?

① 국가 간 생산요소의 이동은 없다.
② 생산물시장은 경쟁적이다.
③ 동일 상품의 생산에 필요한 노동투입량은 국가마다 차이가 없다.
④ 생산가능곡선은 직선이다.

9 다음 중 비교우위론에 관한 설명으로 옳지 않은 것은?

① 절대적으로 열위에 있는 행동이 비교우위를 가질 수도 있다.
② 한 국가에서 모든 산업이 비교열위에 있는 경우도 종종 관찰된다.
③ 국가 간의 무역뿐만 아니라 개인 간의 교역을 설명하는 데에도 응용된다.
④ 비교우위는 국가의 지원이나 민간의 투자에 의해 그 양상이 변할 수 있다.

ANSWER | 8.③ 9.②

8 ③ 비교생산비설(비교우위론)에 의하면 동일 상품의 생산에 필요한 노동투입량은 국가마다 다르다.
   ※ 리카르도(David Ricardo)의 비교우위론
     ㉠ 개념: 비교우위란 다른 생산자에 비해 같은 상품을 더 적은 기회비용으로 생산할 수 있는 능력을 말한다. 한 재화의 기회비용은 다른 재화 기회비용의 역수이다. 즉, 어떤 재화에서 기회비용이 높다면 다른 재화에서는 낮은 기회비용을 갖는다. 즉 비교우위는 곧 기회비용의 상대적 크기를 나타낸다.
     ㉡ 가정
       • 노동만이 유일한 생산요소이고 노동은 균질적이다.
       • 생산함수는 규모의 불변함수이고 1차 동차함수이다.
       • 국제 간 생산요소의 이동이 없다.
     ㉢ 결론
       • 무역은 비교생산비의 차이에서 발생한다.
       • 각국은 비교생산비가 저렴한 비교우위가 있는 상품을 수출하고 비교열위에 있는 상품을 수입한다.
       • 생산특화에 의한 소비가능영역 확대를 통해 각 교역국의 사회후생을 증가시킨다.

9 ② 국가 간 무역의 패턴을 설명하기 위해 제시된 이론으로서 가장 체계적인 것이 비교우위설(comparative advantage)이다. 이것은 리카도가 체계화한 가설로서 무역에 참여하는 나라들 중에서 생산비를 비교해 볼 때 다른 나라에 비해 절대적으로 열위에 있는 나라라 할지라도 다른 나라에 비해 상대적으로 덜 불리한 재화를 가질 수 있는데, 그러한 재화를 생산하는 일에 특화해서 무역에 참여하면 교역당사국의 경제적 복지가 다 함께 향상될 수 있다는 주장이다. 이때 다른 나라에 비해 상대적으로 덜 불리한 재화 또는 상대적으로 더 유리한 재화에 비교우위가 있다고 말한다. 즉, 어떤 국가가 모든 산업에서 절대열위에 있다고 하더라도 일반적으로 비교우위에 따른 국제무역은 이루어질 수 있으며, 모든 산업이 비교열위에 있는 상황은 잘 발생하지 않는 것으로 알려져 있다.

10 다음은 무역이론에 대한 설명이다. 옳지 않은 것은?

① 아담 스미스는 양국이 절대우위를 지닌 상품에 특화하는 무역에 종사하였을 때, 상호이익을 얻을 수 있는 무역을 할 수 있다고 주장하였다.
② 중상주의자들은 국부를 증진시킬 수 있는 방안으로서 무역의 중요성을 강조하였다.
③ 예외적인 경우를 제외하고, 모든 국가는 비교우위를 지닌 산업을 지니고 있다.
④ 모든 재화의 생산에 있어서 한 나라의 생산기술이 다른 나라의 생산기술에 비해 월등히 낮을 경우, 비교우위는 존재하지 않는다.

11 인구가 같은 A, B 두 나라는 옥수수와 컴퓨터만을 생산하고 생산가능곡선은 직선이라고 하자. 다음 표는 A, B 두 나라가 각각 옥수수와 컴퓨터만을 생산할 때의 생산량을 표시한다. 다음 설명 중 옳은 것은?

구분	A국	B국
옥수수	100	80
컴퓨터	100	50

① A국은 옥수수 생산에서 비교우위이다.
② A국은 옥수수 생산에서 절대열위이다.
③ 자유무역체제에서 A국은 B국에서 컴퓨터와 옥수수를 수출할 것이다.
④ 자유무역체제에서 A국은 B국으로부터 옥수수를 수입할 것이다.

ANSWER | 10.④ 11.④

10 ④ 모든 재화의 생산에 절대열위가 존재한다 하더라도 비교우위를 지니는 재화가 존재할 수 있다.

11 ④ 노동량이 동일함에도 불구하고 A국은 옥수수를 생산해도 B국보다 더 많이 생산할 수 있고, 컴퓨터를 생산해도 B국보다 더 많이 생산할 수 있으므로 A국은 두 재화 생산에 있어 모두 절대우위에 있다. 양국에서 옥수수와 컴퓨터 생산의 기회비용을 비교해 보면, A국에서는 옥수수 1단위를 생산하기 위해서는 컴퓨터 $\frac{5}{8}$ 단위를 포기해야 하므로 옥수수 생산의 기회비용은 $\frac{5}{8}$ 이다. 그러므로 옥수수 생산의 기회비용은 B국이 더 낮다. B국은 옥수수 생산에 있어서 비교우위를 가지므로 옥수수를 수출하게 된다. 마찬가지 방법으로 계산해 보면 컴퓨터 생산의 기회비용은 A국이 더 낮다. 그러므로 A국은 컴퓨터 생산에 비교우위를 갖게 되어 컴퓨터를 수출할 것이다.

12 국제무역이론에 대한 다음 설명 중 옳은 것은?

① 국가 간 소비자의 선호차이는 국제무역의 원인이 될 수 없다.
② 국제무역에서의 이익은 아담 스미스의 분업의 이익과는 무관한 이론이다.
③ 어떤 재화의 절대비용이 저렴한 국가가 그 재화를 생산하는 경우에 효율적인 국제분업이 이루어진다.
④ 어떤 국가가 특정 재화생산에 있어서 절대열위에 있더라도 그 재화생산의 비교우위에 있을 수 있다.

13 1시간의 노동으로 A국은 옷 200벌 혹은 쌀 120가마를 생산할 수 있고, B국은 옷 100벌 혹은 쌀 80가마를 생산할 수 있다면 비교우위는?

① A국이 옷 생산과 쌀 생산 모두에 있어 비교우위에 있다.
② A국은 옷 생산에, B국은 쌀 생산에 비교우위가 있다.
③ A국은 쌀 생산에, B국은 옷 생산에 비교우위가 있다.
④ B국이 옷 생산과 쌀 생산 모두에 비교우위가 있다.

ANSWER | 12.④ 13.②

12 ① 소비자의 선호차이도 국제무역의 원인이 될 수 있다. 비록 생산가능곡선이 양국에서 동일하더라도 양국 간 선호차이가 존재하는 경우에는 국제무역이 발생할 수 있다.
② 국제무역에서의 이익은 아담스미스가 국부론에서 제시한 분업의 이익과 동일한 개념이다.
③ 각국이 비교생산비가 저렴한 재화를 생산하는 것이 효율적인 국제분업이다.

13 ② A국과 B국의 상대적 생산비를 계산해 보면 다음과 같다. A국은 두 재화를 모두 B국보다 낮은 비용으로 생산할 수 있으나 상대적으로 옷을 싼 비용으로 생산할 수 있으므로 옷 생산에 비교우위를 갖는 한편 B국은 두 재화의 생산비가 모두 A국보다 높지만 상대적으로 쌀 생산비가 낮으므로 쌀 생산에 비교우위를 갖는다.

구분	A국의 상대적 생산비	B국의 상대적 생산비
옷	$\frac{100}{200} \times 100 = 50\%$	$\frac{200}{100} \times 100 = 200\%$
쌀	$\frac{80}{120} \times 100 = 67\%$	$\frac{120}{80} \times 100 = 150\%$

14 컴퓨터와 의류에 대한 한국과 미국의 국내가격비율이 다음과 같다고 하자. Ricardo모형에서 교역이 성립될 수 있는 한국의 대미교역조건은?

구분	한국	미국
컴퓨터	200	150
의류	100	50

① 교역조건 $< \frac{1}{2}$

② 교역조건 < 2

③ $\frac{1}{2} <$ 교역조건 < 3

④ $2 <$ 교역조건 < 3

15 컴퓨터와 유리컵을 1개 제조하는 데 소요되는 노동력은 미국과 영국이 다음과 같다고 하자. 영국은 어떤 재화의 생산에 비교우위가 있는가?

구분	미국	영국
컴퓨터	50	250
유리컵	20	40

① 컴퓨터

② 유리컵

③ 컴퓨터와 유리컵

④ 두 재화 모두 비교우위에 있지 않다.

✅ ANSWER | 14.④ 15.②

14 ④ 한국과 미국의 가격비율을 계산하면 다음과 같다.

(한국) $\frac{P_{컴퓨터}}{P_{의류}} = \frac{200}{100} = 2 <$ (미국) $\frac{P_{컴퓨터}}{P_{의류}} = \frac{150}{50} = 3$

한국은 컴퓨터, 미국은 의류에 각각 비교우위를 가진다. 교역이 이루어지려면 교역조건이 2보다 크고 3보다 작아야 한다.

15 ② 미국이 두 재화의 생산 모두에서 절대우위에 있지만 비교우위 측면에서는 미국은 컴퓨터, 영국은 유리컵 생산에 각각 비교우위가 있다. 왜냐하면 미국은 컴퓨터 생산에서는 영국의 $\frac{1}{5}$, 유리컵 생산에서는 영국의 $\frac{1}{2}$의 생산비가 소요되기 때문이다.

16 한국이 쌀을 생산하는 데 4인, 옷을 생산하는 데 5인의 노동이 필요하고 일본이 쌀을 생산하는 데 2인, 옷을 생산하는 데 3인의 노동이 필요하다고 할 때 비교생산비설의 결론으로 옳은 것은?

① 일본은 두 재화를 모두 한국으로부터 수입해야 한다.
② 한국은 두 재화를 모두 일본으로부터 수입해야 한다.
③ 한국은 쌀을, 일본은 옷을 각각 상대국으로 수출해야 한다.
④ 한국은 옷을, 일본은 쌀을 각각 상대국으로 수출해야 한다.

17 한국에서는 쌀 1톤을 생산하기 위해서는 노동 5단위가 필요하고 자동차 1대를 생산하기 위해서는 노동 10단위가 필요하다. 일본에서는 쌀 1톤을 생산하기 위해서는 노동 10단위가 필요하고, 자동차 1대를 생산하기 위해서는 노동 15단위가 필요하다. 다음 중 옳은 것은?

① 한국은 쌀 생산 및 자동차 생산에 비교우위를 갖는다.
② 일본은 쌀 생산 및 자동차 생산에 비교우위를 갖는다.
③ 한국은 일본에 비하여 쌀 생산에 비교우위를 갖는다.
④ 일본에서 자동차 1대를 생산하는 데 발생하는 기회비용은 노동 15단위이다.

ANSWER | 16.④ 17.③

16 ④ 리카도는 노동을 유일한 생산요소로 가정하고 양국 간의 교역을 설명하였다. 한국과 일본의 쌀 생산비비율은 4 : 2이고 옷 생산비비율은 5 : 3이다. 즉 일본의 쌀 생산비비율은 한국의 쌀 생산비의 50%(2/4), 일본의 옷 생산비비율은 60%(3/5)이다. 일본이 한국보다 쌀 생산에 있어서 옷 생산에 비하여 상대적으로 적은 양의 생산요소를 들여 생산할 수 있으므로 일본은 쌀 생산에 비교우위가 있다. 따라서 한국은 옷을, 일본은 쌀을 각각 상대국으로 수출하면 국제분업의 이익을 달성할 수 있다.

17 ③ 주어진 조건을 정리해 표로 만들어보면 다음과 같다.

구분	쌀	자동차
한국	5	10
일본	10	15

한국은 쌀과 자동차 모두 절대적으로 적은 노동투입으로 생산할 수 있으므로 한국은 두 재화생산에 있어서 모두 절대우위를 가지고 있다. 반면 일본은 두 재화생산에서 모두 절대열위를 갖는다. 두 재화를 생산할 때 한국에서의 비교생산비를 구해보면 다음과 같다.

㉠ 쌀 생산 = $\dfrac{\text{한국에서 생산할 때 필요노동량}}{\text{일본에서 생산할 때 필요노동량}} = \dfrac{5}{10} = 50\%$

㉡ 자동차 생산 = $\dfrac{\text{한국에서 생산할 때 필요노동량}}{\text{일본에서 생산할 때 필요노동량}} = \dfrac{10}{15} = 66.7\%$

따라서 한국은 두 재화를 모두 일본보다 절대적으로 싼 비용으로 생산할 수 있으나, 그 중에서도 쌀을 더 싼 비용으로 생산할 수 있으므로 쌀 생산에 비교우위를 갖는 반면, 일본은 자동차 생산에 비교우위를 갖는다.

18 다음 중 헥셔-올린 정리와 관계된 것은?

① 각국의 생산규모가 다르므로 무역이 발생한다.
② 자유무역이 실시되면 노동이 풍부한 나라는 임금이 하락한다.
③ 선진국과 후진국의 기술격차에 의한 무역발생의 설명으로 적합하다.
④ 노동보다 자본의 부존량이 많은 나라는 자본집약적 상품을 주로 수출한다.

19 헥셔-올린 정리에 의할 때 국제무역의 발생원인은?

① 각 나라에 있어 이자율이 다르기 때문이다.
② 각 나라에 있어 임금률이 다르기 때문이다.
③ 각 나라에 있어 노동생산성이 다르기 때문이다.
④ 각 나라에 있어 요소부존도가 다르기 때문이다.

✓ ANSWER | 18.④ 19.④

18 ④ 헥셔-올린 정리는 헥셔와 올린은 각국의 생산기술(생산함수)이 동일하더라도 국가 간 요소부존의 차이가 발생하면 재화의 상대가격차이가 발생하고 각국은 상대가격이 낮은 재화에 비교우위를 갖게 됨을 설명한다. 즉, 각국은 자국에 상대적으로 풍부한 부존요소를 집약적으로 사용하는 재화생산에 비교우위가 있다.

※ **헥셔-올린 정리**
ㄱ 개념 : 헥셔와 올린은 각국의 생산기술(생산함수)이 동일하더라도 국가 간 요소부존의 차이가 발생하면 재화의 상대가격차이가 발생하고, 각국은 상대가격이 낮은 재화에 비교우위를 갖게 됨을 설명한다. H-O정리는 비교우위의 발생원인을 요소부존의 차이로 설명한다.
ㄴ 가정
- 2국-2재화-2요소가 존재한다($2 \times 2 \times 2$모형).
- 두 나라의 생산함수가 동일하다.
- 생산함수는 규모에 대한 수익불변이고, 수확체감의 법칙이 작용한다.
- 두 나라의 부존자원비율이 상이하다.
- 국가 간 생산요소이동은 불가능하다.
- 두 재화의 요소집약도가 상이하다.
- 생산물시장과 생산요소시장은 모두 완전경쟁시장이다.
- 두 나라의 수요상태가 동일하다.
- 수송비와 무역장벽이 존재하지 않는다.
ㄷ 핵심내용

구분	내용
제1명제	상대적으로 풍부한 요소를 많이 투입하는 상품에 비교우위가 있다.
제2명제	자유무역이 이루어지면 비록 생산요소가 직접 이동하지 않더라도 국가 간에 생산요소의 가격이 균등화된다.

19 ④ 헥셔-올린 정리에 의하면 국가 간 요소부존도의 차이로 인해 국제무역이 발생한다고 한다.

20 헥셔-올린 정리에서 노동이 상대적으로 풍부한 나라의 수출재산업과 수입재산업의 자본집약도는 교역 후 어떻게 변하는가?

① 수출재산업과 수입재산업의 자본집약도는 모두 높아진다.
② 수출재산업의 자본집약도는 높아지나, 수입재산업의 자본집약도는 낮아진다.
③ 수출재산업의 자본집약도는 낮아지나, 수입재산업의 자본집약도는 높아진다.
④ 수출재산업의 수입재산업의 자본집약도는 모두 낮아진다.

21 레온티에프역설은 무엇인가?

국민연금공단 기출변형

① 미국은 자본이 풍부한 국가인데, 노동집약적 제품을 수출한다.
② 무역개시 후 완전특화가 이루어지는 것이 아니라 부분특화가 이루어진다.
③ 유치산업을 보호하는 정책을 쓰면 단기적으로는 오히려 사회후생이 감소한다.
④ 관세를 제거하면 실업과 효율성이 동시에 증가하므로 그 효과를 사전적으로 알 수 없다.

ANSWER | 20.① 21.①

20 ① 비교우위에 따라 무역이 이루어지면 각국에서 풍부한 생산요소의 상대가격이 상승한다. 그러므로 자유무역이 이루어지면 노동풍부국에서는 상대적으로 임금이 상승하고, 자본풍부국에서는 상대적으로 자본임대료가 상승한다. 무역으로 인하여 노동풍부국에서 임금이 상승하면 수출재 생산자와 수입재 생산자는 모두 보다 자본집약적인 생산방법을 사용할 것이므로 두 산업의 자본집약도(K/L, 요소집약도)는 모두 높아질 것이다.

21 ① 헥셔-올린 정리에 따르면 각국은 상대적으로 풍부한 요소를 집약적으로 사용하여 생산하는 재화를 수출하게 된다. 그러나 레온티에프가 미국의 수출입관련 자료를 이용하여 실증분석해본 결과 자본풍부국으로 여겨지는 미국이 오히려 자본집약재를 수입하고 노동집약재를 수출하는 현상을 발견하였는데, 이를 레온티에프 역설(Leontief paradox)이라고 한다.

22 어느 생산요소의 부존량이 증가하면 증가된 요소를 집약적으로 사용하는 재화의 생산량이 증가하는 효과를 설명하는 이론은?

국민연금공단 기출변형

① 오퍼 곡선
② 헥셔-올린 정리
③ 궁핍화 성장
④ 립진스키 정리

23 다음 설명과 관련이 깊은 것은?

> A국은 1930년대 자기 나라 영해에서 막대한 양의 천연가스를 발견하게 되었다. 이 천연가스의 발견은 특정 생산요소의 부존량이 증가하는 것으로 생각할 수 있다. 이에 따라 이 천연가스를 개발하기 위해 다른 산업으로부터 노동과 자본 등 다른 생산요소가 이동하기 시작하였다. 그 결과 천연가스를 집약적으로 사용하는 광업부문의 생산과 고용은 증대한 반면, 천연가스를 집약적으로 사용하지 않는 여타 부문 예컨대 공업부문의 생산과 고용은 줄어들기 시작하였다.

① 립진스키 정리
② 스톨퍼-사무엘슨 정리
③ 헥셔-올린 정리
④ 레온티에프 역설

ANSWER | 22.④ 23.①

22 ④ 립진스키 정리(Rybczynski's theorem)는 한 국가의 생산변동이 교역조건에 아무 영향도 주지 못하는 경우를 설명한다. 단일생산요소의 공급이 증대된다면 증대된 생산요소를 집약적으로 필요로 하는 산업의 생산은 절대적으로 증대되는 반면, 증대된 생산요소를 상대적으로 적게 사용하는 산업의 생산은 절대적으로 감소된다는 이론이다.
간단히 예를 통하여 설명하면 다음과 같다. 노동집약재인 X재 생산에는 노동과 자본이 10:1의 비율로 투입되고 자본집약재인 Y재 생산에는 노동과 자본이 1:10의 비율로 투입된다고 하자. 이제 노동이 99단위 증가하였다고 가정하자. 그러면 증가된 노동이 완전고용되기 위해서는 자본이 필요하므로 Y재 생산이 감소하여야 한다. Y재 생산이 1단위 감소하면 자본이 10단위 그리고 노동이 1단위 해고된다. 이제 고용되어 있지 않은 노동이 100단위, 자본이 10단위가 되므로 이들이 완전고용되기 위해서는 노동과 자본이 10:1의 비율로 X재 생산에 투입되어야 한다. 따라서 증가된 요소(즉, 노동)를 집약적으로 사용하는 X재의 생산은 이전보다 증가하게 된다.

23 ① 한 요소의 부존량이 증가할 때 그 요소를 집약적으로 사용하는 생산물의 생산량은 증가하고 다른 요소를 집약적으로 사용하는 생산물의 생산량은 감소한다는 것이 립진스키 정리이다.

24 생산의 기회비용이 증가할 때 무역효과에 속하지 않은 것은?

① 수출국과 수입국의 소비자후생증가
② 모든 교역국은 비교우위산업에 부분특화
③ 비교우위산업의 생산 증가, 비교열위산업의 생산 감소
④ 비교우위산업의 소비 증가, 비교열위산업의 소비 감소

25 다음 중 무역자유화가 가장 어려운 품목은?

① 자동차　　　　　　　　② 농산품
③ 경공업　　　　　　　　④ 섬유

26 다음 중 수입자유화의 효과와 거리가 먼 것은?

① 물가안정　　　　　　　② 독점횡포의 완화
③ 유망유치산업 육성　　　④ 기업의 대외경쟁력 증진

ANSWER | 24.④　25.②　26.③

24 ④ 무역이 발생하면 비교우위산업의 상품을 수출하고 비교열위산업의 상품을 수입하므로 국내시장에서는 비교우위산업의 상품가격이 오르고 비교열위산업의 상품가격이 내린다. 그 결과 비교우위산업의 소비가 감소하고 비교열위산업의 소비가 증가한다.

25 ② 일반적으로 농산물의 경우가 공산품의 경우보다 무역자유화가 훨씬 어려운 품목이다. 우리나라도 농산물, 특히 기초농산물에 속하는 쌀의 수입자유화에 대해서 국내에서 많은 혼란을 겪고 있다.

26 ③ 유치산업을 육성하기 위해서는 일정 기간 동안 이 산업을 외국과의 경쟁으로부터 보호할 필요가 있다. 따라서 유망유치산업의 육성과 수입자유화는 전혀 무관하다.

27 산업 내 무역과 산업 간 무역에 대한 다음 설명 중 옳지 않은 것은?

① 국가 간 생산기술의 차이가 클수록 산업 간 무역의 비중이 커지게 된다.
② 산업 간 무역은 규모의 경제로 인하여 발생되는 반면, 산업 내 무역은 국가 간 자원부존도 등의 차이로 발생된다.
③ 산업 내 무역은 모든 계층의 소득을 향상시키지만, 산업 간 무역은 소득분배에 영향을 미친다.
④ 최근 선진국을 중심으로 산업 내 무역의 비중이 점차 커지고 있다.

28 교역조건과 관련된 다음 설명 중 옳지 않은 것은?

① 교역조건은 양국의 오퍼곡선이 교차하는 점에서 결정된다.
② 다른 조건이 일정할 때 교역조건이 개선되면 실질GNI는 커진다.
③ 교역조건이 악화되면 경상수지도 악화된다.
④ 소국이 관세를 부과하더라도 교역조건은 변하지 않는다.

ANSWER | 27.② 28.③

27 ② 산업 간 무역은 생산요소(노동·자본 등)의 비율의 차이로 비교우위가 생겨 국가 간 발생하는 무역이며, 산업 내 무역은 비교우위와는 관계없이 일국에 규모의 경제가 발생하여 각 상품의 차별화가 가능하여 동일 산업 내에서 무역이 발생하는 것을 말한다. 특히 산업 내 무역은 규모의 경제가 크게 작용하여 제품차별화가 심한 제조업분야에서 발생되는데, 이는 생산규모를 늘리고 생산성이 증가하여 제품가격이 낮아져 동일한 산업 내의 시장 확대를 가져오게 된다. 즉, 소비자들은 보다 싼 가격으로 많은 종류의 제품을 살 수 있다.

28 ③ 수출재 가격이 하락하면 교역조건이 악화되나 수출재 가격하락으로 수출물량이 큰 폭으로 증가한다면 수출액은 오히려 증가할 수 있다. 그러므로 교역조건이 악화된다고 해서 반드시 경상수지가 악화되는 것은 아니다.

29 다음 중 교역조건에 관련된 설명으로 옳지 않은 것은?

① 교역조건은 교역 양국의 경제활동수준을 나타낸다.
② 교역조건은 교역 양국의 후생이 극대화되는 점에서 결정된다.
③ 교역조건이 개선되면 후생수준이 높아진다.
④ 교역조건은 교역 양국의 오퍼곡선의 교차점에서 결정된다.

30 어느 한 국가의 수입능력을 나타내는 교역조건은?

① 소득교역조건
② 총교역조건
③ 상품교역조건
④ 복합요소교역조건

ANSWER | 29.① 30.①

29 ① 교역조건은 수출품과 수입품의 국제시장 가격비율을 나타낼 뿐이므로 교역국의 경제활동수준(GDP 등)을 나타내지는 못한다.

※ 교역조건

구분	내용
순상품교역조건 (순교역조건 : N)	• 수출상품 1단위로 획득할 수 있는 수입품의 수량을 나타낸다. 수출량과 수입량의 변동을 고려하지 않고 수출입재화의 가격변동만을 나타내므로 실질적인 무역이익의 변동을 파악하기 곤란하다. • N이 커지면 수출상품 1단위와 교환되는 수입상품수량이 증가하므로 교역조건이 개선된다. • 가장 보편적인 방법이며 계산이 비교적 간단하다.
총교역조건(G)	• 수출입량의 변동을 이용하여 교역조건을 나타내는 방법이다. • G가 커지면 재화 1단위를 수출할 때 수입량이 증가하므로 교역조건이 개선된다. • 수출액과 수입액이 동일하면 상품교역조건은 총교역조건과 일치한다.
소득교역조건 (수입능력지수 : I)	• 상품교역조건에 수출수량지수를 곱하여 계산한다. • 수출총액으로 획득할 수 있는 수입품의 수량을 나타낸다. • 수출입 재화의 가격변동뿐만 아니라 수출을 통한 수입품의 획득능력을 측정할 수 있게 해주기 때문에 상품교역조건이 물량의 변동을 측정하지 못하는 단점을 보완한다. • 지수의 상승은 수출총액으로 수입할 수 있는 재화의 수량이 증가함을 의미한다.

30 ① 소득교역조건(I)은 한 국가의 수입능력을 나타내는 교역조건이다. 이를 예를 들어 살펴보면 다음과 같이 표시된다.

$$\text{소득교역조건}(I) = \frac{\text{수출총액지수}}{\text{수입재가격지수}} \times 100$$

만약 수출총액이 3,000원이고 수입재가격이 100원이라면 소득교역조건은 30개의 재화를 수입할 수 있음을 의미한다. 즉, 수입능력을 나타내고 있음을 알 수 있다.

31 다음 중 교역조건의 변화에 대한 설명으로 옳지 않은 것은?

한국수력원자력 기출변형

① 환율이 상승하면 교역조건이 악화된다.
② 관세가 부과되면 교역조건이 악화된다.
③ 덤핑으로 재화를 수출하면 교역조건이 악화된다.
④ 수출물가지수가 상승하면 교역조건이 개선된다.

32 교역조건과 관련된 다음 설명 중 옳지 않은 것은?

① 상품교역조건이 개선되면 소득교역조건도 개선된다.
② 교역조건에 의해 무역의 이익이 결정된다.
③ 상품교역조건이 개선되면 수출량이 감소한다.
④ 수입물가가 하락하면 교역조건이 개선된다.

33 다음 중 상호수요곡선(오퍼곡선)이란?

① 상호 간의 쿼터에 의해 설정된 무역량을 나타내는 곡선이다.
② 교역조건의 변화에 따른 쌍방의 수출입 수요량의 변화를 나타내는 곡선이다.
③ 환율과 각국의 무역수지에 따라 두 나라의 국내수요가 서로 어떻게 영향을 받는가를 그래프로 나타낸 것이다.
④ 관세의 변화에 따라 두 나라의 관세수입이 어떻게 변화해 가는가를 표시한 곡선이다.

ANSWER | 31.② 32.① 33.②

31 ② 대국이 관세를 부과하면 수입품의 가격이 하락하므로 교역조건이 개선되나, 소국이 관세를 부과할 때는 수입품의 가격이 변하지 않으므로 교역조건은 변하지 않는다.
① 환율이 상승하면 달러 표시 수출품 가격이 하락하므로 교역조건이 악화된다.
③ 정상가격보다 낮은 수준으로 덤핑을 하면 수출품 가격이 낮아지므로 교역조건이 악화된다.
④ 수출물가지수는 수출품의 평균적인 가격수준을 나타내므로 수출물가지수가 상승하면 교역조건이 개선된다.

32 ① 상품교역조건은 수출재 가격을 수입재 가격으로 나눈 값이다. 그러므로 수출재 가격이 상승하거나 수입재 가격이 하락하면 상품교역조건이 개선된다. 수출재의 가격이 상승하면 상품교역조건은 개선되나 수출량이 감소한다. 수출재 가격이 상승할 때 수출량이 대폭 감소한다면 수출액은 오히려 줄어들 수 있다. 그러므로 소득교역조건은 악화될 수도 있다.

33 ② 오퍼곡선은 두 나라의 상대가격의 변화에 대응하는 수입품에 대한 총수요곡선인 동시에 수출품의 총공급곡선으로 생산가능곡선과 사회적 소비무차별곡선에서 도출된다. 두 나라의 오퍼곡선이 교차하는 점에서 무역균형이 이루어지며, 동시에 교역조건이 결정된다.

34 다음 중 오퍼곡선과 가장 거리가 먼 것은?

① 수입하고자 하는 양
② 국제수지조정
③ 국내의 후생극대화
④ 균형교역조건

35 다음 중 교역에 의하여 후생이 증대되는 이유가 아닌 것은?

① 비교우위성의 원리에 의한 생산의 전문화
② 국내 및 국제가격비율 차이에 의한 교환이 이루어지기 때문
③ 국내생산가능곡선이 우측으로 이동하기 때문
④ 교역에 의한 소비가능곡선이 생산가능곡선 우측에 존재하기 때문

36 다음 중 자유무역의 효과에 속하지 않은 것은?

공무원연금공단 기출변형

① 국내시장의 경쟁이 치열해진다.
② 생산요소는 비교열위산업에서 비교우위산업으로 이동한다.
③ 상대적으로 부존량이 적은 요소의 가격이 상승하는 경향이 있다.
④ 비교우위산업 종사자의 소득증가가 비교열위산업 종사자의 소득감소보다 크다.

ANSWER | 34.② 35.③ 36.③

34 ② 오퍼곡선으로는 국제수지의 조정 여부를 알 수 없다.
  ※ 오퍼곡선(상호수요곡선)
    ㉠ 개념: 오퍼곡선은 여러 가지 국제가격수준에서 그 국가가 수출하고자 하는 상품량과 수입하고자 하는 상품량의 조합을 나타내는 곡선이다. 양국이 오퍼곡선이 교차하는 점에서 교역조건과 교역량이 결정된다.
    ㉡ 교역조건의 변화로 인한 오퍼곡선의 이동

구분	내용
수입재를 더 선호하게 된 경우	오퍼곡선 오른쪽으로 이동
국민소득의 증가	오퍼곡선 오른쪽으로 이동
수입관세의 부과	오퍼곡선 왼쪽으로 이동

    ㉢ 교역조건의 변화: 자국민의 수입재에 대한 선호가 증가하면 오퍼곡선이 우측으로 이동한다. 따라서 교역량은 증가하나 교역조건은 악화된다.

35 ③ 교역이 이루어지더라도 생산가능곡선은 이동하지 않는다.

36 ③ 상대적으로 풍부한 요소가 많이 투입되는 상품의 수출이 늘어나면 이 요소의 수요가 늘어나므로 상대적으로 부존량이 풍부한 요소의 가격이 오르는 경향이 있다.

37 두 나라의 생산가능곡선이 다음 그림과 같이 주어진 상황에서 양국이 각각 비교 우위가 있는 상품의 생산에 특화한 후 교역을 통해 후생증진을 도모한다고 가정하자. 이때 교역이 이루어진 후 A국의 소비가 E점에서 이루어진다면 B국에서의 쌀과 밀의 소비량은 각각 얼마인가?

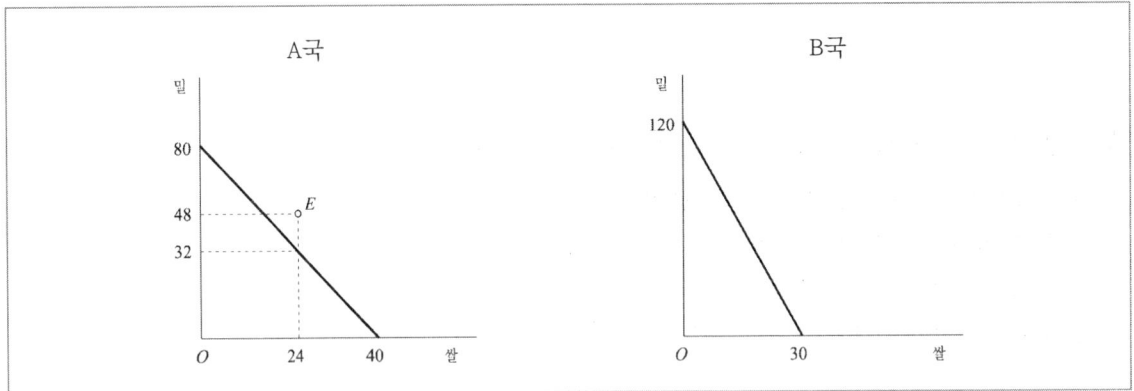

① (6, 32)
② (6, 72)
③ (6, 88)
④ (16, 72)

ANSWER | 37.④

37 ④ A국에서는 주어진 노동을 투입할 때 쌀(X재)과 밀(Y재)을 각각 최대한 (40, 80)단위 생산할 수 있으므로 국내가격비는 $\left[\dfrac{P_X}{P_Y}\right]^A = 2$이고 B국에서는 주어진 노동을 투입할 때 쌀(X재)과 밀(Y재)을 각각 최대한 (30, 120)단위 생산할 수 있으므로 국내가격비는 $\left[\dfrac{P_X}{P_Y}\right]^B = 4$이다. 따라서 A국은 X재 생산에 비교우위를 갖고 B국은 Y재 생산에 비교우위를 갖는다. A국은 X재 생산에 비교우위를 가지므로 무역 이후에는 X재를 40단위 생산하고, B국은 Y재 생산에 비교우위를 가지므로 Y재를 120단위 생산한다. 그러므로 무역 이후 A국은 X재와 Y재를 각각 (24, 48)단위 소비하므로 B국의 재화소비량은 (16, 72)단위가 된다.

38 교역조건과 관련된 다음 설명 중 옳지 않은 것은?

① 교역조건이 악화되면 경상수지도 악화된다.
② 소국이 관세를 부과하더라도 교역조건은 변하지 않는다.
③ 교역조건은 양국의 오퍼곡선이 교차하는 점에서 결정된다.
④ 교역조건은 교역 양국의 후생이 극대화되는 점에서 결정된다.

39 다음 중 국제무역과 관련한 내용으로 옳지 않은 것은?(단, 국내 수요곡선은 우하향하며, 국내 공급곡선은 우상향하는 것으로 가정한다.)

① 헥셔-오린 정리에 의하면 각 국은 상대적으로 풍부한 생산요소를 많이 사용하는 재화에 비교우위가 있다.
② 유치산업보호론에 의하면 저개발국가의 기업들은 해외의 기업들과 경쟁할 수 있을 때까지 보호받아야 한다.
③ 비교우위론에 의하면 각 국가는 생산의 기회비용이 상대적으로 낮은 재화에 특화하는 것이 유리하다.
④ 관세를 부과하게 되면 생산자의 후생은 감소하고 반대로 소비자의 후생은 증가하게 된다.

ANSWER | 38.① 39.④

38 수출재 가격이 하락하면 교역조건이 악화되나 수출재 가격하락으로 수출물량이 큰 폭으로 증가한다면 수출액은 오히려 증가할 수 있다. 그러므로 교역조건이 악화된다고 해서 반드시 경상수지가 악화되는 것은 아니다.

39 통상적으로 관세를 부과하게 되면 수입국의 생산자 후생은 증가하며 반대로 소비자 후생은 감소하게 되고 사회 전체의 총 후생은 감소하게 된다.

CHAPTER 02 국제금융론

1 다음의 외환 표시법은?

> ㉠ U.S. $1=₩1,200
> ㉡ ₩1=U.S. $1/1,200

	㉠	㉡
①	외국통화표시법	자국통화표시법
②	자국통화표시법	외국통화표시법
③	외국통화표시법	외국통화표시법
④	자국통화표시법	자국통화표시법

✓ ANSWER | 1.②

1 ② 환율이란 우리나라 돈과 외국 돈과의 교환 비율을 의미한다. 예를 들어 미국으로 해외여행을 가려고 계획 중이라면 우리나라 돈이 아니라 미국 돈인 달러가 필요한데 여행 경비에 필요한 달러를 얻기 위해 우리나라 돈이 얼마가 필요한지가 바로 환율이다. 원화와 달러화의 환율이 '1,400원/1달러'라면 이는 달러화와 원화의 교환비율이 1대 1,400이라는 것으로 1달러와 1,400원이 서로 교환된다는 것을 의미한다.

달러와 같은 외국 화폐는 시장의 물건처럼 사고파는 재화이기 때문에 우리나라 돈으로 살 수가 있어 환율이라는 것이 형성된다. 환율이 상승한다는 것은 곧 외국 돈의 가격이 오른다는 것을 의미하고, 환율이 하락한다는 것은 곧 외국 돈의 가격이 내려간다는 것을 의미한다. 환율은 외국 돈의 수요와 공급에 의해 결정되며 환율을 표시하는 방법에는 외국통화에 대한 자국통화 표시비율을 나타내는 직접표시법(American terms)과 그 반대인 간접표시법(European terms)의 2종류로 나눌 수 있다.

※ 환율의 표시법

구분	내용
직접표시법 (자국통화표시법)	외국통화를 1단위를 얻기 위해 지급해야 하는 자국통화의 크기를 말한다. 대다수의 국가에서 이 방식을 사용하고 있으며 우리나라 역시 이 방법으로 환율을 표시하고 있다. (U.S. $1=₩1,200)
간접표시법 (외국통화표시법)	자국의 통화 1단위로 수취할 수 있는 외국 통화를 표시한 방법으로 영국, 호주, 뉴질랜드 등 국가에서 사용하고 있다. (₩1=U.S. $1/1,200)

2 환율에 대한 설명으로 적절하지 못한 것은?

① 한 나라의 돈과 다른 나라 돈 사이의 교환비율을 환율이라고 한다.
② 외환 시장이란 외환의 매매가 이루어지는 장소일 뿐만 아니라, 모든 외환거래가 이루어지는 추상적인 개념을 포함한다.
③ 환율이 상승하면 원화로 표시한 외국제품의 가격상승으로 수입량이 증가하므로 외환수요량도 증가한다.
④ 달러의 공급이 증가하면, 환율은 하락한다.

3 다음 중 옳지 않은 것은?(단, 외환시장은 정상적인 상태라 가정한다)

① 환율변화는 외환공급곡선과 외환수요곡선을 이동시킨다.
② 환율이 오르면 외환의 공급초과가 나타난다.
③ 환율이 내리면 수입이 늘고 수출이 줄어든다.
④ 환율이 오르면 수출이 늘어나고 수입이 줄어든다.

ANSWER | 2.③ 3.①

2 환율이 상승하면 원화로 표시한 외국제품의 가격상승으로 수입량이 감소하므로 외환수요량도 감소한다.
  ※ 외환의 수요와 공급
    ㉠ 외환의 수요곡선: 환율이 상승하면 즉 1달러에 1,000원 하던 환율이 1달러에 1,200원 하게 되면 원화로 표시한 외국산 제품의 가격상승으로 수입량이 감소하고 외환수요량도 감소한다. 환율이 상승하면 외환의 수요량이 감소하므로 외환수요곡선은 우하향의 형태로 도출된다.
    ㉡ 외환의 공급곡선: 환율이 상승하면 즉 1달러에 1,000원 하던 환율이 1달러에 1,200원 하게 되면 달러로 표시한 수출품의 가격하락으로 수출량이 증가하므로 외환공급량이 증가한다. 환율이 상승하면 외환의 공급량이 증가하므로 외환의 공급곡선은 우상향의 형태로 도출된다.
    ㉢ 균형환율의 결정: 외환의 수요곡선과 공급곡선이 교차하는 점에서 균형환율 및 외환수급량이 결정된다.

3 ① 환율이 변하면 주어진 외환공급곡선과 외환수요곡선이 이동하는 것이 아니라 주어진 외환공급곡선과 외환수요곡선 상에서 반응이 나타난다.

4 현재 환율은 1달러당 1,100원이고, 100엔당 1,300원이다. 미 달러화에 대한 환율이 1달러당 1,000원으로 하락하고, 일본 엔화에 대한 환율은 100엔당 1,400원으로 상승할 경우, 다음 중 감소할 것으로 예상되는 것은?

① 미국으로 어학연수를 가는 한국 학생 수
② 미국이 수입하는 일본 자동차 수
③ 일본이 수입하는 한국 철강 제품 양
④ 미국에 입국하는 일본인 관광객 수

5 환율 등락이 주는 영향으로 잘못된 것은?

① 환율이 오르면 수출에 있어 우리나라 제품의 가격경쟁력이 높아진다.
② 환율이 하락되면 수입 상품 가격 하락되어 수입이 증가한다.
③ 환율이 상승하면 수입 상품 가격 상승하여 수입이 증가한다.
④ 환율이 하락하면 국내 물가수준이 내려간다.

ANSWER | 4.② 5.③

4 ② 환율이 상승하면 수입은 감소하고 수출은 증가한다. 원화의 가치가 달러화에 대해서 상승하고 엔화에 대해서는 하락하였으므로 달러화에 대한 엔화의 가치가 상승하였음을 의미한다. 달러화에 대한 엔화가치의 상승으로 미국이 수입하는 일본 자동차 수는 감소할 것으로 예상된다.

5 ③ 환율이 상승하여 수출이 증가하면 생산과 고용이 증대되어 경제 성장을 촉진시킨다. 그러나 수입 원자재 가격이 상승하여 국내 물가가 상승하고, 외채를 상환할 때는 환율 상승 전보다 더 많은 원화를 부담해야 한다.
반대로 환율이 하락하여 수출이 감소하면 생산과 고용이 감소되어 경제 성장이 둔화된다. 그러나 수입 원자재 가격의 하락으로 국내 물가가 떨어질 수 있으며, 외채를 상환할 때는 환율 하락 전보다 더 적은 원화를 부담하게 된다.

※ 환율의 상승과 하락

구분	환율 하락	환율 상승
수출	감소	증가
수입	수입상품 가격 하락으로 수입 증가	수입 상품 가격 상승으로 수입 감소
국내 물가	물가 안정	물가 상승

6 외환의 수요와 공급에 대한 설명으로 잘못된 것은?

① 시장에서 수요와 공급이 상품의 균형가격을 결정하는 것처럼 외환시장에서 외화에 대한 수요와 공급이 외화의 가격을 결정을 하게 된다.
② 외환의 공급량보다 수요량이 많으면 환율이 상승하고, 반대로 공급량이 수요량보다 많으면 환율은 하락한다.
③ 외환의 필요성은 외국 재화와 서비스에 대한 수요나 외국에 대한 투자 수요로 인해 발생한다.
④ 외환의 공급 곡선 역시 일반적인 공급 곡선과 마찬가지로 공급량은 외환의 가격인 환율과 반비례한다.

ANSWER | 6.④

6 ④ 외환의 공급 곡선 역시 일반적인 공급 곡선과 마찬가지로 공급량은 외환의 가격인 환율과 비례한다.
※ 환율의 결정

구분	내용
외환의 수요	외환의 필요성은 외국 재화와 서비스에 대한 수요나 외국에 대한 투자 수요로 인해 발생한다. 외국 상품에 대한 수요가 증가하면 지불에 필요한 외환의 필요량이 커지기 때문에 외환에 대한 수요도 커진다. 반대로 외국 상품에 대한 수요가 감소하면 외환에 대한 수요도 감소한다. 상품의 수요량이 가격에 반비례하는 것과 마찬가지로 외환에 대한 수요량도 환율에 반비례한다. 환율이 상승하여 외환의 가격이 올라가면 외환에 대한 수요량은 감소하고, 반대로 환율이 하락하여 외환의 가격이 내려가면 외환의 수요량은 증가한다.
외환의 공급	외환의 공급은 수출 기업 또는 우리나라의 상품을 구입하거나 우리나라에 투자하는 외국인과 외국 기업이 담당하고 있다. 예를 들어, 우리나라 기업이 생산한 반도체를 구입하거나 우리나라 주식 시장에서 주식을 사고자 하는 외국인은 자국의 돈을 원화로 바꿔야 한다. 외국인이 원화를 구입할 때 들어오는 외환이 외환 시장에서 공급이 된다. 우리나라 상품에 대한 외국의 수입, 즉 우리나라의 수출이 증가하거나 외국인의 우리나라에 대한 투자가 늘어나면 외환의 공급이 증가하고 반대의 경우에는 외환의 공급이 감소한다. 외환의 공급 곡선 역시 일반적인 공급 곡선과 마찬가지로 공급량은 외환의 가격인 환율과 비례한다.

7 다음 중 환율에 관한 설명으로 옳은 것은?

한국수력원자력 기출변형

① 원화의 대미달러환율이 1,600원에서 1,300원으로 변동했다면 다른 조건이 일정할 때 수출물량이 증가한다.
② 환율을 수직축에, 외환거래량을 수평축에 놓고 외환에 대한 수요곡선을 그리면 일반재화에 대한 수요곡선과는 달리 우상향한다.
③ 1달러를 얻기 위하여 1,400원을 지불하다가 1,200원을 지불했다면 원화가치가 평가절하된 것이다.
④ 자유변동환율제도하에서 환율은 외환의 시장수요곡선과 시장공급곡선이 만나는 수준에서 결정된다.

8 원화의 대달러 환율(원/달러)이 상승할 것으로 예상될 때 나타날 단기적인 현상이 아닌 것은?

① 외환의 공급 증가
② 해외자본의 유출
③ 국내물가 상승
④ 대외채무 상환

9 원화의 지속적인 평가절상이 예상되는 경우 우리나라의 수출입기업의 행태에서 찾아볼 수 있는 현상으로 옳은 것은?

① 수출과 수입을 모두 늦춘다.
② 수출과 수입을 모두 앞당긴다.
③ 수입을 앞당기고 수출을 늦추는 경향이 있다.
④ 수출을 앞당기고 수입을 늦추는 경향이 있다.

✅ ANSWER | 7.④ 8.① 9.④

7 ④ 환율은 외환시장상품(외환)의 시장가격이다. 이는 외환시장의 수요곡선과 공급곡선의 교차점, 즉 외환시장의 균형점에서 결정된다.

8 ① 환율상승이 예상되면 달러보유성향이 높아져서 달러수요가 늘어나고 달러공급이 감소한다.
② 해외자본은 원화보다 달러($)로 보유하는 것이 유리하므로 해외자본이 해외로 유출된다.
③ 수입원자재가격이 오를 것이 예상되므로 물가가 오른다.
④ 달러환율이 오를수록 대외채무가 커지므로 이를 서둘러서 상환한다.

9 ④ 원화의 지속적인 평가절상이 예상될 경우 기업들은 수출을 가능하면 앞당기려고 할 것이다. 왜냐하면 수출대금으로 100만 달러를 수취하더라도 환율이 1$=1000원이라면 10억 원을 획득할 수 있지만 원화환율이 상승하여 환율이 1$=700원으로 평가절상되면 수취하게 되는 금액은 7억 원으로 감소하기 때문이다. 그리고 환율이 하락하면 동일한 양의 재화를 수입하더라도 원화표시로 볼 때 지불해야 할 금액이 감소하므로 수입은 늦추려고 할 것이다.

10 환율결정요인에 관한 설명 중 옳지 않은 것은?

① 이자율이 높을수록 외국자본이 들어와 그 나라의 화폐를 평가절상한다.
② 수출이 수입보다 크면 환율은 평가절하되는 경향이 있다.
③ 수입이 수출보다 크면 환율은 평가절하되는 경향을 지닌다.
④ 환율은 장기적으로는 두 나라 화폐의 실질구매력에 의해 결정된다.

11 영국의 경제주간지인 Economist지는 각국 환율의 적정수준 여부를 판단할 목적으로 빅맥구매력 평가지수를 발표하고 있다. 다음의 표는 2012년 7월 4일 미국, 이스라엘 그리고 말레이시아의 자국통화표시 빅맥가격과 대미환율을 나타내고 있다. 이를 토대로 두 국가의 환율에 대한 적정성 여부에 대해서 평가한 서술 중 맞는 것은?

국가	빅맥의 자국통화표시가격	대미환율
미국	$2.42	-
이스라엘	Shekel 11.5	3.38Shekel/$
말레이시아	M$3.87	2.50M$/$

① 이스라엘 통화는 과대평가되어 있는 반면, 말레이시아 통화는 과소평가되어 있다.
② 이스라엘 통화는 과소평가되어 있는 반면, 말레이시아 통화는 과대평가되어 있다.
③ 이스라엘 통화와 말레이시아 통화 모두 과대평가되어 있다.
④ 이스라엘 통화와 말레이시아 통화 모두 과소평가되어 있다.

ANSWER | 10.② 11.①

10 ② 수출이 수입보다 크게 늘어나면 외환공급이 증가하므로 환율은 하락하고 자국화폐는 평가절상되는 경향이 있다.

11 ① 빅맥의 자국통화 표시가격을 근거로 이스라엘의 구매력평가에 의한 환율 $1\$ = \frac{11.5}{2.42}$Shekel≒4.75Shekel이고, 말레이시아의 경우는 $1\$ = \frac{3.87}{2.42}$M\$ ≒ 1.6M\$이다. 그런데 현재 이스라엘, 말레이시아의 대미환율은 각각 1\$=3.38Shekel, 1\$=2.50M\$이므로 이스라엘 통화는 과대평가되어 있고, 말레이시아 통화는 과소평가되어 있다.

12 환율결정이론인 구매력평가설에 대한 다음 내용 중 옳지 않은 것은?

① 일물일가의 법칙이 국제시장에도 적용된다.
② 어떤 통화 1단위의 실질가치가 모든 나라에서 동일하다.
③ A국이 통화공급을 증가시키면 A국의 물가수준이 상승하고 반면에 A국의 통화는 평가절상된다.
④ 현실적으로 상당수의 상품이 비교역재이기 때문에 실질환율과 구매력평가에 의한 환율은 차이가 날 수 있다.

13 환율결정이론 중 구매력평가설(purchasing power parity)이 의미하는 바는 두 나라 사이의 환율은 주로 일반물가수준의 변화를 반영한다는 것이다. 그러나 단기에서 환율의 움직임은 상대적 물가수준의 추이와 심한 격차를 보이는 경우가 많다. 그 이유가 아닌 것은?

① 자본이득(capital gain)을 얻기 위한 자산선택으로서의 외환수요가 막대하다.
② 두 나라 상품이 완전히 동질적이지 않다.
③ 두 나라 국민경제에서 차지하는 무역비중의 차이가 있기 때문이다.
④ 수출입이 안 되는 상품 또는 서비스가 존재한다.

ANSWER | 12.③ 13.③

12 ③ A국의 물가가 오를수록 A국의 통화는 평가절하된다.
　※ **구매력평가설**(PPP : Purchasing Power Parity theory)
　　구매력평가설은 환율이 양국 통화의 구매력에 의하여 결정된다는 이론으로 스웨덴의 경제학자인 카셀(G. Casel)에 의하여 제시되었다. 구매력평가설은 국내물가와 해외물가의 변동이 균형환율에 어떻게 반영되는지를 설명하는 이론이다. 화폐의 구매력은 물가와 반비례하므로 양국에서 물가상승률의 차이가 발생하면 양국통화의 구매력차이가 발생한다. 따라서 환율변화율은 양국의 인플레이션율의 차이와 동일하다. 구매력평가설은 일물일가의 법칙을 국제시장에 적용한 이론으로 단기적인 환율의 움직임은 잘 나타내지 못하고 있으나 장기적인 환율의 변화추세는 잘 반영하는 것으로 평가된다.

13 환율결정이론 중 구매력평가설은 단순한 방법으로 균형환율의 변화를 잘 설명해주는 장점이 있지만, 다음과 같은 문제점이 있다.
　㉠ 환율결정요인으로 물가만 고려하고 있고 물가 이외에 환율에 영향을 미치는 다른 요인들은 전혀 고려하지 못하고 있다.
　㉡ 구매력평가설에서는 일물일가의 법칙을 가정하고 있으나 수송비·관세 등으로 인하여 현실적으로 일물일가의 법칙이 성립하지 않는다.
　㉢ 현실적으로 국제무역의 대상이 되지 않는 수많은 비교역재가 존재하고 있다.

14 다음 중 고정환율제도와 변동환율제도에 대한 설명으로 옳지 않은 것은?

① 변동환율제도하에서는 대내 균형을 달성하기 위해 독립적으로 경제정책을 운용할 수 있다.
② 고정환율제도하에서는 만성적인 외환의 수급불균형으로 현재의 환율이 유지되기 어려운 경우 환율이 조정된다.
③ 고정환율제도하에서는 환위험이 적기 때문에 국제무역과 투자가 확대될 수 있다.
④ 변동환율제도하에서는 해외의 교란요인이 국내에 쉽게 전파되므로 외부적인 요인에 의해 국내경제가 불안정적일 수 있다.

15 다음 중 변동환율제도의 장점으로 꼽을 수 있는 것은?

⊙ 국제결제상의 불확실성 축소
ⓒ 국제수지 불균형의 신속한 조정
ⓒ 국내경제 안정을 위한 금융통화정책의 자유로운 사용

① ⊙, ⓒ
② ⓒ
③ ⓒ, ⓒ
④ ⊙, ⓒ, ⓒ

ANSWER | 14.④ 15.③

14 ④ 고정환율제도하에서 해외교란요인이 국내로 쉽게 전파되나, 변동환율제도하에서는 해외교란요인이 국내로 쉽게 전파되지 않는다.
※ 고정환율제도와 변동환율제도

구분	고정환율제도	변동환율제도
국제수지 불균형	국제수지 불균형이 조정되지 않음	환율변동을 통하여 자동적으로 조정
환위험	작다	크다(환투기 발생 가능)
해외교란요인 여부	해외교란요인이 국내로 쉽게 전파	해외교란요인 발생하더라도 국내경제는 별 영향을 받지 않음
금융정책 자율성 여부	금융정책 자율성 상실	금융정책 자율성 유지
국제무역과 투자	환율이 안정적이므로 국제무역과 투자가 활발히 일어남	환위험이 크기 때문에 국제무역과 투자가 저해됨

15 ⊙ 환율이 변하면 국제결제상에서 환차손이 발생할 우려가 있으므로 불확실성이 확대될 수 있다. 따라서 변동환율제도의 단점에 속한다.

16 변동환율제도가 고정환율제도에 비해서 갖는 장점은?

① 무역이 안정된다.
② 자국의 경제안정을 이루기 위한 정책을 자주적으로 실시할 수 있다.
③ 환차손에 의한 손실을 얻을 것을 우려하므로 환투기가 감소한다.
④ 수출은 증가하고 수입은 감소하므로 시간이 갈수록, 국제수지가 흑자를 이루는 경향이 있다.

17 자유변동환율제도하에서 균형환율을 변동시키는 요인 중 그 성격이 다른 것은?

① 국제수지 흑자　　　　　　　　② 관광수입의 증가
③ 수출금융지원 강화　　　　　　④ 내국인의 외제선호 증가

18 자유변동환율제도하에서 국민소득의 증가는?

① 수출과 수입이 모두 증가하기 때문에 원화가치는 변동하지 않는다.
② 원화에 대한 수요를 증가시켜 외화에 대한 원화의 가치를 상승시킨다.
③ 수입을 증가시키고 국제수지를 악화시켜 원화의 가치를 하락시킨다.
④ 국내생산재화와 수입재화에 대한 수요를 모두 감소시키기 때문에 국제수지가 개선된다.

ANSWER | 16.② 17.④ 18.③

16 ② 변동환율제도하에서는 해외시장의 상황변화가 (환율변동을 통하여) 국내시장에 영향을 미치지 않으므로 자국의 안정화정책을 자주적으로 실시할 수 있다.
　　※ **변동환율제에서 대처**
　　　⊙ 해외경기 상승→수출 증가→외환공급 증가→환율 하락→수출 감소→안정
　　　⊙ 해외경기 하락→수출 감소→외환공급 감소→환율 상승→수출 증가→안정

17 ④ 자유변동환율제도하에서 내국인의 외제선호가 증가하면 수입이 증가한다. 따라서 수입증가는 외환수요를 증가시키고 이는 환율을 상승시키는 방향으로 작용을 한다. 그러나 나머지 보기는 모두 외환공급을 증가시키므로 환율을 하락시키는 효과가 있다.

18 ③ 국민소득의 증가는 수입을 증대시킴으로써 외환에 대한 수요를 증가시킨다. 이에 따라 환율이 인상된다.

19 연간수익률 10%인 한국 채권과 6%인 미국 채권이 있다고 하자. 한국의 투자자가 미국 채권을 매입할 때 매입시점의 환율이 달러당 840원이고 만기에는 달러당 882원으로 예상된다면 이 투자자의 기대수익률은 얼마인가?

① 6%
② 9%
③ 11%
④ 15%

20 2012년 중 우리나라의 물가상승률은 9%, 미국의 물가상승률은 5% 상승한 반면, 달러화에 대한 원화의 가치가 상승하여 대미 명목환율이 10% 하락하였다고 할 때 원화의 실질구매력을 나타내는 대미 실질환율은 어떻게 변동하였는가?

한국수력원자력 기출변형

① 4% 상승하였다.
② 6% 상승하였다.
③ 6% 하락하였다.
④ 14% 하락하였다.

21 A국은 고정환율제도를 시행하고 있으며 통화가치의 상승 압력이 있는 상황이지만 환율을 일정하게 유지하려 한다. 다음 중 발생할 가능성이 가장 높은 것은?

① 중앙은행이 국내통화를 구매하고 그 결과 외화보유액은 감소
② 중앙은행이 국내통화를 팔고 그 결과 외화보유액은 감소
③ 중앙은행이 국내통화를 구매하고 그 결과 외화보유액은 증가
④ 중앙은행은 국내통화를 팔고 그 결과 외환보유액은 증가

ANSWER | 19.③ 20.③ 21.④

19 ③ 미국 채권의 환차익률 $= \dfrac{882원 - 840원}{840원} \times 100\% = 5\%$

기대수익률 = 채권구입 시 기대수익률(%) + 환차익률(5%) = 11%

20 ③ 2012년에 '우리나라 물가상승률(9%) − 미국의 물가상승률(5%) = 4%'만큼 원화의 구매력이 하락하였는데, 이는 원화의 4%의 대미 환율인상을 의미한다. 그런데 대미 명목환율이 10% 하락하였다 하였으므로 '실질 대미 환율 = 명목환율 인하율(10%) − 환율 인상률(4%) = 6%'이다. 따라서 대미 실질환율은 6% 하락하였다.

21 ④ 국내 통화가치의 상승 압력은 곧 국내 통화의 수요 증가, 외국 통화의 공급 증가 등을 의미한다. 따라서 환율을 일정하게 유지하기 위해서는 국내 통화를 팔고 외국 통화는 사들여야 하고 이를 통해 외환보유액은 증가한다.

22 다음 중 국제수지 구성에 관한 설명으로 옳지 않은 것은?

① 자본수지는 금융계정과 준비자산으로 되어 있다.
② 경상수지는 상품수지와 서비스수지, 소득수지, 경상이전수지로 구성된다.
③ 상품수지는 수출과 수입으로 구성된다.
④ 서비스수지는 운수, 여행, 통신, 보험, 로열티, 기타 서비스 등을 포함한다.

ANSWER | 22.①

---

22 ① 자본수지는 자산 소유권의 무상이전, 채권자에 의한 채무면제 등을 기록하는 자본이전과 브랜드네임, 상표 등 마케팅자산과 기타 양도가능한 무형자산의 취득과 처분을 기록하는 비생산·비금융자산으로 구분한다.

※ 국제수지

㉠ 개념:국가 경제의 수입과 지출 등의 살림살이 내용을 기록하는 국민계정은 국민소득통계, 산업연관표, 자금순환표, 국제수지표, 국민대차대조표의 다섯 가지로 구성되어 있다. 이 중에서 국제수지표는 한 나라가 외국과 거래한 것을 기록한 장부라고 할 수 있다. 국제수지에는 한 나라의 거주자가 일정기간 동안 세계의 거주자와 행한 모든 경제거래가 체계적으로 분류되어 있다.
국제수지는 복식부기(double entry system) 원칙에 의해 모든 개별거래를 동일한 금액으로 대·차 양변에 동시에 계상하고 있으며 국가 간에 비교가 가능하도록 IMF가 국제수지통계의 포괄범위, 분류, 평가 등에 관해 정해 놓은 국제수지매뉴얼(BPM; Balance of Payments Manual)에 의해 체계적으로 기록되고 있다.

㉡ 구분:제수지는 크게 경상수지와 자본·금융계정으로 나누고, 경상수지는 다시 상품수지, 서비스수지, 본원소득수지 그리고 이전소득수지로 구분한다.

구분		내용
경상수지	상품수지	상품의 수출과 수입의 차이를 나타낸다.
	서비스수지	운수, 여행, 통신, 보험, 특허권사용료 등과 같이 서비스수지는 외국과 서비스를 거래해서 벌어들인 돈과 지급한 돈의 차이를 나타낸다.
	본원소득수지	본원소득수지는 외국과 자본, 노동 등 생산요소를 거래해서 벌어들인 돈과 지급한 돈을 기록하는 것으로 배당, 이자, 급료 및 임금이 해당된다.
	이전소득수지	이전소득수지는 거주자와 비거주자 사이에 아무런 대가 없이 주고받은 거래의 수지 차이로 즉, 국외송금, 자선단체의 기부금과 구호물자, 정부 간의 무상 원조 등의 수입과 지급의 차이를 말한다.
자본수지		자본수지는 자산 소유권의 무상이전, 채권자에 의한 채무면제 등을 기록하는 자본이전과 브랜드네임, 상표 등 마케팅자산과 기타 양도가능한 무형자산의 취득과 처분을 기록하는 비생산·비금융자산으로 구분한다.
금융계정		금융계정은 거주자가 외국기업에 대해 혹은 비거주자가 국내기업에 대해 경영참여 등을 목적으로 하는 직접투자, 주식과 채권 거래를 나타내는 증권투자, 파생금융상품 거래를 계상하는 파생금융상품, 기타투자 및 준비자산으로 구분된다.

23 다음 중 경상수지에 대한 설명으로 옳지 않은 것은?

① 경상수지 흑자가 클수록 경제안정을 이룬다.
② 경상수지 흑자가 클수록 무역마찰을 초래할 우려가 크다.
③ 무역의존도가 높은 경제체제는 경상수지 흑자를 통하여 후생을 증대시키고자 한다.
④ 경상수지가 흑자를 이루면 주요 원자재의 안정적 공급을 확보하거나 무역마찰을 피하기 위해서 해외에 직접투자를 늘려나갈 수 있다.

24 다음 중 경상수지가 경제에 미치는 영향이 아닌 것은?

① 경상수지 흑자가 늘어나면 외채상환능력이 증진된다.
② 경상수지 흑자국은 수입을 늘려서 물가상승압력에 대처할 수 있다.
③ 수출이 늘어나면 생산이 늘어나면서 고용이 증진된다.
④ 수출이 늘어나면 생산규모가 커지면서 대량생산의 이익을 얻을 수 있다.

ANSWER | 23.① 24.②

23 ① 한 나라의 경상수지는 그 나라 경제의 건강상태를 잘 나타내주는 지표라 할 수 있다. 경상수지 흑자는 수출을 통한 국외수요 증가가 국내경제 성장에 도움이 되므로 긍정적인 면이 있으며, 경상수지가 흑자이면 수출이 수입보다 많아 외화가 국내에 들어오게 된다. 경기가 좋은 상황에서 경상수지의 흑자가 계속되면 수입보다 수출이 많은 결과이므로 총수요가 늘어나고 국민소득이 증가하게 되며 또한 외화자산이 늘어나거나 외채상환이 가능해진다.
그러나 국외투자나 외채상환 등에 사용하고 남은 외화는 시중에 돈이 많이 풀리게 되어 부작용을 초래하여 일반적으로 경상수지 흑자가 지속되면 통화량 증가와 경기과열을 가져와 인플레이션이 유발된다.
이 밖에도 국제간의 거래는 상대적인 것이어서 우리나라에 경상수지 흑자가 지속되면 적자가 발생하는 교역상대국으로부터 많은 불만을 사게 되어 결국은 무역마찰을 초래할 가능성이 커지게 된다.

24 ② 국제수지 흑자국은 수출증대로 고용이 늘어나서 실업이 감소하고, 국제수지 적자국은 수입증대로 고용이 감소하여 실업이 늘어나기 때문에 국제수지 흑자국은 국제수지 적자국에게 자국의 실업을 수출한다.

25 환율이 상승하였으나 환율상승 직후에 오히려 경상수지가 악화되었다. 이에 대한 설명으로 옳지 않은 것은?

① 마샬-러너조건이 성립하지 않는다.
② J-curve효과의 초기단계에 있다.
③ 외국의 수입수요가 매우 비탄력적이다.
④ 우리나라의 수입수요가 매우 탄력적이다.

26 다음 중 환율제도에 대한 설명으로 옳지 않은 것은?

한국수력원자력 기출변형

① 고정환율제도하에서 금융정책은 효과가 없다.
② J곡선효과에 따르면 무역수지 적자국의 환율인하는 일정 기간 무역수지를 악화시키지만 궁극적으로 무역수지를 개선시킨다.
③ 고정환율제도하에서 국가 간 자본이동이 완전 차단되면 재정정책은 실질소득을 변동시키는 효과가 없다.
④ 국가 간 자본이동이 자유로울수록 변동환율제도하에서 재정정책의 효과가 약해진다.

ANSWER | 25.④ 26.②

25 ④ 환율이 상승할 때 경상수지가 개선되기 위해서는 양국의 수입수요의 가격탄력성의 합이 1보다 커야 한다(마샬-러너 조건). 환율이 상승한 이후 오히려 경상수지가 악화되었다는 것은 양국의 수입수요가 매우 비탄력적이어서 마샬-러너 조건이 성립하지 않는다는 의미이다.

26 ② J곡선효과에 따르면 무역수지 적자국의 환율인상은 일정 기간 무역수지를 악화시키지만 궁극적으로는 무역수지를 개선시킨다.

※ J-Curve효과
  ⊙ 개념 : 평가절하를 실시하면 일시적으로는 경상수지가 악화되었다가 시간이 지남에 따라 개선되는 효과를 말한다.
  ⊙ 발생원인 : 평가절하가 이루어지면 수출가격이 하락하나 단기적으로는 수출물량이 별로 증가하지 않으므로 수출액이 감소(경상수지 악화)한다.
  ⊙ 양상 : 시간이 지남에 따라 수출물량이 점차 증가하므로 장기에는 경상수지가 개선된다.

구분	내용
단기	평가절하→수출가격 하락, 수출물량 불변→국제수지 악화
장기	평가절하→수출가격 하락, 수출물량 증가→국제수지 개선

27 Q국 화폐가 평가절하될 때 Q국의 경상수지가 개선될 가능성이 가장 높은 경우는?

① Q국이 완전고용상태에 있을 때
② Q국이 수입대체상품의 공급의 가격탄력성이 작을 때
③ Q국 수출품에 대한 해외수요의 가격탄력성이 매우 작을 때
④ Q국의 수입품에 대한 국내수요의 가격탄력성이 매우 클 때

28 BP곡선이란 국제수지균형을 나타내는 이자율과 소득 간의 조합을 나타내는 궤적이다. 다음 설명 중 옳지 않은 것은?

① BP곡선 아래쪽은 국제수지가 적자상태에 있음을 의미한다.
② 자본이동의 가능성이 클수록 BP곡선의 기울기는 작아진다.
③ 고정환율제도의 재정정책이 금융정책보다 효과적이다.
④ 자본이동이 불가능한 경우 BP곡선은 수평이다.

ANSWER | 27.④ 28.④

27 ④ 평가절하가 이루어지면 수출품의 가격은 하락하는 반면 수입품의 가격은 상승한다. 그러므로 평가절하가 이루어질 때 경상수지가 개선되려면 수출량이 대폭 증가하거나 수입량이 대폭 감소하여야 한다. 수출가격이 하락할 때 수출량이 대폭 증가하기 위해서는 해외에서 Q국 수출품에 대한 수요가 매우 탄력적이어야 한다. 그리고 수입품 가격이 상승할 때 수입량이 대폭 줄어드는 경우는 국내에서 수입품에 대한 수요가 매우 탄력적인 경우이다.

28 ④ 자본이동이 불가능한 경우 BP곡선은 수직선의 형태이고, 자본이동이 완전한 경우에는 BP곡선이 수평선으로 도출된다.

※ BP곡선
  ㉠ BP곡선의 개념: BP곡선이란 국제수지 균형을 나타내는 이자율과 국민소득의 조합으로 일반적으로 우상향의 형태이다.

  $$bP = X(e) - M(y, e) + CA(r) = 0$$
  (X : 수출, M : 수입, CA : 자본수주, e : 환율, Y : 국민소득, r : 이자율)

  ㉡ BP곡선의 기울기
   • 외환의 국제적 이동이 가능하면 우상향한다.
   • 외환의 국제적 이동이 완전탄력적이면 수평선이다.
   • 외환의 국제적 이동이 완전비탄력적이면 수직선이다.
   • 환율이 인상되어 수출이 증가하면 BP곡선은 우측으로 이동한다.

29 다음 중 통화량감소의 원인이 아닌 것은?

① 자유변동환율제도하에서 환율의 상승
② 고정환율제도하에서 국제수지의 적자
③ 법정지급준비율의 인상
④ 재할인율의 인상

30 다음은 변동환율제도하에서 확대재정정책의 효과에 대한 설명이다. 옳지 않은 것은?

① 환율이 하락한다.
② 해외로부터 자본유입이 일어난다.
③ 폐쇄경제일 때보다 정책효과가 작다.
④ 경상수지는 개선되고, 자본수지는 악화된다.

31 변동환율제도하에서 원화의 환율을 상승시키는 요인이 아닌 것은?

① 국내경기호황에 따른 설비투자증가
② 지적재산권협약에 따른 로열티 지급증가
③ 공산품에 대한 추가적인 관세인하
④ 외국인투자한도의 추가적 확대

ANSWER | 29.① 30.④ 31.④

29 ① 변동환율제도하에서 환율이 오르면 수출이 증가하여 (외환공급이 늘어나므로) 환율이 내린다. 환율이 내리면 수출이 감소하여 (외환공급이 감소하므로) 환율이 오른다. 이러한 과정이 되풀이되는 동안 자국의 통화량은 변하지 않는다.

30 ④ 확대재정정책을 실시하면 이자율 상승으로 자본유입이 이루어지므로 자본수지가 개선된다. 자본유입이 이루어지면 환율이 하락하여 순수출이 감소하므로 경상수지는 악화된다.

31 ④ 외국인투자한도를 확대하게 되면 외국으로부터 자본유입(원화에 대한 수요증가)이 일어나므로 원화의 평가절상 즉, 원화의 환율이 하락하게 된다.

32 금융당국의 확대금융정책이 대외부문에 미치는 영향으로 옳은 것은?

① 자본유출(capital outflows)이 진정된다.
② 환율이 평가절하되는 경향이 있다.
③ 자본유입(capital inflows)이 촉진된다.
④ 환율의 변화요인은 없으며, 따라서 외국인의 국내직접투자수준에도 변화가 없다.

33 다음 중 변동환율제도에서 환율이 오를 때 나타나는 현상은?

① 순수출이 늘어나서 IS곡선이 우측으로 이동한다.
② 순수입이 늘어나서 IS곡선이 좌측으로 이동한다.
③ 순수출이 늘어나서 IS곡선과 BP곡선이 우측으로 이동한다.
④ 순수출이 늘어나서 IS곡선, LM곡선과 BP곡선이 우측으로 이동한다.

34 불태화정책이란?

① 중앙은행이 통화량을 증가시키는 모든 정책
② 중앙은행이 국제수지변화에 따른 통화량 변동을 허용하는 정책
③ 시중은행이 민간부문으로부터 예금을 더 많이 흡수하기 위하여 취하는 정책
④ 중앙은행이 국제수지 변화에 따른 통화량의 변동을 상쇄하기 위하여 취하는 정책

ANSWER | 32.② 33.③ 34.④

32 ② 확대금융정책을 실시하면 LM곡선이 우측이동하고 대내균형점은 BP곡선보다 아래에 놓인다. 이자율이 낮아질수록 외환이 유출되므로 외환공급이 부족하여 환율이 인상(평가절하)된다.

33 ③ 환율이 인상되면 수출은 증가하고 수입은 감소한다. 따라서 IS, BP곡선은 우측으로 이동하고 LM곡선은 불변한다.

34 ④ 중앙은행이 국제수지 불균형에 따른 통화량 증감을 상쇄하기 위한 정책을 실시하는 경우 이를 불태화정책이라고 한다. 예를 들면 국제수지흑자로 통화량이 증가할 때 중앙은행이 통화량을 일정 수준으로 유지하기 위하여 통화안정증권을 매각하여 통화량증가분을 흡수하는 것이 불태화정책에 속한다.

35 다음 중 국제유동성에 포함되지 않는 것은?

① 금
② SDR
③ 교환성 외환
④ 장·단기 외국채권

36 우리나라에서 외환위기가 발생하게 된 근본원인과 거리가 먼 것은?

① 단기외채의존도 증가
② 장기간에 걸친 소득수지적자
③ 장기간에 걸친 상품수지적자
④ 장기간에 걸친 자본수지적자

ANSWER | 35.④ 36.④

35 ④ 국제유동성(international liquidity)이란 본래 한 나라의 대외채무에 대한 결제능력을 말한다. 즉 수입액 또는 외환지급액에 대한 대외지급준비율을 의미하는 것이나 대외지급준비 자체 또는 세계 전체의 대외지급준비총액을 뜻하기도 한다. 대외지급준비는 금 및 기타 유동성 대외자산으로 구성되는데, IMF에서는 이를 금, 외환, IMF 리저브 포지션, SDR 등으로 구분하고 있다. 이러한 대외준비액이 필요량에 비해 많을수록 국제유동성은 원활하게 되고 이에 따라 세계 전체 또는 그 국가의 무역확대와 경기부양 등을 기할 수 있는 여유가 생기게 된다. 반면에 국제유동성이 부족할 경우에는 무역 및 경기가 위축되게 된다. 금가격인상론, 세계중앙은행설치론 등은 국제유동성을 증대시켜 세계의 무역경기를 진작하는 데 목적을 두고 있다.

36 ④ 우리나라의 외환위기가 발생한 근본적인 원인은 몇 년 동안 경상수지적자가 계속되었는데, 경상수지적자에 따른 외환부족분을 메우기 위해서 계속적으로 해외에서 차입을 할 수밖에 없었고 이로 인해 외채가 계속 누적되고 한국은행의 외환보유고도 지속적으로 감소했다는 데 있다. 즉, 외국에 대하여 갚아야 할 빚은 계속 누적되었지만 이를 갚을 수 있는 자금능력이 계속 감소된 것이다. 이로 인해 과연 한국이 채무를 상환할 수 있을 것이냐에 대해 외국 채권자들의 신뢰도가 낮아지기 시작했다. 즉, 한국 경제에 대한 대외신인도가 낮아지기 시작했다. 이에 따라 외국채권자들이 우리나라 금융기관들에 대하여 빌려준 자금의 만기연장을 거부하고 만기가 도래한 차입금을 회수하기 시작했는데, 이는 달러의 수요를 증가시켜 환율의 급격한 상승 즉, 외환위기를 초래한 것이다. 기본적으로 우리나라의 외환위기가 발생한 원인은 계속적인 경상수지적자에 있지만 그 동안 우리나라 금융기관들이 단기차입금(단기외채)의존도가 너무 높았던 것도 외국채권자들의 일시적인 상환요구를 초래하여 외환위기를 가속화시키는 큰 요인으로 작용하였다고 볼 수 있다.

37 원화가치의 하락을 초래하는 요인이 아닌 것은?

① 국내 경기의 악화
② 국내 물가의 상승
③ 국내 이자율의 상승
④ 국내 한계수입성향의 증가

38 정세의 불안으로 세계 각국의 투자자들이 안전한 미국에 투자하기로 했다면?

① 미국의 이자율은 상승하고 상품수지는 개선된다.
② 미국의 이자율은 상승하고 상품수지는 악화된다.
③ 미국의 이자율은 하락하고 상품수지는 악화된다.
④ 미국의 이자율과 상품수지는 영향을 받지 않는다.

39 다음 중 차익거래(재정거래)에 대한 설명으로 옳은 것은?

① 이윤을 목적으로 외환시장에서 저렴할 때 사서 비쌀 때 파는 행위
② 중앙은행이 외환을 보유하는 행위
③ 외환시장에서의 불법투기행위
④ 중앙은행이 자국화폐를 안정화시키기 위하여 외환을 거래하는 행위

ANSWER | 37.③ 38.③ 39.①

37 ③ 원화가치의 하락은 곧 환율인상을 의미한다. 국내 경기의 악화, 국내 물가의 상승, 국내 한계수입성향의 증가는 환율인상을 초래하지만, 국내 이자율이 상승하면 외환이 유입되어 환율하락을 초래한다.

38 ③ 정세의 불안으로 세계 각국의 투자자들이 미국에 대한 투자를 증가시키면 미국으로의 자본유입이 발생하므로 달러의 평가절상이 이루어져 상품수지는 악화된다. 그리고 자본유입에 따라 미국에서 채권에 대한 수요가 증가하므로 미국 내의 이자율은 하락하게 될 것이다.

39 ① 차익거래(arbitrage trading)는 동일한 상품에 대해 두 시장에서 서로 가격이 다른 경우 가격이 저렴한 시장에서 그 상품을 매입하고 가격이 비싼 시장에서 그 상품을 매도해 이익을 얻고자 하는 거래로, 재정거래라고도 한다. 차익거래에서는 매입가격과 매도가격이 이미 결정되어 가격변동위험에 노출되지 않는다. 즉, 차익거래는 가격변동위험에는 노출되지 않으면서 확실한 이익을 얻기 위해 행하는 거래이다.

40 A국은 자본이동 및 무역거래가 완전히 자유로운 소규모 개방경제이다. A국의 재정정책과 통화정책에 따른 최종 균형에 관한 설명으로 옳은 것은? (단, 물가는 고정되어 있다고 가정하고 IS-LM-BP 모형에 의한다.)

① 고정환율제에서 확장적 재정정책은 국민소득을 증대시키는 효과가 없지만, 확장적 통화정책은 효과가 있다.
② 고정환율제에서 확장적 재정정책은 국민소득을 증대시키는 효과가 있지만, 확장적 통화정책은 효과가 없다.
③ 고정환율제에서 확장적 재정정책과 확장적 통화정책 모두 국민소득을 증대시키는 효과가 없다.
④ 변동환율제에서 확장적 재정정책과 확장적 통화정책 모두 국민소득을 증대시키는 효과가 있다.

ANSWER | 40.②

40 고정환율제에서 확장적 재정정책은 국민소득을 증대시키는 효과가 있지만, 확장적 통화정책은 효과가 없다.
①, ③ 고정환율제에서 확장적 재정정책만 국민소득을 증대시키는 효과가 있다.
④ 변동환율제에서 확장적 통화정책만 국민소득을 증대시키는 효과가 있다.

자격증

한번에 따기 위한 서원각 교재

한 권에 준비하기 시리즈 / 기출문제 정복하기 시리즈를 통해 자격증 준비하자!